建筑工程会计与财务管理研究

叶肖剑　朱　燕　马　琨　主编

文化发展出版社
Cultural Development Press

图书在版编目（CIP）数据

建筑工程会计与财务管理研究 / 叶肖剑，朱燕，马琨主编．— 北京：文化发展出版社有限公司，2019. 6

ISBN 978-7-5142-2598-3

Ⅰ. ①建… Ⅱ. ①叶… ②朱… ③马… Ⅲ. ①建筑工程一工业会计一研究②建筑工程一财务管理一研究 Ⅳ. ① F407. 967. 2

中国版本图书馆 CIP 数据核字（2019）第 053507 号

建筑工程会计与财务管理研究

主　　编：叶肖剑　朱　燕　马　琨

责任编辑：张　琪　　　　责任校对：岳智勇
责任印制：邓辉明　　　　责任设计：侯　铮
出版发行：文化发展出版社有限公司（北京市翠微路 2 号 邮编：100036）
网　　址：www. wenhuafazhan. com　www. printhome. com　www. keyin. cn
经　　销：各地新华书店
印　　刷：阳谷毕升印务有限公司

开　　本：787mm×1092mm　1/16
字　　数：407 千字
印　　张：21.625
印　　次：2019 年 9 月第 1 版　2021 年 2 月第 2 次印刷
定　　价：54. 00 元
I S B N：978-7-5142-2598-3

◆ 如发现任何质量问题请与我社发行部联系。发行部电话：010-88275710

编委会

作　者	署名位置	工作单位
叶肖剑	第一主编	东冠集团有限公司
朱　燕	第二主编	浙江东冠置业集团有限公司
马　琨	第三主编	潍坊科技学院
王萍萍	副 主 编	兖矿东华建设有限公司
陈思宇	副 主 编	中国人民解放军 32166 部队
史　立	副 主 编	上海城投（集团）有限公司
刘彬彬	编　　委	皖能铜陵发电有限公司
肖　芳	编　　委	中交第二航务工程局有限公司

前　言

PREFACE

会计内部控制内涵。建筑工程会计的内部控制，主要是在工程决策、勘查、招投标、施工和验收等各个阶段中，所实施的一种全过程的、动态的管理方法。在实施会计内部控制的过程中，需要通过建筑企业各部门相关规章或制度，实现对于相关会计业务的全面管理与控制，从而达到各部门彼此制约与监督的目的。

建筑施工企业内部会计控制工作的特殊性。建筑施工企业的经营业务具有一定的特殊性，这也决定了其内部会计控制的差异性，具体表现为以下两方面：（1）建筑施工企业产品通常是以施工项目为依托的，而不同的项目施工，由于其地理位置的差异，项目具体内容较为多样化。建筑施工企业会计的主要内部控制对象就是具体项目，而由于会计人员通常不亲自参与施工项目，在很大程度上增加了收集、汇总、监督项目相关会计信息的难度。（2）建筑施工项目极易受到内外部因素的影响，因而容易造成项目成本出现经常性波动。基于建筑施工企业实际工作成果，企业内部会计控制工作应当重点建设科学合理的决策执行机制，帮助企业有效地防控财务风险，避免舞弊和欺诈等不良行为，在国家法律法规约束的可行范围内，实现建筑施工企业的长期可持续发展。

近几年，随着我国科学技术与社会的不断发展，带动了建筑市场取得了较大进步，并且市场竞争越来越激烈。有些国外建筑企业开始进入我国市场发展，这样一来，直接对我国企业的成本控制与施工水平造成了巨大冲击。在建筑企业管理中，不可缺少的一部分内容就是财务管理。由于受现代市场经济体制的影响，导致财务管理发生了一定变化。现如今，建筑企业的管理人员已经充分认识到财务管理的重要性。然而，当前建筑工程的财务管理还存在很多问题，因此，我们必须加强建筑工程的财务管理工作，及时找到企业存在的各种风险，并采取有效的措施加以解决，这样才能大大降低建筑企业的生产成本，进一步提高建筑企业的财务管理水平。

由于编者水平有限以及时间仓促，书中难免存在一些不妥之处，恳请广大读者批评指正，以便做进一步的修订。

《建筑工程会计与财务管理研究》编委会

目　录

CONCENTS

第一章　会计基础知识…………………………………………001

第一节　会计要素、会计计量和会计等式 ……………………… 001
第二节　会计科目与账户 ………………………………………… 005
第三节　借贷记账法 ……………………………………………… 008
第四节　会计凭证 ………………………………………………… 011
第五节　会计账薄 ………………………………………………… 013

第二章　金融资产…………………………………………………019

第一节　金融资产基础知识 ……………………………………… 019
第二节　交易性金融资产 ………………………………………… 020
第三节　应收账款的管理与核算 ………………………………… 021
第四节　应收票据的管理与核算 ………………………………… 023
第五节　预付账款和其他应收款的核算 ………………………… 025
第六节　坏账损失的核算 ………………………………………… 026

第三章　存货的管理与核算……………………………………029

第一节　基础知识 ………………………………………………… 029
第二节　材料采购的核算 ………………………………………… 031
第三节　材料发出的核算 ………………………………………… 037

第四节　材料其他收发的核算 …… 040
第五节　周转材料的管理与核算 …… 041
第六节　存货的清查和期末计价 …… 043
第七节　存货的控制 …… 046

第四章　长期资产的核算与管理 …… 049

第一节　固定资产概述 …… 049
第二节　固定资产取得的核算 …… 052
第三节　固定资产折旧的核算 …… 054
第四节　固定资产后续支出 …… 058
第五节　固定资产处置的核算 …… 059
第六节　无形资产的核算 …… 060
第七节　固定资产的管理 …… 064

第五章　资金筹集的管理与核算 …… 067

第一节　权益资本筹资的管理与核算 …… 067
第二节　债券筹资的管理与核算 …… 069
第三节　租赁筹资的管理与核算 …… 070
第四节　商业信用筹资的管理与核算 …… 071
第五节　最佳资本结构的确定 …… 074

第六章　工程成本和期间费用的管理与核算 …… 079

第一节　基础知识 …… 079
第二节　人工成本的核算 …… 086
第三节　辅助生产成本的核算 …… 093
第四节　机械作业成本的核算 …… 095
第五节　工程实际成本的归集与分配 …… 098
第六节　工程成本结算 …… 102
第七节　工程成本控制 …… 105

第七章　收入的管理与核算……109

第一节　与收入相关的税费的核算　……109
第二节　建造合同收入的核算　……117
第三节　其他业务收入的核算　……123

第八章　所得税费用的管理与核算……126

第一节　所得税费用核算基础内容　……126
第二节　计税基础及暂时性差异　……127
第三节　递延所得税资产和递延所得税负债的确认　……132

第九章　财务报告……136

第一节　财务报告基础知识　……136
第二节　资产负债表　……138
第三节　利润表　……140
第四节　现金流量表　……142
第五节　所有者权益变动表　……153
第六节　附注　……155
第七节　财务报告分析　……156

第十章　工程项目财务管理的价值观念……160

第一节　资金时间价值　……160
第二节　风险分析　……167

第十一章　建筑工程项目资金筹措与融资管理……173

第一节　基础知识　……173
第二节　建筑工程项目资金筹措　……179
第三节　资金成本与资本结构　……208

第十二章　建筑工程项目资产管理……216

第一节　资产管理基础知识　……216
第二节　流动资产管理　……218
第三节　非流动资产管理　……243

第十三章　建筑施工企业收入、利润及利润分配管理……268

第一节　收入的管理　……268
第二节　利润的管理　……276
第三节　利润分配的管理　……279

第十四章　建筑施工企业财务分析……291

第一节　建筑施工企业财务分析基础知识　……291
第二节　财务分析的基本方法　……293
第三节　综合财务分析的方法　……297
第四节　财务分析指标　……301

第十五章　建筑工程的相关税收与保险……312

第一节　建筑工程税收　……312
第二节　建筑工程保险　……323

参考文献……334

第一章　会计基础知识

第一节　会计要素、会计计量和会计等式

一、会计要素

会计要素是会计对象的具体内容，是构成会计报表的基本要素。企业的会计要素包括资产、负债、所有者权益、收入、费用和利润，其中资产、负债、所有者权益要素侧重于反映企业的财务状况，收入、费用和利润要素侧重于反映企业的经营成果。

1. 资产

（1）资产的定义

资产是指企业过去的交易或者事项形成的、由企业拥有或控制的、预期会给企业带来经济利益的资源，包括各种财产、债权和其他权利。

（2）资产的特征

资产特征的主要内容，见表 1–1。

表 1–1　资产的特征

特征	主要内容
资产应为企业拥有或者控制的资源	由企业拥有或者控制，是指企业享有某项资源的所有权，或者虽不享有某项资源的所有权，但该资源能被企业所控制。如融资租入的固定资产，虽然没有所有权，但按实质重于形式的要求，应当作为企业的资产确认
资产是由企业过去的交易或者事项形成的	企业过去的交易或者事项包括购买、生产、建造行为或者其他交易事项。即只有过去发生的交易或者事项才能产生资产，企业预期发生的交易或者事项不形成资产
资产预期会给企业带来经济利益	不能给企业带来经济利益的项目就不能继续确认为企业的资产

（3）资产的确认条件

某项资源确认为资产，首先应当符合资产的定义。除此之外，还需要同时满足以下两个条件：

① 与该资源有关的经济利益很可能流入企业。

② 该资源的成本或者价值能够可靠地计量。

（4）资产的分类

资产按其流动性，可分为流动资产和非流动资产。流动资产是指可以在一年或者超过一年的一个营业周期内变现、出售或耗用的资产，包括货币资金、交易性金融资产、应收票据、应收账款、预付账款、应收利息、应收股利、其他应收款、存货等。非流动资产是指流动资产以外的资产，主要包括长期股权投资、固定资产、在建工程、工程物资、无形资产、临时设施、长期待摊费用等。

2. 负债

（1）负债的定义

负债是指过去的交易或者事项形成的，预期会导致经济利益流出企业的现时义务。

（2）负债的特征

负债的特征的主要内容，见表 1–2。

表 1–2　负债的特征

特征	主要内容
负债的清偿预期会导致经济利益流出企业	负债通常是在未来某一日通过交付资产（库存现金或其他资产）或提供劳务来清偿
负债是由企业过去的交易或事项形成的	也就是导致负债的交易或事项必须已经发生，例如，购置货物或使用劳务会产生应付账款的义务
负债是企业承担的现时义务	现时义务，是指企业在现行条件下已承担的义务。未来发生的交易或者事项形成的义务，不属于现时义务，不应当确认为负债

（3）负债的确认条件

将一项现时义务确认为负债，首先应当符合负债的定义。除此之外，还需要同时满足以下条件：

与该义务有关的经济利益很可能流出企业；未来流出经济利益的金额能够可靠地计量。

（4）负债的分类

负债按偿还期限的长短，分为流动负债和非流动负债。流动负债是指预计在一年（含一年）或者超过一年的一个营业周期内到期应予以偿还的债务，包括短期借款、应付票据、应付账款、预收账款、应付职工薪酬、应交税费、应付利息、应付股利、其他应付款等。非流动负债是指流动负债以外负债，包括长期借款、应付债券、长期应付款等。

3. 所有者权益

所有者权益是指企业资产扣除负债后由所有者享有的剩余权益。公司所有者权益又称股东权益。所有者权益的来源包括所有者投入的资本、直接计入所有者权益的利得和损失、留存收益等。所有者权益的内容包括实收资本（或股本）、资本公积、盈余公积和未分配利润等，其金额等于资产减去负债后的余额。

4. 收入

收入是指企业在日常活动中形成的、会导致所有者权益增加的、与所有者投入资本无关的经济利益的总流入。其中，日常活动是指销售商品、提供劳务及让渡资产使用权等。非日常活动所形成的经济利益流入不能确认为收入，而应当计入利得，如出售固定资产、无形资产不属于日常经营活动，其产生的经济利益流入就不能确认为收入，而是利得。企业收入包括主营业务收入和其他业务收入，但不包括为第三方或者客户代收的款项。施工企业的主营业务收入是指企业进行施工生产活动取得的收入；其他业务收入是指企业从事主营业务以外的其他经营活动取得的收入，如施工企业销售产品和材料、出租固定资产（出租建筑物除外）、开展多种经营等取得的收入。

5. 费用

费用是指企业在日常活动中形成的、会导致所有者权益减少的、与向所有者分配利润无关的经济利益的总流出。其中，日常活动与非日常活动的界定与收入一致。以施工企业为例，日常活动中产生的费用主要有工程成本与期间费用，工程成本包括人工费、材料费、机械使用费、其他直接费和施工间接费；期间费用包括管理费用、财务费用和销售费用。非日常活动所形成的经济利益流出不能确认为费用，是应当计入当期损益的损失，如出售固定资产、无形资产不属于日常经营活动，其产生的经济利益流出就不能确认为费用，而是计入当期损益的损失。

6. 利润

利润是指企业在一定会计期间的经营成果。利润包括收入减去费用后的净额、直接计入当期利润的利得与损失等。利润包括营业利润、利润总额和净利润。营业利润是指营业收入减去营业成本、营业税费、期间费用、资产减值损失，加上（或减去）公允价值变动净收益（净损失）、投资净收益（净损失）后的金额。利润总额是指营业利润加上营业外收入减去营业外支出后的金额。净利润是指利润总额减去所得税后的金额。

二、会计计量

会计计量是为了将符合确认条件的会计要素登记入账，并列报于财务报表而确定其金额的过程。企业应当按照规定的会计计量属性进行计量，确定相关金额。

会计计量属性主要包括表 1–3 中的五种：

表 1–3　会计计量属性

属性	主要内容
重置成本	在重置成本计量下，资产按照现在购买相同或者相似资产所需支付的现金或者现金等价物的金额计量；负债按照现在偿付该项债务所需支付的现金或者现金等价物的金额计量
历史成本	在历史成本计量下，资产按照购置时支付的现金或者现金等价物的金额，或者按照购置资产时所付出的对价的公允价值计量；负债按照其因承担现时义务而实际收到的款项或者资产的金额，或者承担现时义务的合同金额，或者按照日常活动中为偿还负债预期需要支付的现金或者现金等价物的金额计量
现值	在现值计量下，资产按照预计从其持续使用和最终处置中所产生的未来净现金流入量的折现金额计量；负责按照预计期限内需要偿还的未来净现金流量的折现金额计量
公允价值	在公允价值计量下，资产和负债按照在公平交易中，熟悉情况的交易双方自愿进行资产交换或者债务清偿的金额计量
可变现净值	在可变现净值计量下，资产按照其正常对外销售所能收到现金或者现金等价物的金额扣减该资产至完工时估计将要发生的成本、估计的销售费用以及相关税费后的金额计量

企业在对会计要素进行计量时，一般应当采取历史成本计量属性，例如，施工企业购入存货、购建厂房、进行施工生产等，应当以发生的实际成本计量。但某些情况下，如果仅仅以历史成本作为计量属性，可能难以达到会计信息的质量要求，有时甚至损害会计信息质量。为了提高会计信息的有用性，向使用者提供与决策更为相关的会计信息，就有必要采用其他计量属性进行会计计量。但应注意，采用重置成本、可变现净值、现值、公允价值计量时，应当保证所确定的会计要素金额能够取得并可靠计量。

三、会计等式

1. 会计的基本等式

如前所述，施工企业要进行正常的生产经营活动，必须拥有一定数量的资产。这些资产的来源渠道有两个：一是由所有者提供；二是由债权人提供。所有者和债权人为企业提供了资产，就理所当然地对企业资产享有要求权。这种对企业资产的要求权，在会计上称为“权益”。其中，所有者对企业资产的要求权称为“所有者权益”，债权人对企业资产的要求权称为“债权人权益”，也称“负债”。

资产反映企业拥有多少资源和什么样的资源，权益则表明这些资源是谁提供的，谁对这些资源拥有要求权。因而，资产与权益之间存在着相互依存的关系：有一定数额的资产，必然有同等数额的权益；有一定数额的权益，必然表现为同等数额的资产。资产总额与权益总额必然相等。用等式表示为：

资产 = 权益

　　= 债权人权益 + 所有者权益

　　= 负债 + 所有者权益

上式称为会计的基本等式，亦称“会计平衡式”。它反映了资产与负债、所有者权益之间的数量关系，是会计核算的理论依据。

2. 经济业务的发生对会计基本等式的影响

企业在生产经营活动中，会发生各种各样的经济活动。在会计上，通常将那些能够以货币计量，并能引起会计要素有关项目发生增减变动的经济活动称为经济业务，亦称“会计事项”。

经济业务的发生，尽管会引起会计要素的有关项目发生增减变动，但就一个会计主体而言，无论发生什么样的经济业务，都不会破坏资产与权益之间的平衡关系。

综上所述可知：经济业务的发生，如果引起资产和权益两方项目发生变动，资产总额和权益总额会同时增加或减少，但增减后的双方总额仍然相等，不会破坏二者的平衡关系。

经济业务的发生，如果只引起资产或者权益一方项目发生变动，不仅不会破坏资产与权益的平衡关系，而且原来的总额也保持不变。

由此可见，任何经济业务的发生，都不会破坏资产与权益之间的平衡关系。正确理解和运用这一平衡关系，对于掌握按这一平衡关系建立的各种会计核算方法具有重要意义。

第二节　会计科目与账户

一、会计科目

会计科目是按照经济内容对会计要素进一步分类形成的项目，是设置账户、登记账簿、分类汇总会计信息的工具。例如，为了反映各项资产的增减变动，就需要设置“库存现金”“银行存款”“固定资产”“原材料”等科目；为了反映负债的增减变动，就需要设置“短期借款”“长期借款”“应付账款”“应付职工薪酬”等科目。

1. 设置会计科目的原则

（1）设置会计科目必须结合会计对象的特点，做到统一性与灵活性相结合

会计科目是依据《企业会计准则》中确认、计量和报告的规定制定的，涵盖了各类企业的交易与事项。所谓统一性，是指企业应根据《企业会计准则》的要求，对会计科目的核算内容进行统一规定，便于会计核算指标在一定范围内综合汇总。所谓灵活性，是指企业在不违反《企业会计准则》中确认、计量和报告的前提下，可以根据自身经济业务的特点，在统一会计科目的基础上自行增设、分拆、合并会计科目。企业不存在的交易或事项，可以不设置相关会计科目。例如，施工企业主要从事施工生产活动，就需要设置“工程施工”科目对施工生产过程进行核算和监督；而工业企业则需要设置“生产成本”“制造费用”等账户对产品生产过程进行核算和监督。再如，施工企业由于不经常发生广告、展览等费用，可不设“销售费用”科目，对发生的零星宣传费可列入“管理费用”科目核算。

（2）会计科目的设置必须保持相对稳定

为了便于对不同时期的会计核算指标进行对比分析，企业设置的会计科目必须保持相对稳定。

2. 会计科目的分类

会计科目可以按不同的标准进行分类。

（1）按反映的经济内容分类

按照反映的经济内容，一般企业的会计科目可分为六大类，即资产类、负债类、共同类（施工企业没有此类）、所有者权益类、成本类和损益类。

（2）按提供指标的详细程度分类

按提供指标的详细程度，会计科目可分为总分类科目和明细分类科目。总分类科目又称一级科目，提供总括的核算资料。《企业会计准则》规定的科目都是总分类科目。明细分类科目是对总分类科目作进一步分类的科目，能够提供更加详细具体的核算资料。二者之间是统驭与被统驭、补充与被补充的关系。

二、会计账户

会计科目虽然规定了对会计对象进行分类核算的项目，但是却不能反映各项目的增减变化，因此还必须根据规定的会计科目在账簿中开设会计账户，通过账户记

录来反映一定期间各项会计要素的增减变动情况。设置和运用账户是会计核算的基本方法。

会计账户与会计科目既有联系又有区别。会计科目是账户的名称，二者的相同点在于：都是对会计要素具体内容的科学分类，反映的经济内容相同；二者的不同点在于：会计科目仅仅反映某一经济内容，而账户不仅反映这一经济内容，还反映该经济内容的增减变动及其结果。

为了科学系统地记录和反映各项经济业务，会计账户不但要有明确的核算内容，还必须具有一定的结构。账户的结构是由会计要素的数量变化决定的。经济业务发生所引起的各项会计要素的变化，在数量上不外乎增加和减少两种情况。因此，用来记录经济业务的账户在结构上也相应地划分为左、右两方，以一方登记增加额，另一方登记减少额。至于哪一方登记增加额，哪一方登记减少额，则取决于账户反映的经济内容以及采用的记账方法。

在账户中，一定时期所登记的增加金额的合计数称为本期增加发生额，一定时期所登记的减少金额的合计数称为本期减少发生额，本期增加发生额与本期减少发生额相抵后的差额称为期末余额，本期的期末余额就是下期的期初余额。其关系可用公式表示如下：

期末余额 = 期初余额 + 本期增加发生额 – 本期减少发生额

在实际工作中，由于采用的记账方法不同，账户的格式也不完全相同。账户的格式虽然多种多样，但其基本内容应包括以下几个方面：

（1）账户的名称。即会计科目。

（2）日期。即记录经济业务的日期。

（3）凭证字号。即登记账户依据的记账凭证的种类和顺序号。

（4）摘要。即经济业务的简要内容。

（5）金额。即本期发生的增加金额、减少金额和余额。

在借贷记账法下，账户的结构和一般格式见表 1–4。

表 1–4　账户名称

年		凭证字号	摘要	借方	贷方	借或贷	额余
月	日						

第三节　借贷记账法

设置会计账户，仅仅对会计要素的具体内容进行归类、加工和汇总提供了核算的工具与载体，而要将经济业务引起的会计要素的变动情况准确登记入账，还必须采用科学的记账方法。记账方法有单式记账法和复式记账法两种，现代会计一般采用复式记账法。

复式记账法简称复式记账，是指对发生的每一项经济业务，均以相等的金额在两个或两个以上相互联系的账户中进行登记的方法。采用复式记账法记账，可以全面地、相互联系地反映一项经济业务的来龙去脉，可以了解有关账户之间的对应关系，可以进行试算平衡，以检查记账的正确性。因此，复式记账是一种比较完整、系统、科学的记账方法。

国际上通行的复式记账法是借贷记账法。借贷记账法是以“借”“贷”作为记账符号，以相等的金额、相反的方向同时在两个或两个以上相互联系的账户中记录经济业务的方法。

一、借贷记账法的记账符号

借贷记账法以“借”和“贷”作为记账符号，表示账户的方向，左方为借方，右方为贷方。“借”和“贷”只是一种记账符号，没有字面上的意义。

二、借贷记账法的账户结构

采用借贷记账法时，账户的借贷两方必须做相反的记录。即对于一个账户来说，如果规定借方用来登记增加额，则贷方用来登记减少额；反之，如果规定借方用来登记减少额，则贷方用来登记增加额。究竟哪一方登记增加额，哪一方登记减少额，要根据账户反映的经济内容来决定。

（1）资产类账户

资产类账户的借方登记增加额，贷方登记减少额，余额在借方，表示资产的结存数。

资产类账户期末余额可用下式计算：

期末借方余额 = 期初借方余额 + 本期借方发生额 − 本期贷方发生额

（2）权益类账户

权益类账户包括负债及所有者权益两类账户，其借方登记减少额，贷方登记增加额，余额在贷方，表示权益的结存数。

负债及所有者权益类账户期末余额可用下式计算：

期末贷方余额 = 期初贷方余额 + 本期贷方发生额 − 本期借方发生额

（3）收入类账户

收入在分配之前，是权益的增加。因此，收入类账户的结构与权益类账户的结构基本相同，即贷方登记增加数，借方登记减少数或转销数，期末一般无余额。

（4）成本费用类账户

成本费用的性质与收入正好相反，因此成本费用类账户的结构与收入类账户的结构正好相反，即借方登记增加数，贷方登记减少数或转销数，期末一般无余额。若有余额，应该在借方，表示资产。比如“生产成本”账户的余额表示正在加工的在产品的成本。

此外，在借贷记账法下，还可以设置一些双重性质的账户。这类账户的借方登记资产的增加和权益的减少，贷方登记权益的增加和资产的减少，期末根据余额的方向判断账户的性质。若期末余额在借方即为资产，若期末余额在贷方则为权益。比如，企业因生产经营经常与同一企业发生应收账款和应付账款的往来关系，就可以设置一个“供应单位往来”账户或“购买单位往来”账户进行核算，而无须分别设置“应收账款”和“应付账款”两个账户。当发生应收账款增加或应付账款减少时记入该账户的借方，发生应收账款减少或应付账款增加时记入该账户的贷方。期末余额若在借方，即为应收账款；期末余额若在贷方，则为应付账款。设置双重性质的账户，不仅可以减少账户数量，简化记账手续，还便于债权、债务的核对与结算。

三、账户的对应关系

综上所述可知，运用借贷记账法记账时，对每一项经济业务都必须在两个或两个以上相互关联的账户中进行登记，从而使这些账户形成了应借应贷的相互关系。账户之间的这种相互依存、相互对照的关系，称为账户的对应关系；发生对应关系的账户，称为对应账户。通过账户的对应关系，可以反映资金运动的来龙去脉，便于了解经济业务的内容。并且对照有关的法律法规，还可以分析经济业务是否合理合法。

四、会计分录

（1）会计分录的内容

为了保证账户记录的正确性，便于事后检查，一般在将经济业务登记入账前，先要编制会计分录。所谓会计分录，是标明某项经济业务应登记的账户名称、方向和金额的一种记录。

（2）会计分录的编制步骤

编制会计分录，应按以下步骤进行：

分析这项经济业务所涉及的账户名称及其金额，是增加还是减少；根据账户的性质，确定对应账户的记账方向，即是记借方还是贷方；检查会计分录的借贷是否平衡，有无错误。

（3）会计分录的类型

会计分录有简单分录和复合分录两种。简单分录是只涉及两个账户（即一借一贷）的分录，如上面所列四笔分录均属简单分录；复合分录是涉及两个以上账户的分录，即指一个账户的借方（或贷方）同几个账户的贷方（或借方）存在对应关系的分录，即一借多贷或一贷多借的分录。

编制复合分录，既可以简化记账手续，又可以集中反映一项经济业务的全貌，在实际工作中经常使用。但是，为了使账户的对应关系清晰，一般不宜把不同类型的经济业务合并在一起编制多借多贷的会计分录，因为多借多贷的分录无法辨明账户的对应关系，难以了解经济业务的实际情况。

（4）会计分录的格式

采用借贷记账法编制会计分录的一般格式为：

① 先借后贷，借和贷要分行书写，并前后错开；

② 在“一借多贷”或“一贷多借”的分录中，借方或贷方账户的名称和金额必须对齐。

在实际工作中，会计分录一般是通过填制具有一定格式的记账凭证来完成的。

五、借贷记账法的试算平衡

为了保证账簿记录的正确性，需要在一定时期终了时，对账户记录进行试算平衡。试算平衡是根据资产与权益之间的恒等关系和借贷记账法的记账规则来检查记账是否正确的方法。在借贷记账法下，试算平衡包括发生额试算平衡和余额试算平衡两种。

（1）发生额试算平衡

根据借贷记账法的记账规则，每笔经济业务记入账户借方、贷方的金额是相等的。因此，将一定时期的经济业务全部登记入账后，所有账户的本期借方发生额合计与本期贷方发生额合计必然相等。用公式表示为：

全部账户本期借方发生额合计 = 全部账户本期贷方发生额合计

（2）余额试算平衡

根据“资产 = 负债 + 所有者权益”的平衡原理，运用借贷记账法记录各项经济业务的结果,应该表现为一定时点的资产总额与负债及所有者权益的总额必然平衡。由于资产总额表现为所有账户的借方余额合计，负债和所有者权益总额表现为所有账户的贷方余额合计，因此，一定时点所有账户的借方余额合计数必然等于所有账户的贷方余额合计数。用公式表示为：

全部账户期初借方余额合计 = 全部账户期初贷方余额合计

全部账户期末借方余额合计 = 全部账户期末贷方余额合计

在实际工作中，试算平衡通常是在月末结出各个账户的本期发生额和期末余额后，通过编制试算平衡表进行的。试算平衡表分为两种：一种是将本期发生额和期末余额分别列表编制；另一种是将本期发生额和期末余额合并编制在一张表上。

第四节　会计凭证

一、会计凭证的意义

会计凭证是记录经济业务、明确经济责任的书面证明，是登记账簿的依据。企业在经济活动中发生的每一项经济业务，都必须取得或填制会计凭证。只有经过审核无误的会计凭证，才能作为记账的依据。填制和审核凭证，可以如实记录经济业务的实际情况，从而保证账簿记录的正确性；可以检查经济业务是否合理合法，充分发挥会计的监督作用；可以加强经济管理责任制，明确经济责任。

二、会计凭证的种类

会计凭证按其填制程序和用途不同分为原始凭证和记账凭证两类。

（1）原始凭证

原始凭证是在经济业务发生时取得或填制的，用以记录或证明经济业务发生或完成情况，具有法律效力的书面凭据，如各种发票、收据、入库单等。按照来源不同，原始凭证可分为外来原始凭证和自制原始凭证。外来原始凭证是在经济业务发生时从其他单位取得的凭证，如购货发票等；自制原始凭证是指本单位经办业务的人员在完成经济业务时填制的凭证，如入库单等。由于经济业务的内容多种多样，原始凭证的格式也各不相同，但都要求表明经济业务的发生和完成情况，明确经办部门和人员的责任。因此，原始凭证一般应具备以下基本内容：原始凭证的名称、填制日期和编号、接受凭证单位的名称、经济业务的内容、实物数量、单价及金额、填制凭证单位的名称及有关人员的签章等。

（2）记账凭证

记账凭证是会计人员根据原始凭证填制的，用以确定会计分录，作为记账依据的凭证。记账凭证包括专用记账凭证和通用记账凭证两种。专用记账凭证是用来专门记录某一类经济业务的凭证，按其记录的经济业务与货币资金是否有关，分为收款凭证、付款凭证和转账凭证三种。

无论是哪一种格式的记账凭证，都必须具备以下基本内容：

凭证的名称及编号；填制凭证的日期；经济业务的内容摘要；科目名称、记账方向和金额；所附原始凭证张数；有关人员的签章。

三、会计凭证的填制和审核

（1）原始凭证的填制和审核

为了保证原始凭证能正确、真实地反映经济业务的完成情况，填制原始凭证时应当符合以下基本要求：内容完整，记录真实，书写清楚，填制及时，手续完备。大、小写金额必须相符，属于复写的凭证必须写透，凭证填错要按规定的方法更正，不得随意涂改等。

对于取得的原始凭证，必须进行严格的审核。原始凭证的审核是会计监督的重要内容，具有十分重要的作用。原始凭证审核的内容主要包括两个方面：一是对凭证的完整性、正确性进行审核。主要审核记录的经济业务是否与实际情况相符，应填列的项目是否填写齐全，数字计算是否正确，手续是否完备，有关单位和人员是否已签名或盖章等。二是对凭证合理性、合法性的审核。主要审核经济业务的内容是否符合国家的政策、法令和制度的规定，有无违反财经纪律、营私舞弊等违法乱纪行为。例如，审查费用的开支是否合理，财产物资的收发领退是否按规定办理了有关手续等。

（2）记账凭证的填制和审核

填制记账凭证，除了要做到记录真实、内容完整、填制及时、书写规范外，还应符合以下要求：经济业务的内容摘要简单明了，会计科目应用正确，账户对应关系清楚，借贷金额相等，每张凭证要按规定连续编号，并注明所附原始凭证的张数，以便日后查考。

为了保证账簿记录的正确性，应有专人对记账凭证进行审核。审核的主要内容有：凭证反映的经济业务是否同所附原始凭证的内容一致，所确定的会计分录是否正确，应填列的项目是否填写齐全，有关人员是否签章等。对审核中发现的错误凭证，应及时查明更正。只有审核无误的记账凭证，才能据以登记有关账簿。

四、会计凭证的传递和保管

会计凭证的传递是指会计凭证从填制、审核、记账、整理到归档保管为止，在有关部门、人员之间办理业务手续的过程，包括会计凭证的传递程序、传递手续和传递时间。企业应根据经济业务的特点、机构设置和人员分工等情况，明确会计凭证填制的联数和传递程序。既要保证会计凭证经过必要的环节进行处理和审核，又要避免凭证在不必要的环节停留，使有关部门和人员及时了解情况、掌握资料，按规定程序工作。

会计凭证的保管是指会计凭证记账后的整理、装订、归档存查工作。会计凭证作为记账依据，是重要的会计档案，应妥善整理和保管，不得任意销毁和丢失。既要保证安全无损，又要便于查阅。其主要要求有：会计凭证应定期装订成册，防止散失；为了便于查阅，还应加具封面，封面上应注明单位名称、年度和月份、起讫日期、记账凭证种类、起讫号数、所附原始凭证张数，并由有关人员签章；装订成册的会计凭证，应集中保管并指定专人负责；查阅时应履行必要的手续；保管期满的会计凭证可按规定程序销毁。

第五节　会计账簿

一、会计账簿的意义

会计账簿是由具有一定格式的账页组成的，用于全面、系统、连续地记录各项经济业务的簿籍。

通过填制和审核凭证，虽然已将各项经济业务记录在会计凭证中，但是会计凭证比较零碎分散，每张凭证只能孤立地反映一项经济业务的情况，无法连续、系统、完整地反映经济活动的全貌。因此，就需要设置账簿，将分散在会计凭证上的资料加以归类、整理，登记到账簿中。正确地设置和登记会计账簿，可以记录和反映企业经济活动的过程及其结果，为编制财务会计报告和进行财务分析提供资料。

二、会计账簿的种类

为了更好地理解和运用账簿，通常按用途和外表形式的不同对账簿进行分类。

1．账簿按外表形式分类

账簿按外表形式，可分为订本式账簿、活页式账簿和卡片式账簿三类（见表1–5）。

表 1–5　账簿按外表形式分类

类别	内容
活页式账簿	活页式账簿简称活页账，是指启用前不固定装订，只把分散的账页装放在账夹里，随时可以增减账页，使用完毕后才装订成册的账簿。这种账簿具有可以根据实际需要增添账页，使用灵活，便于分工的优点。但是账页容易散失和被抽换。因此，必须在年度终了后装订成册，并连续编号，妥善保管。活页账适用于各种明细账
卡片式账簿	卡片式账簿简称卡片账，是由许多分散的、具有专门格式的卡片存放在卡片箱（或柜）中保管的账簿。这种账簿的优缺点与活页账相同，且可以跨年度使用，无须每年更换，一般用于不需经常更换账页的明细账的登记，如“固定资产明细账”
订本式账簿	订本式账簿简称订本账，是指在启用前就把已经编号的若干账页固定装订在一起的账簿。这种账簿可以避免账页散失和抽换，便于保管。但它在同一时间内只能由一个人登记，不便于分工；而且账页固定，不能增减，使用起来不灵活。一般用于总账、日记账的登记

2．账簿按用途分类

账簿按用途可以分为序时账簿、分类账簿和备查账簿三种。

（1）序时账簿

序时账簿又称日记账，是指按经济业务发生时间的先后顺序，逐日逐笔连续登记的账簿。企业一般设置“现金日记账”和“银行存款日记账”，登记货币资金的收付业务，以加强货币资金的监督和管理。日记账一般采用三栏式的订本式账簿，其账页格式如表1–6所示。

表 1–6　银行存款日记账

年		凭证		摘要	结算凭证		收入	付出	结存
月	日	种类	号数		种类	号数			

（2）分类账簿

分类账簿是指对全部经济业务分类记录的账簿。按照提供指标的详细程度不同，分类账簿又可分为总分类账簿和明细分类账簿两种。

总分类账簿简称总账，是根据总分类科目开设的，用以分类记录全部经济业务，提供总括核算资料的账簿。总账采用三栏式的订本账，其账页格式与上述日记账的格式基本相同。

明细分类账簿简称明细账，是根据二级或明细科目开设的，用以分类登记某一类经济业务，提供详细、具体的核算资料的账簿。明细账一般采用活页式或卡片式账簿，其账页格式有三栏式、多栏式和数量金额式几种，由企业根据需要选用。

（3）备查账簿

备查账簿也称辅助账簿，是对某些不能在日记账和分类账中记录的经济事项或记录不全的经济业务进行补充登记的账簿。如租入固定资产登记簿、受托加工材料登记簿等。备查账簿没有固定的格式，由企业根据管理需要自行设计。

三、会计账簿的登记

1. 会计账簿的启用

为了保证账簿记录的规范和完整，明确记账责任，账簿应由专人负责登记。在启用账簿时，应认真填写账簿扉页的“账簿启用及经管人员一览表”。记账人员调换时，应办理交接手续，在交接记录栏内注明交接日期，并由交接人员和监交人员签章。

2. 登记账簿的规则

登记账簿的基本要求如下：

准确完整。登记账簿时，应当将会计凭证的日期、编号、业务内容摘要、金额和其他有关资料逐项记入账内。登记完毕后，要在记账凭证上签名或盖章，并注明已经登账的符号，以免重记或漏记。

清晰整洁。账簿中书写的文字或数字上面应留有适当的空距，一般占格距的二分之一，以便出现差错时更正。登记账簿要用蓝黑墨水或碳素墨水书写，不得使用圆珠笔或者铅笔。红色墨水只能在结账画线、改错、冲账时使用。登账如果出现错误，应按照更正错账的方法更正，不得随意刮擦、挖补、涂改或用褪色药水更改字迹。

记录连贯。各种账簿按页次顺序连续登记，不得跳行、隔页，如不慎发生跳行、隔页时，应当将空行、空页画线注销，或者注明“此页空白”“此行空白”“作废”字样，并由记账人员签章。

每一账页登记完毕结转下页时，应当结出发生额及余额，写在本页最后一行和下页第一行有关栏内，并在摘要栏内分别注明“过次页”和“承前页”字样。

月末，凡需要结出余额的账户，结出余额后，应当在“借或贷”栏内写明“借”或“贷”字样。没有余额的账户，应在“借或贷”栏内写“平”字，并在余额栏内用“0”

表示。

3. 更正错账的规则

会计人员应严格遵守账簿登记的规则，尽可能避免发生错账。如果记账发生错误，应根据错误的具体情况采用不同的方法予以更正。常用的错账更正方法有画线更正法、红字更正法和补充登记法三种。

（1）画线更正法

画线更正法适用于结账前发现账簿记录有错误，而记账凭证无错误，纯属记账时文字或数字上的笔误。更正方法是：先将错误的文字或数字画一条红线予以注销，并保持原有字迹仍可辨认。然后将正确数字写在画线上面，并由记账员在更正处盖章，以明确责任。在画线时，应将错误数字全部画线注销，不得只画线更正其中的个别数字。

（2）红字更正法

红字更正法适用于以下两种情况：

① 记账后发现记账凭证中应借应贷科目或记账方向错误。更正方法为：先填一张与原有凭证的科目、借贷方向和金额相同的记账凭证，但金额为红字，在“摘要”栏中注明“更正第 ×× 号凭证的错误”，并据以用红字金额登记入账，以冲销原有错误的账簿记录；然后再用蓝字填一张正确的记账凭证，并据以用蓝字登记入账。

② 记账后发现据以记账的记账凭证中应借应贷科目、记账方向正确，但所记金额大于应记金额。更正方法为：将多记的金额用红字填制一张与原错误记账凭证的记账方向、会计科目相同的记账凭证，在“摘要”栏中注明“冲销第 ×× 号凭证多记数”，并据以登记入账。

（3）补充登记法

补充登记法适用于更正记账后发现据以记账的记账凭证中应借应贷科目、记账方向正确，但所记金额小于应记金额的错误。更正方法为：将少记的金额用蓝字填制一张与原错误记账凭证的记账方向、会计科目相同的记账凭证，在“摘要”栏中注明“补记第 ×× 号凭证少记数”，并据以登记入账。

4. 平行登记的规则

由于总分类账户和所属明细分类账户的核算内容是相同的，所以应该采用平行登记的方法进行登记。所谓平行登记，是指对于每一项经济业务，既要在总分类账户中进行总括的登记，又要在所属明细分类账户中进行详细具体的登记。平行登记的要点见表 1–7。

表 1–7　平行登记的要点

要点	内容
同方向登记	同方向登记即对每一项经济业务，在总分类账户和所属明细分类账户进行登记时，其记账方向必须相同
同金额登记	同金额登记即对每一项经济业务，记入总分类账户中的金额必须与记入所属明细分类账户中的金额或金额之和相等
同时期登记	同时期登记即对每一项经济业务，必须在同一个月份记入有关的总分类账户及其所属的明细分类账户

四、结账和对账

1. 结账

为了总结某一会计期间的经营活动情况，会计必须定期结账。结账就是在把一定时期内发生的经济业务全部登记入账的基础上，结算出账户的本期发生额和期末余额。结账分为月结、季结和年结。其具体做法为：

月结。在本月最后一笔业务发生额下端画一条红线，在红线下一行结出本月发生额和月末余额，并在摘要栏注明“本期发生额及余额”或“本月合计”字样，然后，在月结行下沿底线画通栏红线。需要结出本年累计数的，还应在月结行下面增加“本年累计”一行，并在下面再画一条红线。

季结。在月结数字的下一行结出本季发生额及余额，并在摘要栏内注明“本季发生额及余额”或“本季合计”字样，然后在季结数字下画一条红线。

年结。年终结账时，在 12 月结账记录的下一行摘要栏注明“年度发生额及余额”或“本年合计”字样，计算出全年累计发生额及年末余额，在累积数下画通栏双红线，表示封账。

2. 对账

对账就是核对账目，主要包括以下几方面内容：

（1）账证核对

账证核对即将各种账簿记录同会计凭证核对相符。账证核对应在日常填制凭证和登记账簿时进行。

（2）账账核对

账账核对指将各种账簿之间的记录核对相符。其主要内容有：

总分类账户借方本期发生额合计数同贷方本期发生额合计数核对相符；总分类账户的金额同所属明细分类账户的金额核对相符；现金日记账和银行存款日记账的金额同总分类账各该账户的金额核对相符；会计部门有关财产物资明细账的金额同

财产保管或使用部门的明细账（卡）核对相符。

（3）账实核对

账实核对是指财产物资的账面余额同实存数额核对相符。其主要内容有：

现金日记账的余额同库存现金核对相符；银行存款日记账的余额同银行送来的对账单核对相符；各种债权债务明细账的余额同有关单位或个人核对相符；财产物资的账面余额同库存数额核对相符。

五、账簿的更换与保管

1. 账簿的更换

为了清晰地反映各个会计年度的财务状况和经营成果，每个会计年度开始时，一般都要启用新账，并把上年度的会计账簿归档保管。年终结账时，应将各账户的余额直接转入新账簿中相应账户的“余额”栏内，不需要编制记账凭证，也不必将本年度有余额的账户调整为零。

现金日记账、银行存款日记账、总分类账每年都要更换新账。固定资产明细账或固定资产卡片可以继续使用，不必每年更换。

2. 账簿的保管

账簿是重要的经济档案，必须按规定妥善保管，不得丢失和随意销毁。保管期满，按照规定的程序审批后，方可销毁。

账簿的保管既要安全、完整，又要保证需要时能迅速查到所需资料。为此，会计人员必须在年度终了更换新账后，将各种活页账清点整理、统一编号、装订成册，与各种订本式账簿一起归档保管。

第二章　金融资产

第一节　金融资产基础知识

一、金融资产的概念

金融资产是指一切可以在有组织的金融市场上进行交易、具有现实价格和未来估价的金融工具的总称。

二、金融资产的内容

金融资产主要包括库存现金、银行存款、其他货币资金、应收账款、应收票据、贷款、其他应收款、应收利息、债权投资、股权投资、基金投资、衍生金融资产等。

金融工具就是进行投资、筹资和风险管理的工具，其中一方形成金融资产，另外一方形成金融负债或权益工具。例如，甲公司通过发行股票筹集资金3000万元，则购入股票方形成金融资产（如交易性金融资产），发行股票方形成权益工具（股本）；又如，甲公司通过发行债券筹集资金1000万元，则购入债券方形成金融资产（如持有至到期投资），发行债券方形成金融负债（应付债券）。本章主要讲述购入股票、债券方形成的金融资产。

三、金融资产的分类

企业应当结合自身业务特点和风险管理要求，将取得的金融资产在初始确认时分为以下几类：

（1）以公允价值计量且其变动计入当期损益的金融资产（可分为交易性金融资产和直接指定为以公允价值计量且变动计入当期损益的金融资产）；

（2）持有至到期投资；

（3）贷款和应收款项；

（4）可供出售金融资产。

第二节 交易性金融资产

交易性金融资产主要是指企业为了近期内出售而持有的金融资产。例如，企业以赚取差价为目的从二级市场购入的股票、债券、基金等。

一、交易性金融资产核算应设置的账户

为了核算交易性金融资产的取得、处置、现金股利或利息收取的业务，企业应当设置下列账户进行交易性金融资产的核算。

“交易性金融资产”账户，核算企业以交易为目的而持有的债券投资、股票投资、基金投资等交易性金融资产的公允价值。其借方登记取得交易性金融资产的公允价值、资产负债表日其公允价值高于账面价值的差额等；贷方登记资产负债表日其公允价值低于账面价值的差额、企业出售交易性金融资产时结转的成本和公允价值变动损益。企业应当按照交易性金融资产的类别和品种，分别设置“成本”“公允价值变动”等明细账户进行核算。

“公允价值变动损益”账户，核算企业交易性金融资产、交易性金融负债等公允价值变动形成的应计入当期损益的利得或损失。贷方登记资产负债表日交易性金融资产（或交易性金融负债）的公允价值高于（或低于）账面价值的差额；借方登记资产负债表日交易性金融资产（或交易性金融负债）的公允价值低于（或高于）账面价值的差额。期末，应将本账户的金额转入“本年利润”账户，结转后本账户应无余额。

“投资收益”账户，核算企业持有交易性金融资产期间取得的投资收益以及处置交易性金融资产等实现的投资收益或投资损失，贷方登记企业出售交易性金融资产实现的投资收益；借方登记企业出售交易性金融资产发生的投资损失。

二、交易性金融资产取得的核算

企业取得交易性金融资产时，按其公允价值，借记“交易性金融资产——成本”账户，按发生的交易费用，借记“投资收益”账户，如果所支付价款中包含了已宣告但尚未发放的现金股利或已到付息期但尚未领取的债券利息，应借记“应收股利”或“应收利息”账户，按实际支付的金额，贷记“银行存款”等科目。其中，交易费用是指购买、发行或处置金融工具支付给代理机构、咨询公司、券商等的手续费、

佣金及其他必要支出。

三、交易性金融资产现金股利和利息的核算

交易性金融资产持有期间被投资单位宣告发放的现金股利，或在资产负债表日按分期付息、一次还本债券投资的票面利率计算的利息，应当计入投资收益，借记“应收股利”或“应收利息”账户，贷记“投资收益”账户。对于购入时已计入应收项目的股利或利息，收到时应冲减应收项目，不得作为投资权益。

四、交易性金融资产的期末计置

资产负债表日，交易性金融资产应当按照公允价值计量，公允价值与账面价值之间的差额计入当期损益。公允价值高于其账面价值的差额，借记“交易性金融资产（公允价值变动）”账户，贷记“公允价值变动损益”账户；公允价值低于其账面价值的差额做相反的会计分录。

五、交易性金融资产的处置

出售交易性金融资产，应按实际收到的金额，借记“银行存款”账户，按该金融资产的账面价值，贷记“交易性金融资产”账户，按其差额，贷记或借记“投资收益”账户。同时，将原计入该金融资产的公允价值变动转出，借记或贷记“公允价值变动损益”账户，贷记或借记“投资收益”账户，目的是将未实现收益转为已实现收益。

第三节　应收账款的管理与核算

应收账款是指施工企业由于工程结算、销售产品和材料、提供劳务和作业应向发包单位、购货单位、接受劳务或作业的单位收取的款项。应收账款仅指因销售活动而形成的债权。企业在非销售活动中产生的应收款项，如应收的赔款、罚款、存出保证金以及各种垫付款项等，不属于应收账款，应作为其他应收款核算；企业在销售产品和材料、提供劳务和作业时取得的商业汇票，也不属于应收账款，而应作为应收票据核算。

一、应收账款的管理要求

将合格的建筑产品点交给建设单位，并尽快与建设单位办理工程价款结算，是

施工企业生产经营活动的一个重要环节。如果企业将已完工程点交给建设单位并办理工程价款结算后，不能及时收回货币资金，企业在生产经营过程中的资金耗费就不能得到及时补偿，就会影响企业的资金周转和正常的施工经营秩序，严重的甚至会威胁到企业的生存。因此，施工企业应从以下几方面加强应收账款的管理工作：

（1）确定合理的信用标准

信用标准是施工企业同意给予客户（指发包单位、购货单位或接受劳务和作业单位）商业信用时要求客户必须具备的最低条件。由于建筑产品的特点，施工企业大多是先行施工，再同建设单位办理结算，然后才能收取工程价款。这就使得施工企业的生产经营活动带有很大的风险性。若工程完工后无法收回工程款，企业将蒙受巨大损失。因此，企业必须重视对建设单位信用情况的调查和评价，分别从其信誉特点、经济实力、偿债能力、担保等方面进行分析，以确定是否应与该单位签订建造合同，从源头上杜绝发生坏账损失的可能性。在合同执行过程中，还要及时与客户办理工程结算，分期分批回收工程款，以降低发生坏账的可能性。

（2）提供科学的信用条件

对各种应收账款，企业应定期与对方核对，并根据具体情况采取行之有效的措施，提供科学的信用条件或其他优惠条件，促使工程款的及时收回。信用条件是指施工企业给予客户的付款条件，具体内容由信用期限、折扣期限和现金折扣三部分构成。信用条件的一般形式如“2/10，n/30”，表示若客户在 10 天内付款，可以享受 2% 的现金折扣；即使客户自愿不享受现金折扣，也必须在 30 天内付款。上述信用条件的信用期限为 30 天，折扣期限为 10 天，现金折扣率为 2%。信用条件是否优惠对企业应收账款的变现具有很大的影响。

（3）定期对应收账款进行检查

企业应当定期或者至少于每年年度终了，对应收账款进行全面检查，并合理地计提坏账准备。对于不能收回的应收账款应当查明原因，追究责任。对确实无法收回的，应按照企业的管理权限，经有关机构批准后作为坏账损失，冲销提取的坏账准备金。

二、应收账款的确认

应收账款的确认时间，因其内容的不同而不同。一般情况下，施工企业按照工程承包合同将已完工程点交给建设单位，或按有关合同交付了货物或提供了劳务和作业等，并已取得索取款项的权利时，确认应收账款。

应收账款应当按实际发生额确认。但是，对于附有折扣的工程结算或销售业务，在确认应收账款的入账金额时，还要另加考虑。常用的折扣包括商业折扣和现金折扣。

商业折扣是指为了鼓励客户多购货而在价格上给予的优惠。由于商业折扣一般在交易发生时即已确定，折扣后的净额才是实际收入额，也是应收账款的入账金额；现金折扣是指企业为了鼓励客户在一定时间内早日付款而给予的优惠。企业在确认应收账款时应按全额入账，不得扣除现金折扣。对于客户在折扣期内付款而享受的折扣，企业应作为财务费用处理。

施工企业由于工程结算而产生的应收账款，应以经过建设单位签证的“工程价款结算账单”上的金额入账。

三、应收账款的核算

为了核算和监督应收账款的增减变动及其结存情况，施工企业应设置“应收账款”账户。该账户属于资产类，其借方登记实际发生的各种应收账款（包括代购货单位垫付的包装费、运费），贷方登记已经收回、转销或改用商业汇票方式结算的应收账款，期末借方余额反映尚未收回的应收账款。本账户应设置“应收工程款”和“应收销货款”两个明细账户，并按不同单位设置明细账，进行明细分类核算。

企业预收的款项（包括预收的工程款、备料款、购货款等），应在“预收账款”账户内核算。不单独设置“预收账款”账户的企业，预收的款项也可在本账户核算。

第四节　应收票据的管理与核算

应收票据是指企业因结算工程价款以及对外销售产品、材料等收到的商业汇票。商业汇票按其承兑人不同分为商业承兑汇票和银行承兑汇票；按是否计息分为不带息商业汇票和带息商业汇票。

一、应收票据的计价

应收票据一般按其面值计价。企业收到商业汇票时，无论是带息汇票还是不带息汇票，一律按汇票的面值入账。对于带息汇票，应于期末（指中期期末和年度终了）按票面金额和确定的利率计提利息。计提的利息增加应收票据的账面价值，并同时冲减财务费用。

不带息汇票到期时，只能收取票面金额，其到期值等于面值。带息汇票到期时，除收取票面金额外，还可收取按票面金额和规定利率计算的到期利息，即

不带息汇票的到期值 = 票据面值

带息汇票的到期值 = 票据面值 + 到期利息

到期利息 = 票据面值 × 票面利率 × 汇票期限

上式中的票面利率一般指年利率，汇票期限指签发日至到期日止的时间。票据的期限有按月表示和按日表示两种。

票据期限按月表示时，以到期月份中与出票月份相同的那一天为到期日。如 4 月 15 日签发的期限为一个月的票据，到期日应为 5 月 15 日。月末签发的票据不论月份大小，以到期月份的最后一天为到期日，与月份内天数无关。如 1 月 31 日签发，期限为 1 个月的票据于 2 月 28 日到期（闰年为 2 月 29 日）。在确定期限后，计算利息使用的利率也应相应换算为月利率（年利率 ÷12）。

票据期限按日表示时，天数从出票日起按实际持有天数计算，通常出票日和到期日只能算一天，即“算头不算尾”或“算尾不算头”。如 4 月 15 日签发的 90 天票据，到期日为 7 月 14 日。计算利息使用的利率也应相应换算为日利率（年利率 ÷360）。

二、应收票据的核算

为了核算和监督应收票据的取得和结算情况，企业应设置“应收票据”账户，该账户的借方登记收到的商业汇票的票面金额和按规定计提的利息，贷方登记到期收回或转为应收账款的票面价值和利息，期末借方余额反映企业持有的商业汇票的票面价值和利息。

1. 不带息应收票据的核算

企业销售商品或提供劳务收到商业汇票时，借记“应收票据”账户，贷记“工程结算”账户。应收票据到期收回款项时，按票面金额借记“银行存款”账户，贷记“应收票据”账户。如果商业承兑汇票到期，承兑人违约拒付或无力支付票款，企业应将应收票据的账面价值转入“应收账款”账户核算。

2. 带息应收票据的核算

企业收到的带息应收票据，除按照上述方法进行核算外，还应于中期期末和年度终了，按票面金额和规定的利率计提票据利息。计提的利息增加应收票据的账面金额，并同时冲减财务费用。到期不能收回的带息票据，应按账面余额转入“应收账款”账户，并且不再计提利息。

3. 应收票据贴现的核算

企业持有的应收票据在到期前，如果急需资金，可以向其开户银行申请贴现。“贴现”是指汇票持有人将未到期的汇票背书后送交银行，银行按汇票到期值扣除贴现利息后的金额付款给持票人的行为。可见，票据贴现实质上是企业融通资金的一种方式。

不带息汇票的贴现

不带息汇票贴现收入的计算方法如下：

$$贴现收入 = 汇票面值 - 贴现利息$$

$$贴现利息 = 票据面值 \times 贴现率 \times 贴现天数 \div 360$$

$$贴现天数 = 贴现日至票据到期日的实际天数 -1$$

如果承兑人在异地，贴现天数的计算应另加 3 天的划款天数。

企业持未到期的无息商业汇票向银行贴现，应按扣除贴现息后的净额，借记“银行存款”账户，按贴现利息部分，借记“财务费用”账户，按商业汇票的面值，贷记“应收票据”账户或“短期借款”账户。

三、应收票据的管理

施工企业应指定专人负责管理应收票据，并设置“应收票据备查簿”，逐笔登记每一张应收票据的种类、号数和出票日期、票面利率、票面金额、交易合同号和付款人、承兑人、背书人的姓名或单位名称、到期日、背书转让日、贴现日期、贴现率和贴现净额，未计提的利息以及收款日期和收回金额、退票情况等资料。应收票据到期结清票款或退票后，应当在备查簿内逐笔注销。

第五节　预付账款和其他应收款的核算

一、预付账款的核算

预付账款是指施工企业按照工程合同规定预付给分包单位的工程款和备料款以及按照购货合同规定预付给供应单位的购货款。预付账款属于企业的一种短期债权。

企业的预付款属于暂付款性质，没有取得商品所有权，购销活动没有正式成立。所以，在会计上不作购进处理。为了核算预付款项的结算情况，企业应设置“预付账款”账户。其借方登记企业预付的款项以及补付的款项，贷方登记企业与分包单位结算的应付工程款以及应付的购货款，期末借方余额反映企业预付的款项；如为贷方余额，则反映尚未补付的款项。本账户应分别设置“预付分包单位款”和“预付供货单位款”两个明细账户，并分别按分包单位和供应单位名称设置明细账，进行明细分类核算。

在会计实务中，预付账款业务不多的企业，可以不单独设置“预付账款”账户，而将预付账款直接记入“应付账款”账户的借方。

二、其他应收款的核算

其他应收款是指施工企业除应收账款、应收票据、预付账款以外的各种应收、暂付款项。主要包括以下内容：

应收取的各种赔偿款、罚款；存出的保证金，如租入包装物而交付的押金；出租包装物应收取的租金；应向职工收取的各种垫付款项。

施工企业应建立健全各项规章制度，加强其他应收款的管理，减少不合理资金占用，提高资金使用效率。对于各种赔款和罚款，应严格按照国家的有关规定，划清责任，凡是应由责任者个人承担的，必须向个人收取，不得列入企业的成本、费用中；对于因管理不善、贪污、盗窃等造成的财产损失以及购入物资在运输途中的短缺或损耗等，必须根据具体情况，确定责任部门或责任人，并据以进行相应的账务处理。

为了核算和监督其他应收款的形成和收阅情况，企业应设置“其他应收款”账户。其借方登记发生的各项其他应收款，贷方登记收回或转销的其他应收款，余额在借方，表示应收未收的其他应收款。该账户应按债务人设置明细账，进行明细分类核算。

第六节　坏账损失的核算

一、坏账损失确认的条件

在市场经济条件下，施工企业承揽工程、销售产品以及提供劳务等形成的应收款项，可能会因债务人财务困难等有一部分不能收回。这些无法收回的应收款称为坏账。由于发生坏账给企业带来的损失称为坏账损失。

施工企业应收款的数额很大，一旦成为坏账，企业将蒙受很大损失。因此，必须加强应收款项的催收工作，并于资产负债表日对应收款项进行全面检查，对有客观证据表明其无法收回的应作为坏账处理。对已确认为坏账的应收款项，企业并不放弃其追索权，一旦重新收回，应及时入账。

二、坏账损失的核算方法

企业会计准则规定，企业应采用备抵法核算坏账损失。备抵法是指按期估计坏账损失计入当期损益，并提取坏账准备金；实际发生坏账损失时冲减坏账准备金，并转销相应的应收款项。这种方法的优点是：

（1）可将预计不能收回的应收款及时作为坏账损失入账，体现权责发生制和配比原则，避免企业虚盈实亏。

（2）便于估计应收款的可变现净值，真实反映企业的财务状况。此外，预计不能收回的应收款已不符合资产的定义，计提坏账准备可以预防企业虚夸资产。

采用备抵法核算坏账损失，企业应设置“坏账准备”账户。其贷方登记提取的坏账准备以及已确认并转销的坏账以后又收回的金额，借方登记发生坏账损失时转销的坏账准备以及冲销多提的坏账准备，期末贷方余额反映提取的坏账准备金。

“坏账准备”账户是“应收账款”“应收票据”“预付账款”和“其他应收款”等账户的备抵调整账户。备抵调整账户简称备抵账户，是以抵减的方式调整被调整账户的金额，以求得被调整账户实际金额的账户。

如“应收账款”等账户有借方余额 500000 元，“坏账准备”账户有贷方余额 20000 元，则应收款项净额为 430000 元。备抵账户与被调整账户余额的方向相反。

三、应收款项减值损失的确认

企业采用备抵法核算坏账损失时，首先应于每期期末进行应收款项减值损失的测试。测试方法分以下两种情况确定：

（1）单项金额重大的应收款项

对于单项金额重大的应收款项，应当单独进行减值测试。有客观证据表明发生了减值的，应当根据其未来现金流量现值低于其账面价值的差额，确认减值损失，计提坏账准备。

（2）单项金额非重大的应收款项

对于单项金额非重大的应收款项可以单独进行减值测试，确定减值损失，计提坏账准备；也可以与经单独测试后未减值的应收款项一起按类似信用风险特征划分为若干组合，再按这些应收款项组合在资产负债表日余额的一定比例计算确定减值损失，计提坏账准备。根据应收款项组合余额的一定比例计算确定的坏账准备，应当反映各项目实际发生的减值损失，即各项组合的账面价值超过其未来现金流量现值的金额。

短期应收款项的预计未来现金流量与其现值相差很小的，在确定相关减值损失时，可不对其预计未来现金流量进行折现。

（3）坏账准备计提比例的确定

企业应当根据以前年度与之相同或相类似的、具有类似信用风险特征的应收款项组合的实际损失率为基础，结合现时情况确定本期各项组合计提坏账准备的比例，据此计算本期应计提的坏账准备。

四、提取坏账准备金的核算

企业期末进行减值测试估计的坏账损失金额只是“坏账准备”账户的年末余额，而不是实际提取数。实际提取的坏账准备还要根据“坏账准备”账户提取前的账面余额计算确定。其计算公式如下：

某期实际提取的坏账准备金 = 当期按应收款项估计的坏账损失金额 - 提取前“坏账准备”账户的贷方余额（或加提取前“坏账准备”账户的借方余额）

若当期估计的坏账损失金额大于“坏账准备”账户的贷方余额，应按其差额提取坏账准备；若当期估计的坏账损失金额小于“坏账准备”账户的贷方余额，应按其差额冲减坏账准备。若提取前“坏账准备”账户为借方余额，则实际提取数应为估计的坏账损失金额与该借方余额的合计数。

第三章　存货的管理与核算

第一节　基础知识

一、存货的确认

存货是指企业在日常活动中持有的以备出售的产成品或商品，或者为了出售仍然处于生产过程中的在产品，或者将在生产过程或提供劳务过程中耗用的材料、物料等。施工企业的存货主要包括材料、周转材料、未完施工、尚未办理结算的已完工程以及附属企业的在产品、产成品等。

存货同时满足下列条件时，企业才能予以确认：

与该存货有关的经济利益很可能流入企业；该存货的成本能够可靠地计量。

二、存货的分类

为了便于存货的核算与管理，必须对存货进行科学的分类。

1. 按存货的经济内容分类

（1）材料

材料包括主要材料、结构件、机械配件、其他材料等（见表 3–1）。

表 3–1　材料的主要内容

名称	内容
主要材料	主要材料指构成工程或产品实体的各种材料，包括黑色金属材料（如钢材）、有色金属材料（如铜材、锦材）、木材（如原木、方材、板材）、硅酸盐材料（如水泥、砖、瓦、石灰、砂、石）、小五金材料（如合页、钉子）、陶瓷材料（如瓷砖、面盆、坐便器）、电器材料（如灯、线）、化工材料（如油漆）等
结构件	结构件指经过吊装、拼砌和安装就能构成房屋建筑物实体的各种结构件，如各种门窗、钢木屋架、钢筋混凝土预制构件等
机械配件	机械配件指机械设备替换、维修用的各种零件和配件，以及为机械设备准备的备品、备件等

续表

名称	内容
其他材料	其他材料指除主要材料、结构件、机械配件以外的各种一次性消耗材料，如燃料、油料、冷冻剂、爆破材料等

（2）周转材料

周转材料指在施工生产过程中能够多次使用，可以基本保持其原有实物形态，不确认为固定资产，并逐渐转移其价值的工具性材料。如施工过程中使用的模板、挡板、架料以及各种管理用具、工具、劳保用品等低值易耗品。

（3）在产品

在产品指尚未完成生产过程的产品和尚未完成施工过程、正在建造的各类承包工程。

（4）产成品

产成品指已经完成生产过程的库存产品和已经完成施工过程但尚未与建设单位（或总包单位）办理结算的已完工程。

2. 按照存货的保管责任和存放地点分类

（1）库存存货

库存存货指储存在仓库或存放在施工现场的各种材料、在产品、产成品等。

（2）在途存货

在途存货指货款已经支付，但尚未运达企业或虽已运达企业但尚未办理入库手续的各种材料、物品等。

（3）委托加工存货

委托加工存货指企业委托外单位正在加工、改制的各种材料物品。

（4）自制存货

自制存货指企业正在生产、加工的各种材料物品。

三、存货的核算方法

存货的核算方法是指采用什么价格进行存货日常收发的核算。在实际工作中，存货的核算方法有按实际成本核算和按计划成本核算两种。

（1）按实际成本核算

按实际成本核算指存货日常收发凭证的填制、账簿的登记都按取得时的实际支出计价核算。收入存货时，按发生的实际支出记账；发出存货时，采用一定的方法确定发出存货的实际成本。该方法只适用于存货收发业务较少的企业。

（2）按计划成本核算

按计划成本核算指存货日常收发凭证的填制、账簿的登记都按预先确定的计划单价进行核算。存货实际成本与计划成本的差额，设置"材料成本差异"账户单独核算。月份终了，计算分配发出存货应负担的成本差异，将发出存货的计划成本调整为实际成本。

结合施工企业生产经营的特点，本章着重介绍各种材料、周转材料的核算方法，其他存货的核算从略。

第二节　材料采购的核算

一、材料采购的凭证手续

企业在采购材料时，必须办理货款结算和验收入库两方面的手续，并取得和填制有关凭证。货款结算的凭证一般包括发票、运单、银行结算凭证等；材料入库的凭证主要是供应部门填制的"收料单"。收料单一式三联，其中一联由材料供应部门存查，一联送财会部门据以进行材料购进的核算，一联留存仓库据以登记材料明细账（卡）。

提货人员在提货时，如果发现短缺、毁损等情况，应填制"短缺损坏清单"，经运输单位签证后，连同材料一起送交仓库。

对于质量、数量与供应单位发票不符的材料，应由仓库填制"数量质量不符通知单"。材料供应部门应当根据运输单位签证的"短缺损坏清单"和仓库填制的"数量质量不符通知单"，填制"赔偿请求单"，向运输单位或供应单位索赔。

对于需要分次验收的大堆材料，如砖、瓦、灰、沙、石等，可于每次验收时，先在"验收记录"上登记收入数量，待全部运到验收完毕后，再根据"验收记录"在"收料单"上填写实收数量。

二、材料采购成本的构成

施工企业材料的采购成本主要包括购买价款、相关税费（不含增值税）、运费以及其他可归属于采购成本的费用，但不含按照税法规定可以抵扣的增值税进项税额。

（1）买价

买价指购入材料取得的发票上所填列的不含增值税的货款。

（2）运费

运费指材料从供应单位运到工地仓库以前所发生的包装费、运输费、装卸费、保险费以及合理的运输途中损耗等费用，但不包括可抵扣的增值税额。

（3）相关税费

相关税费指购买材料发生的消费税、资源税、进口存货交纳的关税和按规定不能从增值税销项税额中抵扣的增值税进项税额。购入材料应该负担的增值税，应按一般纳税人和小规模纳税人分别处理。一般纳税人购买材料支付的增值税，凡专用发票、完税凭证等有关凭证中注明，并按税法规定可以抵扣的进项税额，不计入所购材料的成本，作为进项税额单独记账；购入材料用于非应交增值税项目或免征增值税项目以及未能取得增值税专用发票、完税凭证等有关凭证的，支付的增值税计入购入材料的成本，不能作为进项税额单独核算。小规模纳税人购入材料所支付的增值税进项税额，无论是否取得增值税专用发票等凭证，其支付的增值税均计入所购材料的成本。

（4）采购保管费

采购保管费指企业的材料供应部门和仓库在材料采购、供应和保管过程中所发生的费用。

材料采购成本中，买价、运费属于直接费用，应直接计入材料采购成本。如果同时运输多种材料，发生的运费不能分清受益对象时，应按材料的重量、体积或买价的比例分摊计入材料采购成本。采购保管费属于共同性费用，应先通过“采购保管费”账户归集，月终再分配计入各种材料的采购成本中。

需要强调的是，小规模纳税企业外购材料时支付的增值税直接记入材料成本，不得从销项税额中扣除。

三、采购保管费的核算

1. 采购保管费的归集

施工企业应设置“采购保管费”账户，核算材料供应部门为采购、保管和收发材料发生的各种费用。其借方登记实际发生的各项采购保管费，贷方登记分配转出的采购保管费。本账户应按采购保管费的项目设置专栏进行明细核算。

采购保管费的费用项目一般包括：采购和保管人员的薪酬；采购和保管人员的办公费；采购和保管人员的差旅费；固定资产折旧及修理费；工具用具使用费；材料保险费；检验试验费；材料整理及零星运费；材料盘亏及毁损（减盘盈）；其他。

2. 采购保管费的分配

采购保管费是一项综合性费用，期末应采用一矩的方法进行分配。当材料按实际成本核算时，应分配给有关用料对象负担；当材料按计划成本核算时，应分配计入各类材料的成本。采购保管费的分配方法有以下几种，企业可以根据实际情况选用。

（1）直接向领料对象分配

该方法适用于材料按实际成本核算的企业。其计算公式为：

$$\text{本月采购保管费分配率}=\frac{\text{采购保管费月初余额}+\text{采购保管费本月发生额}}{\text{月初结存材料的买价和运费}+\text{本月购入材料的买价和运费}}\times 100\%$$

$$\text{本月发出材料分配的采购保管费}=\text{本月发出材料的买价和运费}\times\text{本月采购保管费分配率}$$

采用该种分配方法，“采购保管费”账户期末有借方余额，表示库存材料应该负担的采购保管费。

（2）按实际分配率分配

该方法适用于材料按计划成本核算的企业。其计算公式为：

$$\text{本月采购保管费实际分配率}=\frac{\text{本月采购保管费实际发生额}}{\text{本月够入材料的买价和运费}}\times 100\%$$

$$\text{某类材料本月应负担的采购保管费}=\text{本月够入该类材料的买价和运费}\times\text{本月采购保管费实际分配率}$$

按实际分配率分配，“采购保管费”账户期末无余额。

（3）按计划分配率分配

按计划分配率分配即年初确定出采购保管费的计划分配率，各月按预先确定的计划分配率分配采购保管费。

该方法同样适用于材料按计划成本核算的企业。其计算方法如下：

$$\text{采购保管费计划分配率}=\frac{\text{全年计划发生的采购保管费}}{\text{全年计划采购材料的计划成本}}\times 100\%$$

$$\text{某类材料本月应负担的采购保管费}=\text{本月购入该类材料的计划成本}\times\text{采购保管费计划分配率}$$

按计划分配率分配，“采购保管费”账户的期末余额可能在借方，也可能在贷方，表示采购保管费实际发生数与计划分配数之间的差额。年度终了时，应全部计入材料物资的采购成本，年末不留余额。

四、材料购进按实际成本计价的核算

材料按实际成本计价进行日常收发核算的企业，应设置“库存材料”“在途物资”“采购保管费”等账户进行材料的总分类核算。

“原材料”账户，核算企业各种库存材料的实际成本。其借方登记入库材料的实际成本，贷方登记发出材料的实际成本，期末借方余额反映库存材料的实际成本。

本账户应设置“主要材料”“结构件”“机械配件”“其他材料”四个二级明细账，并按材料的品种、规格和保管地点设置明细账户进行明细分类核算。

“在途物资”账户，核算企业已付款或已开出承兑商业汇票但尚未到达或尚未验收入库的各种材料的实际成本。其借方登记已付款但尚未入库的材料的实际成本，贷方登记验收入库材料的实际成本，期末借方余额表示在途材料的实际成本。本账户应按供应单位设置明细账。

1. 日常采购业务的核算

由于企业购入材料的结算方式和采购地点不同，材料入库和货款的支付在时间上不一定同步，其账务处理也有所不同。

（1）货款支付，材料入库

购进材料时，如果发票账单与材料同时到达，应根据发票上的货款记入“原材料”账户，对于发票上注明的增值税额，应借记“应交税费——应交增值税（进项税额）”账户。

（2）货款已付，材料未到

如果已付款或已开出承兑商业汇票，但材料尚未到达（或尚未验收入库），可通过“在途物资”账户核算。

（3）材料入库，发票账单未到

对于材料已验收入库，但发票账单等结算凭证未到，货款尚未支付的采购业务，在收到材料时，可暂不入账，待发票账单等结算凭证到达后再入账。但是，若月末发票账单仍未到达，则应对该材料暂估入账，即月末先按合同上的货物价格入账（增值税进项税额不可以暂估入账），下月初用红字做同样的记账凭证予以冲回，待结算凭证到达后再按正常程序进行账务处理。

（4）运费的核算

运费属于材料的直接成本，发生时应直接计入或分配计入各种材料的采购成本。为简化核算手续，对于零星发生的市内运费，直接计入采购保管费。

2. 购入材料发生短缺和毁损的核算

企业购入的材料在验收时可能会发生短缺和毁损。对此必须查明原因，分清责任，区别不同情况进行处理。

对于定额内损耗，应计入验收入库材料的采购成本；相应提高入库材料的单位成本，不另作账务处理。

对于供应单位造成的短缺，应区别两种情况处理：① 当货款未付时，应按短缺数量计算拒付金额，向银行办理拒付手续，并按实际支付金额借记“原材料”“应交税费——应交增值税（进项税额）”账户，贷记“银行存款”账户；② 当货款已付时，应向供应单位提出索赔，并将短缺部分的成本和增值税额转入“应收账款”或“其他应收款”账户，贷记“在途物资”账户。

对于运输单位造成的短缺，应向运输单位索赔。索赔款通过“其他应收款”账户核算。其中，索赔的增值税额应从“应交税费——应交增值税（进项税额转出）”账户的贷方转入“其他应收款”账户。

对于需要报请批准或尚待查明原因的短缺，应将其价款通过“待处理财产损益”账户核算。待批准或查明原因后，再根据不同情况进行账务处理：

（1）属于应由供应单位、运输单位、保险公司或过失人赔偿的损失，记入“其他应收款”账户；

（2）属于自然灾害等非正常原因造成的损失，应将扣除残料价值、过失人和保险公司赔偿后的净损失，记入“营业外支出”账户；

（3）属于无法收回的超定额损耗，记入“工程施工——间接费用”账户。

五、材料购进按计划成本计价的核算

采用计划成本进行材料日常收、发核算的企业，除设置“原材料”“采购保管费”账户外，还应设置“材料采购”和“材料成本差异”账户进行材料的总分类核算。

“材料采购”账户，用以核算购入的各种材料物资的实际成本、计划成本以及确定的材料成本差异。其借方登记外购材料支付的买价、运费以及分配计入材料采购成本的采购保管费，贷方登记已付款并已验收入库的材料物资的计划成本，以及短缺材料的实际成本。月末应将收入材料实际成本大于计划成本的差异（称为超支差或正差）转入“材料成本差异”账户的借方，若实际成本小于计划成本，则将其差异（称为节约差或负差）转入“材料成本差异”账户的贷方。期末借方余额表示在途材料的实际成本。本账户应按材料类别设置明细账进行明细分类核算。

“材料成本差异”账户，用以核算各种材料实际成本与计划成本之间的差异。其借方登记收入材料实际成本大于计划成本的差异，贷方登记收入材料实际成本小于计划成本的差异，以及发出材料应负担的成本差异，期末借方余额表示库存材料实际成本大于计划成本的差异；如为贷方余额，则表示库存材料实际成本小于计划成本的差异。本账户明细账的设置应与“材料采购”账户相一致。

需要注意的是，采用计划成本核算的企业，“原材料”账户核算的是各种材料的计划成本。

（1）日常采购业务的核算

企业发生采购业务时，应根据发票账单和银行存款结算凭证，借记“材料采购”“应交税费——应交增值税（进项税额）”等账户，贷记“银行存款”账户；

收入材料时，根据收料单，借记“原材料”账户，贷记“材料采购”账户。

如果已付款的材料月末尚未到货，其买价和运费作为在途材料保留在“材料采购”账户的借方，待以后月份收料并验收入库后，再根据收料单作结转材料计划成本的会计处理。

同实际成本核算一样，对于已经验收入库但发票账单尚未到达的材料物资，也应于月末暂估入账，下月初用红字冲回，待收到发票账单后，再按正常程序进行账务处理。

（2）购入材料短缺和毁损的核算

企业购入材料发生短缺和毁损的会计处理，与按实际成本计价的核算方法基本相同。

（3）月末分配采购保管费的核算

按计划成本计价进行材料核算的企业，应将发生的采购保管费分配计入购入材料的采购成本。

（4）月末结转购入材料成本差异的核算

材料成本差异是相同数量的同种材料实际成本与计划成本的差异。月份终了，财会部门根据仓库转来的收料凭证，将其中已经付款或已经开出承兑商业汇票的购进材料进行汇总，计算并结转收入材料的成本差异。

（5）材料的明细分类核算

为了确定各类材料物资的实际成本以及实际成本与计划成本之间的差异，企业应设置“材料采购明细账”和“材料成本差异明细账”，进行明细分类核算。

“材料采购明细账”，一般应按材料类别分设账页，采用横线登记法逐笔登记。即同一笔业务的实际采购成本和计划成本在同一行内登记。登记时，借方按付款日期、凭证编号顺序逐笔登记；贷方依据收料单等有关凭证，按借方记录的同批材料“对号入座”，登记在同一行内。其中：“成本差异”栏内实际成本小于计划成本的差异以“-”号登记；“其他”栏内登记应向供应单位、运输单位等收取的赔款等；采购保管费根据有关转账凭证于月末一次登记。月末，对于尚未验收入库的在途材料，即只有借方记录，没有贷方记录的材料采购业务，应逐笔抄转至下月，作为“材料采购明细账”的月初余额，待收料入库时再横线登记。然后，分别计算出“材料采购明细账”中除在途材料外的借方合计数和贷方合计数，确定出收入材料的成本差异，结转到“材料成本差异明细账”中。

“材料成本差异明细账”，用以登记本月收入各种材料发生的成本差异，并作为调整本月发出材料计划成本的依据。“材料成本差异明细账”与“材料采购明细账”的设置口径应当一致。

第三节　材料发出的核算

一、材料发出的凭证手续

施工企业材料发出的凭证，包括“领料单”“定额领料单”“大堆材料耗用计算单”“集中配料耗用计算单”等。

（1）领料单

领料单是一种一次性使用的领料凭证。为了便于分类和汇总，领料单一般一式三联，一联留仓库据以登记材料明细账，一联由领料单位存查，一联交会计部门据以进行材料发出的核算。

（2）限额领料单

限额领料单又称定额领料单，是一种可在规定的领用限额内多次使用的累计领料凭证。它适用于经常领用并规定有消耗定额的各种材料。限额领料单一式两联，由生产计划部门签发，分别交由领料单位和仓库据以领料和发料。每次领料后，在两联内同时填写实领数和限额结余，并由领料人和发料人同时签章；月末，结出实发数量和金额，交会计部门据以记账。

（3）大堆材料耗用计算单

大堆材料耗用计算单主要适用于用料时既不易点清数量，又难于分清用料对象的砖、砂、石、石灰等材料。具体做法是：采用实地盘存法，于月末盘点结存数，倒算出本月耗用数,并以定额耗用量为标准分配计算出各用料对象的耗用量,编制“大堆材料耗用计算单”。其计算公式为：

$$\text{本月实际耗用总量} = \text{月初结存数量} + \text{本月进料数量} - \text{月末结存数量}$$

$$\begin{matrix}\text{某成本核算对象}\\\text{本月实际耗用量}\end{matrix} = \text{该成本核算对象的定额用量} \times \frac{\text{本月实际耗用总量}}{\text{各成本核算对象本月定额耗用总量}}$$

（4）集中配料耗用计算单

对领料时虽能点清数量，但系集中配料或统一下料的材料，如油漆、木材、钢筋等，必须按耗用配制成的综合料的数量计入有关用料对象的成本。仓库发料时，应在领料单上填明“工程集中配料”字样。月终，计算出配制成的综合料的成本，按实际耗用或定额耗用的比例分配给有关用料对象负担。

集中配料材料的计算和分配，应通过编制“集中配料耗用计算单”进行。

另外，对于施工生产中已经领出但尚未使用，下期需要继续使用的材料（称为已领未用材料），可办理“假退料”手续。即首先用红字填写本期领料单，冲减本期发出材料的记录；再按相同数量、金额填写下期领料单，记入下期工程成本。这种业务，一般仓库材料明细账不作记录，以简化核算手续。

二、材料发出按实际成本计价的核算

1. 发出材料实际成本的确定

材料按实际成本核算时，由于采购批次或采购地点的不同，同一材料的采购成本往往不相同。发出材料时，可以选用先进先出法、移动加权平均法、月末一次加权平均法和个别计价法等确定其实际成本。

（1）先进先出法

先进先出法是以先购进的材料先发出为假定前提，对发出材料和期末材料进行计价的方法。采用这一方法，收入材料时要逐笔登记每一批材料的数量、单价和金额；发出材料时按先进先出的原则确定单价，逐笔登记材料的发出和结存金额。

（2）移动加权平均法

移动加权平均法是指以每次进货的成本加上原有库存存货的成本，除以每次进货数量与原有库存存货数量之和，据以计算加权平均单位成本，作为在下次进货前计算各次发出存货成本的依据。加权平均单位成本的计算公式为：

$$加权平均单位成本=\frac{以前结存存货实际成本+本次收入存货实际成本}{以前结存存货数量+本次收入存货数量}$$

（3）月末一次加权平均法

月末一次加权平均法是以期初材料结存数量和本期收入材料数量为权数，于期末一次计算出材料的加权平均单价，并以此单价计算本期发出材料成本和结存材料成本的方法。采用这种方法，平时收入材料时按数量、单价、金额登记，领用时只登记数量，不登记单价和金额，月末按加权平均单价计算发出材料和结存材料的实际成本。其计算公式为：

$$某种材料的加权平均单价=\frac{期初结存材料的实际成本+本期收入材料的实际成本}{期初结存材料的数量+本期收入材料的数量}$$

$$本期发出某种材料的成本=本期发出数量\times该种材料的加权平均单价$$

$$期末结存该种材料的成本=期末结存数量\times该种材料的加权平均单价$$

当计算出的加权平均单价不是整数时，可采用倒挤法计算材料的成本，即

期末结存材料成本 = 期末结存材料数量 × 加权平均单价

本期发出材料成本 = 期初结存材料成本 + 本期收入材料成本 − 期末结存材料成本

（4）个别计价法

个别计价法是指每次发出材料的金额按其购入时的实际成本分别计价的方法。这种方法所确定的材料发出成本和结存成本最为准确，且可以随时结转，但是核算工作量大，因此只能适用于单位成本较高、容易辨认的材料，或为特定项目专门购制并单独存放的材料。

企业可根据材料收发的具体情况，选择适用的计价方法。计价方法一经确定，一般不得随意变更，以保持会计核算资料的一贯性和可比性。

2. 发出材料的账务处理

施工企业材料的领发业务频繁。为了简化核算工作，平时只登记仓库设置的材料明细账，反映各种材料的收发和结存金额。月末，财会部门应根据领料凭证，按领用部门和用途汇总编制“发出材料汇总表”，据以进行发出材料的账务处理。

应当注意的是，材料按实际成本核算时，库存材料账户一般只核算材料的买价和运费，采购保管费并不分配记入材料账户，领料凭证上的金额仅是材料的直接成本。因此，进行发出材料核算时，还应按比例将采购保管费分配给领料对象负担。

三、材料发出按计划成本计价的核算

按计划成本计价进行材料核算的企业，也应根据各种领料凭证编制“发出材料汇总表”，据以进行发出材料的账务处理。“发出材料汇总表”上应分别反映发出材料的计划成本和成本差异两部分内容。因为领料凭证上反映的仅是领用材料的计划成本，还须同时结转发出材料应负担的成本差异，才能将发出材料的计划成本调整为实际成本。

（1）发出材料成本差异的确定发出材料的成本差异，按以下方法确定：

发出材料应负担的材料成本差异 = 发出材料的计划成本 × 材料成本差异率

材料成本差异率的计算公式如下：

$$\text{本月材料成本差异率}=\frac{\text{月初结存材料的成本差异}+\text{本月收入材料的成本差异}}{\text{月初结存材料的计划成本}+\text{本月收入材料的计划成本}}\times 100\%$$

$$\text{上月材料成本差异率}=\frac{\text{月初结存材料的成本差异}}{\text{本月收入材料的计划成本}}\times 100\%$$

发出材料应负担的成本差异，必须按月分配，不得在季末或年末一次计算。除委托加工发出的材料可按上月差异率计算外，都应使用当月的差异率计算分配；如果上月的成本差异率与本月成本差异率相差不大，也可按上月的成本差异率计算。计算方法一经确定，不得随意变更。

（2）发出材料的账务处理

按计划成本计价的企业，应分别结转发出材料的计划成本和成本差异。发出材料应负担的成本差异，一律从“材料成本差异”账户的贷方转出。结转超支差时用蓝字登记，结转节约差时用红字登记。

第四节　材料其他收发的核算

一、委托加工材料的核算

根据工程施工的需要，施工企业常将某种材料委托外单位加工、改制成另一种材料。材料经加工、改制后，其性能发生了变化，成本也会增加。委托加工材料的成本包括：① 耗用原材料的实际成本；② 支付的加工费；③ 发生的往返运费等。

企业应设置“委托加工物资”账户，核算委托加工材料的实际成本。其借方登记耗用的原材料的实际成本、支付的加工费、运费等，贷方登记加工完成并已验收入库的材料的实际成本以及退回的剩余材料的实际成本，期末借方余额反映尚未加工完成的委托加工材料的实际成本。本账户应按加工合同和受托加工单位设置明细账户进行明细分类核算。

委托加工材料支付的增值税应通过“应交税费——应交增值税（进项税额）”账户核算。

二、建设单位供应材料的核算

根据建造合同的规定，有些建筑材料可以由建设单位供应。对于建设单位供应的材料，应视同外购材料同建设单位办理价款结算。结算价格通常按材料预算价格扣减一部分工地采购保管费后的金额确定。

三、自制材料的核算

自制材料是施工企业为了工程施工的需要，自行组织加工制作的各种材料物资。自制材料的实际成本包括加工制作过程中耗用的材料物资的实际成本以及发生的其他费用。

企业应设置“生产成本——辅助生产成本”账户核算自制材料的成本。其借方登记制作过程中发生的各项费用（包括被加工物资的实际成本），贷方登记制作完成并验收入库的材料的实际成本，期末借方余额反映尚未制作完成的材料的实际成本。本账户应按自制材料的名称设置明细账进行明细核算。

自制材料的核算方法与委托加工材料的核算方法基本相同。

四、残次料回收的核算

为了杜绝浪费，降低成本，企业应对施工过程中产生的边角料、废旧材料及时回收利用。回收残次料时，要填制注明“残次料”字样的收料单，办理验收入库手续。回收的残次料通过“原材料——其他材料”账户核算。施工现场回收的残次料冲减工程成本，仓库回收的残次料冲减采购保管费。

第五节　周转材料的管理与核算

周转材料是指能在生产过程中多次使用，基本保持其原有的物质形态，起着劳动资料的作用但不确认为固定资产的材料，即通常所说的“工具性材料、材料型工具”，包括各种低值易耗品和施工现场使用的模板、挡板和架料等。

由于周转材料能在生产经营过程中反复使用，并保持原有的物质形态，其价值随着使用逐渐损耗，因此在核算上既要反映其原值，又要反映其损耗价值。为适应这一核算要求，需要采用一定的摊销方法，将周转材料的价值摊销计入成本费用。

一、周转材料的分类

按在生产经营过程中的不同用途，周转材料可分为以下几类：

模板。指浇灌混凝土用的木模、钢模或钢木组合的模型板，以及配合模板使用的支撑材料、滑模材料等。按固定资产管理的固定钢模和现场固定大模板不包括在内。

挡板。指土石方工程用的挡土板以及支撑材料等。

架料。指搭建脚手架用的竹、木杆和跳板、钢管及扣件等。

低值易耗品。指使用年限在一年以下或单位价值低于固定资产标准的物品。如生产工具、管理用具、劳保用品以及周转使用的包装容器等。

其他。除以上各类之外，作为流动资产管理的其他周转材料，如安全网、塔吊使用的轻轨、枕木等（不包括附属于塔吊的钢轨）。

二、周转材料的摊销方法

一次转销法。指在领用时将周转材料的全部价值一次计入工程成本的方法。适用于易损、易腐的周转材料的摊销，如安全网等。

分期摊销法。指根据周转材料的预计使用期限，计算其每期摊销额的方法。适用于经常使用的周转材料摊销额的计算，如脚手架等。其计算公式为：

$$\text{周转材料每期的摊销额}=\frac{\text{周转材料计划成本}\times(1-\text{残值占计划成本}\%)}{\text{预计使用期限}}$$

分次摊销法。指根据周转材料的预计使用次数计算出每次的摊销额，再根据期内实际使用次数计算某期摊销额的方法。适用于不经常使用的周转材料摊销额的计算，如挡板等。其计算公式为：

$$\text{周转材料每使用一次摊销额}=\frac{\text{周转材料计划成本}\times(1-\text{残值占计划成本}\%)}{\text{预计使用期限}}$$

某期周转材料的摊销额 = 该期使用次数 × 每使用一次的摊销额

定额摊销法。指根据实际完成的建安工程量和规定的周转材料消耗定额计算每期摊销额的方法。适用于各种模板等周转材料摊销额的计算。其计算公式为：

本期周转材料摊销额 = 本期完成的实物工程量 × 单位工程量周转材料消耗定额

无论采用哪种摊销方法，计提的摊销额都不可能与周转材料的实际消耗价值完全相同。为了使计提的摊销额与实际损耗价值尽可能一致，准确核算工程成本，年终或工程竣工时，还必须对在用周转材料进行盘点清理，根据实际损耗情况调整已提摊销额。

三、周转材料的核算

施工企业应设置“周转材料”账户，核算和监督周转材料的收入、发出及其价值的摊销情况。其账户结构与采用五五摊销法时“低值易耗品”账户的结构相同。

采用计划成本进行周转材料收发核算的企业，还应于领用时结转应分摊的成本差异。周转材料收入的核算与材料收入的核算方法相同。以下主要介绍周围材料使用的核算。

（1）领用周转材料的核算

领用一次转销的周转材料时，应将周转材料的计划成本和成本差异全部结转给受益对象负担；领用分次摊销的周转材料时，应作由“在库”转为“在用”的处理，并同时结转应分摊的成本差异。

（2）按期计提摊销额的核算

月份终了，企业应编制“在用周转材料摊销计算表”，计算各工程应负担的周转材料费用。

（3）周转材料短缺和报废的核算

为了加强周转材料的管理和核算，企业应于年度终了或工程竣工时，对在用周转材料进行盘点，确定其短缺数量、实有数量及成色。对于短缺、报废的周转材料，计算其应补提的摊销额，并调整记入“周转材料摊销”明细账户。计算方法如下：

应补提摊销额 = 应提摊销额 − 已提摊销额

应提摊销额 = 报废、短缺周转材料的计划成本 − 残料价值

$$已提摊销额 = 报废、短缺周转材料的计划成本 \times \frac{该类在用周转材料账面已提摊销额}{该类在用周转材料账面计划成本}$$

（4）周转材料退库和转移工地的核算

对于工程完工或施工中不再需要的周转材料，应盘点数量，确定成色（新旧程度），计算应补提的摊销额计入工程成本。计算方法如下：

应提摊销额 = 盘存（退库）周转材料的计划成本 ×（1− 确定的成色率）

$$已提摊销额 = 盘存（退库）周转材料的计划成本 \times \frac{该类在用周转材料账面已提摊销额}{该类在用周转材料账面计划成本}$$

补提摊销额 = 应提摊销额 − 已提摊销额

第六节 存货的清查和期末计价

一、存货的清查

在存货的日常收发过程中，由于计量误差、自然损耗以及管理不善等，往往会发生盘盈、盘亏和毁损，造成账实不符。为了保证存货的安全完整，准确反映存货资产的实际情况，必须对存货进行清查。

存货清查通常采用实地盘点的方法，即通过盘点确定各种存货的实际库存数，并与账面数核对，核实盘盈、盘亏和毁损的数量，查明原因，编制“存货盘盈盘亏报告表”，报经有关部门批准后，在期末结账前处理完毕。

企业应设置“待处理财产损溢”账户，核算财产物资的盘盈、盘亏和毁损情况。其借方登记盘亏和毁损的财产物资的实际成本以及经批准转销的盘盈数，贷方登记盘盈财产物资的实际成本以及经批准转销的盘亏、毁损数，期末处理后应无余额。本账户应按盘盈、盘亏的资产的种类和项目进行明细核算。

物资在运输途中发生的非正常短缺与损耗，也通过“待处理财产损溢”账户核算。盘盈的固定资产，应作为前期差错通过“以前年度损益调整”账户核算。

（1）存货盘盈的核算

盘盈的存货在未经批准前，应先按同类或类似存货的市场价格或评估价值作为其实际成本，调整存货的账面结存数，并记入“待处理财产损溢——待处理流动资产损溢”账户；经有关部门批准后，冲减管理费用。

（2）存货盘亏和毁损的核算

盘亏和毁损的存货，在报经批准之前，应按实际成本借记“待处理财产损溢——待处理流动资产损溢”账户，贷记“原材料”等账户。报经批准后，再根据造成盘亏和毁损的原因，分别按以下情况进行处理：

属于定额内的损耗，计入采购保管费；属于计量误差和管理不善等原因造成的短缺或毁损，能确定过失人的，应由过失人赔偿；全部损失扣除残料价值、过失人赔偿后的净损失，计入管理费用；属于自然灾害或意外事故造成的存货毁损属于保险责任范围的，应向保险公司索赔；全部损失扣除保险赔款后的净损失，计入营业外支出。

依增值税暂行条例规定，非正常损失的购进货物以及非正常损失的在产品、产成品所耗用的购进货物或应税劳务的进项税额不得从销项税额中抵扣，应作为成本费用或损失处理。

二、存货的期末计价

1. 存货的期末计价方法

由于市价下跌以及陈旧、过时、毁损等，已入账的存货可能发生减值。如果在会计期末仍然按历史成本计价，就会虚夸资产，导致会计信息失真。因此，会计制度要求期末存货采用“成本与可变现净值孰低法”计价。

“成本与可变现净值孰低法”是指存货在期末时按照成本与可变观净值孰低计量，对可变现净值低于成本的差额计提存货跌价准备。即当成本低于可变现净值时，按成本计价；当可变现净值低于成本时，按可变现净值计价。

存货的可变现净值，指存货的预计未来净现金流量，而不是存货的售价或合同价。它等于存货的估计售价减去至完工估计将要发生的成本、估计的销售费用以及相关税费后的金额。

2．存货成本与可变现净值比较的方法

采用“成本与可变现净值孰低法”对期末存货计价时，要将成本与可变现净值进行比较，比较的方法一般有下列两种：

单项比较法。指将每一种存货的成本与其可变现净值逐项进行比较，每项存货均取较低者来确定其期末价值。

分类比较法。指将每类存货的成本与其可变现净值进行比较，每类存货取二者中的较低者来确定存货的期末价值。

《企业会计准则第 1 号——存货》规定，存货跌价准备应按单个存货项目的成本与可变现净值计量，对于数量繁多、单价较低的存货，也可以按类别计量成本与可变现净值。

3．成本与可变现净值孰低法的会计处理

企业采用单项比较法或分类比较法确定了存货的期末价值后，应视具体情况进行账务处理。

（1）存货的可变现净值低于账面成本

当期末存货的可变现净值低于成本时，应当确认存货跌价损失，并计提存货跌价准备。具体做法是：对于存货可变现净值低于成本的损失，并不直接冲减有关存货账户，而是另设“存货跌价准备”账户反映。会计期末，计算出存货的跌价损失，并与“存货跌价准备”账户的余额比较，确定应计提的存货跌价准备。如果跌价损失大于账面余额应予补提；反之，应予冲回。即

$$\begin{array}{c}\text{某期计提的}\\\text{存货跌价准备}\end{array}=\begin{array}{c}\text{存货可变现净值}\\\text{低于成本的数额}\end{array}-\begin{array}{c}\text{“存货跌价准备”}\\\text{账户的账面余额}\end{array}$$

（2）存货的可变现净值高于账面成本

当期末存货的可变现净值高于成本时，仍然按成本反映，不需作账务处理。但是，若已计提跌价准备的存货的可变现净值等于或高于其成本时，则应将已计提的存货跌价准备全部转销，转销的金额以“存货跌价准备”账户的余额冲减至零为限。

为了核算存货可变现净值低于成本时提取的跌价准备，应设置“存货跌价准备”账户。其贷方登记期末提取的跌价准备，借方登记已计提跌价准备的存货价值得以回升时冲回的跌价准备以及存货减少时转销的跌价准备，期末贷方余额表示已提取的存货跌价准备。

第七节　存货的控制

为了生产经营的需要，企业必须储备适量的存货。存货储备不足，可能会影响施工生产的正常进行，而存货储备过多，又会造成大量资金被占用，同时还会发生较多仓储费、保险费、利息等开支，造成资金周转困难，因此必须对存货进行控制。存货的控制应从以下几方面进行。

一、控制存货的采购批量

控制存货的采购批量的主要方法是确定存货的经济采购批量。所谓经济采购批量，是指在保证供需正常衔接的前提下，能使全年存货相关总成本最低的采购批量。

（1）储备存货的有关成本

储备一定数量的存货，必然会发生一定的成本支出。与储备存货有关的成本有以下几项：

采购成本。指购买存货发生的买价、运费等支出。一般情况下，采购成本和采购数量成正比例关系。

订货成本。指为订购存货发生的支出。订货成本一般与订货数量无关，而与订货次数有关。

保管成本。指存货在储存过程中发生的支出，包括仓储费、保险费、存货变质损失、占用资金应支付的利息等。一定时期的保管成本总额，等于该期存货平均储存量与单位保管成本的乘积。

缺货成本。指存货供应不足造成的损失，包括由于材料供应中断造成的停工损失、紧急购买存货多支付的费用等。一般情况下，企业是不允许缺货的，即一般不会发生缺货成本。

（2）经济采购批量的确定

除缺货成本外，在确定存货的经济采购批量时，通常把存货的采购成本也作为非相关成本。这是因为如果存货的年需求量和单价是已知不变的，存货的全年采购总成本就不会因为采购批量的改变而改变。因此，在确定存货的经济采购批量时，通常只考虑订货成本和保管成本。

从前述存货成本中可知，随着订货批量的变化，订货成本和保管成本是互为消长的。订购批量大，储存的存货就多，保管成本就上升，但由于订货次数减少，订货成本则降低；反之，若降低订货批量，保管成本就降低，但由于订货次数增加，订货成本就上升。解决这一矛盾的方法，就是使节约的保管成本恰好抵消增加的订货成本，使储备存货发生的订货成本和保管成本最低。订货成本和保管成本最低的采购批量即为最佳经济采购批量。

确定最佳经济采购批量，通常使用下列方法：

逐批测试法。指在全年订货量已经确定的情况下，分别对不同的订货量测试其全年订货成本、保管成本，找出全年订货成本和保管成本最低的订货量为最佳经济采购批量。

公式法。指应用成本最小点分析的计算公式求最佳采购批量的方法。

上述最佳采购批量的确定，是假定价格不随采购批量变动，把存货的采购成本作为非相关成本排除在存货总成本之外。但在现实供销活动中，供应商为了扩大销售，往往对大批量采购给予价格折扣。采购的数量越多，折扣率就越高。此时，存货的采购成本就是采购批量决策的相关成本了。因此，在有折扣的情况下确定存货的采购批量，还必须考虑订货数量的变化对采购成本的影响。

二、控制存货的订购点

为了保证施工生产的正常进行，企业必须在材料用完之前订货。那么，究竟在库存材料还有多少时，订购下一批材料呢？这就需要确定订购点。订购点是指订购下一批货时库存存货的数量，用 R 表示。它等于平均每日耗用量 d 与交货时间 t（从发出订单到货物验收入库所用时间）的乘积。即

$$R=d\cdot t$$

以上订货点的确定，是以存货供需稳定不变为前提的。实际上，存货的每日需求量和交货时间不可能保持不变。如果需求量增大或交货延迟，就会导致供应中断。为防止由此造成的损失，就需要多储备一些存货，称为保险储备。较多的保险储备虽然能避免缺货损失，但却会增加存货的资金占用以及储存费用。因此，企业应根据各种存货的具体供求情况，分别确定合理的保险储备量，尽量降低存货的资金占用量以及保管成本。

三、强化工程项目部的存货管理

由于施工生产的特殊性，施工企业的存货不可能全部由公司集中采购、保管。有很多建筑材料由各工程项目部自行组织采购和保管。因此必须加强各项目部的材料管理工作。工程项目部的材料控制主要包括以下几方面：

（1）编制和执行采购计划。各项目部要根据年度计划工作量测算年度材料采购量，并根据施工任务的安排情况，确定各季、月的采购量以及采购资金的需要量。财务部门要进行核实、审批，并监督各项目部按照采购计划组织采购。如果由于施工任务变化需要调整采购量，应由项目部申请，经主管领导审批后才能追加计划。

（2）实行采购资金的归口管理，控制材料采购价格。材料采购价格，是影响采购支出的重要因素。项目部要根据具体情况将采购资金的计划指标进行分解，落实到人，并定期进行考核。有关责任人在采购材料时，应遵循价廉物美、就近采购的原则，以节约采购费用和运输费用，降低材料采购成本。

（3）建立完善的仓库管理制度。材料入库要严格验收，把好数量、质量和结算关，对数量、质量不合格的材料不予结算。各种材料的收发、领退、盘亏等，均严格按制度办事，保证材料物资安全完整。另外，还应进行定期清查，及时处理超储积压物资，提高资金的利用效果。

第四章　长期资产的核算与管理

第一节　固定资产概述

一、固定资产的概念及特征

固定资产是指为生产商品、提供劳务、出租或经营管理而持有的，使用寿命超过一个会计年度，单位价值在规定标准以上的房屋及建筑物、机器、机械、运输工具以及其他与生产经营有关的设备、工具、器具等有形资产。按是否可以移动并且移动后是否会损害其价值分为有形动产和不动产。

从固定资产的定义看，它应具有如下三个基本特征：

（1）企业持有固定资产是为了生产商品、提供劳务、出租或经营管理，而不是为了对外出售。该特征是区别固定资产与存货等流动资产的重要标志。其中“出租”的固定资产，不包括以经营租赁方式出租的建筑物。以经营租赁方式出租的建筑物属于投资性房地产。

（2）固定资产的使用寿命超过一个会计年度。该特征表明固定资产属于长期资产，多次参加生产经营过程，其价值不应一次转移，而是随着使用逐渐通过折旧将其损耗价值转作成本、费用。

（3）固定资产为有形资产。该特征是固定资产区别于无形资产的主要标志。

二、固定资产的确认

符合固定资产概念的有形资产还要满足以下两个条件，才能确认为固定资产进行核算。

（1）与该固定资产有关的经济利益很可能流入企业

资产最基本的特征是预期能给企业带来经济利益，不能给企业带来经济利益的，就不能确认为企业的资产。对固定资产的确认也是这样，如果某一固定资产预期不能给企业带来经济利益，就不能确认为企业的固定资产。在实务中，判断固定资产包含的经济利益是否很可能流入企业，主要依据与该固定资产所有权相关的风险和报酬是否转移给了企业。其中，与固定资产所有权相关的风险，是指由于经营情况变化造成的相关收益的变动，以及由于资产闲置、技术陈旧等造成的损失；与固定资产所有权相关的报酬，是指在固定资产使用寿命内直接使用该资产而获得的收入以及处置该资产所实现的利得等。

通常，取得固定资产的所有权是判断与固定资产所有权相关的风险和报酬转移给了企业的一个重要标志。但是，有些固定资产的所有权虽然不属于企业，比如，融资租入固定资产，虽然企业不拥有该固定资产的所有权，但与该固定资产所有权相关的风险和报酬实质上已转移到了企业，企业能够控制该固定资产所包含的经济利益，因此，符合固定资产确认的第一个条件。另外，企业购置的环保设备和安全设备等资产，它们的使用虽然不能直接为企业带来经济利益，但有助于企业从相关资产中获得经济利益，或将减少企业未来经济利益的流出，因此，对于这些设备，企业应将其确认为固定资产。

（2）该固定资产的成本能够可靠地计量

成本能够可靠地计量，是资产确认的一项基本条件。固定资产作为企业资产的重要组成部分，如果其取得的成本能够可靠的计量，并同时满足其他确认条件，就可以确认为企业的固定资产；否则，不应确认为企业的固定资产。

在实务中，对固定资产进行确认时，还需要注意以下问题：

企业在确定固定资产成本时，有时需要根据所获得的最新资料进行合理的估计。比如，企业对于已达到预定可使用状态的固定资产，在尚未办理竣工决算前，需要根据工程预算、工程造价或者工程实际发生的成本等资料，按暂估价值确定固定资产的成本，待办理了竣工决算后，再按实际成本调整。

如果固定资产的各组成部分具有不同使用寿命或者以不同方式为企业提供经济利益，应使用不同折旧率或折旧方法，应当分别将各组成部分确认为单项固定资产。

三、固定资产的分类

按经济用途和使用情况，可将企业的固定资产分为以下八大类：

（1）生产经营用固定资产。指直接服务于生产经营过程的各种固定资产，如施工生产单位和行政管理部门使用的房屋建筑物、施工机械、钢模（按固定资产管理的固定钢模和现场大型钢模板）、运输设备、生产设备、仪器及试验设备以及不属于前述各类的其他生产用固定资产。

（2）非生产用固定资产。指不直接服务于生产经营过程的各种固定资产，如职工宿舍、食堂、浴室、理发室等使用的房屋、设备等固定资产。

（3）租出固定资产。指在经营租赁方式下，出租给外单位使用的固定资产（不包括以经营租赁方式出租的建筑物）。

（4）未使用固定资产。

（5）不需用固定资产。

（6）土地。指过去已经估价单独入账的土地。因征地而支付的补偿费应计入与土地有关的房屋、建筑物的价值内，不单独作为土地价值入账。企业取得的土地使用权，应作为无形资产管理，不作为固定资产管理。

（7）融资租入固定资产。指企业以融资租赁方式租八的固定资产。在租赁期内，应视同自有固定资产进行管理。

（8）持有待售固定资产。同时满足下列条件的固定资产应当划分为持有待售固定资产：一是企业已经就处置该固定流动资产作出决议；二是企业已经与受让方签订了不可撤销的转让协议；三是该项转让协议将在一年内完成。

四、固定资产的计价

（1）按历史成本计价

固定资产的历史成本也称原始价值，是指购建某项固定资产达到可使用状态前发生的一切合理、必要的支出。按照这种计价方法确定的价值，均是实际发生并有支付凭据的支出，具有客观性和可验证性。企业购建固定资产初始计量时采用这种方法计价。

（2）按净值计价

固定资产净值也称折余价值，是指固定资产原始价值减去已提折旧后的净额。它可以反映企业实际占用在固定资产上的资金数额和固定资产的新旧程度。

（3）按现值计价

在现值计量下，固定资产按照预计从其持续使用和最终处置中所产生的未来净现金流入量的折现金额计量。

（4）公允价值

在公允价值计量下，固定资产按照在公平交易中，熟悉情况的交易双方自愿进行资产交换的金额计量。

第二节　固定资产取得的核算

固定资产取得的方式有购入、自行建造、投资者投入、融资租入等，企业应当分别不同来源进行核算。固定资产取得方式不同，初始计量方法也各不相同。固定资产的初始计量，是指固定资产初始成本的确定。固定资产初始成本，是指企业购建某项固定资产达到预定可使用状态前所发生的一切合理、必要的支出。

施工企业应设置“固定资产”账户，用以核算和监督固定资产的增减变动和实有情况。该账户属于资产类账户，其借方登记增加的固定资产的原始价值（即实际成本），贷方登记减少的固定资产的原始价值，期末借方余额表示现有固定资产的原始价值。

一、购入固定资产

外购固定资产的成本包括买价和为使固定资产达到预定可使用状态前所发生的可直接归属于该资产的其他支出，如运输费、装卸费、安装费、专业人员服务费及交纳的相关税费等。但不含按照税法规定可抵扣的增值税进项税额。外购固定资产支付的按规定可以抵扣的增值税不计入所购固定资产成本，记入“应交税费应交增值税（进项税额）”账户单独核算。企业购入的固定资产，按购入后是否可以直接使用，分别“不需要安装”和“需要安装”两种情况进行核算。购入不需要安装的固定资产，按实际支付的价款直接作为固定资产入账，借记“固定资产”“应交税费——应交增值税（进项税额）”账户，贷记“银行存款”等账户；购入需要安装的固定资产，在安装完毕前不能作为固定资产入账，其发生的各项费用先通过“在建工程”账户核算，待安装完毕后，再转作固定资产。

（1）购入不需要安装的固定资产

购入不需要安装的固定资产，按实际发生的全部支出直接作为固定资产入账。

（2）购入需要安装的固定资产

购入需要安装的固定资产，在安装完毕前不能作为固定资产入账，其发生的各项费用先通过“在建工程”账户核算，待固定资产安装完毕后，再转作固定资产。

“在建工程”账户，用以核算企业进行各种在建工程（包括新建工程、改建工程、扩建工程和购入需要安装固定资产的安装工程等）所发生的实际支出。其借方登记企业进行各种在建工程所发生的实际支出，贷方登记已完工交付使用的工程的实际成本，期末借方余额表示尚未完工的在建工程发生的实际支出。该账户应设置“建筑工程”“安装工程”“改建工程”和“其他支出”等明细账户，进行明细核算。

需要说明的是，小规模纳税企业购置固定资产取得的专用发票上注明的增值税额应计入固定资产成本，不通过“应交税费——应交增值税（进项税额）”账户核算。

二、自行建造固定资产

自行建造的固定资产，按建造该项资产达到预定可使用状态前所发生的必要支出作为入账价值。

企业自建固定资产，可采用自营和出包两种方式进行。无论是自营方式，还是出包方式，建造过程中的费用支出都应通过“在建工程”账户核算。待建造完成交付使用后，再将其实际成本转为固定资产。

企业为在建工程购入的各种物资的实际成本，通过“工程物资”账户核算。该账户用以核算为在建工程准备的各种物资的实际成本。其借方登记企业购入物资的实际成本，贷方登记在建工程领用物资的实际成本以及完工后对外出售或转作存货的剩余物资的实际成本，期末借方余额表示尚未使用的工程物资的实际成本。

按规定，2016 年 5 月 1 日后取得并在会计上按固定资产核算的不动产或 2016 年 5 月 1 日后取得的不动产在建工程，其进项税额应自取得之日起分两年从销项税额中抵扣。第一年抵扣比例为 60%，第二年抵扣比例为 40%。

融资租入的不动产以及在施工现场修建的临时建筑物、构筑物，其进项税额不适用上述分两年抵扣的规定。

建造不动产与承包单位办理工程价款结算时，根据收到的工程价款结算账单，借记“在建工程”“应交税费——应交增值税（进项税额）”“应交税费——待抵扣进项税额”等账户，贷记“银行存款”“应付账款”等账户。

三、自行建造施工现场临时设施

临时设施是施工企业为保证施工生产的正常进行而在施工现场建造的生产和生活用的各种临时性简易设施，如临时搭建的办公室、职工宿舍、围墙、化灰池、贮水池及临时性排水、供电、供热管线等。临时设施在施工生产过程中发挥着劳动资料的作用，其实物形态大多与作为固定资产的永久性房屋、建筑物相类似。但由于其建筑标准较低，随着施工任务的完成，这些临时设施就失去了原来的作用，多数在其自然寿命终了前就需要拆除清理。

施工企业在施工现场使用的临时设施一般分两种情况：① 由建设单位或总包单位提供给企业使用。这种情况下的临时设施，不属于施工企业的核算范围。② 由施工企业自行搭建。施工企业自行搭建临时设施所需资金，一般是按有关规定向建设单位或总包单位收取临时设施费，实行包干使用。施工企业应本着既要有利于施工生产的正常进行，又要节约使用资金的原则，因地制宜，合理搭建各种临时设施。

根据《企业会计准则》的规定，符合固定资产确认条件的临时设施应该作为固定资产管理与核算。企业可在“固定资产”账户开设“临时设施”明细账户进行临时设施核算。对于搭建过程中的实际支出，先通过“在建工程”账户归集，建造完成交付使用后再将其实际成本转入“固定资产——临时设施”账户。

四、投资者投入的固定资产

投资人投入的固定资产初始成本，按投资合同或协议约定的价值入账（但投资合同或协议约定的价值不公允的除外），借记“固定资产”“应交税费——应交增值税（进项税额）”账户，贷记“实收资本（或股本）”账户。

第三节　固定资产折旧的核算

一、固定资产折旧概述

固定资产折旧是指固定资产在使用过程中损耗的价值。固定资产损耗的价值，应当在固定资产的有效使用年限内分摊计入各期成本，并从各期的经营收入中得到补偿。这个分摊固定资产成本的过程称为计提固定资产折旧。

企业计提固定资产折旧，是将固定资产应计提的折旧总额在固定资产的预计使用年限内合理分摊。某项固定资产应计提的折旧总额为固定资产的原始价值减去预计净残值后的余额。因此，企业在计算一定会计期间应计提的折旧额时，需要考虑以下因素：

（1）固定资产原值

固定资产原值是固定资产取得时的初始成本，是计提固定资产折旧的基数。

（2）预计净残值

预计净残值是指固定资产的预计残值收入扣除预计清理费用后的余额。其中，预计残值收入是指预计固定资产报废时可以收回的残余价值。由于它在固定资产的使用过程中并未被消耗，因此不应计入使用期的成本费用，在计算固定资产折旧时应予以扣除。预计清理费是指预计固定资产报废清理时发生的拆卸、搬运等费用，是使用固定资产的一种必要的追加耗费，应由固定资产使用期间的成本费用负担。

（3）预计使用年限

固定资产使用年限的长短直接影响到折旧率的高低，是影响各期应计折旧的重要因素。在确定固定资产使用年限时，应当考虑固定资产的预计生产能力、有形损耗和无形损耗等因素。

另外，按固定资产准则规定，企业至少应当于每年年度终了，对固定资产使用寿命、预计净残值和折旧方法进行复核。因为，第一，在固定资产使用过程中，其所处的经济环境、技术环境以及其他环境有可能对固定资产使用寿命和预计净残值产生重大影响，例如，固定资产使用强度比正常情况大大增强或替代该项固定资产的新产品的出现，致使固定资产实际使用寿命缩短，预计净残值减少；第二，固定资产使用过程中所处经济环境、技术环境以及其他环境的变化也可能致使与固定资产有关的经济利益的预期实现方式发生重大变化，例如，某企业以前年度采用年限平均法计提固定资产折旧，此次年度复核中发现，与该固定资产相关的技术发生很大的变化，年限平均法已很难反映该项固定资产给企业带来经济利益的方式，企业决定将年限平均法改为加速折旧法。

因此，企业至少应于每年年度终了，对固定资产使用寿命、预计净残值和折旧方法进行复核，作出相应调整。固定资产使用寿命、预计净残值和折旧方法的改变应作为会计估计变更，按照会计估计变更的方法处理。

二、固定资产折旧的计算方法

固定资产折旧的计算方法是指将固定资产应计提的折旧总额分摊于各受益期的方法。企业应当根据与固定资产有关的经济利益的预期实现方式，合理选择固定资产折旧方法。

企业可以采用的折旧方法包括年限平均法、工作量法、双倍余额递减法和年数总和法等。折旧方法一经选定，不得随意变更。

（1）年限平均法

年限平均法也称直线法，是将固定资产的应计折旧总额均衡地分摊到各期的一种方法。采用这种方法计算的每期折旧额相等，且计算简单，适用于各会计期间磨损程度基本相同的固定资产。其计算公式如下：

$$\text{固定资产年折旧额}=\frac{\text{固定资产原值}-\text{预计净残值}}{\text{预计使用年限}}$$

在实际工作中，通常根据固定资产原值乘以折旧率来计算折旧额。折旧率是指一定时期内固定资产折旧额与固定资产原值的比率。其计算公式如下：

$$固定资产年折旧率=\frac{固定资产年折旧额}{固定资产原值}\times100\%$$

$$固定资产年折旧率=\frac{1-预计净残值率}{预计使用年限}$$

$$月折旧额=\frac{固定资产年折旧率}{12}$$

$$月折旧额=固定资产原值\times月折旧率$$

在实际工作中，为了简化核算手续，企业一般采用分类折旧率计算固定资产的折旧额。分类折旧率是指按照固定资产的类别计算的折旧率。采用分类折旧率计提折旧，应先将固定资产按性质、结构和使用年限等进行分类，再按类计算折旧率，并以各类固定资产的原值与该类固定资产的折旧率相乘，计算各类固定资产的折旧额。

（2）工作量法

工作量法是根据固定资产在施工生产过程中实际完成的工作量计算折旧的一种方法。它一般适用于各期使用程度不均衡的大型机械和设备。其计算公式如下：

$$单位工作量应提折旧额=\frac{固定资产原值\times(1-预计净残值率)}{预计总工作量}$$

$$\begin{matrix}某项固定资\\产月折旧额\end{matrix}=\begin{matrix}该固定资产单位\\工作量应提折旧额\end{matrix}\times\begin{matrix}本月该固定资产\\实际完成的工作量\end{matrix}$$

用于计提折旧的工作量有机器设备的工作小时、运输车辆的行驶里程、大型施工机械的工作台班等。

（3）双倍余额递减法

双倍余额递减法是指在不考虑固定资产净残值的情况下，以每年年初固定资产账面净值乘以双倍的直线折旧率计算固定资产折旧额的计算方法。其计算公式如下：

$$年折旧率=\frac{2}{折旧年限}\times100\%$$

$$年折旧额=年初固定资产账面净值\times年折旧率$$

采用双倍余额递减法计提折旧的固定资产，应当在其固定资产折旧年限到期前两年内，将固定资产净值扣除预计净残值后的价值平均摊销，即在最后两年改为直线法计提折旧。其目的是保证固定资产在预计使用期内提足折旧。

（4）年数总和法

年数总和法是将固定资产的原值扣除预计净残值后的余额，乘以一个逐年递减的分数（即折旧率）来计算各年折旧额的一种方法。这个分数的分子代表固定资产尚可使用的年数，分母代表使用年数逐年数字总和。计算公式为：

$$年折旧率=\frac{尚可使用年数}{预计使用年限的年数总和}\times100\%$$
$$=\frac{预计使用年限-已使用年数}{预计使用年限\times(预计使用年限+1)\div2}\times100\%$$
$$年折旧额=(固定资产原值-预计净残值)\times年折旧率$$

采用年数总和法计提折旧，由于折旧率逐年降低，所以各年的折旧额也是递减的。

以上第三、四种方法为加速折旧法。加速折旧法具有在使用前期多提折旧，使用后期少提折旧的特点，其目的是使固定资产成本在估计耐用年限内尽快得到补偿。

三、计提折旧的范围

根据财政部发布的《企业会计准则——固定资产》的规定，除以下情况外，企业应对所有固定资产计提折旧：

（1）已提足折旧继续使用的固定资产。

（2）按规定单独估价作为固定资产入账的土地。

施工企业应按月计提固定资产折旧。在计提折旧时，一律按固定资产的月初余额计提。当月增加的固定资产，当月不计提折旧，从下月起计提折旧；当月减少的固定资产，当月仍计提折旧，从下月起停止计提折旧。固定资产提足折旧后，不论是否继续使用，均不再计提折旧；提前报废的固定资产，也不再补提折旧，其净损失应计入企业的营业外支出。

临时设施采用年限平均法计提折旧。一般情况下，建筑安装工程的工期决定了临时设施受益期限的长短。随着工程竣工，多数临时设施在其自然寿命终了前就要被拆除，因此，临时设施的预计使用年限要按其耐用年限和工程项目施工期限孰短的原则确定。

四、计提折旧的会计处理

为了简化核算手续，企业各月计提的折旧额，可以在上月折旧额的基础上，根据上月固定资产增减情况进行调整，计算出当月应计提的折旧额。其计算公式如下：

$$\begin{matrix}本月应计\\提折旧额\end{matrix}=\begin{matrix}上月计提\\的折旧额\end{matrix}+\begin{matrix}上月增加固定资产\\应计提的折旧额\end{matrix}$$

企业计提固定资产折旧，通过“累计折旧”账户核算，并根据用途计入相关资产的成本或当期损益。例如，自行建造固定资产过程中使用固定资产计提的折旧应计入在建工程成本；企业所属的施工队、项目部在组织和管理施工生产过程中使用固定资产计提的折旧计入施工间接费用；施工生产过程中使用施工机械计提的折旧计入机械作业成本；经营其他业务使用固定资产计提的折旧计入其他业务成本；辅助生产部门使用固定资产计提的折旧计入辅助生产成本；材料供应部门和仓库使用固定资产计提的折旧计入采购保管费；行政管理部门使用固定资产计提的折旧计入管理费用；未使用的固定资产计提的折旧也计入管理费用。

“累计折旧”账户是固定资产账户的备抵调整账户，用以核算固定资产逐渐损耗的价值（即已提折旧额）。其贷方登记按月计提的折旧额，借方登记减少固定资产时转销的折旧额，期末贷方余额表示现有固定资产的累计折旧额。

在实际工作中，各月计提折旧的工作一般是由财会部门编制“固定资产折旧计算表”来完成的。

第四节　固定资产后续支出

在固定资产使用过程中，企业为了适应新技术的发展或保持和提高现有固定资产的使用效能，还需对固定资产进行维护、改建、扩建或改良。固定资产后续支出，就是指固定资产在使用过程中发生的更新改造支出、修理费用支出等。

固定资产的更新改造等后续支出，满足固定资产规定确认条件的（即与该项固定资产有关的经济利益很可能流入企业；固定资产的成本能够可靠地计量）应当计入固定资产成本，如有被替换的部分，应扣除其账面价值；不满足固定资产规定确认条件的固定资产修理费用等，应当在发生时计入当期损益。

一、资本化的后续支出

企业通过固定资产的更新改造，延长了固定资产的使用寿命，提高了固定资产的生产能力等。如果满足固定资产规定的确认条件，应当将更新改造支出资本化，计入固定资产成本。在发生资本化的后续支出时，企业应将该固定资产的原价、已计提的累计折旧和减值准备转销，即将固定资产的账面价值转入在建工程，并停止计提折旧。发生的可资本化的后续支出，通过“在建工程”账户核算。待更新改造工程完工并达到预定可使用状态时，再从在建工程转为固定资产，并按重新确定的使用寿命、预计净残值和折旧方法计提折旧。

如果是企业以经营租赁方式租入的固定资产发生的改良支出，也应予以资本化，作为长期待摊费用，合理进行摊销。

二、费用化的后续支出

如果固定资产的后续支出不符合资本化的条件，如固定资产的修理支出，应当在发生时计入当期管理费用。

第五节　固定资产处置的核算

施工企业固定资产处置包括固定资产的出售、报废、毁损和投资转出等。现根据不同情况分述如下：

一、出售、报废和毁损固定资产的核算

企业在进行固定资产出售、报废和毁损的核算时，不仅要转销减少的固定资产的账面价值，还要反映在固定资产减少过程中发生的支出和取得的收入等内容，为此应设置“固定资产清理”账户。该账户的借方登记转入清理的固定资产账面净值、发生的清理费及其他相关税费，贷方登记清理过程中取得的各种收入。固定资产清理工作结束后，应将清理的净收益或净损失转入营业外收支，结转后本账户应无余额。

根据有关规定，纳税人销售自己使用过的固定资产时，应该分别两种情况进行税务处理：对于已经抵扣过进项的固定资产，应按照 17% 计算交纳销项税额；对于没有抵扣过进项的固定资产，适用简易计税方法，依照 3% 计算交纳销项税额。

企业因出售、报废和毁损等原因而减少的固定资产，按以下步骤进行会计处理：

（1）转销清理固定资产的账面价值。按减少的固定资产的账面净值借记“固定资产清理”账户，按已提折旧借记“累计折旧”账户，按已计提的减值准备借记“固定资产减值准备”账户，按固定资产原值贷记“固定资产”账户。

（2）支付清理费用。企业应按实际发生数，借记“固定资产清理”账户，贷记“银行存款”“应付职工薪酬”等账户。

（3）取得清理收入。企业在固定资产清理过程中取得的收入（包括出售固定资产的价款、报废固定资产的残值收入以及应收保险公司或过失人的赔款等），借记“银行存款”或“其他应收款”等账户，贷记“固定资产清理”账户。

（4）结转清理净损益。固定资产清理后的净损失，属于生产经营期间正常的处

理损失，计入“营业外支出——处置非流动资产损失”账户；属于自然灾害等非正常原因造成的损失，计入“营业外支出——非常损失”账户；如为清理收益，计入“营业外收入”账户。

二、投资转出固定资产

企业因为投资入股或与其他单位联营等转出固定资产时，也要通过“固定资产清理”账户核算，该账户的借方登记投资转出固定资产账面净值、发生的清理费及其他相关税费。最后按“固定资产清理”账户的余额作为长期股权投资相关处理的依据。

三、持有待售的固定资产

企业对于持有待售的固定资产，应当调整其预计净残值，使该固定资产的预计净残值反映其公允价值减去处置费用后的金额，但不得超过符合持有待售条件时该项固定资产的原账面价值。原账面价值高于调整后预计净残值的差额，应作为资产减值损失计入当期损益。

持有待售的固定资产不计提折旧，按照账面价值与公允价值减去处置费用后的净额孰低进行计量。

第六节　无形资产的核算

一、无形资产的概念及特征

无形资产是指企业拥有或者控制的没有实物形态的可辨认非货币性长期资产。如专利权、专有技术、商标权、自然资源使用权和其他权益性无形资产等。无形资产具有三个主要特征：

（1）不具有实物形态

该特征是无形资产区别于固定资产、存货等有形资产的主要标志。

（2）具有可辨认性

满足下列条件之一，符合无形资产定义中的可辨认性标准：

① 能够从企业中分离或者划分出来，并能单独或者与相关合同、资产或负债一起，用于出售、转移、授权许可、租赁或者交换。

② 源自合同性权利或其他法定权利，无论这些权利是否可以从企业或其他权利

和义务中转移或者分离。

商誉的存在无法与企业自身分离，不具有可辨认性，因此商誉不属于无形资产核算范围。

（3）属于非货币性长期资产

无形资产属于非货币性长期资产能够在多个会计期间为企业带来经济利益，无形资产的使用年限在一年以上，其价值将在各个受益期间逐渐摊销。

二、无形资产的确认

符合定义的无形资产同时满足以下条件时才能予以确认。

（1）与该无形资产有关的经济利益很可能流入企业

资产最基本的特征是预期能给企业带来经济利益，如果某一项目预期不能给企业带来经济利益，就不能确认为企业的资产。对无形资产的确认来说，如果某一无形资产预期不能给企业带来经济利益，就不能确认为企业的无形资产；如果该项无形资产包含的经济利益很可能流入企业，并同时满足无形资产确认的其他条件，那么企业应将其确认为无形资产。

（2）该无形资产的成本能够可靠计量

成本能够可靠地计量，是资产确认的一项基本条件。对于无形资产，这个条件十分重要。如果企业为取得无形资产而发生的成本能够可靠地计量，并同时满足其他确认条件，就可以确认为企业的无形资产；否则，企业不能予以确认。

三、无形资产的内容

无形资产的主要内容，见表 4–1。

表 4–1 无形资产的内容

项目	主要内容
商标权	商标是用来辨认特定商品或劳务的标记。商标权是经国家工商行政管理部门商标局核准注册，申请人专门在某种指定的商品上使用特定的名称、图案、标记的权利。商标权的内容包括独占使用权和禁止使用权
专利权	专利权是指国家专利主管机关依法授予专利申请人对其发明创造在法定期限内所享有的专有权利。包括发明专利权、实用新型专利权和外观设计专利权。专利权是允许其持有者独家使用或控制的特权
自然资源使用权	自然资源使用权包括土地使用权、海域使用权、探矿权、采矿权、取水权和其他自然资源使用权

续表

项目	主要内容
非专利技术	非专利技术又称专有技术、技术秘密或技术诀窍，是指没有申请专利权但能为企业带来效益的生产技术、知识和经验。它不受法律保护，而是靠保密手段占有
其他权益性无形资产	其他权益性无形资产包括基础设施经营权、特许经营权、连锁经营权、公共事业特许权、肖像权等

四、无形资产的核算

为了核算和监督无形资产的取得、摊销和处置等情况，企业应设置“无形资产”“累计摊销”等账户。

“无形资产”账户核算企业持有无形资产的成本，其借方登记取得的各种无形资产的实际成本，贷方登记出售或转销无形资产的账面价值，期末借方余额反映企业无形资产的成本。本账户应按无形资产的类别设置明细账进行明细分类核算。

“累计摊销”账户属于“无形资产”账户的调整账户，核算企业对使用寿命有限的无形资产计提的累计摊销，贷方登记企业计提的无形资产摊销，借方登记处置无形资产转出的累计摊销，期末贷方余额，反映企业无形资产的累计摊销额。

此外，无形资产发生减值的，还应设置“无形资产减值准备”账户进行核算。

1．无形资产取得的核算

无形资产应当按照成本进行初始计量。企业取得无形资产的主要方式有外购、自行研究开发等。取得方式不同，其会计处理也不相同。

（1）外购无形资产的核算

外购无形资产的成本包括购买价款、相关税费以及直接归属于使该项资产达到预定用途所发生的其他支出。一般纳税人购置无形资产时，除支付的增值税可单独入账核算外，其余的相关税费计入无形资产成本。

（2）自行研究开发无形资产的核算

企业内部研究开发项目所发生的支出，应区分研究阶段支出和开发阶段支出。

开发项目的研究阶段属于探索性的过程，将来能否转入开发或开发后是否会形成无形资产具有很大的不确定性。因此，内部研究开发项目研究阶段的支出，应当于发生时计入当期损益。

开发项目的开发阶段在很大程度上已经具备形成一项新产品或新技术的基本条件，所以，开发阶段支出只要满足无形资产确认条件的，就应当确认为无形资产。但对以前已经费用化的支出不再调整。

为了核算企业进行研究与开发无形资产过程发生的各项支出，应设置“研发支出”账户。分别“费用化支出”“资本化支出”进行明细核算。期末，将本账户归集的“费用化支出”金额转入“管理费用”账户，借记“管理费用”账户，贷记“研发支出——费用化支出”账户。研发开发项目达到预定用途形成无形资产的，应将“资本化支出”金额转入“无形资产”账户，借记“无形资产”账户，贷记“研发支出——资本化支出”账户。

（3）投资者投入的无形资产

企业接受投资者投入的无形资产，以投资各方确认的价值（不公允的除外）作为入账价值。借记“无形资产”“应交税费——应交增值税（进项税额）”账户，贷记“实收资本”或“股本”账户。

2．无形资产摊销的核算

无形资产应当于取得时判断其使用寿命。对使用寿命有限的无形资产应在其预计的使用寿命内对应推销金额进行摊销，其中应摊销金额是指无形资产的成本扣除残值后的金额。使用寿命不确定的无形资产不应摊销，但要每年进行减值测试。需要计提减值准备的，相应计提减值准备。使用寿命有限的无形资产，其残值一般应视为零，从可供使用当月起开始摊销。

无形资产的摊销方法包括直线法、生产总量法等。企业应当按月对无形资产进行摊销。企业自用无形资产的摊销额一般计入管理费用，但如果某项无形资产是专门用于生产某种产品的，其所包含的经济利益是通过转入到所生产的产品中体现的，则其摊销费用应计入产品成本。出租的无形资产，其摊销金额计入其他业务成本。

持有待售的无形资产不计提摊销，按照账面价值与公允价值减去处置费用后的净额孰低进行计量。

3．无形资产处置的核算

企业处置无形资产应当将取得的价款扣除该无形资产账面价值及出售相关税费后的差额记入营业外收入或营业外支出。

企业改变土地使用权用途，将其用于出租或作为增值目的时，应将其转为投资性房地产。

4．无形资产报废的核算

如果无形资产预期不能为企业带来经济利益，从而不再符合无形资产的定义，则应将其转销。例如，由于新技术的出现，甲企业利用某项专利灶产的产品已没有市场。此时，企业应立即转销该专利的账面价值。转销时借记“累计摊销”“无形资产减值准备”账户，贷记“无形资产”账户，按其差额借记“营业外支出”账户。

第七节　固定资产的管理

一、固定资产的管理要求

固定资产由于再生产周期长，一般不具有流动性，存在一次投入，分期回收，在较长时间内使用后才能替换的特点。因此传统的管理一般只着重于量的管理，即在保持固定资产完整和完好状况的前提下，保证账实相符。量的管理是必要的，但在科学技术日新月异、市场竞争日趋激烈的今天，更应注重固定资产的动态管理，即结合折旧和更新，使固定资产不断得到优化和重组。主要表现在以下两方面：

（1）优化固定资产配置

优化固定资产配置，必须使固定资产的投入合理。首先，从发挥建安工程施工综合生产能力出发，优化固定资产结构，提高施工企业技术密集程度，降低手工劳动程度和减轻手工劳动强度；其次，从提高施工机械、生产设备的技术含量，保持其先进水平和高效能出发，从而提高工程施工的质量和速度；最后，从投入产出的角度出发，优化现场流水施工生产作业程序，充分发挥机械化流水施工的效能，取得成本低、效益高、质量好的投入产出的最佳效果。

（2）促进固定资产的合理流动

固定资产的合理流动，主要反映在折旧、更新和重组三个环节上。首先，要合理计提折旧，应当考虑某些固定资产的技术经济寿命，适当缩短折旧年限和采取加速折旧政策，为技术含量高的固定资产积累更新资金，从价值转移上促进固定资产合理流动；其次，实行技术性更新，在固定资产重置时，要用先进的固定资产代替陈旧、落后的固定资产，或者是采用技术改造的办法不断改良旧的固定资产，发挥内涵扩大再生产的功效，从实物形态的新陈代谢上促进固定资产的合理流动；最后，应对固定资产的类型和结构进行调整和重新组合。随着施工生产的发展，工程类型、结构的变化和技术进步的要求，旧的固定资产结构已经不适应工程技术更新换代发展的需要，应通过及时变卖、转让等方式，处理旧的，购建新的，从固定资产的结构和重新组合上促进固定资产合理流动。

二、固定资产的投资决策

1. 固定资产投资及投资决策的概念

固定资产投资是指根据企业发展目标、预期增加盈利能力的要求及维持固定资产再生产而进行的投资活动。

固定资产投资决策是财务管理的重要内容之一。固定资产投资的资金需要量大，建设时间长，资金的回收期更长，存在一定的投资风险。一旦投资失误，必然造成很大的损失。因此企业在进行固定资产投资时，必然要进行深入细致的调查研究，对投资后产生的经济效益进行充分的考核和评价，使企业未来得以保持良好的经营状态和最佳的盈利能力，投资决策就是指这一过程的程序和方法。

2. 固定资产投资决策的程序

投资决策程序主要包括以下内容：

投资项目可行性研究。主要从实现这一投资项目应具备的条件和利用完成的投资项目所从事的生产经营活动必须具备的条件来研究和分析该项目是否可行；投资项目评估。提出投资项目若干备选方案，对该项目各方案的投资额、经营收入、经营成本、投资回收期和投资盈利率等指标进行对比、评价与审核；投资项目决策。对投资项目各方案的经济指标逐项比较分析，一般应优选投资量少、建成时间短、资金回收期快、资金盈利率高的方案；检查投资项目的执行情况。这也叫项目后评估，是根据执行结果，对投资项目进行再评价，作为今后投资决策的参考。

3. 固定资产投资决策的分析方法

（1）固定投资决策的静态分析方法

固定资产投资决策的静态分析是指在评价投资经济效益时，对投资方案的现金流量只从静态上反映，不考虑资金的时间价值。主要有以下方法：

① 投资回收期法。投资回收期是指在一定的时期内用企业利润和计提的折旧抵偿固定资产投资额所需的时间，以评价投资回收的速度。投资回收期越短，资金回收的速度越快，经济效益越好。其计算公式为：

$$投资回收期=\frac{投入资金总额}{平均每年净现金流量}$$

每年净现金流量 = 该项目建成后每年税后净利润 + 新增固定资产每年折旧额

② 投资回收率。投资回收率又称投资收益率，是投资回收期的倒数，用以反映投资收益的程度。计算公式为：

$$投资回收率=\frac{平均每年净现金流量}{投入资金总额}\times100\%$$

接上例，计算如下：

$$投资回收率=\frac{36100}{160000}\times100\%=22.56\%$$

（2）固定资产投资决策的动态分析方法

固定资产投资决策的动态分析是指在评价投资经济效益时，对投资方案的现金流量要考虑资金的时间价值。主要有以下两种方法：

① 净现值法

净现值法是指按行业基准收益率或设定的折现率（i_c），将项目计算期内净现金流量折现到建设期初的现值之和。其计算公式为：

$$NPV=\sum_{t=1}^{n}(CI-CO)_t(1+i_c)^{-t}$$

式中：NPV——净现值；

CI、CO——分别为现金流入、流出量；

（$CI-CO$）$_t$——第 t 年的净现金流量；

n——计算期；

i_c——基准收益率或设定的折现率。

当净现值 $NPV \geqslant 0$ 时，表明项目在计算期内可获得大于或等于基准收益水平的收益额，项目在财务上可能考虑被接受。

② 内部收益率法

内部收益率是指使项目整个计算期内各年净现金流量现值累计等于零时的折现率。它反映项目所占用资金的盈利率，是考查项目盈利能力的主要动态评价指标。其计算公式为：

$$\sum_{t=1}^{n}(CI-CO)_t(1+IRR)^{-t}=0$$

式中：IRR——内部收益率。

内部收益率的具体计算可用插值法进行。计算方法为：

设：i_1——较低的试算折现率，使 NPV（i_1）$\geqslant 0$

i_2——较高的试算折现率，使 NPV（i_2）$\leqslant 0$

$$\text{则 } IRR=i_1+\frac{NPV(i_1)}{NPV(i_1)+|NPV(i_2)|}(i_2-i_1)$$

由此计算出的财务内部收益率通常为一近似值，因此为控制误差一般要求 $(i_2-i_1)\leqslant 5\%$。内部投资收益率是反映项目在设定的计算期内全部投资的盈利能力指标。将求出的内部收益率与行业基准收益率或设定的折现率比较。当$IRR \geqslant i_c$时，则认为从全部投资角度，项目盈利能力已满足最低要求，在财务上考虑可以被接受。

第五章　资金筹集的管理与核算

第一节　权益资本筹资的管理与核算

一、权益资本的含义

权益资本也称自有资本或所有者权益，是企业依法筹集并长期拥有、自主调配运用的资金来源。企业的权益资本包括资本金、资本公积金、盈余公积金和未分配利润。

资本金是企业在工商行政管理部门登记的注册资金，是投资者按照企业章程或合同、协议的约定，实际投入企业的资本。投资者出资达到法定注册资本的要求是企业设立的先决条件。

资本公积金是指投资者或其他人投入到企业、所有权归属于投资者、并且投入金额超过法定资本部分的资金。从来源上看，它不是由企业实现的利润转化而来的，本质上属于投入资本的范畴。

盈余公积金是从净利润中提取的各种积累资金，是有指定用途的留存收益。

未分配利润是企业实现的净利润经过弥补亏损、提取盈余公积和向投资者分配利润后留存在企业的、历年结存的利润。

权益资本是采用吸收直接投资、发行股票、留用利润等方式筹措而成的。其特点是：第一，权益资本的所有权归属企业所有者所有，所有者凭其参与企业的经营管理和分配利润，并对企业的经营状况承担有限责任。第二，企业对权益资本依法享有经营权，在企业的存续期内，投资者除依法转让外，不得以任何方式抽回其投入的资本。

二、吸收直接投资

吸收直接投资是指企业以协议等方式吸收国家、其他法人、个人和外商等直接投入资金，形成企业资本金的一种筹资方式，是非股份制企业筹措自有资金的基本方式。

1. 吸收直接投资的种类

（1）按吸收投资的渠道不同可以分为国家资本金、法人资本金、个人资本金和外商资本金。

（2）按投资者投入资本的形式不同可以分为现金投资和非现金投资。其中非现金投资主要包括实物资产投资和无形资产投资。企业吸收无形资产作为投资的，其所占比例不得超过企业注册资本的 20%，因特殊情况需要超过的，应当经工商行政管理机关审查批准，但是最高不得超过 30%。

2. 吸收直接投资的核算

为了总括地核算和监督投资者投入资本的增减变动情况，企业应设置“实收资本”账户。它属于所有者权益类账户。其贷方登记企业实际收到投资者投入的资本金以及由各渠道转增资本金的数额；借方登记按法定程序经批准后核减的资本金；贷方余额表示企业实有资本金数额。该账户应分别设立“国家资本金”“法人资本金”“个人资本金”“外商资本金”等明细账户进行明细核算。

（1）接受现金资产投资的核算

（2）接受非现金资产投资的核算

企业收到以非现金资产投入的资本时，应按投资各方确认的价值（公允价）借记“固定资产”“原材料”“无形资产”等账户，同时按投资合同或协议约定的其在注册资本中所占的份额，贷记“实收资本”账户。对于投资各方确认的资产价值超过其在注册资本中所占份额的部分，应贷记“资本公积”。

如果投资双方约定的价值不公允，则按照公允价值作为非现金资产的入账价值，按合同协议约定的其在注册资本中所占的份额记入“实收资本”账户，差额记入“资本公积”。

三、股票筹资

股票是股份有限公司（简称股份公司）为筹集权益资本而发行的有价证券。股份公司应设置“股本”账户核算股东投入企业的股本。其结构与“实收资本”账户的结构完全相同。

股份公司以发行股票方式筹集股本，股票可以按面值发行，也可以溢价发行。我国不允许折价发行股票。在按面值发行股票的情况下，企业发行股票取得的收入，应按面值作为股本处理；在溢价发行股票的情况下，企业发行股票取得的收入中，等于股票面值的部分作为股本处理，超出股票面值的部分作为股本溢价计入资本公积。

与发行股票直接相关的手续费、佣金等交易费用应从溢价中抵扣。无溢价或溢价不足以抵扣发行费用的，应将不足抵扣的部分冲减盈余公积和未分配利润。

四、留存收益

留存收益是指企业从历年实现的净利润中提取或形成的留存于企业内部的积累，包括企业的盈余公积金和未分配利润。其核算方法详见利润分配部分。

第二节　债券筹资的管理与核算

债券筹资是企业筹集长期资金的重要方式之一。公司债券是企业依照法定条件和程序发行的、约定在一定期限内还本付息的有价证券。

一、债券的发行价格

债券上载明的利率，称为“名义利率”或“票面利率”，通常以年利率表示。债券发行企业实际负担的利率称为“实际利率”，实际利率是债券发行当时的市场利率。由于名义利率与市场利率的差异，形成了债券的三种发行价格（见表5–1）。

表 5–1　债券的三种发行价格

名称	内容
溢价发行	如果发行债券的票面利率高于同期银行存款利率，企业可按超过债券票面价值的价格发行债券，称为溢价发行。溢价是对企业以后逐期多付利息而预先得到的补偿
折价发行	如果发行债券的票面利率低于同期银行存款利率，企业可按低于债券票面价值的价格发行债券，称为折价发行。折价是债券发行企业因以后少付利息而预先给投资者的补偿
面值发行	如果发行债券的票面利率与同期银行存款利率（相当于市场利率）相同，企业可按债券的票面价值发行债券，称为面值发行，也叫平价发行

二、债券筹资的核算

为了核算与监督公司债券的发行及还本付息等情况，企业应设置“应付债券”账户，并按“面值”“利息调整”“应计利息”设置明细账进行明细核算。

1. 债券发行的核算

（1）债券平价发行时，企业应按实际收到的款项即债券的面值，借记“银行存款”账户，贷记“应付债券——面值”账户。

（2）债券溢价发行时，企业应按实际收到的金额借记“银行存款”账户，按债券面值贷记“应付债券——面值”账户，按实际收到的金额超过债券面值的部分（即债券溢价）贷记“应付债券——利息调整”账户。

（3）债券折价发行时，企业应按实际收到的金额借记“银行存款”账户，按债券面值贷记“应付债券——面值”账户，按实际收到的金额低于债券面值的部分（即债券折价）借记“应付债券——利息调整”账户。

2. 利息费用及利息调整的摊销核算

债券发行后，发行企业应按票面利率、面值及约定的付息时间，支付债权人利息，同时对利息调整进行摊销。利息调整应在债券存续期内按实际利率法进行摊销。

实际利率法是指按照应付债券的实际利率计算其摊余成本及各期实际利息费用的方法。即按照债券发行时的实际利率计算每期利息费用，再与按票面利率计算的实际应付利息比较，以求得各期应摊销的溢价或折价金额。其计算公式如下：

每期应付利息 = 债券票面价值 × 债券票面利率

每期实际利息费用 = 每期期初应付债券的账面价值 × 债券实际利率

每期应摊销的溢价（或折价）= 每期实际利息费用 – 每期应付利息

第三节　租赁筹资的管理与核算

租赁是指在约定的期间内，出租人将资产使用权让于承租人以获取租金的经济行为。其主要特征是转移资产的使用权，而不转移资产的所有权，承租人以支付租金为代价取得资产的使用权。由于施工生产的临时性或季节性需要，或出于融资等方面的考虑，企业可以采用租赁方式取得生产经营所需的固定资产。

一、租赁的种类及特点

租赁按性质和形式的不同，分为经营租赁和融资租赁。

经营租赁的租赁期限较短，其是为了取得资产的使用权，而不是为了在租赁期满后，取得该项资产的所有权。在经营租赁方式下，与租赁资产有关的风险和报酬并没有实质上转移给承租人，承租人不承担租赁资产的主要风险。

融资租赁是由租赁公司按照承租企业的要求融资购买设备，并在合同或协议规定的期限内提供给承租企业使用的信用业务。与经营租赁相比，租期较长（一般达到租赁资产使用年限的 75% 以上），在租赁期内支付的租金总额大于所租赁资产的原始成本（支付的租金包括设备的价款、租赁费和借款利息等）；租约一般不能取消，租赁期满，承租人有优先选择廉价购买租赁资产的权利。因此在融资租赁方式下，与资产有关的主要风险和报酬已由出租人转归承租人。

二、经营租赁的核算

经营性租人的固定资产，企业只是为了在短期内使用，并不最终取得其所有权。因此，不应将其作为本企业资产入账核算，只需将支付的租金按一定方法确认为费用。

三、融资租赁的核算

企业采用融资租赁方式租入的固定资产，尽管从法律形式上其所有权在租赁期间仍然属于出租方，但由于资产租赁期基本上包括了资产的有效使用年限，承租方实质上获得了租赁资产所提供的主要经济利益，同时也承担与该资产有关的风险。因此，企业应将融资租入固定资产视同自有资产计价入账，同时确认相应的负债，并按期计提折旧。

对于融资租入的固定资产，企业应在“固定资产”账户下单独设置“融资租入固定资产”明细账户进行核算。在租赁开始日，企业应按计入固定资产成本的金额（即租赁开始日租赁资产的公允价与最低租赁付款额的现值中较低者，加上初始直接费用），借记“固定资产”或“在建工程”账户，按最低租赁付款额，贷记“长期应付款——应付融资租赁款”账户，按初始直接费用，贷记“银行存款”账户，按其差额借记“未确认融资费用”账户。租赁期满，如企业取得该固定资产的所有权，应将该固定资产从“融资租入固定资产”明细账转入有关明细账。

未确认融资费用应当采用实际利率法在租赁期内的各期分摊。

第四节　商业信用筹资的管理与核算

一、商业信用筹资的特点

商业信用是指企业在商品交易中因延期付款（赊购）或预收货款而形成的借贷关系，属于企业之间的一种直接信用行为。例如，企业以赊购方式向其他公司购进货物，就形成一项负债——应付账款，它在企业的短期负债中占有很大的比例。商业信用的主要形式是赊购商品和预收货款，表现为货款欠账和延期交货，或购货企业开出期票或商业汇票以示承诺等，即主要指应付账款、预收账款和应付票据。

商业信用筹资的特点：商业信用是自然性融资，非常方便；如果没有现金折扣，或企业不放弃现金折扣，则利用商业信用融资没有实际成本，且限制也少。但商业信用的时间较短，如果企业取得现金折扣，则时间会更短；如果放弃现金折扣，则要付出较高的商业信用成本。

二、应付账款

应付账款是企业在生产经营过程中，因购买材料物资、接受劳务供应而应付给供应单位的货款和劳务费，以及因分包工程应付给分包单位的工程款。这是双方在购销活动中，由于取得物资和接受劳务在先，支付货款在后而暂时占用企业的资金。

1. 入账时间和入账金额的确定

应付账款的入账时间，应以所购买物资的所有权转移或接受劳务已发生为标志确定。

应付账款往往在短期内就需付款，所以应按发票账单等凭证上记载的应付金额入账。如果购入资产在形成应付账款时是带有现金折扣的，应付账款按发票账单上记载的应付金额的总值入账，不得扣除现金折扣。付款时获得的现金折扣作为一项理财收益，冲减财务费用。

企业购进货物在验收入库时，有时会由于货物的规格、质量等与合同不符，而获得一定的购货折让。企业获得的购货折让应抵减应付账款。

企业应付给分包单位的工程款，按同分包单位办理结算的“工程价款结算账单”上的金额确认。

2. 应付账款的账务处理

为了反映应付账款的增减变动情况，企业应设置“应付账款”账户。其贷方登记发生的应付账款，借方登记偿还的应付账款以及转销的无法支付的应付账款，期末贷方余额表示尚未支付的各种应付账款。本账户应分别设置“应付工程款”和“应付购货款”两个明细账户，并分别按分包单位和供应单位名称设置明细账。

按规定，建筑企业将部分工程分包的，分包人应该就其完成的分包额承担相应的纳税义务，并向总包方开具增值税专用发票。总包方将应付给分包单位的工程款计入工程成本，并在成本明细账中单列“分包成本”项目进行核算。

三、应付票据

应付票据是在商品购销活动中由于采用商业汇票结算款项而形成的一项债务。应付票据与应付账款虽然都是由于交易而引起的流动负债，但应付账款是未结清的债务，而应付票据是延期付款的证明。

1. 入账价值

商业汇票按是否带息，分为带息票据和不带息票据。无论是带息票据还是不带息票据，一律按其票面金额入账。

带息票据入账后，应在期末对尚未支付的应付票据按票面利率计算应付利息，借记“财务费用”账户，贷记“应付利息”账户。商业承兑汇票到期，如果企业无力支付的，应将“应付票据”“应付利息”账户的账面价值转入“应付账款”账户，并且不再计算应付利息。银行承兑汇票到期，如果企业无力支付的，承兑银行除凭票向持票人无条件付款外，对付款人尚未支付的汇票金额转作逾期贷款处理。企业接到转作贷款的通知时，借记“应付票据”“应付利息”账户，贷记“短期借款”账户。对计收的利息，按短期借款利息的处理办法核算。

2. 应付票据的账务处理

建筑企业对外开出承兑的商业汇票，应设置“应付票据”账户核算。其贷方登记企业开出、承兑的商业汇票面值，借方登记汇票到期支付的账面价值或到期无款支付转作应付账款或短期借款的账面价值，期末贷方余额表示尚未到期的应付票据的账面价值。

企业应当设置“应付票据”备查簿，详细登记每一应付票据的种类、号数、签发日期、到期日、票面金额、票面利率、合同交易号、收款人姓名或单位名称以及付款日期和余额等资料。应付票据到期结清时，应在备查簿内注销。

（1）不带息票据的核算

（2）带息票据的核算

四、预收账款

建筑企业的预收账款，包括企业按照合同规定向发包单位预收的备料款、工程进度款以及向购货单位或接受劳务单位预收的货款或定金预收账款需要用以后的货物或劳务来偿还，一般不需支付货币。

税法规定，企业提供建筑服务收到预收款时，应以取得的预收款扣除支付的分包款后的余款，按规定的预征年预交增值税。

为了核算和监督各种预收账款的结算情况，企业应设置“预收账款”账户，并按发包单位和购货单位名称设置明细账进行明细核算。其贷方登记预收的款项及交货后补收的款项，借方登记销售实现时结算的全部应收款，期末贷方余额表示预收的款项；若为借方余额，则表示应补收的款项。

如果企业预收账款较少，也可将预收的货款作为应收账款的减项，直接记入“应收账款”账户。待企业以后以商品、劳务结算时，冲抵应收的款项。

另外，除了商业信用外，企业在生产经营过程中自发形成的各种应付费用也属于自然融资。应付费用是指在本期已经形成但尚未支付的款项。如应付职工薪酬、应交税费、应付利润、其他应付款等。

第五节 最佳资本结构的确定

资本结构决策是公司筹资决策的核心，资本成本和杠杆利益是资本结构决策的两个基本依据。资本结构决策的目的是在可承受的适度风险的前提下，确定最佳的资本结构，从而降低资本成本，获取杠杆利益。

一、资本成本

资本成本是公司在筹集资金和使用资金时所支付的代价，包括筹资费用和资金占用费。从广义来讲，筹集和使用任何资金都要付出代价。由于长期资金（包括自有资本和借入的长期资金）被称为资本，所以这里主要指筹集和使用长期资金的成本。

筹资费用指在筹集资金过程中支付的各种费用，如发行股票、债券支付的印刷费、发行手续费、律师费、资信评估费、公证费、担保费、广告费等。资金占用费是指因使用资金而向资金提供者支付的报酬，如股票的股息、银行借款和债券利息等。两者相比，资金占用费是筹资企业经常发生的，而资金筹集费通常在筹集资金时一次性发生，因此在计算资金成本时可作为筹资总额的扣除额。

资本成本可以用绝对数表示，也可以用相对数表示。由于不同情况下筹资总额不同，资本成本通常用相对数来表示，即用资本成本率来表示。其计算公式是：

$$K=\frac{D}{L-F}=\frac{D}{L(1-f)}$$

式中 K——资本成本率（又称资金成本）；

L——筹集资金总额；

D——资金占用费用；

F——筹资费用；

f——筹资费费率（即筹资费占筹集资金总额的比率）。

公司的资本是由不同的资金来源构成的，不同的资金来源，其资金的成本不同。为了便于分析和研究问题，资本成本可以分为个别资本成本和综合资本成本。

1. 个别资本成本

（1）银行借款成本。银行借款的资金占用费是指借款利息，筹资费用是指银行手续费。由于借款利息计入税前成本，可以起到抵税的作用，因此，企业实际负担的利息费用仅为：利息 ×（1- 所得税率）。

一次还本，分期付息借款的资金成本率的计算公式为：

$$K_1 = \frac{I \times (1-T)}{L-F} = \frac{Li(1-T)}{L-Lf} = \frac{i(1-T)}{1-f}$$

式中 K_i——长期借款资金成本率；

I——长期借款年利息；

T——所得税率；

L——长期借款筹资总额；

i——长期借款年利率；

F——长期借款筹资费用；

f——长期借款筹资费用率（利率）。

长期借款的筹资费用主要是借款的手续费，通常很小，可以忽略不计。此时资金成本率计算式为：

$$K_i = i(1-T)$$

（2）债券成本。债券的资金占用费指债券的利息，债券的筹资费指债券的发行费用。债券利息与长期借款利息的处理相同，也可起到抵税的作用。但债券的筹资费用一般比较高，不可在计算资金成本时省略。一次还本，分期付息债券资金成本率的计算公式为：

$$K_b = \frac{I_b(1-T)}{B(1-f)}$$

式中 K_b——债券资金成本率；

I_b——债券年利息；

T——所得税率；

B——债券筹资额；

f——债券筹资费用率。

债券的发行有溢价发行、折价发行和面值发行三种。债券利息按面额和票面利率确定，为了正确地计算债券成本，债券的筹资额应按实际发行价格计算。

（3）优先股成本。发行优先股的筹资费用有注册费、代销费等，资金占用费为从税后利润中定期支付的股息。其资金成本率的计算公式为：

$$K_p=\frac{D_p}{P(1-f)}=\frac{P_i}{P(1-f)}=\frac{i}{1-f}$$

式中 K_p——优先股资金成本率；

D_p——优先股年股利；

P——优先股筹资额；

f——筹资费用率；

i——优先股股利率。

（4）普通股成本。其确定方法与优先股确定方法基本相同。如果普通股每年的股利固定不变，计算公式与优先股一样；如果假定每年股利增长率是固定的比率 g，其计算公式为：

$$K_c=\frac{D_c}{P(1-f)}+g=\frac{P_{\mathrm{i}}}{P(1-f)}+g=\frac{\mathrm{i}}{1-f}+g$$

式中 K_c——普通股资金成本率；

D_c——普通股年股利；

P——普通股筹资额；

f——筹资费用率；

i——普通股年固定股利率；

g——每年股利固定增长比率。

（5）留存收益成本。留存收益是企业税后利润中留在企业内部用于再投资的部分，它往往被看作一种无须花费成本的公司的资金来源。但留用利润是普通股所代表的资本的增加额，股东对这部分投资与以前交给企业的股本一样，也要求有一定的报酬，只是没有筹资费用。计算留存收益的方法很多，最基本的计算公式是：

$$K_r=\frac{D_c}{P}+g$$

式中 K_r——留用利润成本；其他符号含义同前。

2. 合资金成本

由于受多种因素制约，企业不可能只使用某种单一的筹资方式，往往需要运用多种筹资方式筹集所需资金。为进行筹资决策，就要计算确定企业全部长期资金的总成本。长期资金的总成本通常以各种个别资本占全部资本的比重为权数，对个别资本成本进行加权平均而确定，因而也称为加权平均资本成本。其计算公式为：

$$K_w = \sum_{i=1}^{n} K_i W_i$$

式中 K_w——综合资金成本；

K_i——第 z 种个别资本成本；

W_i——第 i 种个别资本占总资本的比重，即权数。

二、杠杆理论

1. 经营杠杆

（1）固定成本与变动成本

根据成本特性的不同，产品成本可分为固定成本与变动成本两部分。固定成本是指在一定产量范围内，不随产品产量变化而变化，保持一个常量的成本；变动成本是随着产量的变化而变化的成本。

（2）经营杠杆

经营杠杆是指企业息税前收益（*EBIT* 随企业销售额变化而变化的程度，常用 DOL 表示。其计算公式为：

$$DOL = \frac{\text{息税前收益变化百分比}}{\text{销售收入变化百分比}} = \frac{\Delta EBIT / EBIT}{\Delta S / S}$$

$$EBIT = \text{销售收入} - \text{总陈成本}$$

$$= PQ - (VQ + F)$$

$$= (P - V)Q - F$$

$$\Delta EBIT = \Delta Q(P - V)$$

式中 P——单位产品销售价格

Q——产品销售量；

S——销售收入；

V——单位产品变动成本

F——固定成本。

$$DOL = \frac{\Delta EBIT / EBIT}{\Delta S / S} = \frac{\Delta Q(P-V) / \left[(P-V)Q - F\right]}{P\Delta Q / PQ} = \frac{Q(P-V)}{Q(P-V) - F}$$

经营杠杆 *DOL* 越大，*EBIT* 随销售收入变化而变化的幅度越大。上式中的 *DOL* 表示按销售数量确定的经营杠杆系数。

经营杠杆系数越大，对经营杠杆利益的影响就越大，经营风险也就越高。

2. 财务杠杆

财务杠杆是指由于负债经营而导致公司所有者收益变化幅度的增加。财务杠杆用财务杠杆系数 *DFL* 衡量。

$$DFL=\frac{EPS\text{变化的百分比}}{EBIT\text{变化的百分比}}=\frac{\Delta EPS/EPS}{\Delta EBIT/EBIT}$$

式中 *DFL*——财务杠杆系数；

AEPS——普通股每股利润的变动额；

EPS——普通股每股利润。

若用 *I* 表示利息、*T* 表示公司所得税率、*N* 表示流通在外的普通股股数，则有

$$EPS=(EBIT-I)(1-T)/N$$

$$\Delta EPS=\Delta EBIT(1-T)/N$$

$$\text{即}DFL=\frac{EBIT}{EBIT-1}$$

由以上分析可知，经营杠杆是通过扩大销售额影响息税前的利润，而财务杠杆则是通过扩大息税前利润影响每股利润。二者最终都影响到普通股每股的收益。可以得出以下结论：

（1）股东权益受经营风险和财务风险的共同影响。其中经营风险主要受公司产品需求状况、生产要素的供给状况、固定成本与变动成本的比例关系及对市场的应变能力等因素的影响；财务风险则主要受公司资本结构的影响。

（2）在营业利润水平高于债务利息率时，负债经营可以提高股东的收益水平；在营业利润水平低于债务利息时，负债经营将降低股东的收益水平。股东收益水平变化幅度的增减，就是财务杠杆引起的财务风险。

三、资本结构

资本结构是指公司资产中负债所占的比例。从资本成本的分析可知，利用债务筹资可以降低公司的资本成本；从杠杆理论分析可知，利用债务筹资可以获得财务杠杆利益，但同时也给公司带来一定的财务风险，包括定期还本付息的风险和导致所有者收益下降的风险。

所以最佳资本结构是指公司在一定时期内，承受适度风险的前提下，使其加权平均资本成本最低，同时公司价值最大的资本结构。

第六章　工程成本和期间费用的管理与核算

第一节　基础知识

一、生产费用与成本的概念

施工企业在生产经营过程中，必然要发生各种各样的资金耗费，如领用材料、支付工资和其他生产费用、发生固定资产损耗，等等。施工企业在一定时期内从事工程施工、提供劳务等经营活动发生的各种耗费称为生产费用，将这些生产费用按一定的对象进行分配和归集，就形成了成本。生产费用是形成产品成本的基础，生产费用的发生过程就是成本的形成过程，没有生产费用发生，就不存在成本计算。二者的主要区别表现在：生产费用是按一定期间归集的，成本则是按一定的对象归集计算的。一定会计期间发生的生产费用并不全部计入本期成本，本期成本也并不都是本期发生的费用，还可能包括以前期间支付而应由本期成本负担的费用，如长期待摊费用的摊销；也可能包括本期尚未支付但应计入本期成本的水电费等。

二、工程成本与期间费用

（1）工程成本

工程成本是指建筑安装企业在工程施工过程中发生的，按一定的成本核算对象归集的生产费用总和，包括直接费用和间接费用两部分。直接费用是指直接耗用于施工过程，构成工程实体或有助于工程形成的各项支出，包括人工费、材料费、机械使用费和其他直接费等；间接费用是指施工企业所属各直接从事施工生产的单位（如施工队、项目部等）为组织和管理施工生产活动所发生的各项费用。

（2）期间费用

期间费用是指与具体工程没有直接联系，不应计入工程成本，而应直接计入当期损益的各项费用，包括管理费用、财务费用和销售费用。

施工企业下设的分公司一般代替公司行使管理职能，可视为公司的派出机构，所以分公司发生的费用支出作为管理费用核算。

三、工程成本的种类

根据建筑安装工程的特点和成本管理的要求，企业应分别确定工程预算成本、工程计划成本和工程实际成本。

（1）工程预算成本

工程预算成本是企业根据施工图设计和预算定额、预算单价以及有关取费标准，通过编制施工图预算确定的工程成本。它反映的是工程成本的社会平均水平，是施工企业确定投标报价的基础，是控制成本支出、考核成本节超的依据。但施工图预算并不等于预算成本。施工图预算确定的是工程造价，不仅包括属于工程成本的各种施工费用，还包括不属于工程成本的其他内容，如管理费用、财务费用、计划利润和税费等。工程预算成本是工程造价的主要组成部分。

（2）工程计划成本

工程计划成本是企业根据确定的降低成本指标，以工程预算成本为基础，结合实际情况确定的工程成本。它反映企业在计划期内应达到的成本水平，是成本支出的标准。计划成本与预算成本的差额，是企业降低成本的奋斗目标。

（3）工程实际成本

工程实际成本是企业按照确定的成本核算对象归集的实际施工生产费用，反映的是某一企业的生产耗费水平。实际成本与计划成本比较，可以考核成本计划的完成情况；与预算成本比较，可以确定工程成本降低额（或超支额），反映企业的经营管理水平。

必须说明的是，工程预算成本与工程实际成本各项目的内容不尽相同。在建设部《关于调整建筑安装工程费用项目组成的若干规定》中，工程造价由直接工程费、间接费用、计划利润和税费等组成。其中，直接工程费包括直接费、其他直接费、现场经费三个组成部分，相当于会计核算中工程成本的内容；间接费用包括企业管理费、财务费用等，相当于会计核算中的期间费用。

由于工程实际成本不包括管理费用和财务费用，因此，企业在将工程实际成本与工程预算成本进行对比分析时，应从预算成本中剔除企业管理费和财务费用。

本章主要介绍工程实际成本的核算。如不特别强调，下文提及的工程成本即指工程实际成本。

四、工程成本核算的意义

工程成本核算是对发生的施工费用进行确认、计量，并按照一定的成本核算对象进行归集和分配，从而计算出工程实际成本的会计处理工作。它是施工企业经营管理工作的一项重要内容，对于加强成本管理，促进增产节约，提高企业的市场竞争能力等，具有非常重要的作用。

（1）通过工程成本核算，反映企业的施工管理水平。工程成本是工程施工过程中各项耗费的货币表现，工人劳动效率的高低、材料的节约与浪费、施工机械的利用程度等，都可以直接或间接地通过成本指标反映出来。将工程实际成本与预算成本进行比较，可以揭示成本节超的情况及原因，便于制定措施，提高施工管理水平。

（2）通过工程成本核算，确定施工耗费的补偿尺度。为了保证再生产的顺利进行，施工企业取得的工程价款，必须能够补偿施工过程中的资金耗费，在补偿了施工耗费后即为企业实现的毛利润。工程成本就是以货币形式反映这一补偿金额的尺度。在工程价款收入一定的情况下，成本降低，毛利润就越多，经营效益就越好。

（3）通过工程成本核算，有效地控制成本支出，在成本核算过程中，财务人员要根据规定对各项开支进行认真审核，对不符合国家规定的经济行为予以抵制，对不合理开支不予报销，促使业务经办人员按制度和规定办事。这样，有利于保证国家政策、法令、制度的贯彻落实，避免和减少不应有的浪费和损失，使企业的生产经营活动坚持正确的方向。

（4）通过工程成本核算，为企业的生产经营决策提供重要依据。在建筑工程实行招投标制的情况下，建筑市场竞争加剧。企业要在激烈的市场竞争中赢得工程任务，除了保证工程工期和质量外，还必须在投标报价方面占有优势。工程成本是投标报价的基础，企业在确定投标价格时通常要参考以往的成本数据。可见，工程成本在一定程度上影响着企业的市场竞争力。

此外，通过工程成本核算，还可以为各种不同类型的工程积累经济技术资料，为修订预算定额、施工定额提供依据。

五、工程成本核算的要求

工程成本核算必须做到如下几个方面。

1. 适应企业的管理体制，合理组织成本核算

为了有效地组织工程成本核算，施工企业应结合自身的规模和管理体制，建立和完善成本核算体制。目前，我国施工企业一般实行公司、分公司（工程处、工区）和项目部三级管理体制，小型施工企业通常实行公司、项目部两级管理体制。成本核算的组织也应与此相适应，实行统一领导，分级核算。

在实行三级管理制的企业，工程成本的计算工作一般在分公司完成。由项目部计算各工程的直接费用成本，并分析工料成本升降的原因；分公司分配间接费用并计算工程成本，编制成本报表，进行成本分析；公司汇总计算企业的全部工程成本，汇总成本报表，进行全面成本分析。

在实行两级管理的小型施工企业，一般由项目部计算直接成本，公司核算全部工程成本。

不论由哪一级会计部门计算工程成本，都要重视基层的成本核算工作。因为基层发生的施工生产费用，是工程成本的主要内容。基层成本核算的正确与否，对企业成本核算的质量起着至关重要的作用。此外，还应该加强各相关部门的协调配合，建立和健全横向的成本管理责任制，按照费用归口管理的要求，严格控制各项开支。

2. 严格遵守成本开支范围，划清各项费用开支的界限

企业进行生产经营活动，要发生各种各样的费用支出，但并非所有支出都可以计入工程成本。哪些费用应计入成本，哪些费用不应计入成本，会计上都有明确的规定，这种规定叫作成本开支范围。严格遵守成本开支范围，是一项重要的财经纪律，也是正确计算成本的最起码的要求。为了正确核算施工生产过程中发生的各项费用支出，正确计算工程成本，施工企业应严格遵守成本开支范围，正确划分下列各项费用开支的界限。

（1）划清生产费用支出与非生产费用支出的界限

施工企业在生产经营活动中的资金耗费多种多样，用途各异。要准确计算各期损益，必须划清资本性支出和收益性支出的界限、营业支出和营业外支出的界限。按规定，施工企业的下列支出不得列入成本费用：① 为购置和建造固定资产、无形资产和其他资产的支出；② 对外投资的支出；③ 被没收的财物、支付的滞纳金、罚款、违约金、赔偿金以及对外赞助、捐赠的支出；④ 国家法律、法规规定以外的各种付费；⑤ 国家规定不得列入成本费用的其他支出。

（2）划清工程成本和期间费用的界限

（3）划清本期工程成本与非本期工程成本的界限

根据《企业会计准则》的规定，企业应按期计算成本，以便分析和考核成本计划的执行情况。因此，企业必须正确划分各个时期成本的界限。凡本期支付应由本期成本负担的耗费，全部计入本期成本；本期已经支付但应由以后各期共同负担的耗费，应分摊计入以后期间的成本；本期虽未支付，但应由本期负担的耗费，应估计其余额计入本期成本。企业应按受益原则，正确核算各期的成本费用，严禁利用待摊和预提的方法人为地调节工程成本。

（4）划清不同土本核算对象的费用界限

为了分析和考核各单位工程成本计划的执行情况，企业必须分别计算各项工程的实际成本。根据建造合同的具体情况和管理要求，按照确定的工程成本核算对象设置成本明细账，归集发生的各项施工费用。凡是能够分清具体承担对象的费用，直接计入该成本核算对象；凡是不能分清具体承担对象的费用，应选择合理的方法，分配计入受益的成本核算对象，以真实反映各工程的成本水平。

（5）划清已完工程成本与未完工程成本的界限

工程施工周期与会计核算期间的不一致性，往往导致期末肘有未完施工存在。因此在进行工程成本核算时，还应将各成本核算对象归集的费用在已完工程和未完施工之间进行分配，计算出已完工程成本，以便与工程预算成本进行比较。考核成本节超，加强成本管理。

3. 建立、健全成本管理制度，做好工程成本核算的基础工作

为了保证成本核算的质量，便于对成本实施有效地监督和控制，必须建立健全成本管理制度。

（1）建立健全定额管理制度

定额是在正常施工条件下，完成单位产品可消耗的人力、物力、财力的数量标准。施工企业使用的定额包括预算定额和施工定额两种。预算定额是由国家或各地区建设主管部门统一制定的，是建筑行业的平均水平，是企业编制工程预算、计算工程造价的依据；施工定额一般是由施工企业自行制定的，它既是企业编制施工预算的依据，也是衡量和控制工程施工过程中人工、材料、机械消耗和费用支出等的标准。施工定额主要包括劳动定额、材料消耗定额、机械台班定额和各项费用定额，它是施工企业对工程成本进行量化管理的有效工具。其中，劳动定额是签发“工程任务单”，考核各施工班组工效的主要依据；材料消耗定额是签发“定额领料单”，考核材料消耗情况的主要依据；机械台班定额是考核机械设备利用程度的依据；费用定额是控制各项费用开支的标准。有了明确的定额，就可以对各项费用支出进行有效的控制。建立健全定额管理制度，对于提高劳动生产率，节约材料消耗，提高机械设备利用率，减少费用开支，从而降低工程成本，具有非常重要的作用。

（2）建立健全各项原始记录

原始记录是直接记载和反映各种成本费用的发生时间、地点、用途、金额的原始资料，是进行工程成本核算的基础。成本核算的原始记录主要包括工程任务单、材料领（退）料单、考勤表、机械使用记录、未完施工盘点单等。如果原始记录不全或数字不准确，工程成本核算就失去了客观依据。因此，必须建立健全各项原始记录的填制和审核制度，为工程成本核算提供真实可靠的原始资料。

（3）建立健全内部结算制度

为了适应分级管理、分级核算的组织管理体制，分析和考核各内部单位的经营成果，应建立健全内部结算制度。内部结算应以合理的内部价格为依据。企业应制定合理的内部价格，作为内部各单位之间相互提供材料、产品、作业和劳务等的结算依据。正确制定和使用内部结算价格，有利于分清各内部单位的经济责任，考核各内部单位的成本管理水平，提高全面成本管理的综合效益。内部结算价格应保持相对稳定，但也要定期修订，使之尽量适应各个时期的实际情况。

（4）建立健全物资管理制度

对于各种财产物资的收发、领退以及在不同工程成本核算对象之间的转移，都应经过计量和验收，办理必要的凭证手续，防止冒领滥用。对于库存以及施工现场堆放的各种材料物资，应定期进行清查盘点，防止丢失、损坏和积压浪费。对于施工过程中产生的废料和边角料，应尽可能回收利用。对期末的已领未用材料，应及时办理退料或“假退料”手续，以正确计算材料费用。

六、工程成本核算对象

工程成本核算对象，是在成本核算时选择的归集施工生产费用的目标。合理确定工程成本核算对象，是正确进行工程成本核算的前提。

一般情况下，企业应以每一单位工程为对象来归集生产费用，计算工程成本。这是因为施工图预算是按单位工程编制的，所以按单位工程核算的实际成本，便于与工程预算成本比较，以检查工程预算的执行情况，分析和考核成本节超的原因。但是一个企业通常要承建多个工程项目，每项工程的具体情况又各不相同。因此，企业应按照与施工图预算相适应的原则，并结合承包工程的具体情况、本企业施工组织的特点以及成本管理的要求，合理确定成本核算对象。

成本核算对象确定后，在成本核算过程中不能任意变更。所有原始记录都必须按照确定的成本核算对象填写清楚，以便于归集和分配施工生产费用。

七、工程成本项目

工程成本项目是施工费用按经济用途分类形成的若干项目。成本项目可以反映工程施工过程中的资金耗费情况，为进行成本分析提供依据。工程成本包括的主要项目见表 6–1。

表 6-1　工程成本包括的主要项目

名称	主要内容
人工费	人工费指企业应付给直接从事建筑安装施工人员的各种薪酬和施工现场发生的劳动保护费等
机械使用费	机械使用费指在施工过程中使用施工机械发生的各种费用。包括自有施工机械发生的作业费用，租人施工机械支付的租赁费用，以及施工机械的安装、拆卸和进出场费等
材料费	材料费指工程施工过程中耗用的各种材料物资的实际成本以及周转材料的摊销额和租赁费用
间接费用	间接费用指企业下属的各施工单位（分公司、工区、施工队、项目部等）为组织和管理施工生产所发生的费用。包括临时设施费、施工管理人员薪酬、施工管理用固定资产的折旧及修理费、物料消耗、低值易耗品摊销、水电费、办公费、差旅费、保险费、工程保修费、劳动保护费及其他费用
其他直接费	其他直接费指在施工过程中发生的除了人工费、材料费、机械使用费以外的直接与工程施工有关的各种费用。主要包括设计与技术援助费、施工现场材料二次搬运费、生产工具用具使用费、检验试验费、工程定位复测费、工程点交费、场地清理费以及冬雨季施工增加费、夜间施工增加费等

八、工程成本核算的程序

工程成本核算的程序，是指进行工程成本核算一般应采用的步骤。企业对施工过程中发生的各项施工费用，应按其用途和发生地点进行归集。对不能分清受益对象的费用，还需要采用合理的方法分配计入各工程成本核算对象。为了核算和监督各项施工费用的发生和分配情况，正确计算工程成本，施工企业应设置下列会计账户：

“工程施工”账户。该账户核算企业进行工程施工发生的合同成本和合同毛利。其借方登记施工过程中实际发生的直接费用、应负担的间接费用以及确认的工程毛利，贷方登记确认的工程亏损，期末借方余额表示工程自开工至本期累计发生的施工费用及各期确认的毛利。工程竣工后，本账户应与“工程结算”账户对冲后结平。本账户应按建造合同分“合同成本”“合同毛利”“间接费用”进行明细核算。

“工程施工——合同成本”账户。该账户核算企业进行工程施工发生的各项施工生产费用，并确定各个成本核算对象的成本。其借方登记施工过程中实际发生的直接费和应负担的间接费，贷方登记工程竣工后与“工程结算”账户对冲的费用，期末借方余额表示工程自开工至本期累计发生的施工费用。

“工程施工——合同毛利”账户。该账户核算各个成本核算对象各期确认的毛利。其借方登记期末确认的工程毛利，贷方登记确认的工程亏损，期末借方余额表示工程自开工至本期累计确认的毛利，期末若为贷方余额，则表示工程自开工至本期累计确认的亏损。工程竣工后，本账户应与“工程结算”账户对冲后结平。

“工程施工——间接费用”账户。该账户核算企业所属各施工单位为组织和管理施工生产而发生的不能直接计入工程成本的费用。其借方登记实际发生的费用，贷方登记月末分配计入各成本核算对象的费用，其末一般无余额。

“生产成本——辅助生产成本”账户。该账户核算企业所属的非独立核算的辅助生产部门为工程施工生产材料和提供劳务所发生的费用。其借方登记实际发生的费用，贷方登记生产完工验收入库的产品成本或者按受益对象分配结转的费用，期末借方余额表示在产品的成本。

“机械作业”账户。该账户核算企业使用自有施工机械和运输设备进行机械作业所发生的费用。其借方登记实际发生的费用，贷方登记月末按受益对象分配结转的费用，期末一般没有余额。

上述成本费用账户，在工程成本核算中起着不同的作用。根据它们的核算内容和使用方法，可以将工程成本核算的基本程序概述如下：

（1）归集各项生产费用。即将本期发生的各项生产费用，按其用途和发生地点，归集到有关成本、费用账户中。

（2）分配辅助生产费用。期末，将归集在“生产成本——辅助生产成本”账户的费用向各受益对象分配，记入“机械作业”“工程施工”等账户。

（3）分配机械作业费用。期末，将归集在“机械作业”账户的费用向各受益对象分配，记入“工程施工”各有关明细账户。

（4）分配施工间接费用。期末，将归集在“工程施工——间接费用”账户的费用向各工程分配，记入“工程施工”各有关明细账户。

（5）计算和结转工程成本。期末，计算本期已完工程或竣工工程的实际成本，并将竣工工程的实际成本从“工程施工”账户转出，与“工程结算”账户的余额对冲。尚未竣工工程的实际成本仍然保留在“工程施工”账户，不予结转。

第二节　人工成本的核算

人工成本是企业在生产产品或提供劳务活动中发生的各种直接和间接人工费用的总和，主要由劳动报酬、社会保险、福利、教育、劳动保护、住房和其他人工费用等组成。也就是说，从性质上凡是企业为获得职工提供的服务给予或付出的各种形式的对价，都属于职工薪酬，作为一种耗费构成人工成本，与所提供服务产生的经济利益相匹配。与此同时，因职工提供服务形成的企业与职工之间的关系，大多数构成企业的现时义务，将导致企业未来经济利益流出，从而形成企业对职工的一项负债。

一、职工和职工薪酬的内容

1．职工的范围

职工薪酬准则所称的“职工”，包括以下三类人员：

（1）与企业订立劳动合同的所有人员，含全职、兼职和临时职工。

（2）未与企业订立劳动合同，但由企业正式任命的人员，如董事会成员、监事会成员等。按照《中华人民共和国公司法》（以下简称《公司法》）的规定，公司应当设立董事会和监事会，董事会和监事会成员为企业的战略发展提出建议、进行相关监督，目的是提高企业的经营管理水平。对董事会和监事会成员支付的津贴、补贴等从性质上属于职工薪酬。所以，尽管有些董事会、监事会成员不是本企业职工，未与企业订立劳动合同，但是属于职工薪酬准则所称的职工。

（3）虽未与企业订立劳动合同或未由其正式任命，但在企业的计划或控制下，为企业提供与职工类似服务的人员，也属于职工薪酬准则所称的职工。比如，工程项目部与项目所在地政府或有关中介机构签订劳务用工合同，由其派出劳务人员，在本企业的领导下，为企业提供与本企业职工类似的服务。虽然企业并未直接与合同下雇用的人员订立单项劳动合同，也不任命这些人员，但是这些劳务用工人员也属于职工薪酬准则所称的职工。

2．职工薪酬的内容

职工薪酬是指企业为获得职工提供的服务或解除劳动关系而给予的各种形式的报酬或补偿。企业提供给职工配偶、子女、受赡养人、已故员工遗属及其他受益人等的福利，也属于职工薪酬。

职工薪酬包括短期薪酬、离职后福利、辞退福利和其他长期职工福利等内容。

（1）短期薪酬

短期薪酬是指企业在职工提供相关服务的年度报告期间结束后12个月内需要全部予以支付的薪酬（因解除与职工的劳动关系给予的补偿除外）。短期薪酬具体包括：职工工资、奖金、津贴和补贴，职工福利费，医疗保险费、工伤保险费和生育保险费等社会保险费，住房公积金，工会经费和职工教育经费，短期带薪缺勤，短期利润分享计划以及其他短期薪酬。

①职工工资、奖金、津贴和补贴

职工工资、奖金、津贴和补贴是指构成工资总额的计时工资、计件工资、支付给职工的超额劳动报酬和增收节支的劳动报酬，为了补偿职工特殊或额外的劳动消耗和因其他特殊原因支付给职工的津贴，以及为了保证职工工资水平不受物价影响支付给职工的物价补贴等。

企业按规定支付给职工的加班加点工资，以及根据国家法律、法规和政策规定，在职工因病、工伤、产假、计划生育假、婚丧假、探亲假、定期休假、停工学习、执行社会义务等特殊情况下，按计时工资标准或计时工资标准的一定比例支付给职工的工资，也属于职工工资的范畴。

② 职工福利费

职工福利费是指企业向职工提供的生活困难补助、丧葬补助费、抚恤费、职工异地安家费、防暑降温费以及按规定发生的其他职工福利方面的支出。

③ 医疗保险、工伤保险和生育保险等社会保险费

社会保险费是指企业按照国家规定的基准和比例计算，向社会保险经办机构交纳的医疗保险费、工伤保险费和生育保险费，以及根据有关规定交纳的补充养老保险费。此外，企业以商业保险形式提供给职工的各种保险待遇（不包括养老保险和失业保险）也属于职工薪酬。

④ 住房公积金

住房公积金是指企业按照国家规定的基准和比例计算，向住房公积金管理机构缴存的住房公积金。

⑤ 工会经费和职工教育经费

工会经费和职工教育经费是指企业为了改善职工文化生活，提高职工业务素质，用于开展工会活动、进行职工教育及职工技能培训，根据国家规定的基准和比例从成本费用中提取的金额。

⑥ 短期带薪缺勤

短期带薪缺勤是指企业支付工资或提供补偿的职工缺勤，即职工虽然缺勤但企业仍向其支付报酬的安排，包括年休假、病假、婚假、产假、丧假、探亲假等。长期带薪缺勤属于其他长期职工福利。

⑦ 短期利润分享计划

短期利润分享计划是指因职工提供服务而与职工达成的基于利润或其他经营成果提供薪酬的协议。长期利润分享计划属于其他长期职工福利。

⑧其他短期薪酬是指除上述薪酬以外的其他为获得职工提供的服务而给予的短期薪酬。

（2）离职后福利

离职后福利是指企业为获得职工提供的服务而在职工退休或与企业解除劳动关系后，提供的各种形式的报酬和福利（短期薪酬和辞退福利除外）。企业应当按照承担的风险和义务情况，将离职后福利计划分为设定提存计划和设定受益计划两种

类型。其中，设定提存计划是指向独立的基金缴存固定费用后，企业不再承担进一步支付义务的离职后福利计划，如养老保险和失业保险；设定受益计划是指除设定提存计划以外的离职后福利计划。

（3）辞退福利

辞退福利是指企业在职工劳动合同到期之前解除与职工的劳动关系，或者为鼓励职工自愿接受裁减而给予职工的补偿。

（4）其他长期职工福利

其他长期职工福利是指除短期薪酬、离职后福利、辞退福利之外所有的职工薪酬，包括长期带薪缺勤、长期残疾福利、长期利润分享计划等。

二、职工薪酬的确认

企业应设置"应付职工薪酬"账户核算应付职工薪酬的提取和结算情况。该账户贷方登记分配计入有关成本费用的薪酬，借方登记实际发放给职工的薪酬以及结转的代扣款项，期末贷方余额表示企业应付未付的职工薪酬。本账户应按照"工资""职工福利费""社会保险费""住房公积金""工会经费和职工教育经费""非货币性福利""带薪缺勤""利润分享计划""设定提存计划""设定收益计划""辞退福利"等项目设置明细账户进行应付职工薪酬的明细核算。

企业应当在职工为其提供服务的会计期间，根据职工提供服务的受益对象，将应确认的职工薪酬计入当期损益或相关资产成本，同时确认为负债（应付职工薪酬）。建筑施工企业应分别按下列情况处理：

应付建安生产工人的薪酬，计入"工程施工——合同成本"账户；

应付辅助生产工人的薪酬，计入"生产成本辅助——生产成本"账户；

应付机械操作工人的薪酬，计入"机械作业"账户；

应付内部各施工单位管理人员的薪酬，计入"工程施工——间接费用"账户；

应付材料部门和仓库管理人员的薪酬，计入"采购保管费"账户；

应由在建工程、无形资产研发负担的职工薪酬，计入"在建工程"、"研发支出"等账户；

应付企业行政管理人员的薪酬，计入"管理费用"账户。

需要明确的是，因与职工解除劳动关系支付的补偿（即辞退福利）全部计入当期管理费用。

1. 短期薪酬的确认和计量

（1）职工工资、津贴和补贴的确认与计量

企业发生的职工工资、津贴和补贴等短期薪酬，应当根据职工提供服务的情况和工资标准等计算应计入职工薪酬的工资总额，并按照受益对象计入当期损益或相关资产成本。

企业应按月计算和支付工资。劳动人事部门应根据工资核算的原始记录（考勤记录、工时记录、产量记录、工资标准、工资等级等）及有关奖金、补贴的发放标准等资料，分别计算出每一职工的应付工资，并送交财会部门与职工办理工资结算。

在实际工作中，为了减少现金收付手续，财会部门在发放工资时，往往要从职工工资中代扣一些款项，如水电费、代扣代缴的个人所得税、职工个人负担的社会保险费和住房公积金等。因此，财会部门还应根据有关部门送来的扣款通知单，计算出每一职工的实发金额，并编制“工资结算单”，据以向职工发放工资。“工资结算单”一般以内部生产单位、部门为对象编制，分别列示每一职工的“应付工资”“代扣款项”及“实发金额”。“工资结算单”应一式三份，一份由劳资部门存查；一份按每一职工裁成“工资条”，连同工资一起发给职工，以便核对；一份经职工签章后，作为工资核算的原始凭证。

为了进行工资发放及分配的核算，财会部门还应将各内部单位、部门的“工资结算单”汇总，编制“工资结算汇总表”，据以向银行提取现金，发放工资，并作为工资核算的原始依据。

按规定，职工应交的个人所得税通常由企业代扣代缴。企业按照规定计算出应该代扣代缴的个人所得税时，借记“应付职工薪酬”账户，贷记“应交税费——应交个人所得税”账户；实际交纳时，借记“应交税费——应交个人所得税”账户，贷记“银行存款”账户。

目前，不少企业与银行联合，为职工办理了工资活期储蓄。每月，由银行将工资直接转入职工活期储蓄存单，职工可以随用随取。企业应按照实发工资数额，借记“应付职工薪酬——工资”账户，贷记“银行存款”账户。这样，企业只需办理转账手续，省去了提取现金、分发工资等工作，大大减轻了会计人员的工作量。

月末，无论工资是否支付，财会人员都应根据“工资结算汇总表”及有关资料编制“工资分配表”，作为进行工资分配核算的依据。

（2）有计提比例的短期薪酬的确认与计量

企业为职工交纳的医疗保险费、工伤保险费、生育保险费等社会保险费和住房公积金，以及按规定提取的工会经费和职工教育经费，应当在职工为其提供服务的会计期间，根据规定的计提基础和计提比例计算确定职工薪酬金额，并按照受益对象计入当期损益或相关资产成本。

企业支付工会经费用于工会活动（或支付职工教育经费用于职工培训）时，应借记“应付职工薪酬——工会经费（或职工教育经费）”账户，贷记“银行存款”账户。

（3）职工福利费的确认与计量

企业发生的职工福利费，应当在实际发生时根据实际发生额计入当期损益或相关资产成本。企业向职工提供非货币性福利的，应当按照公允价值计量。

① 企业以自产的产品作为非货币性福利提供给职工的，应当按照该产品的公允价值和相关税费确定职工薪酬金额，并计入当期损益或相关资产成本。相关收入的确认、销售成本的结转以及相关税费的处理，与企业正常商品销售的会计处理相同。企业以外购的商品作为非货币性福利提供给职工的，应当按照该商品的公允价值和相关税费确定职工薪酬的金额，并计入当期损益或相关资产成本。

② 企业将拥有的房屋等固定资产无偿提供给职工使用的，一方面根据该住房每期应计提的折旧，借记"应付职工薪酬——非货币性福利"账户，贷记"累计折旧"等账户；另一方面根据受益对象，将该住房每期应计提的折旧计入相关资产成本或当期损益，同时确认负债。

③ 企业租赁住房等资产供职工无偿使用的，一方面根据每期应付的租金确定非货币性福利金额，借记"应付职工薪酬——非货币性福利"账户，贷记"银行存款"等账户。另一方面根据受益对象，将支付的租金计入相关资产的成本或当期损益，同时确认负债。

（4）短期带薪缺勤的确认和计量根据其性质及职工享有的权利，带薪缺勤分为累积带薪缺勤和非累积带薪缺勤两类，企业应当分别进行会计处理。

① 累积带薪缺勤及其会计处理

累积带薪缺勤是指带薪权利可以结转下期，本期尚未用完的带薪缺勤权利可以在未来期间使用。企业应当在职工提供了服务从而增加了其未来享有的带薪缺勤权利时，以累积未行使权利而增加的预期支付金额计量，确认与累积带薪缺勤相关的职工薪酬。确认时借记有关成本费用账户，贷记"应付职工薪酬——带薪缺勤"账户。

② 非累积带薪缺勤及其会计处理

非累积带薪缺勤是指带薪缺勤权利不能结转下期、本期尚未用完的带薪缺勤权利将予以取消，并且职工离开企业时也无权获得现金支付。我国企业职工休婚假、产假、丧假、探亲假、病假期间的工资通常属于非累积带薪缺勤。由于职工提供服务本身不能增加其能够享受的福利金额，企业在职工未缺勤时不应当计提相关费用和负债。为此，企业只能在职工实际发生缺勤的会计期间确认与非累积带薪缺勤相关的职工薪酬。通常情况下，与非累积带薪缺勤相关的职工薪酬已经包括在企业每期向职工发放的工资等薪酬中，因此，不必额外作相应的账务处理。

（5）短期利润分享计划（或奖金计划）的确认和计量

企业制定有短期利润分享计划的，并且短期利润分享计划同时满足下列条件的，企业应当确认相关的应付职工薪酬，并计入当期损益或相关资产成本：

① 企业因过去事项导致现在具有支付职工薪酬的法定义务或推定义务；

② 因利润分享计划所产生的应付职工薪酬义务能够可靠估计。

企业根据经营业绩或职工贡献等情况提取的奖金，属于奖金计划，应当比照短期利润分享计划进行处理。

如果企业预期在职工为其提供相关服务的年度报告期间结束后 12 个月内，不需要全部支付利润分享计划产生的应付职工薪酬，则该利润分享计划属于其他长期职工福利。

2. 离职后福利的确认和计量

离职后福利是指企业为获得职工提供的服务而在职工退休或与企业解除劳动关系后提供的各种形式的报酬和福利。离职后福利计划是指企业与职工就离职后福利达成的协议，或者企业为向职工提供离职后福利制定的规章或办法等。比如，根据国家相关规定，企业必须在职工为其提供服务期间为职工缴存基本养老保险费。企业应当在职工为其提供服务的会计期间，将根据设定提存计划计算的应交存金额确认为负债，并计入当期损益或相关资产成本。

职工正常退休时获得的养老金等离职后福利，是职工与企业签订的劳动合同到期或者职工达到了国家规定的退休年龄时获得的离职后生活补偿金额。企业给予补偿的事项是职工在职时提供的服务而不是退休本身，因此，企业应当在职工提供服务的会计期间对离职后福利进行确认和计量。

3. 辞退福利的确认和计量

辞退福利是指企业在职工劳动合同到期之前解除与职工的劳动关系，或者为鼓励职工自愿接受裁减而给予职工的补偿。由于导致义务产生的事项是终止雇用而不是为获得职工的服务，企业应当将辞退福利单独作为一类职工薪酬进行会计处理。

企业在确定提供的经济补偿是否为辞退福利时，应当根据辞退福利的定义和包括的内容，区分辞退福利与正常退休的养老金。辞退福利是在职工与企业签订的劳动合同到期前，企业提前终止与职工的雇用关系时支付的补偿，引发补偿的事项是辞退，因此，企业应当在辞退职工时进行辞退福利的确认和计量。职工在正常退休时获得的养老金，是其与企业签订的劳动合同到期时，或者职工达到了国家规定的退休年龄时获得的退休后生活补偿，引发补偿的事项是职工在职时提供的服务而不是退休本身，因此，企业应当在职工提供服务的会计期间进行养老金的确认和计量。另外，职工虽然没有与企业解除劳动合同，但按照约定未来不再为企业提供服务，不能为企业带来经济利益，企业承诺提供实质上具有辞退福利性质的经济补偿的（如

“内退”），在职工正式退休日期之前应当比照辞退福利处理；在其正式退休日期之后，应当按照离职后福利处理。

实施职工内部退休计划的，企业应当比照辞退福利处理。在内退计划符合规定的确认条件时，企业应当按照内退计划的规定，将自职工停止提供服务日至正常退休日期间企业拟支付的内退职工工资、交纳的社会保险费等，确认为应付职工薪酬，一次性计入当期损益，不能分期确认因支付内退职工工资、交纳社会保险费等产生的义务。

第三节　辅助生产成本的核算

一、辅助生产的性质

辅助生产是指企业的辅助生产部门为工程施工、机械作业等生产材料、提供劳务而进行的生产。辅助生产部门是指企业所属的非独立核算的生产单位，如机修车间、供水站、供电站、运输队等。辅助生产部门发生的各项费用，先通过“生产成本——辅助生产成本”账户进行归集，然后再采用合理的分配方法，分配给各受益对象负担，只有在分配了辅助生产费用之后，才能进行工程成本的计算。辅助生产费用的多少、成本的高低，直接影响着工程成本的水平。因此，正确组织辅助生产成本的核算，是正确进行工程成本核算的重要前提。

二、辅助生产费用的归集

辅助生产部门发生的各项生产费用，应按成本核算对象和成本项目进行归集。成本核算对象可按生产的材料和提供劳务的类别确定。成本项目一般包括表 6–2 中的几项：

表 6–2　成本项目包括的内容

项目	主要内容
材料费	材料费指辅助生产部门耗用的各种材料的实际成本，以及周转材料的摊销额及租赁费
人工费	人工费指辅助生产工人的工资、工资福利费和劳动保护费等各种薪酬
间接费用	间接费用指为组织和管理辅助生产所发生的费用
其他直接费	其他直接费指除上述项目以外的其他直接生产费用，包括折旧及修理费、水电费等

为了归集各个辅助生产部门发生的生产费用，企业应在“生产成本——辅助生

产成本”账户下，按车间、单位或部门设置“辅助生产成本明细账”，归集发生的生产费用。

三、辅助生产费用的分配

辅助生产部门生产的类型不同，其成本分配结转的方法也不一样。生产材料和结构件的辅助生产部门发生的费用，一般于生产完成验收入库时转入“原材料”等账户；提供劳务的辅助生产部门发生的费用，则应采用一定的方法在各受益对象之间进行分配。分配方法有直接分配法、一次交互分配法和计划成本分配法等。

（1）直接分配法

直接分配法是指将各辅助生产部门发生的费用，直接分配给辅助生产部门以外的各受益对象负担，各辅助生产单位之间相互提供劳务均不相互分配费用。计算公式如下：

$$\text{某项劳务的分配单价}=\frac{\text{生产该劳务的辅助生产部门直接发生的费用}}{\text{该项劳务总量}-\text{其他辅助生产部门耗用的劳务量}}$$

$$\text{某受益对象应负担的费用}=\text{该受益对象耗用的劳务量}\times\text{该项劳务的分配单价}$$

直接分配法计算简单，但准确性较差，只适用于各辅助生产部门相互提供劳务较少的情况。

（2）一次交互分配法

一次交互分配法是指先将各辅助生产部门直接发生的费用在各辅助生产部门之间进行交互分配，然后再将交互分配后的费用向辅助生产以外的受益对象分配。由于交互分配只进行一次，所以得名。其分配程序和方法如下：

第一步，各辅助生产部门之间进行交互分配。计算公式如下：

$$\text{某项劳务的交互分配单价}=\frac{\text{年产该劳务的辅助生产部门直接发生的费用}}{\text{该辅助生产部门提供的劳务总量}}$$

$$\begin{matrix}\text{某辅助生产部门应分配的}\\ \text{某项劳务费用}\end{matrix}=\begin{matrix}\text{该辅助生产部门}\\ \text{耗用的劳务量}\end{matrix}\times\begin{matrix}\text{某项劳务的}\\ \text{交互分配单位}\end{matrix}$$

第二步，向辅助生产部门以外的受益对象分配。计算公式如下：

$$\text{某项劳务对外分配单价}=\frac{\text{该项劳务原始费用}+\text{交互分配转入费用}-\text{交互分配转出费用}}{\text{该项劳务总量}-\text{其他辅助生产部门耗用的劳务量}}$$

$$\text{某受益对象应负担的某项劳务费用}=\text{该受益对象耗用的劳务量}\times\text{该项劳务分配单价}$$

（3）计划成本分配法

计划成本分配法是指根据各辅助生产部门提供劳务的计划单价和各受益对象实际耗用的劳务量分配辅助生产费用的方法。其分配程序和方法如下：

第一步，按计划单价向包括辅助生产部门在内的受益对象分配费用。计算公式如下：

某受益对象应负担的某项劳务费用 = 该受益对象耗用的劳务量 × 该项劳务的计划单价

第二步，追加分配实际成本与计划分配数的差额。计算公式如下：

$$\text{差额分配率}=\frac{\text{该辅助生产部门直接发生的费用}+\text{初次分配转入费用}-\text{初次分配转出费用}}{\text{该辅助生产部门提供的劳务总量}-\text{其他辅助生产部门耗用的劳务量}}$$

某受益对象应调整的费用 = 该受益对象耗用的劳务量 × 差额分配率

若计划分配数与实际成本的差额较小，也可直接将其计入施工间接费用，以简化分配计算手续。

按计划成本分配法分配辅助生产费用，方法简便，核算及时，便于考核辅助生产部门成本计划的执行情况。该方法一般适用于各辅助生产部门提供劳务、作业的实际单位成本比较稳定的情况。

第四节　机械作业成本的核算

机械作业成本是施工企业使用施工机械进行机械化施工和运输作业以及机械出租业务发生的各项费用。

机械作业成本的高低直接影响着工程成本的水平，因为只有在分配了机械作业成本之后才能进行工程成本的计算，而且随着机械化施工程度的不断提高，工程成本中机械使用费的比重也越来越大。可以说，合理组织机械作业成本的核算，是正确进行工程成本核算的前提。因此，我们要加强施工机械的管理与核算，准确归集和分配机械作业成本。

企业使用自有施工机械或运输设备进行机械施工发生的各项费用，应采用先归集后分配的方法组织核算。

一、机械作业成本的归集

企业使用自有施工机械或运输设备进行机械施工发生的各项费用，应通过“机械作业”账户归集，月末再按一定的方法分配计入各受益对象的成本中。在“机械作业”账户下，还应按成本核算对象和成本项目设置明细账进行明细核算。

机械作业的成本核算对象，应按施工机械或运输设备的种类确定。一般情况下，对大型施工机械，按单机或机组确定成本核算对象；对中小型施工机械，可按类别确定成本核算对象；对于没有专人使用的小型施工机械，如打夯机等，可将几类机械合并为一个成本核算对象。

机械作业的成本项目一般包括表 6–3 中的几项：

表 6–3　机械作业的成本项目的组成

组成项目	主要内容
人工费	人工费指机械操作人员的各种薪酬
燃料及动力费	燃料及动力费指施工机械或运输设备运转所耗用的燃料、电力等费用
折旧及修理费	折旧及修理费指按照规定标准计提的折旧、发生的修理费，以及替换工具和部件（如轮胎、钢丝绳等）的摊销费等
间接费用	间接费用指为组织和管理机械施工和运输作业发生的各项费用（如养路费、修理期间的停工费、停机棚的折旧和维修费、事故损失等）
其他直接费	其他直接费指除上述各项以外的其他直接费用，包括润滑及擦拭材料费、养路费以及施工机械的搬运、安装拆卸和辅助设施费

如果企业的施工机械仅为本企业的施工生产服务，为了简化核算手续，可只核算其直接成本，不负担间接费用。但是如果有机械出租业务，则应负担间接费用，以全面考核机械作业成本。

二、承包工程机械作业成本的分配和结转

会计期末，为本单位承包的工程进行机械化施工和运输作业发生的成本，应分配转入受益工程的成本。

（1）分配依据

为了考核施工机械的使用情况，同时也为机械作业成本的分配提供依据，使用单位应建立和健全施工机械使用情况的各项原始记录，如“机械运转记录”“机械使用月报”等。“机械运转记录”反映每一机械的运转情况及受益对象，由机械操作人员逐日填写；“机械使用月报”反映所有机械的运转情况及受益对象，由机械管理部门根据“机械运转记录”于月终汇总编制。

（2）分配方法

企业每月发生的机械作业成本，应采用以下方法进行分配：

① 使用台班分配法

使用台班分配法是指根据机械的台班实际成本和各受益对象使用的台班数分配机械作业成本的方法。该方法适用于以单机或机组为成本核算对象的施工机械和运输设备作业成本的分配。其计算公式如下：

$$\text{某种机械台班实际成本}=\frac{\text{该种机械实际发生的费用}}{\text{该种机械实际作用台班}}$$

$$\text{某受益对象应负担的机械作业费用}=\text{该受益对象使用该种机械的台班数}\times\text{该种机械台班实际成本}$$

② 完成产量分配法

完成产量分配法是指根据某种机械单位产量实际成本和各受益对象使用该种机械完成的产量分配机械使用费的方法。该方法适用于便于计算完成产量的各种机械作业成本的分配。其计算公式如下：

$$\text{某种机械单位产量实本}=\frac{\text{该种机械实际发生的费用}}{\text{该种机械实际完成的产量}}$$

$$\text{某受益对象应分配的机械作业费用}=\text{该受益对象使用该种机械完成的产量}\times\text{该种机械单位产量实际成本}$$

③ 预算成本分配法

预算成本分配法是以各受益对象的机械使用费预算成本作为分配标准分配机械作业成本的一种方法。该方法适用于以机械类别为成本核算对象，不便于确定台班或完成产量的机械作业费用的分配。其计算公式如下：

$$\text{某类机械使用费分配系数}=\frac{\text{该类机械实际发生的费用}}{\text{各受益对象的机械使用费预算成本}}$$

$$\text{某受益对象应分配的机械作业费用}=\text{该受益对象的机械使用费预算成本}\times\text{某类机械使用费分配系数}$$

（3）账务处理

对于只有一个受益对象的机械作业成本，可于月末全部转入该工程成本明细账的“机械使用费”项目中；对于有两个或两个以上受益对象的机械作业成本，应于月末编制“自有机械使用费分配表”，并分别转入各工程成本明细账的“机械使用费”项目。

三、机械出租成本的结转

会计期末，为外单位、本企业的专项工程等提供机械作业的成本，不得分配计入工程成本，而应结转给劳务成本负担。结转时，借记“劳务成本”账户，贷记“机械作业”账户。

第五节　工程实际成本的归集与分配

工程施工过程中发生的各项施工费用，应按确定的成本核算对象和规定的成本项目进行归集和分配。能够分清受益对象的费用，直接计入各受益对象的成本；不能分清受益对象的费用，采用一定的方法分配计入各受益对象的成本，最后计算出各该工程的实际总成本。

为了便于归集和分配施工生产费用，计算各建筑安装工程的实际成本，企业应在“工程施工”账户下，分别开设“工程成本明细账”（二级账）和“工程成本卡”（三级账），并按成本项目分设专栏来组织成本核算。

“工程成本明细账”，用以归集施工单位全部承包工程自年初起发生的施工生产费用，为考核和分析各期工程成本的节超提供依据。

“工程成本卡”，按每一成本核算对象开设，用以归集每一成本核算对象自开工至竣工发生的全部施工费用。

一、人工费的归集与分配

工程成本中的人工费是指支付给直接从事工程施工的建筑安装工人和在施工现场运料、配料等工人的各种薪酬。

人工费计入成本的方法，依人工费的性质和内容的不同而不同。企业应按以下原则确定各成本核算对象的人工费成本。

（1）计件工资。计件工资一般都能分清受益对象，应直接计入各成本核算对象。

（2）计时工资和加班工资。如果施工项目只有一个单位工程，或根据用工记录能够分清受益对象的，应直接计入各该成本核算对象；如果不能分清受益对象，则应根据用工记录分配。

计算公式如下：

$$\text{日平均计时工资}=\frac{\text{建安工人计时工资总额}+\text{加班工资}}{\text{建安工人计时工日合计}}$$

$$\begin{matrix}\text{某成本核算对象应}\\\text{负担的计时工资}\end{matrix}=\begin{matrix}\text{该成本核算对象实际}\\\text{耗用的计时工日数}\end{matrix}\times\begin{matrix}\text{日平均}\\\text{计时工费}\end{matrix}$$

（3）其他薪酬。其他薪酬包括各种奖金、工资性津贴、职工福利费、社会保险费、住房公积金、工会经费和职工教育经费、非货币性福利等，应按照合理的方法分配计入各成本核算对象。

$$日平均其他工资=\frac{应分配的其他薪酬}{各受益对象的实际工日合计}$$

$$\begin{matrix}某成本核算对象应\\负担的其他薪酬\end{matrix}=\frac{该成本核算对象}{实际耗用的工日数}\times\begin{matrix}日平均\\其他薪酬\end{matrix}$$

企业在核算人工费时，应严格划分人工费的用途。非工程施工发生的人工费，一律不得计入工程成本。建筑安装工人从事现场临时设施搭建、现场材料整理和加工等发生的人工费，应计入“在建工程”“采购保管费”等账户，不得计入工程成本。

二、材料费的归集与分配

工程成本中的材料费是指在工程施工过程中耗用的构成工程实体的主要材料、结构件的实际成本，有助于工程形成的其他材料的实际成本，以及周转材料的摊销额和租赁费用。

施工现场储存的材料，除了用于工程施工外，还可能用于搭建临时设施，或者其他非生产方面。企业必须根据发出材料的用途，严格划分工程用料和其他用料的界限，只有直接用于工程施工的材料才能计入工程成本。

施工生产中耗用的材料，品种多，数量大，领用频繁。因此，企业应根据发出材料的有关原始凭证进行整理、汇总，并应区分以下不同情况进行核算：

（1）凡领用时能点清数量并能分清用料对象的，应在有关领料凭证（领料单、限额领料单）上注明领料对象，直接计入各成本核算对象。

（2）领用时虽能点清数量，但属于集中配料或统一下料的材料，如油漆、玻璃等，应在领料凭证上注明“工程集中配料”字样，月末根据耗用情况，编制“集中配料耗用计算单”，据以分配计入各成本核算对象。

（3）领料时既不易点清数量，又难以分清耗用对象的材料，如砖、瓦、灰、砂、石等大堆材料，可根据具体情况，由材料员或施工现场保管员验收保管，月末通过实地盘点，倒算出本月实耗数量，编制“大堆材料耗用量计算单”，据以计入各成本核算对象。

（4）周转使用的模板、脚手架等周转材料，应根据各受益对象的实际在用数量和规定的摊销方法，计算当期摊销额，并编制“周转材料摊销分配表”，据以计入各成本核算对象。对租用的周转材料，则应按实际支付的租赁费直接计入各成本核算对象。

（5）施工中的残次材料和包装物品等，应尽量回收利用，填制“废料交库单”估价入账，并冲减工程成本。

（6）按月计算工程成本时，月末对已经办理领料手续，但尚未耗用，下月仍需要继续使用的材料，应进行盘点，办理“假退库”手续，以冲减本期工程成本。

（7）工程竣工后的剩余材料，应填写“退料单”或用红字填写“领料单”，据以办理材料退库手续，以冲减工程成本。

期末，企业应根据领用材料的各种原始凭证，汇总编制“材料费用分配表”，作为各工程材料费核算的依据。

三、机械使用费的归集与分配

工程成本中的机械使用费是指在施工过程中使用自有施工机械和运输设备发生的费用，租入施工机械支付的租赁费，以及施工机械的安装、拆卸和进出场费等。

1. 租入机械使用费的核算

从外单位或本企业其他内部独立核算单位租入施工机械支付的租赁费，根据“机械租赁费结算单”所列金额，直接计入各工程成本核算对象。如果租入机械为两个或两个以上的工程服务，可按各工程使用的台班数分配计入各成本核算对象。

2. 自有机械使用费的核算

企业使用自有施工机械或运输设备进行机械施工发生的各项费用，应通过“机械作业”账户归集，月末再按一定的方法分配计入各受益对象的成本中。

3. 施工机械安装、拆卸和进出场费的核算

施工机械的安装、拆卸和进出场费是指将机械运用到施工现场、远离施工现场和在施工现场范围内转移的运输、安装、拆卸、试车等费用，以及为使用施工机械而建造的基础、底座、工作台、行走轨道等费用。这些费用如果数额不大，可以于发生时直接计入“机械作业”账户，列作当月工程成本；如果数额较大，受益期较长，可以通过“长期待摊费用”账户分期摊入各期工程成本。

四、其他直接费的归集与分配

其他直接费是指在施工过程中发生的除了人工费、材料费、机械使用费以外的直接与工程施工有关的各种费用。其他直接费可分别以下三种情况进行核算：

（1）发生时能分清受益对象的费用，可直接计入各成本核算对象。

（2）发生时不能分清受益对象的费用，应采用适当的方法分配计入各成本核算对象。

（3）发生时难以同成本中的其他项目区分的费用（如冬雨季施工中的防雨、保温材料费，夜间施工的电器材料及电费，流动施工津贴，场地清理费，材料二次搬运费中的人工费、机械使用费等），可于费用发生时列入“人工费”“材料费”“机械使用费”等项目核算，以简化核算手续。但在期末进行成本分析时，应将预算成本中的有关费用按一定的方法从“其他直接费”调至“人工费”“材料费”“机械使用费”等项目，以利于成本分析和考核。

五、间接费用的归集与分配

（1）间接费用的归集

间接费用是企业下属的各施工单位（分公司、工区、施工队、项目部等）为组织和管理工程施工所发生的各项费用。一般难以分清受益对象，费用发生时先在“工程施工——间接费用”账户中归集，期末再按一定标准分配计入各成本核算对象。“工程施工——间接费用”明细账应采用多栏式账页，按费用项目设置和登记。

（2）间接费用的分配

间接费用的分配标准，应与预算取费相一致。一般情况下，建筑工程的施工间接费以直接费为标准分配，安装、装饰等工程的施工间接费以人工费为标准分配。根据施工工程的具体情况，间接费用的分配方法，主要有以下几种：

① 直接费比例法。即以各工程发生的直接费为标准分配间接费用的一种方法。其计算公式为：

$$间接费用分配率=\frac{本月发生的全部间接费用}{各工程本月直接费用成本之和}\times100\%$$

某工程应负担的间接费用 = 该工程本月发生的直接费成本 × 间接费用分配率

这种分配方法适用于一般建筑工程、市政工程、机械施工的大型土石方工程等建筑工程的间接费用的分配。

② 人工费比例法。即以各工程发生的人工费为标准分配间接费用的一种方法。其计算公式为：

$$间接费用分配率=\frac{本月发生的全部间接费用}{各工程本月人工费成本之和}\times100\%$$

某工程应负担的间接费用 = 该工程本月发生的人工费成本 × 间接费用分配率

这种分配方法适用于各种安装工程、人工施工的土石方工程、装饰工程等的间接费用的分配。

③ 多步计算法。如果一个施工单位在同一时期内既进行建筑工程施工，又进行

安装工程施工，其间接费用的分配应分两步进行：

第一步，先将发生的全部间接费用以人工费成本为标准在不同类型的工程之间进行分配。其计算公式为：

$$间接费用分配率=\frac{本月发生的全部间接费用}{各类工程本月实际发生的人工费成本之和}\times 100\%$$

某类工程应负担的间接费用 = 该类工程本月实际发生的人工费成本 × 间接费用分配率

第二步，将第一步分配到各类工程的间接费用，再以直接费成本或人工费成本作为分配标准，在各成本核算对象之间进行分配。分配方法同前所述。

第六节 工程成本结算

通过以上核算，企业发生的各项施工费用已经归集在“工程成本明细账”和“工程成本卡”中。期末，还应进行工程成本结算。

一、工程成本结算的内容和方式

工程成本结算是指计算和确认工程预算成本、实际成本以及成本节超额，为考核成本计划的完成情况提供依据。

（1）工程成本结算的内容

工程成本结算包括以下内容：① 计算工程的预算成本；② 计算工程的实际成本；③ 计算工程成本降低额、降低率。其中，工程预算成本是指按照实物工程量和预算单价计算的工程成本，是考核工程成本节超额的依据，一般由预算人员提供。工程成本降低额是工程预算成本减去工程实际成本后的差额，降低率是工程成本降低额与工程预算成本的比率。故在此着重介绍工程实际成本的计算。

（2）工程成本结算的方式

工程成本结算包括定期结算、分段结算和竣工后一次结算等方式。企业应本着与工程价款结算期相一致的原则，确定各工程的成本结算方式。

对于工期短、造价低、竣工后一次结算工程价款的工程，其成本结算也应于竣工后一次进行。工程竣工前，“工程成本卡”中归集的生产费用，均为该工程未完施工的实际成本。工程竣工后，“工程成本卡”中归集的生产费用总额，即为竣工工程的实际成本。

对于工期长、造价高、定期结算工程价款的工程，应采用定期计算与竣工结算相结合的方式进行工程成本结算。因为建筑工程施工周期长，如果等到工程竣工后再进行成本结算，就不能及时反映各期工程成本的节超情况，不便于及时采取降低成本的措施。因此，企业须按期计算已完工程的实际成本，并与预算成本比较，以分析成本节超。工程竣工后，再进行工程成本总结算。

二、定期结算方式下已完工程实际成本的计算

1. 已完工程和未完施工的确定

采用定期结算工程价款的工程，期末往往既有“已完工程”，又有“未完施工”，因此必须在期末进行未完施工盘点，确定已完工程和未完施工的数量，作为办理工程结算的依据。所谓已完工程，是指已经完成了预算定额规定的全部工序内容，在本企业不需要再进行施工的分部分项工程。所谓未完施工，是指已经投入人工、材料等进行施工，但尚未完成预算定额规定的全部工序内容，不能办理工程价款结算的分部分项工程。如墙面抹灰工程，预算定额规定应抹三遍，如果期末只抹了两遍，即为未完施工或未完工程。

2. 已完工程实际成本的计算

在定期结算成本时，必须将归集在“工程成本卡”上的施工生产费用在已完工程和未完施工之间进行分配。已完工程的实际成本可用下式计算：

本期已完工程实际成本 = 期初未完施工成本 + 本期发生的生产费用—期末未完施工成本

上式中，“期初未完施工成本”及“本期发生的生产费用”，分别反映在“工程施工”明细账中，所以只要计算出期末未完施工成本，即可计算出本期已完工程的实际成本。可见，计算本期已完工程成本的关键，是先行计算期末未完施工的成本。

3. 期末未完施工成本的计算

期末未完施工成本的计算方法，包括按预算单价计算和按实际费用计算两种。

（1）按预算单价计算未完施工成本

如果期末未完施工在当期施工的工程中所占比重较小，而且期初、期末未完施工的数量变化也不大，为了简化核算手续，可以计算出期末未完施工的预算成本，将其视同为实际成本，据以计算本期已完工程的实际成本。期末未完施工预算成本的计算方法主要有以下两种：

① 估量法（又称约当产量法）。指根据完工进度，将施工现场盘点确定的未完工程数量折合为相当于已完分部分项工程的数量，然后乘以分部分项工程的预算单

价，计算其预算成本。其计算公式为：

期末未完施工成本 = 期末未完施工数量 × 估计完工程度 × 分部分项工程预算单价

这种方法一般适用于均衡投料、便于划分的分部分项工程。

② 估价法（又称工序成本法）。指先确定分部分项工程各个工序的直接费占整个预算单价的百分比，用以计算出每个工序的预算单价，然后乘以未完工程各工序的工程量，确定出未完工程的预算成本。其计算公式如下：

某工序单价 = 分部分项工程预算单价 × 某工序费用占预算单价的百分比

期末未完工程成本 =Σ（未完工程中某工序的完成量 × 该工序单价）

这种方法适用于不均衡投料或各工序工料定额有显著不同的分部分项工程。

应当注意的是，按估价法计算未完施工的成本，先要计算出每个工序的单价，如果工序过多，应将工序适当合并，计算出每一扩大工序的单价，然后再乘以相应的未完施工数量来计算。如果期末未完工程的材料费成本占比重较大，也可将未完施工的材料预算成本作为未完施工的成本，以简化计算手续。

（2）按实际费用计算未完施工成本

当期末未完施工占全部工程量的比重较大，且实际成本与预算成本的差异较大时，如果将未完施工的预算成本视同为实际成本，就会影响已完工程实际成本的正确性。因此，还应以预算成本为基础，分配计算未完施工的实际成本。未完施工的实际成本应按下列公式计算：

$$\begin{matrix}\text{期末未完施工}\\\text{实际成本}\end{matrix}=\frac{\text{期初累计未完施工成本}+\text{本期发生的生产费用}}{\text{累计已完工程预算成本}+\text{本期未完施工预算成本}}\times\begin{matrix}\text{期末未完施工}\\\text{预算成本}\end{matrix}$$

实行按工程形象进度分段结算工程价款的工程，其已完工程实际成本的计算方法，与定期结算的方法基本相同，不再赘述。

对于尚未竣工的工程，计算出的已完工程实际成本只用于同工程预算成本、工程计划成本进行比较，以确定成本节超，考核成本计划的执行情况，并不从“工程施工”账户转出。这样，“工程施工”账户的余额，就可以反映某工程自开工至本期止累计发生的施工费用。待工程竣工后，再进行成本结转。

第七节　工程成本控制

工程成本控制是指为实现工程成本管理的目标，对形成成本的各项耗费进行指导、监督、调节和限制，及时控制与纠正即将发生和已经发生的偏差，把各项费用控制在规定的范围内。

工程成本的主要部分是在施工现场直接发生的。在实行项目法施工的情况下，工程成本管理的重心由企业管理层转向了工程项目部，工程成本控制的重点应该放在项目成本控制上。

一、工程成本控制的基本原则

工程成本控制的基本原则，见表 6–4。

表 6–4　工程成本控制的基本原则

原则	主要内容
全面性原则	工程成本管理是一项综合性的管理，工程施工的各个环节都直接或间接地对工程成本产生一定的影响。因此，成本控制必须坚持全面性的原则。全面性原则包括两个方面：一是全员参与成本控制。凡是与成本形成有关的人员都对成本控制承担相应的责任。要做到这一点，需要对成本指标进行层层分解，落实到人，并与其工资奖金挂钩，有奖有罚。二是全过程的控制。从施工准备、施工过程、竣工验收、工程保修，每个环节都应该是成本控制的对象，每一项业务都应该纳入成本控制的范畴，从各个方面堵塞漏洞，杜绝浪费
效益原则	实施成本控制的根本目的，是要取得良好的经济效益。在实际施工过程中，建设单位通常对工程质量和工期有比较严格的要求。在成本与质量、工期发生矛盾时，工程项目部往往会抓质量、抢工期，而忽视成本控制。这就难以实现经济效益和社会效益统一的目标。因此，项目部应正确处理质量、工期、成本之间的关系，决不能顾此失彼，不惜代价，不计成本。对施工过程中有关工程量增加、设计变更等情况，应及时做好现场签证及索赔工作，以保证项目每笔支出都有相应的收入
责权利相结合的原则	要实现成本控制的目标，必须严格按照经济责任制的要求，贯彻责、权、利相结合的原则。有责无权，不能履行所承担的责任；有责无利，缺乏履行责任的动力。只有坚持责权利相结合，才能充分发挥成本控制的作用

二、工程成本控制的程序

（1）制定成本控制标准

成本控制标准是对各项费用开支和资源消耗规定的数量界限，是成本控制和成本考核的依据。成本控制的标准可以根据成本形成的不同阶段和成本控制的不同对象确定。工程项目部应以各种定额和费用开支标准为成本控制的数量标准，把降低成本的要求与定额管理工作结合起来。

（2）执行标准

执行标准就是对成本形成的过程进行具体的监督。项目经理应根据各项成本指标，控制有关费用开支和资源消耗情况，实施增产节约的措施，保证成本计划的完成。

（3）揭示偏差

根据控制标准和实际执行情况，揭示实际成本脱离控制标准的差异程度，分析造成差异的原因和责任，组织力量及时纠正不利差异，提出降低成本的措施（或提出修订成本控制标准的方案）。

三、工程成本控制的方法

（1）制度控制

制度控制是企业管理层对工程成本实施的总体控制。它规定了成本控制的方法及内容，使工程项目的成本控制有章可循。制度控制是克服项目“以包代管”的有效手段，是企业行使监督、检查、协调及服务职能的依据和前提。如企业为控制项目机械使用费支出制定的《机械设备租赁管理办法》、为控制人工费成本制定的《劳务工作管理办法》等。

（2）定额控制

为了控制工程成本，企业除了掌握国家统一的建筑安装工程定额外，还必须有完善的内部定额。内部定额应以国家统一的定额为基础，结合现行的质量标准、安全操作规程、施工条件等编制。内部定额应作为编制施工预算、工长签发施工任务书、控制考核工效及材料消耗的依据。

（3）合同控制

合同控制是企业实施成本控制的一个重要方面，主要有以下三种形式（见表6–5）。

表 6–5　合同控制的形式

形式	主要内容
项目经理部与公司有关职能部门之间的专业管理合同	实施项目承包后，产生了企业与项目两个层次的分离。为了充分发挥项目经理部和企业各职能部门的积极性和专业优势，二者之间有必要签订横向经济合同，明确各自的权利与义务，解决项目经理部与各职能部门监督与被监督、指导与被指导、协调与被协调的关系，促使职能部门发挥专业优势，协助项目部控制相关费用的支出，确保项目成本指标的实现

续表

形式	主要内容
项目经理与项目成员之间的岗位责任合同	此类合同包括项目经理与各专业管理人员（如成本核算员、预算员等）之间的岗位责任合同、项目经理与项目工长之间的单项工程承包合同、项目经理与劳务班组之间的人工费承包合同等。因为项目部每个成员工作质量的好坏，都会直接或间接地对项目成本产生影响。项目经理与项目成员之间签订合同，可激励各成员在各自的岗位上尽职尽责地工作，分担项目经理的工作压力，体现出项目集体承包、利益共享、风险共担的特色
项目经理部与公司之间的内部经济技术承包合同	该合同由公司与项目经理部签订，主要包括工程项目的承包方式、承包内容、双方的责任与权限、考核与奖惩办法等内容。合同对项目经理部的成本指标、成本降低额、成本降低率等指标作了具体规定，是项目经理部实施成本控制的主要目标

以项目经理为中心的合同体系，覆盖了项目管理的各个层面。上至企业的决策者，下至各个班组或个人，并涉及企业有关职能部门，有关人员均对项目的成本控制负有责任，充分体现了成本控制的全面性原则。

四、工程成本控制的内容

1. 材料费的控制

材料费的控制包括两方面内容：一是材料用量的控制；二是材料价格的控制。

（1）材料用量的控制

材料用量主要由项目经理部在施工过程中通过限额领料等方法进行控制。包括以下几种情况：

① 定额控制。对于有消耗定额的材料，以消耗定额为依据，实行限额领料制度。各工长只能在规定限额内分期分批领用。需要超过限额领用的材料必须办理必要的审批手续。

② 指标控制。对于没有消耗定额的材料，实行按指标控制的办法。即根据上期实际耗用，结合当期具体情况和节约要求，制定领用材料指标据以控制发料。

③ 包干控制。对于一些零星用料，采用包干的方法进行控制。即根据需要完成的工程量计算出所需材料，然后折算成现金（如绑扎 1t 钢筋，需要的铁丝折算为 20 元），按月发放给施工班组，一次包死。班组需要用料时，从材料员处购买，节约归班组所有，超支由班组自负。

（2）材料价格的控制

材料价格主要从买价、运费、运输途中的损耗等方面进行控制。

① 买价的控制。买价的变动主要是由市场因素引起的。采购材料时，首先应选择合格的供应商，在保质保量的前提下，争取最低买价。其次，应按照各种材料的经济采购批量采购，以降低成本。

② 运费的控制。包括就近购买、合理组织材料运输、选用最经济的运输方式等方面，以降低运费和途中损耗。

③ 损耗控制。要求现场材料验收人员严格办理验收手续，准确计量，把好进料关，防止将损耗或短缺计入材料成本。

2. 人工费的控制

与材料费相同，人工费也要采用“量价分离”的原则进行控制。

人工用工数通过项目经理与工长签订合同，按照内部施工预算、钢筋翻样单或模板量计算出定额人工工日，并将安全生产、文明施工及零星用工按定额工日的一定比例一起包给项目工长，由工长掌握实际用工日数。同时，项目劳资人员还要对工长开出的任务单进行审核，并累计实际总用工数，与计划用工数进行对比，确定差异，以避免乱开工日、多开工日的现象发生。另外，项目经理还要对非生产用工进行控制，以降低总用工数，减少不必要的人工费支出。

人工单价主要通过项目经理与施工班组的人工费承包合同来控制。即根据企业内部人工费计划价格，结合工程具体情况协商确定。

此外，企业还可以从项目成员的动态管理、提高劳动生产率、控制工资含量等方面，促进项目定编定员，节约用工，从而控制人工费开支。

3. 机械使用费的控制

机械使用费主要由台班数量和台班单价两方面决定，因此控制机械使用费应从以下内容入手：

合理安排施工生产，加强设备使用的管理，减少因安排不当引起的设备闲置；做好机械设备的调度工作，尽量避免窝工损失，提高现场设备利用率；加强现场设备的维修保养，防止因使用不当发生机械停置；做好机械操作人员与辅助人员的协调与配合工作，提高机械台班产量。

4. 施工管理费的控制

由于没有定额，施工管理费的发生具有一定的随意性，因此更应加强控制与管理。施工管理费的控制主要从以下内容抓起：

根据各工程项目的具体情况，分别确定施工管理费开支权限；制定各项目施工管理费开支指标，促使项目经理按指标控制使用；经常检查，及时纠正。财务部门对各项目施工管理费的开支情况应经常进行检查，以便及时发现问题，及时采取措施。

第七章　收入的管理与核算

第一节　与收入相关的税费的核算

一、与收入相关的税费的内容

企业一定时期内实现的收入，要按税法规定交纳各种税费。与收入相关的税费主要有增值税、消费税、资源税、土地增值税、城市维护建设税和教育费附加等。

企业应设置“应交税费”账户，总括反映各种税费的计提和交纳情况。该账户的贷方登记应该交纳的税费，借方登记实际交纳的税费，期末余额一般在贷方，表示尚未交纳的税费；若为借方余额，则表示多交或尚未抵扣的税费。该账户须按应交税费项目进行明细核算。

二、应交增值税的核算

1. 增值税概述

增值税是对在我国境内销售货物、服务、无形资产或者不动产、提供加工和修理修配劳务以及进口货物（以下称应税行为）的增值额征收的一种流转税。其中，销售服务是指提供交通运输服务、邮政服务、电信服务、建筑服务、金融服务、现代服务和生活服务等。

（1）增值税纳税人的划分

按照经营规模和会计核算的健全程度，增值税的纳税人分为一般纳税人和小规模纳税人两类。

应税行为的年应征增值税销售额（以下称应税销售额）超过规定标准的纳税人为一般纳税人，未超过规定标准的纳税人为小规模纳税人。

年应税销售额超过规定标准的其他个人不属于一般纳税人。年应税销售额超过规定标准但不经常发生应税行为的单位和个体工商户可选择按照小规模纳税人纳税。

年应税销售额未超过规定标准的纳税人，会计核算健全，能够提供准确税务资料的，可以向主管税务机关办理一般纳税人资格登记，成为一般纳税人。

符合一般纳税人条件的纳税人应当向主管税务机关办理一般纳税人资格登记。除国家税务总局另有规定外，一经登记为一般纳税人后，不得转为小规模纳税人。

（2）增值税税率

1）一般纳税人适用税率

① 纳税人销售或者进口下列货物，税率为 11%：

农产品（含粮食）、自来水、暖气、石油液化气、天然气、食用植物油、冷气、热水、煤气、居民用煤炭制品、食用盐、农机、饲料、农药、农膜、化肥、沼气、二甲醚、图书、报纸、杂志、音像制品、电子出版物。

② 销售或者进口除第① 项以外的货物，提供加工、修理修配劳务（以下称应税劳务），提供有形动产租赁服务，税率为 17%。

③ 提供交通运输、邮政、基础电信、建筑、不动产租赁服务，销售不动产，转让土地使用权，税率为 11%。

④ 境内单位和个人发生的跨境应税行为，税率为零。

⑤ 除上述第① ② ③ ④ 项规定外，纳税人发生的其他应税行为，税率为 6%。

2）小规模纳税人适用税率

小规模纳税人增值税征收率为 3%，财政部和国家税务总局另有规定的除外。

（3）增值税的计税方法及其适用范围

增值税的计税方法，包括一般计税方法和简易计税方法两种。

一般纳税人发生应税行为适用一般计税方法计税。

一般纳税人发生财政部和国家税务总局规定的特定应税行为（比如建筑施工企业的老项目、甲供工程、清包工工程等），可以选择适用简易计税方法计税，但一经选择，36 个月内不得变更。

小规模纳税人发生应税行为适用简易计税方法计税。

2. 一般纳税人采用一般计税方法的核算

（1）应纳税额的计算确定

一般计税方法的应纳税额是指当期销项税额抵扣当期进项税额后的余额。其计算公式为：

$$应纳税额 = 当期销项税额 - 当期准予抵扣的进项税额$$

当期销项税额小于当期进项税额不足抵扣时，其不足部分可以结转下期继续抵扣。

销项税额是指纳税人发生应税行为按照销售额和增值税税率计算并向客户收取的增值税额。其计算公式为：

$$销项税额 = 不含增值税的销售额 \times 税率$$

进项税额是指纳税人购进货物、加工修理修配劳务、服务、无形资产或者不动产而支付或者负担的增值税额。

下列进项税额准予从销项税额中抵扣：

① 从销售方取得的增值税专用发票（含税控机动车销售统一发票，下同）上注明的增值税额。

② 从海关取得的海关进口增值税专用缴款书上注明的增值税额。

③ 购进农产品，按照农产品收购发票或者销售发票上注明的农产品买价和规定的扣除率计算的进项税额。计算公式为：

$$进项税额 = 买价 \times 扣除率$$

④ 从境外单位或者个人购进服务、无形资产或者不动产，自税务机关或者扣缴义务人取得的解缴税款的完税凭证上注明的增值税额。

需要注意的是，纳税人取得的增值税扣税凭证不符合法律、行政法规或者国家税务总局有关规定的，其进项税额不得从销项税额中抵扣。

下列项目的进项税额也不得从销项税额中抵扣：

① 用于简易计税方法计税项目、免征增值税项目、集体福利或者个人消费的购进货物、加工修理修配劳务、服务、无形资产和不动产。

纳税人的交际应酬消费属于个人消费。

② 非正常损失的购进货物，以及相关的加工修理修配劳务和交通运输服务。

③ 非正常损失的在产品、产成品所耗用的购进货物（不包括固定资产）、加工修理修配劳务和交通运输服务。

④ 非正常损失的不动产，以及该不动产所耗用的购进货物、设计服务和建筑服务。

⑤ 非正常损失的不动产在建工程所耗用的购进货物、设计服务和建筑服务。

⑥ 购进的旅客运输服务、贷款服务、餐饮服务、居民日常服务和娱乐服务。

⑦ 财政部和国家税务总局规定的其他情形。

（2）“应交税费”明细账户以及专栏的设置

增值税一般纳税人应当在“应交税费”账户下设置“应交增值税”“未交增值税”“预交增值税”“待抵扣进项税额”“待认证进项税额”“待转销项税额”“增值税留抵税额”“简易计税”“转让金融商品应交增值税”“代扣代交增值税”等明细账户进行明细核算。

1）在“应交税费——应交增值税”明细账内设置以下专栏：

① “进项税额”专栏，记录一般纳税人购进货物、加工修理修配劳务、服务、无形资产或不动产而支付或负担的、准予从当期销项税额中抵扣的增值税额；

② “销项税额抵减”专栏，记录一般纳税人按照现行增值税制度规定因扣减销售额而减少的销项税额；

③ “已交税金”专栏，记录一般纳税人当月已交纳的应交增值税额；

④ “转出未交增值税”和“转出多交增值税”专栏，分别记录一般纳税人月度终了转出当月应交未交或多交的增值税额；

⑤ “减免税款”专栏，记录一般纳税人按现行增值税制度规定准予减免的增值税额；

⑥ “出口抵减内销产品应纳税额”专栏，记录实行“免、抵、退”办法的一般纳税人按规定计算的出口货物的进项税抵减内销产品的应纳税额；

⑦ “销项税额”专栏，记录一般纳税人销售货物、加工修理修配劳务、服务、无形资产或不动产应收取的增值税额；

⑧ “出口退税”专栏，记录一般纳税人出口货物、加工修理修配劳务、服务、无形资产按规定退回的增值税额；

⑨ “进项税额转出”专栏，记录一般纳税人购进货物、加工修理修配劳务、服务、无形资产或不动产等发生非正常损失以及其他原因而不应从销项税额中抵扣、按规定转出的进项税额。

2）“未交增值税”明细账户，核算一般纳税人月度终了从“应交增值税”或“预交增值税”明细账户转入当月应交未交、多交或预交的增值税额，以及当月交纳以前期间未交的增值税额。

3）“预交增值税”明细账户，核算一般纳税人转让不动产、提供不动产经营租赁服务、提供建筑服务、采用预收款方式销售自行开发的房地产项目等，以及其他按现行增值税制度规定应预交的增值税额。

4）“待抵扣进项税额”明细账户，核算一般纳税人已取得增值税扣税凭证并经税务机关认证，按照现行增值税制度规定准予以后期间从销项税额中抵扣的进项税额。包括：一般纳税人自 2016 年 5 月 1 日后取得并按固定资产核算的不动产或者 2016 年 5 月 1 日后取得的不动产在建工程，按现行增值税制度规定准予以后期间从销项税额中抵扣的进项税额；实行纳税辅导期管理的一般纳税人取得的尚未交叉稽核比对的增值税扣税凭证上注明或计算的进项税额。

5）“待认证进项税额”明细账户，核算一般纳税人由于未经税务机关认证而不得从当期销项税额中抵扣的进项税额。包括：一般纳税人已取得增值税扣税凭证、按照现行增值税制度规定准予从销项税额中抵扣，但尚未经税务机关认证的进项税额；一般纳税人已申请稽核但尚未取得稽核相符结果的海关缴款书进项税额。

6）“待转销项税额”明细账户，核算一般纳税人销售货物、加工修理修配劳务、服务、无形资产或不动产，已确认相关收入（或利得）但尚未发生增值税纳税义务而需于以后期间确认为销项税额的增值税额。

7）“增值税留抵税额”明细账户，核算兼有销售服务、无形资产或者不动产的原增值税一般纳税人，截止到纳人营改增试点之日前的增值税期末留抵税额按照现行增值税制度规定不得从销售服务、无形资产或不动产的销项税额中抵扣的增值税留抵税额。

8）“简易计税”明细账户，核算一般纳税人采用简易计税方法发生的增值税计提、扣减、预缴、交纳等业务。

9）“转让金融商品应交增值税”明细账户，核算增值税纳税人转让金融商品发生的增值税额。

10）“代扣代交增值税”明细账户，核算纳税人购进在境内未设经营机构的境外单位或个人在境内的应税行为代扣代交的增值税。

小规模纳税人只需在“应交税费”账户下设置“应交增值税”明细账户，不需要设置上述专栏及除“转让金融商品应交增值税”“代扣代交增值税”外的明细账户。

（3）账务处理

1）取得资产或接受劳务等业务的账务处理

① 采购等业务进项税额允许抵扣的账务处理。一般纳税人购进货物、加工修理修配劳务、服务、无形资产或不动产，按应计入相关成本费用或资产的金额，借记“在途物资”或“原材料”“工程施工”“生产成本”“管理费用”“固定资产”“无形资产”等账户，按当月已认证的可抵扣增值税额，借记“应交税费——应交增值税（进项税额）”账户，按当月未认证的可抵扣增值税额，借记“应交税费——待认证进项税额”账户，按应付或实际支付的金额，贷记“应付账款”“应付票据”“银行存款”等账户。发生退货的，如原增值税专用发票已作认证，应根据税务机关开具的红字增值税专用发票作相反的会计分录；如原增值税专用发票未作认证，应将发票退回并作相反的会计分录。

② 采购等业务进项税额不得抵扣的账务处理。一般纳税人购进货物、加工修理修配劳务、服务、无形资产或不动产，用于简易计税方法计税项目、免征增值税项目、集体福利或个人消费等，其进项税额按照现行增值税制度规定不得从销项税额中抵扣的，取得增值税专用发票时，应借记相关成本费用或资产账户，借记“应交税费——待认证进项税额”账户，贷记“银行存款”“应付账款”等账户；经税务机关认证后，借记相关成本费用或资产账户，贷记“应交税费——应交增值税（进项税额转出）”账户。

2）进项税额抵扣情况发生改变的账务处理

已确认进项税额的购进货物、加工修理修配劳务、服务、无形资产或不动产，因发生非正常损失或改变用途（用于简易计税方法计税项目、免征增值税项目、集体福利或者个人消费）等，其进项税额按现行增值税制度规定不得从销项税额中抵扣，应转入相关资产成本或当期损益。发生时借记“待处理财产损溢”“应付职工薪酬”等账户，贷记“应交税费——应交增值税（进项税额转出）”账户。

原不得抵扣且未抵扣进项税额的固定资产、无形资产等，因改变用途等用于允许抵扣进项税额的应税项目的，应按允许抵扣的进项税额，借记“应交税费——应交增值税（进项税额）”账户，贷记“固定资产”“无形资产”等账户。固定资产、无形资产等经上述调整后，应按调整后的账面价值在剩余尚可使用寿命内计提折旧或摊销。

3）一般销售业务的账务处理

企业销售货物、服务、无形资产或不动产，提供加工修理修配劳务，应当按应收或已收的金额，借记“应收账款”“应收票据”“银行存款”等账户，按取得的收入金额，贷记“主营业务收入”“其他业务收入”“固定资产清理”“工程结算”等账户，按计算的销项税额，贷记“应交税费——应交增值税（销项税额）”账户。发生销售退回的，应根据按规定开具的红字增值税专用发票作相反的会计分录。

4）视同销售的账务处理。企业发生视同销售的行为，应当按照企业会计准则相关规定进行相应的会计处理，并按照现行增值税制度规定计算的销项税额，借记“应付职工薪酬”“利润分配”等账户，贷记“应交税费——应交增值税（销项税额）”账户。

5）出口退税的账务处理

企业需设置“应收出口退税款”账户，核算纳税人出口货物应收取的出口退税款。该账户借方反映销售出口货物按规定向税务机关申报应退回的增值税、消费税等，贷方反映实际收到的出口货物应退回的增值税、消费税等。期末借方余额，反映尚未收到的应退税额。

未实行“免、抵、退”办法的一般纳税人出口货物按规定退税的，按规定计算的应收出口退税额，借记“应收出口退税款”账户，贷记“应交税费——应交增值税（出口退税）”账户，收到出口退税时，借记“银行存款”账户，贷记“应收出口退税款”账户；退税额低于购进时取得的增值税专用发票上的增值税额的差额，借记“主营业务成本”账户，贷记“应交税费——交增值税（进项税额转出）”账户。

实行“免、抵、退”办法的一般纳税人出口货物，在货物出口销售后结转产品销售成本时，按规定计算的退税额低于购进时取得的增值税专用发票上的增值税额的差额，借记“主营业务成本”账户，贷记“应交税费——应交增值税（进项税额转出）”账户；按规定计算的当期出口货物的进项税抵减内销产品的应纳税额，借记“应交税费——应交增值税（出口抵减内销产品应纳税额）”账户，贷记“应交税费——应交增值税（出口退税）”账户。在规定期限内，内销产品的应纳税额不足以抵减出口货物的进项税额，不足部分按有关税法规定给予退税的，应在实际收到退税款时，借记“银行存款”账户，贷记“应交税费——应交增值税（出口退税）”账户。

6）月末转出多交增值税和未交增值税的账务处理

月度终了，企业应当将当月应交未交或多交的增值税自“应交增值税”明细账户转入“未交增值税”明细账户。对于当月应交未交的增值税，借记“应交税费——应交增值税（转出未交增值税）”账户，贷记“应交税费——未交增值税”账户；对于当月多交的增值税，借记“应交税费——未交增值税”账户，贷记“应交税费——应交增值税（转出多交增值税）”账户。

7）交纳增值税的账务处理

① 交纳当月应交增值税时，借记“应交税费——应交增值税（已交税金）”账户，贷记“银行存款”账户。

② 交纳以前期间未交增值税时，借记“应交税费——未交增值税”账户，贷记“银行存款”账户。

③ 预缴增值税时，借记“应交税费——预交增值税”账户，贷记“银行存款”账户。月末，企业应将“预交增值税”明细账户余额转入“未交增值税”明细账户，借记“应交税费——未交增值税”账户，贷记“应交税费——预交增值税”账户。

纳税人提供建筑服务收到预收款时，以取得的预收款扣除支付的分包款后的余额，按照规定的预征率预交增值税。适用一般计税方法计税的项目预征率为2%，适用简易计税方法计税的项目预征率为3%。

④ 减免增值税的账务处理。对于当期直接减免的增值税，借记“应交税费——应交增值税（减免税款）”账户，贷记损益类相关账户。

3．小规模纳税人增值税的核算

（1）核算特点

只能开具增值税普通发票，不能自行开具增值税专用发票，需要开具增值税专用发票的可以到税务机关代开；无论是否取得增值税专用发票，其购进货物或接受劳务时支付的增值税一律不准抵扣，直接计入货物或劳务的成本；采用简易计税方法进行增值税的核算。

（2）应纳税额的确定

简易计税方法的应纳税额是指按照销售额和增值税征收率计算的增值税额，不得抵扣进项税额。其计算公式为：

应纳税额 = 不含税销售额 × 征收率

由于小规模纳税人销售货物开具的是普通发票，发票上列示的是含税销售额，因此必须进行价税分离换算出不含税销售额。其换算公式为：

不含税销售额 = 含税销售额 ÷（1+ 征收率）

（3）账户设置

小规模纳税企业增值税的核算比较简单，只需在“应交税费”账户下设置“应交增值税”明细账户，其格式为一般的三栏式，贷方登记应该交纳的增值税，借方登记实际交纳的增值税，余额一般在贷方，表示应交未交的增值税；若为借方余额，则表示多交的增值税。

根据业务需要，小规模纳税人还可以在“应交税费”账户下设置“转让金融商品应交增值税”“代扣代交增值税”明细账户进行相关业务的核算。

（4）账务处理

小规模纳税企业不享有进项税额的抵扣权，其购进货物或接受应税劳务支付的增值税直接计入有关货物或劳务成本。销售货物或提供应税劳务时，按收到或应收的全部价款借记“银行存款”“应收账款”等账户，按不含税销售收入贷记“主营业务收入”“其他业务收入”等账户，按增值税额贷记“应交税费——应交增值税”账户。

三、应交城市维护建设税的核算

城市维护建设税是国家为了加强城市的维护和建设，扩大和稳定城镇建设的资金来源，对在城镇从事工商经营，并交纳消费税、增值税的单位和个人征收的一种税。城市维护建设税的纳税人为交纳增值税、消费税的单位和个人，计税依据是纳税人实际交纳的消费税、增值税税额之和，并应与消费税、增值税同时交纳。因纳税人所在地不同，实行地区判别税率，具体为市区 7%，县城、镇 5%，其他 1%。其计算公式为：

城市维护建设税应纳税额 =（应交增值税 + 应交消费税）× 适用税率

企业应交的城市维护建设税，应该设置“应交税费——应交城市维护建设税”明细账户核算。

企业应设置“税金及附加”账户，核算日常活动应该负担的消费税、资源税、土地增值税、城市维护建设税、教育费附加以及房产税、车船税、土地使用税、印花税等税费。该账户的借方登记应负担的税费，贷方登记期末转入“本年利润”账户的税费，期末结转后应无余额。

按规定计算出应交的城市维护建设税时，借记“税金及附加”账户，贷记“应交税费——应交城市维护建设税”账户；实际上交时，借记“应交税费——应交城市维护建设税”账户，贷记“银行存款”账户。

四、应交教育费附加的核算

教育费附加是国家为了发展教育事业而征收的附加费用。教育费附加的纳税人、计税依据和计税方法与城市维护建设税相同。其计算公式为：

应交教育费附加 =（应交增值税 + 应交消费税）× 征收率（3%）

企业应交的教育费附加，应通过“应交税费——应交教育费附加”明细账户核算。企业计算出应交纳的教育费附加时，借记“税金及附加”账户，贷记“应交税费——应交教育费附加”账户；实际上交时，借记“应交税费——应交教育费附加”账户，贷记“银行存款”账户。

由于建筑施工企业不经常发生与消费税、资源税、土地增值税有关的应税行为，故对于消费税、资源税和土地增值税的核算从略。

第二节　建造合同收入的核算

一、建造合同的类型

建造合同是指为建造一项资产或者在设计、技术、功能、最终用途等方面密切相关的数项资产而订立的合同。这里所讲的资产，是指房屋、道路、桥梁、水坝等建筑物以及船舶、飞机、大型机械设备等。

按照合同价款确定方法的不同，建造合同可分为固定造价合同和成本加成合同。

（1）固定造价合同

固定造价合同是指按照固定的合同价或固定单价确定工程价款的建造合同。例如，宏达建筑公司与一客户签订了一项建造宿舍楼的合同，合同规定建造宿舍楼的总造价为 1000 万元。该项建造合同即为固定造价合同。

（2）成本加成合同

成本加成合同是以合同允许或其他方式议定的成本为基础，加上该成本的一定比例或定额费用确定工程价款的建造合同。例如，宏达建筑公司与一客户签订了一项建造一段高速公路的合同，双方商定合同总价款以建设该段高速公路的实际成本再加实际成本的 2% 计算确定。该项合同即为成本加成合同。

二、建造合同收入的组成

建造合同收入包括合同中规定的初始收入和因合同变更、索赔、奖励等形成的追加收入。

（1）合同中规定的初始收入

合同中规定的初始收入是指施工企业与客户在双方签订的合同中最初商定的总金额，它构成合同收入的基本内容。

（2）合同的追加收入

合同的追加收入是在合同执行过程中由于合同变更、索赔、奖励等而形成的。施工企业不能随意确认这部分收入，只有在符合规定条件时才能确认。

合同变更是指客户为改变合同规定的作业内容而提出的调整。例如，某施工企业与一客户签订合同，为客户建造一栋住宅楼。合同执行到三分之一时，客户提出改变原住宅的部分户型设计，并同意增加变更收入100万元，这100万元即为合同变更收入。

索赔收入是指因客户或第三方的原因造成的、由施工企业向客户或第三方收取的、用于补偿不包括在合同造价中的成本的款项。比如，某施工企业与一客户签订了一份金额为1000万元的建造合同，建造一座电站。合同规定的建设期为1998年12月1日至2000年12月1日。同时，合同还规定，发电机由客户采购，于2000年9月1日前交付施工企业安装。合同执行过程中，客户未能在规定的时间内将发电机交付施工企业。2000年9月，施工企业要求客户支付延误工期款80万元，且客户已同意，这80万元即为索赔收入。

奖励收入是指工程达到或超过规定的标准时，客户同意支付给施工企业的额外款项。比如，某施工企业与一客户签订了一项金额为9000万元的建造合同，建造一座跨海大桥。合同规定的建设期为1998年12月20日至2000年12月20日。2000年9月，主体工程已基本完工，工程质量符合设计标准，并有望提前3个月竣工。客户同意向施工企业支付提前竣工奖100万元。这100万元即为奖励收入。

三、建造合同收入的确认

建造合同属于需一段时间履行的合同，所以在确认建造合同收入时，首先应判断合同的结果能否可靠地估计，并且遵循以下原则确认建造合同收入及费用：

（1）当建造合同的履约进度能合理确定时，企业应采用完工百分比法于资产负债表日确认合同收入和合同费用。

（2）当建造合同的履约进度不能合理确定时，应分别以下情况确认合同收入和合同费用：

合同成本能够收回的，合同收入根据能够收回的实际成本加以确认，合同成本在其发生的当期认为费用；合同成本不能收回的，应在发生时立即确认为费用，不确认收入。

四、完工百分比法的运用

完工百分比法是根据合同完工进度确认合同收入和费用的方法。其确认步骤为：第一，确定建造合同的完工进度；第二，根据完工进度确认合同收入和费用。

（1）建造合同完工进度的确定方法

建造合同完工进度的确定方法有以下两种：

① 投入衡量法。即根据累计实际发生的合同成本占合同预计总成本的比例确定合同完工进度。这是确定完工进度较常用的方法。其计算公式为：

$$\text{合同完工进度}=\frac{\text{累计实际发生的合同成本}}{\text{合同预计总成本}}\times 100\%$$

上式中的“合同预计总成本”并非最初预计的总成本，而是根据累计实际发生的合同成本和预计为完成合同尚需发生的成本计算确定的。因此，各年确定的“合同预计总成本”不一定相同。

需要注意的是，采用上述方法确定合同完工进度时，累计实际发生的合同成本不包括与合同未来活动相关的成本（如已领未用材料的成本等）以及在分包工程完工前预付给分包单位的款项。

② 产出衡量法。即根据已完成的合同工程量占合同预计工程量的比例确定完工进度。适用于合同工程量容易确定的建造合同，如道路工程、土石方工程、砌筑工程等。其计算公式为：

$$\text{合同完工进度}=\frac{\text{已经完成的合同工程量}}{\text{合同预计工程量}}\times 100\%$$

（2）根据完工进度确认合同收入和费用的方法

确定了建造合同的完工进度后，企业可用下列公式计算各期的合同收入和合同费用：

$$\text{当期确认的合同收入}=\text{合同总收入}\times\text{完工进度}-\text{以前会记年度累计已确认的收入}$$

$$\text{当期确认的合同毛利}=(\text{合同总收入}-\text{合同预计总成本})\times\text{完工进度}-\text{以前会记年度累计已确认的毛利}$$

$$\text{当期确认的合同费用}=\text{当期确认的合同收入}-\text{当期确认的合同毛利}-\text{以前会记年度预计损失准备}$$

需要注意的是：公式中的完工进度实际上是累计完工进度。因此，企业在应用上述公式计算当期合同收入和费用时，应分别按以下不同情况进行处理：

对当年开工当年未完工的建造合同，“以前会计年度累计已确认的收入”和“以前会计年度累计已确认的毛利”均为零；对以前年度开工本年仍未完工的建造合同，企业可直接运用上述公式计量和确认当期收入和费用；对以前年度开工本年完工的建造合同，当期计量和确认的合同收入等于合同总收入扣除以前会计年度累计已确认的收入后的余额，当期计量和确认的合同毛利等于合同总收入扣除实际合同总成本减以前会计年度累计已确认的毛利后的余额；对当年开工当年完工的建造合同，当期计量和确认的合同收入，等于该项合同的总收入，当期计量和确认的合同费用，等于该项合同的实际总成本。

当建造合同的结果不能可靠地估计时，应分别按以下情况确认合同收入和合同费用：

合同成本能够收回的，合同收入根据能够收回的实际合同成本加以确认，合同成本在其发生的当期确认为费用；合同成本不能收回的，应在发生时立即确认为费用，不确认收入。

五、建造合同收入的核算

施工企业应设置“主营业务收入”“主营业务成本”等损益类账户，核算和监督建造合同收入和建造合同成本的结转情况。

“主营业务收入”账户，用以核算施工企业当期确认的建造合同收入。其贷方登记当期确认的收入，借方登记期末转入“本年利润”账户的收入，期末结转后应无余额。

“主营业务成本”账户，用以核算施工企业当期确认的建造合同费用。其借方登记当期确认的费用，贷方登记期末转入“本年利润”账户的费用，期末结转后应无余额。

“工程施工——合同毛利”明细账户，用以核算施工企业当期确认的合同毛利或损失。其借方登记确认的毛利，贷方登记确认的损失，期末借方余额反映累计确认的毛利。工程竣工后，本账户应与“工程结算”账户对冲后结平。

1. 建造合同收入采用完工百分比法的核算

（1）当合同预计总收入大于预计总成本时的核算

应当注意的是，在完工百分比法下，各年的合同收入是按完工进度确认的，与实际结算的工程价款不一致。

（2）当合同预计总收入小于预计总成本时的核算

企业会计制度规定，如果合同预计总成本将超过合同预计总收入，应当将预计损失确认为当期费用。

在将预计损失确认为当期费用时，应将预计损失总额分为两部分核算。一部分为已施工的工程应负担的损失，确认时借记“主营业务成本”账户，贷记“工程施工——合同毛利”账户；一部分为未施工的工程应负担的损失，确认时借记“资产减值损失”账户，贷记“存货跌价准备”账户。

“资产减值损失——合同预计损失”账户属于损益类账户，用以核算施工企业当期确认的合同预计损失。其借方登记当期确认的未来预计损失，贷方登记期末转入“本年利润”账户的金额，本账户结转后应无余额。

“存货跌价准备——合同预计损失准备”账户属于资产账户的备抵账户，用以核算建造合同计提的损失准备。其贷方登记在建项目计提的损失准备，借方登记在建项目完工后冲减“主营业务成本”的金额，期末贷方余额反映在建项目累计计提的损失准备。

2. 建造合同收入不采用完工百分比法的核算

如果建造合同的结果不能可靠地估计，就不能采用完工百分比法确认合同收入和费用，而应区别以下三种情况进行核算：

① 如果已经发生的合同成本能够得到补偿，应按能够收回的实际合同成本确认为当期收入和当期费用，不确认利润。

② 如果合同成本全部不能收回，则不确认收入，但应将已发生的合同成本确认为当期费用。

③ 如果已经发生的合同成本预计不能全部得到补偿，应按能够得到补偿的金额确认收入，并将已经发生的成本确认为费用，二者的差额确认为损失，冲减建造合同的毛利。

六、工程价款结算的核算

工程价款结算是指施工企业按照建造合同的规定，向建设单位点交已完工程并收取工程价款的行为。通过工程价款结算，可以及时补偿企业在施工过程中的资金耗费，保证再生产活动的顺利进行。

（1）工程价款结算的方式工程价款的结算，一般可以采取以下几种方式：

① 竣工后一次结算。即在单项工程或建设项目全部竣工后结算工程价款。建设项目或单项工程的建设期在 12 个月以内，或者建造合同价值在 100 万元以下的，一般实行竣工后一次结算工程价款的办法。

② 按月结算。即旬末或月中预支工程款，月终按已完分部分结算工程价款，竣工后办理工程价款清算。

③ 分段结算。即按工程形象进度划分不同阶段（部位）结算工程价款。分段结算可以按月预支工程款。

④ 结算双方约定并经开户建设银行同意的其他结算方式。

无论采用哪种结算方式，施工企业在预收工程款时，都应根据工程进度填列“工程价款预支账单”，送建设单位和开户银行办理收款手续。

施工企业按月预收的工程款，应在办理工程价款结算时，从应收工程款中扣除。企业办理工程价款结算时，应编制“已完工程月报表”和“工程价款结算账单”，经建设单位审查签证后，送开户建设银行办理结算。

（2）自行完成工程的结算

为了总括地核算和监督与建设单位办理工程价款结算的情况，企业应设置“工程结算”账户。它是“工程施工”账户的备抵账户，用以核算施工企业累计结算的工程价款。其贷方登记已经开出工程价款结算账单与建设单位办理了结算的工程款，借方在合同完成前不予登记，期末贷方余额反映在建合同累计已办理结算的工程款。合同完成时，与“工程施工”账户对冲后结平。本账户应按工程项目设置明细账，进行明细分类核算。

（3）分包完成工程的结算

根据国家对基本建设管理的要求，一个工程项目如果由两个以上施工企业进行施工时，应实行承发包责任制和总分包协作制。即由一个施工企业作为总包单位向建设单位（发包单位）总承包，再由总包单位将专业工程分包给专业性施工单位施工。他们之间的关系是：分包单位对总包单位负责，总包单位对建设单位负责。分包单位完成的工程，也应由总包单位向建设单位办理工程价款结算。

为了总括地核算和监督与分包单位工程价款的结算情况，施工企业应设置以下会计账户：

“预付账款——预付分包单位款”账户。该账户用以核算施工企业按规定预付给分包单位的工程款和备料款。其借方登记预付给分包单位的工程款和备料款，以及拨付给分包单位抵作备料款的材料价款；贷方登记按规定从应付分包单位的工程款中扣回的预付款；期末借方余额反映尚未扣回的预付款。本账户应按分包单位的户名设置明细账进行明细核算。

“应付账款——应付分包工程款”账户。该账户用以核算施工企业与分包单位办理工程价款结算时，按照合同规定应付给分包单位的工程款。其贷方登记应付给分包单位的工程款，借方登记实际支付给分包单位的工程款和根据合同规定扣回的预付款；期末贷方余额反映尚未支付的应付分包工程款。本账户应按分包单位户名设置明细账进行明细核算。

第三节　其他业务收入的核算

一、其他业务收入的内容

施工企业除从事建筑安装工程施工外，往往还从事一些其他经营活动，由此取得的经营收入属于其他业务收入。施工企业的其他业务收入可以分为销售商品取得的收入、提供劳务取得的收入、让渡资产使用权取得的收入几部分。

施工企业应设置以下会计账户，进行其他业务收入的核算：

“其他业务收入”账户，核算企业从事工程施工以外的其他业务取得的收入。其贷方登记取得的各项收入，借方登记期末转入“本年利润”账户的收入总额，期末结转后应无余额。本账户应按其他业务的种类设置明细账进行明细核算。

“其他业务成本”账户，核算企业发生的与其他业务收入相关的成本和费用。其借方登记实际发生的各项支出，贷方登记期末转入“本年利润”账户的支出余额，期末结转后应无余额。本账户应按其他业务的种类设置明细账进行明细核算。

二、商品销售收入的核算

商品销售收入是指施工企业销售产品、材料等取得的收入。企业销售商品时，首先要判断该项销售业务是否符合销售收入确认的条件。符合条件的，应及时确认收入，并结转相关的成本、税金及附加。对商品已经发出，但不符合收入确认条件的，应将发出商品的成本，通过“发出商品”账户核算。

企业将商品销售给买方后，如果买方发现商品在质量、规格等方面不符合要求，可能会要求卖方在价格上给予一定的折让。如果销售折让发生在收入确认前，则直接按扣除折让后的金额确认收入；已经确认收入的售出商品发生销售折让，且不属于资产负债表日后事项，应在发生时冲减当期的商品销售收入。如果符合规定，还应冲减已经确认的销项税额。

如果企业已确认收入的售出产品被买方退回，应冲减退回当期的销售收入和销售成本，而不管退回的产品是何时售出的。企业发生销售退回时，如按规定允许扣减当期增值税的，应同时用红字冲减“应交税费——应交增值税”账户的记录。

三、提供劳务收入的核算

目前，施工企业广泛开展多种经营，提供劳务的内容很多，如运输、餐饮、理发、照相、咨询、培训等。企业在签订劳务合同后，应当对合同进行评估，确定各单项合同义务是在某一时段内履行，还是在某一时点履行。对于在某一时段内履行义务的合同，再依据提供劳务的结果能否可靠估计，确定是否能根据完工百分比法确认收入。

（1）提供劳务的结果能够可靠估计的合同收入的确认

企业在资产负债表日提供劳务的结果能够可靠估计的，应当采用完工百分比法确认提供劳务的收入。

企业应当在资产负债表日按照提供劳务的收入总额乘以完工进度扣除以前会计期间累计已经确认的劳务收入后的金额，确认当期提供劳务的收入；同时，按照提供劳务的估计总成本乘以完工进度扣除以前会计期间累计已经确认的劳务成本后的金额，确认当期提供劳务的成本。用公式表示如下：

$$\text{当期确认的劳务收入}=(\text{提供劳务收入总额}\times\text{完工进度})-\text{以前会计期间累计已确认的劳务收入}$$

$$\text{当期确认的劳务成本}=(\text{提供劳务预计总成本}\times\text{完工进度})-\text{以前会计期间累计已确认的劳务成本}$$

在采用完工百分比法确认提供劳务收入的情况下，企业应按计算确定的劳务收入金额，借记“应收账款”等账户，贷记“其他业务收入”账户；结转提供劳务成本时，借记“其他业务成本”账户，贷记“劳务成本”账户。

（2）提供劳务的结果不能可靠估计的合同收入的确认

企业在资产负债表日提供劳务的结果不能够可靠估计的，则不能采用完工百分比法确认提供劳务的收入，而应当分别下列情况处理；

① 已经发生的劳务成本能够收回的，劳务收入根据能够收回的实际劳务成本加以确认，并按照相同金额确认劳务成本；

② 如果已经发生的劳务成本不能收回，则应将已发生的劳务成本确认为当期费用，不确认为提供劳务的收入。

③ 如果发生的劳务成本预计只能得到部分补偿，应按能够得到补偿的金额确认收入，并将已经发生的成本确认为当期损益。

四、让渡资产使用权收入的核算

让渡资产使用权的收入，应当按照有关合同或协议约定的收费时间和方法计算确认。一次性收取使用费且不提供后续服务的，应当视同销售该项资产一次性确认收入；需要提供后续服务的，应在合同或协议规定的有效期内分期确认收入。如果合同或协议约定分期收取使用费的。应按合同或协议规定的收款时间和金额分期确认收入。

施工企业让渡资产使用权产生的收入主要有转让无形资产使用权取得的使用费收入和出租固定资产取得的租金收入。企业将现金存入银行取得的利息收入，应冲减利息支出，不作为收入核算。

第八章　所得税费用的管理与核算

第一节　所得税费用核算基础内容

所得税费用由两部分内容构成：一是按照税法规定计算的当期所得税费用（即当期应缴所得税）；二是按照《企业会计准则》规定计算的递延所得税。

一、所得税费用的核算方法

企业应采用资产负债表债务法进行所得税费用的核算。资产负债表债务法，就是以资产负债表及其附注为依据，结合相关账簿资料，分析计算各项资产、负债的计税基础，并与其账面价值进行比较，对于两者之间的差额分别应纳税暂时性差异和可抵扣暂时性差异，确认相关的递延所得税负债和递延所得税资产，并在此基础上确定每一期间利润表中的所得税费用。

二、资产负债表债务法基本核算时点

一般情况下，企业应于资产负债表日进行所得税费用的核算；对于特殊的交易或事项，则应于确认资产、负债时核算所得税费用。

三、所得税核算的基本要求

① 正确计算应缴所得税，以确定负债；

② 正确计算所得税费用，以确定净利润。

四、所得税费用的核算程序

采用资产负债表债务法核算所得税费用，一般应遵循以下程序：

（1）按照企业会计准则的规定，确定资产负债表中除递延所得税资产和递延所得税负债以外的其他资产和负债项目的账面价值。

（2）以适用的税收法规为标准，确定资产负债表中除递延所得税资产和递延所得

得税负债以外的其他资产和负债项目的计税基础。

（3）比较资产、负债的账面价值与其计税基础，对于两者之间存在差异的，分析其性质，并分别应纳税暂时性差异和可抵扣暂时性差异，确定递延所得税资产与递延所得税负债的应有数额。

（4）将递延所得税资产与递延所得税负债的账面金额与应有金额比较，确定当期应予进一步确认的金额（或应予转销的金额），以确认递延所得税。

（5）确认所得税费用。按照适用税法计算确认当期应缴所得税，同时结合当期确认的递延所得税资产和递延所得税负债，作为利润表中应予确认的所得税费用。

所得税费用 = 当期所得税 + 递延所得税

第二节　计税基础及暂时性差异

所得税费用核算的关键在于确定资产、负债的计税基础。计税基础一经确定，即可计算暂时性差异并进而确认递延所得税资产与递延所得税负债以及递延所得税费用。

一、计税基础

资产、负债计税基础的确定，与税收法规的规定密切相关。企业在取得资产或产生负债时，应当确定其计税基础。

（1）资产的计税基础

资产的计税基础是指企业收回资产账面价值过程中，计算应纳税所得额时按照税法规定可以从应税经济利益中抵扣的金额，也就是将来收回资产时不需要缴税的金额。即

资产的计税基础 = 未来可税前列支的金额

通常情况下，资产取得时其入账价值与计税基础是相同的，后续计量因会计准则规定与税法规定不同，可能造成账面价值与计税基础的差异。

企业应当根据适用的税收法规计算确定资产的计税基础。

下面举例说明有关资产项目计税基础的确定方法。

① 固定资产

以各种方式取得的固定资产，初始确认时入账价值基本上是被税法认可的，即取得时其账面价值一般等于计税基础。

固定资产在持有期间进行后续计量时，会计上的基本计量模式是“成本—累计折旧—固定资产减值准备”。会计与税收处理的差异主要来自于折旧方法、折旧年限的不同以及固定资产减值准备的提取。

A. 折旧方法、折旧年限产生的差异。《企业会计准则》规定，企业可以根据消耗固定资产经济利益的方法选择直线法、双倍余额递减法、年数总和法等计提折旧。除某些按照规定可以加速折旧的情况外，税法允许税前扣除的基本上是按照直线法计提的折旧。

另外，税法还会规定每一类固定资产的折旧年限。而会计的折旧年限是由企业按照固定资产能够为企业带来经济利益的期限估计认定的。因为折旧年限的不同，也会导致固定资产账面价值与计税基础之间产生差异。

B. 因计提固定资产减值准备产生的差异。根据《企业会计准则》，会计上可依固定资产的实际损耗情况计提固定资产减值准备。因所计提的减值准备不允许税前扣除，也会造成账面价值与计税基础的差异。这样：

固定资产的账面价值：实际成本 - 会计累计折旧 - 减值准备

固定资产的计税基础：实际成本 - 税法累计折旧

② 无形资产

A. 无形资产初始确认时的情形

除内部研究开发形成的无形资产以外，以其他方式取得的无形资产，初始确认时其入账价值与税法规定的成本之间一般不存在差异。

对于内部研究开发形成的无形资产，企业会计准则规定有关研究开发支出区分两个阶段，研究阶段的支出应当费用化计入当期损益，而开发阶段符合资本化条件以后发生的支出应当资本化计入无形资产的成本；税法规定，企业发生的研究开发支出可税前扣除。因该部分研究开发支出在发生当期已经税前扣除，所形成的无形资产在以后期间可税前扣除的金额为零，其计税基础为零。即

无形资产账面价值 = 资本化的开发费用

无形资产计税基础 = 0

B. 无形资产在后续计量时，会计与税收的差异主要产生于无形资产的摊销以及提取的无形资产减值准备。

《企业会计准则》规定，企业的无形资产应区分为使用寿命有限的和使用寿命不确定的两类分别处理。对于使用寿命有限的，应按规定年限摊销；对于使用寿命不确定的则不要求摊销，只在会计期末进行减值测试。税法规定，企业取得的无形资产成本，均应在一定期限内摊销，合同、法律未明确规定摊销期限的，应按不少于 10 年的期限摊销。

因会计核算上计提的减值准备不允许税前扣除，也会造成无形资产的账面价值与计税基础产生差异。这样：

对于使用寿命有限的无形资产：

账面价值 = 实际成本 – 会计累计摊销 – 减值准备

计税基础 = 实际成本 – 税收累计摊销

对于使用寿命不确定的无形资产：

账面价值 = 实际成本 – 减值准备

计税基础 = 实际成本 – 税收累计摊销

③ 交易性金融资产和可供出售的金融资产

对于交易性金融资产和可供出售的金融资产，其于某一会计期末的账面价值为公允价值，如果税法规定公允价值变动损益在计税时不予考虑，则有关金融资产在某一会计期末的计税基础为其取得成本。如此，使得该类金融资产账面价值与其计税基础之间产生了差异。即

该金融资产的账面价值 = 公允价值

该金融资产的计税基础 = 成本

④ 采用公允价值模式计量的投资性房地产

会计准则规定，以公允价值计量的投资性房地产不计提折旧，期末以公允价值为基础调整账面价值。而如果税法规定不认可该类资产在持有期间因公允价值变动产生的利得或损失，则其计税基础仍以取得时支付的历史成本为基础计算确定。即

投资性房地产的账面价值 = 公允价值

投资性房地产的计税基础 = 成本 – 税法规定的折旧

⑤ 其他计提了减值准备的资产

计提减值准备会造成有关资产账面价值下降。而按照税法规定，资产的减值在转化为实质性损失前不允许税前扣除，即其计税基础不会因提取减值准备而发生变化，使得该资产的账面价值与其计税基础之间产生差异。

如果某资产在未来使用或最终处置时所产生的经济利益无须纳税，则该资产的计税基础即为其账面价值。此类资产包括货币性资产、应收票据、预付账款、应收利息、应收股利、持有至到期投资等。

（2）负债的计税基础

负债的计税基础是指负债的账面价值减去该负债在未来期间计算应纳税所得额时按照税法规定可予抵扣的金额，也就是将来支付时不能抵税的金额。用公式表示如下：

负债的计税基础 = 账面价值 – 未来可税前列支的金额

一般情况下，负债的确认与偿还不会影响企业的损益，也不会影响应纳税所得额，未来期间计算应纳税所得额时按照税法规定可予抵扣的金额为零，所以计税基础即为账面价值，如短期借款、应付账款等。但是，某些情况下，负债的确认可能会影响企业的损益，进而影响不同期间的应纳税所得额，使得其计税基础与账面价值之间产生差额。下面举例说明某些负债项目的账面价值与计税基础可能存在差异的情形。

① 预计负债

A. 在税法规定相关支出可于发生时税前扣除的情况下，预计负债的账面价值为确认的预计负债，其计税基础为零。

会计准则规定，企业应将预计提供售后服务发生的支出在销售当期确认为费用，同时确认预计负债。而税法规定，相关的费用于实际发生时才允许税前列支。因有关支出在实际发生时可全部税前扣除，即未来可以税前列支的金额为预计负债的账面价值，所以计税基础为零。

B. 在税法规定相关支出无论是否发生均不允许税前扣除的情况下，预计负债的计税基础等于其账面价值。

因某些事项确认的预计负债，税法规定无论是否实际发生均不允许税前扣除，即未来期间按照税法规定可以税前抵扣的金额为零，这时其计税基础与账面价值相同。

② 预收账款

A. 会计与税法均不作为收入的情形

施工企业在收到建设单位预付的款项时，因不符合收入确认的条件，故将其确认为负债。税法对于收入的确认原则通常与会计规定相同，即会计未确认收入时，计税时一般也不计入应纳税所得额。该部分经济利益在未来计税时可予税前扣除的金额为零，因此计税基础等于账面价值。

B. 会计不作为收入，而税法规定要计入收入

某些项目不符合企业会计准则规定的收入确认条件，但按照税法规定应计入当期应纳税所得额计算应交所得税。这一会计与税法处理的不同规定，会使预收款项的账面价值与其计税基础产生差异。因为该笔预收账款发生时已经按预收金额计算缴纳了所得税，未来期间确认收入时不再计入应纳税所得额，亦即其在未来期间可以全额税前扣除，计税基础为账面价值减去未来可以全额扣除的金额，所以计税基础为零。

二、暂时性差异

暂时性差异是指资产或负债的账面价值与其计税基础之间的差额。由于资产、负债账面价值与计税基础的不同，产生了在未来收回资产或清偿债务的期间内，应纳税所得额增加或减少并导致应缴所得税增加或减少的情况。在这些暂时性差异发生的当期，应当确定相应的递延所得税负债和递延所得税资产。

根据对未来期间应税金额的影响，暂时性差异分为应纳税暂时性差异和可抵扣暂时性差异两种。

（1）应纳税暂时性差异

应纳税暂时性差异是指在确定未来收回资产或清偿债务期间的应纳税所得额时，将导致产生应税金额的暂时性差异。因为该差异转回时会增加转回期间的应交所得税，所以产生当期确认为递延所得税负债。应纳税暂时性差异通常产生于以下两种情况：

① 资产的账面价值大于资产的计税基础

一项资产的账面价值代表的是企业在持续使用及最终出售该项资产时取得的经济利益总额，而计税基础是该项资产在未来期间可予税前扣除的金额。资产的账面价值大于其计税基础，意味着该项资产未来期间产生的经济利益不能全部税前扣除，两者之间的差额需要交税，产生应纳税暂时性差异。

② 负债的账面价值小于负债的计税基础

一项负债的账面价值是企业预计在未来期间清偿该项负债时将要流出的经济利益，其计税基础则是未来期间不允许税前扣除的金额。负债的账面价值小于其计税基础，意味着该项负债在未来期间支付时税前抵扣的金额为负数，即该差额应该纳税，增加未来期间的应纳税所得额和应交所得税，产生应纳税暂时性差异。

（2）可抵扣暂时性差异

可抵扣暂时性差异是指在确定未来收四资产或清偿债务期间的应纳税所得额时，将导致产生可抵扣金额的暂时性差异。因为该差异在未来期间转回时会减少转回期间的应纳税所得额和应交所得税，所以产生当期应确认为递延所得税资产。可抵扣暂时性差异通常产生于以下两种情况：

① 资产的账面价值小于资产的计税基础

资产的账面价值小于资产的计税基础，表明资产在未来期间产生的经济利益少，按照税法规定允许税前扣除的金额多，则企业在未来期间可以减少应纳税所得额并减少应交所得税，形成可抵扣暂时性差异。例如，一项资产的账面价值为 200 万元，计税基础为 260 万元，则企业在未来期间就该项资产可以在其自身取得经济利益的基础上多扣除 60 万元。这样，未来期间应纳税所得额会减少，形成可抵扣暂时性差异。

② 负债的账面价值大于负债的计税基础

负债的账面价值大于负债的计税基础，表明在未来期间清偿该项负债时流出的经济利益大于不允许税前扣除的金额，二者之间的差异可以在未来期间的应税经济利益中扣除，减少未来期间的应纳税所得额，产生可抵扣暂时性差异。

（3）特殊项目产生的暂时性差异

① 未作为资产、负债确认的项目产生的暂时性差异

某些交易或事项发生以后，因为不符合资产、负债的确认条件而未列入资产负债表，但按照税法规定能够确定其计税基础的，其账面价值零与计税基础之间的差异也构成暂时性差异。

② 可抵扣亏损及税款抵减产生的暂时性差异

按照税法规定可以结转以后年度的未弥补亏损及税款抵减，虽不是因资产负债的账面价值与计税基础不同产生的，但本质上可抵扣亏损和税款抵减与可抵扣暂时性差异具有同样的作用，均能够减少未来期间的应纳税所得额，符合条件的情况下，视同可抵扣暂时性差异，确认与其相关的递延所得税资产。

第三节　递延所得税资产和递延所得税负债的确认

企业应设置以下会计账户进行递延所得税资产和递延所得税负债的核算：

（1）“递延所得税资产”账户。本账户属资产类账户，核算由于可抵扣暂时性差异确认的递延所得税资产以及根据税法规定可用以后年度税前利润弥补的亏损及税款抵减产生的递延所得税资产。其借方反映确认的各类递延所得税资产，贷方反映可抵扣暂时性差异情况发生回转时转回的所得税影响额以及税率变动或开征新税时调整的递延所得税资产，期末余额反映尚未转回的递延所得税资产。本账户应该按照可抵扣暂时性差异的项目进行明细核算。

（2）“递延所得税负债”账户。本账户属负债类账户，核算由于应纳税暂时性差异确认的递延所得税负债。贷方反映确认的各类递延所得税负债，借方反映应纳税暂时性差异情况发生回转时转回的所得税影响额以及税率变动或开征新税时调整的递延所得税负债，期末余额反映尚未转回的递延所得税负债。本账户应当按照应纳税暂时性差异的项目进行明细核算。

（3）“所得税费用”账户。本账户属损益类账户，核算企业确认的应从当期利润总额中扣除的所得税费用。其借方登记计算确定的当期应缴所得税和递延所得税

负债（或递延所得税资产）的增加数（或减少数），贷方登记递延所得税负债（或递延所得税资产）的减少数（或增加数），期末应将本账户的余额全部转入“本年利润”账户，结转后本账户应无余额。

一、递延所得税资产的确认和计量

1．递延所得税资产的确认

（1）确认递延所得税资产的原则

① 确认由可抵扣暂时性差异产生的递延所得税资产，应以未来期间可能取得的应纳税所得额为限。

在可抵扣暂时性差异转回的未来会计期间内，企业无法产生足够的应纳税所得额用以抵减可抵扣暂时性差异的影响，使得与递延所得税资产相关的经济利益无法实现的，该部分递延所得税资产不应确认。

考虑到可抵扣暂时性差异转回的期间内可能取得应纳税所得额的限制，因无法取得足够的应纳税所得额而未确认相关的递延所得税资产的，应在会计报表附注中进行披露。

② 确认可抵扣暂时性差异产生的递延所得税资产时，应相应调整“所得税费用”“资本公积”或“商誉”等账户的金额。其中，产生可抵扣暂时性差异的交易或事项发生时影响到会计利润或应纳税所得额的，所确认的递延所得税资产应调整所得税费用；有关的可抵扣暂时性差异产生于直接计入所有者权益的交易或事项的，所确认的递延所得税资产也应计入所有者权益；企业合并中取得有关资产、负债产生的可抵扣暂时性差异，其所得税影响应相应调整合并中确认的商誉，或调整合并当期计入损益的金额。

③ 按税法规定可结转以后年度的未弥补亏损和税款抵减，视同可抵扣暂时性差异，以未来期间可取得的应税所得额为限，确认相应的递延所得税资产，同时减少确认当期的所得税费用。如果亏损额较大，且缺乏证据表明企业未来期间将会有足够的应纳税所得额时，不应确认递延所得税资产。

在估计未来期间的应税所得时，应有足够的证据。

（2）不确认递延所得税资产的特殊情况

如果企业发生的某项交易或事项不是企业合并，并且交易发生时既不影响会计利润，也不影响应纳税所得额（或可抵扣亏损），即使该项交易中产生的资产、负债的初始金额与其计税基础不同，也不确认相应的递延所得税资产。因为如果确认递延所得税资产，则需要调整资产、负债的入账价值。对实际成本进行调整将有违历史成本原则，影响会计信息的可靠性，因此，《企业会计准则》中规定不确认相应的递延所得税资产。例如融资租入固定资产时账面价值与计税基础的差异，就不能确认递延所得税资产。因为如果确认将会直接影响到融资租入固定资产的入账价值。

（3）递延所得税资产的确认方法

企业应采用差额计算法确认递延所得税资产。具体步骤如下：

第一，根据规定将能够计算递延所得税资产的暂时性差异乘以所得税税率计算出递延所得税资产的应有金额；

第二，将应有金额与账面金额对比，确定当期的增加额或减少额；

第三，确定借贷方向（增加记借方，减少记贷方），调整账面记录。

① 当递延所得税资产的应有金额大于其账面金额时：

借：递延所得税资产

　　贷：所得税费用——递延所得税费用

② 当递延所得税资产的应有金额小于其账面金额时：

借：所得税费用——递延所得税费用

　　贷：递延所得税资产

2. 递延所得税资产的计量

（1）适用税率的确定。确认递延所得税资产时，应以相关可抵扣暂时性差异转回期间使用的所得税税率计量。递延所得税资产的确认不要求折现。

（2）递延所得税资产的减值。资产负债表日，企业应对递延所得税资产的账面价值进行复核。如果未来期间很可能无法取得足够的应纳税所得额用以利用递延所得税资产的利益，应当减记递延所得税资产的账面价值。如果继后期间根据新的情况判断能够产生足够的应纳税所得额利用可抵扣暂时性差异，使得递延所得税资产包含的经济利益能够实现的，应相应恢复递延所得税资产的账面价值。

二、递延所得税负债的确认和计量

1. 递延所得税负债的确认

（1）确认递延所得税负债的原则

除《企业会计准则》中明确规定可以不确认递延所得税负债的情况外，企业对于所有的应纳税暂时性差异均应确认相关的递延所得税负债；除直接计入所有者权益的交易或事项以及企业合并外，在确认递延所得税负债的同时，应增加利润表中的所得税费用；直接计入所有者权益的交易或事项产生的递延所得税负债应计入所有者权益；企业合并中取得的资产、负债的入账价值与其计税基础不同形成的应纳税暂时性差异，应于购买日确认递延所得税负债，同时调整商誉。

借：商誉

　　贷：递延所得税负债

（2）不确认递延所得税负债的特殊情况

有些情况下，虽然资产、负债的账面价值与其计税基础不同，产生了应纳税暂时性差异，但出于一些特殊考虑，《企业会计准则》规定不确认相应的递延所得税负债。主要包括：

企业合并中确认的商誉的账面价值与其计税基础不同产生的应纳税暂时性差异，不再进一步确认相关的所得税影响；与联营企业、合营企业投资等相关的应纳税暂时性差异，一般应确认相关的递延所得税负债。但是对于同时满足以下两个条件的，可以不予确认：一是投资企业能够控制暂时性差异转回的时间，二是该暂时性差异在可预见的未来很可能不会转回；如果某项交易或事项发生时既不影响会计利润，也不影响应纳税所得额，则所产生的资产、负债的初始确认金额与其计税基础不同形成的应纳税暂时性差异，可不确认相应的递延所得税负债。

（3）递延所得税负债的确认方法

企业应采用差额计算法确认递延所得税负债。具体步骤同递延所得税资产的确认。

① 当递延所得税负债的应有金额大于其账面金额时：

借：所得税费用——递延所得税费用

　　贷：递延所得税负债

② 当递延所得税负债的应有金额小于其账面金额时：

借：递延所得税负债

　　贷：所得税费用——递延所得税费用

2. 递延所得税负债的计量

递延所得税负债应以相关应纳税暂时性差异转回期间使用的所得税税率计量。由于我国企业适用的所得税税率在不同年度之间一般保持不变，因此企业在确认递延所得税负债时，可以现行税率为基础计算确定，递延所得税负债的确认不要求折现。

第九章　财务报告

第一节　财务报告基础知识

一、财务报告的构成

财务报告是指施工企业对外提供的反映企业某一特定日期的财务状况和某一会计期间的经营成果、现金流量等会计信息的文件。财务报告包括财务报表和其他应当在财务报告中披露的相关信息和资料。财务报表至少应当包括下列组成部分：①资产负债表；②利润表；③现金流量表；④所有者权益（或股东权益，下同）变动表；⑤附注。

二、财务报告的基本列报要求

财务报告综合反映企业的财务状况、经营成果和现金流量，是会计核算工作的总结。为了充分发挥财务报告的作用，确保会计信息的质量，企业编制的财务报告必须满足下列要求：

（1）企业应当以持续经营为基础，根据实际发生的交易和事项，按照《企业会计准则》的规定进行确认和计量，在此基础上编制财务报表。企业不应以附注披露代替确认和计量。如果对企业的持续经营能力产生重大怀疑，应当在附注中披露导致对持续经营能力产生重大怀疑的影响因素。企业正式决定或被迫在当期或将在下一个会计期间进行清算或停止营业的，表明其处于非持续经营状态，应当采用其他基础编制财务报表，然后在附注中声明财务报表未以持续经营为基础列报，并披露财务报表的编制基础以及未以持续经营为基础的原因。

（2）财务报表项目的列报应当在各个会计期间保持一致，不得随意变更，但下列情况除外：

① 企业会计准则要求改变财务报表项目的列报。

② 企业经营业务的性质发生重大变化后，变更财务报表项目的列报能够提供更

可靠、更相关的会计信息。

（3）在编制财务报表的过程中，企业应当考虑报表项目的重要性。重要性项目是指财务报表某项目的省略或错报会影响使用者据此作出经济决策的项目。判断项目的重要性，应当根据企业所处环境，从项目的性质、金额大小两方面予以判断。判断项目性质的重要与否，主要考虑该项目是否属于企业日常活动、是否对企业的财务状况和经营成果具有较大影响等因素；判断项目金额大小的重要性，应当通过单项金额占资产总额、负债总额、所有者权益总额、营业收入总额、营业成本总额、净利润等直接相关项目金额的比重加以确定。对于性质或功能不同的项目，如长期股权投资、固定资产等，应当在财务报表中单独列报，但不具有重要性的项目除外；对于性质或功能类似的项目，如库存商品、原材料等，应当予以合并，作为存货项目列报。

（4）财务报表中的资产项目和负债项目的金额、收入项目和费用项目的金额不得相互抵销，但满足抵销条件的除外。

如果金融资产和金融负债同时满足下列条件，应当以相互抵销后的净额在资产负债表中列示相关的应收款项或应付款项：① 企业具有抵销已确认金额的法定权利，且该种法定权利现在是可执行的。抵销的法定权利，主要是指债务人根据相关合同或规定，可以用其欠债权人的金额抵销应收同一债权人债权的权利。② 企业计划以净额结算，或同时变现该金融资产和清偿该金融负债。例如，甲公司与乙公司有长期合作关系，为简化结算，甲公司和乙公司在合同中明确约定，双方往来款项定期以净额结算（在法律上有效）。

下列两种情况不属于抵销，可以净额列示：① 资产项目按扣除减值准备后的净额列示，不属于抵销。对资产计提减值准备，表明资产的价值已经发生减损，按扣除减值准备后的净额列示，能够反映资产给企业带来的未来经济利益。② 非日常活动产生的损益，以收入扣减费用后的净额列示，不属于抵销。非日常活动的发生具有偶然性，其产生的损益以收入扣减费用后的净额列示，更有利于财务报告使用者作出经济决策。

（5）当期财务报表的列报，至少应当提供所有列报项目上一可比会计期间的比较数据，以及与理解当期财务报表相关的说明，但另有规定的除外。

财务报表项目的列报发生变更的，应当对上期比较数据按照当期的列报要求进行调整，并在附注中披露调整的原因、性质以及调整的各项目金额。对上期比较数据进行调整不切实可行的，应当在附注中披露不能调整的原因。不切实可行是指企业在作出所有合理努力后仍然无法采用某项规定。

（6）企业应当在财务报表的显著位置至少披露下列各项：

编报企业的名称；资产负债表日或财务报表涵盖的会计期间；人民币金额单位；财务报表是合并财务报表的，应当予以标明。

（7）企业至少应当按年编制财务报表。年度财务报表涵盖的期间短于一年的，应当披露年度财务报表的涵盖期间，以及短于一年的原因。

第二节　资产负债表

资产负债表是反映企业在某一特定日期所拥有或控制的经济资源、所承担的现时义务和所有者对净资产的要求权的会计报表。

一、资产负债表的结构

资产负债表是根据"资产 = 负债 + 所有者权益"的会计等式，将企业在一定日期的资产、负债、所有者权益项目按照一定的分类标准和顺序排列而成的。在我国，资产负债表采用账户式结构，报表分为左右两方，左方列示资产各项目，反映全部资产的分布及存在形态；右方列示负债和所有者权益各项目，反映全部负债和所有者权益的内容及构成情况。资产负债表左右两方平衡，即资产总计等于负债和所有者权益总计。

二、资产负债表项目的列示

资产和负债应当分别流动资产和非流动资产、流动负债和非流动负债列示。

满足下列条件之一的资产，应当归类为流动资产：

（1）预计在一个正常营业周期中变现、出售或耗用；

（2）主要为交易目的而持有；

（3）预计在资产负债表日起一年内（含一年）变现；

（4）自资产负债表日起一年内，交换其他资产或清偿负债的能力不受限制的现金或现金等价物。

其中，正常营业周期，通常是指企业从购买用于加工的资产起至实现现金或现金等价物的期间。施工企业正常营业周期通常长于一年，其承包的施工项目（房屋、道路、桥梁等），往往超过一年才能完工和出售（结算），应划分为流动资产。

流动资产以外的资产应当归类为非流动资产。

满足下列条件之一的负债，应当归类为流动负债：

（1）预计在一个正常营业周期中清偿；

（2）主要为交易目的而持有；

（3）自资产负债表日起一年内到期应予清偿；

（4）企业无权自主地将清偿推迟至资产负债表日后一年以上。

流动负债以外的负债应当归类为非流动负债。

对于在资产负债表日起一年内到期的负债，企业预计能够自主地将清偿义务展期至资产负债表日后一年以上的，应当归类为非流动负债；不能自主地将清偿义务展期的，即使在资产负债表日后、财务报告批准报出日前签订了重新安排清偿计划协议，该项负债仍应归类为流动负债。

企业在资产负债表日或之前违反了长期借款协议，导致贷款人可随时要求清偿的负债，应当归类为流动负债。贷款人在资产负债表日或之前同意提供在资产负债表日后一年以上的宽限期，企业能够在此期限内改正违约行为，且贷款人不能要求随时清偿，该项负债应当归类为非流动负债。

三、资产负债表的编制方法

企业应对日常会计核算数据进行归类、整理、汇总，准确填列资产负债表项目。

1. “年初余额”的填列方法

资产负债表各项目的“年初余额”，应根据上年年末资产负债表“期末余额”栏内所列数字填列。如果本年度资产负债表规定的各个项目的名称和内容同上年度不相一致，应对上年年末资产负债表各项目的名称和数字按本年度的规定进行调整，按调整后的数字填入本表“年初余额”栏内。

2. “期末余额”的填列方法

“期末余额”是指某一资产负债表日的数字，即月末、季末、半年末或年末的数字。资产负债表各项目“期末余额”的数据，可以通过以下几种方式填列：

（1）直接根据总账科目的余额填列。如交易性金融资产、固定资产清理、长期待摊费用、递延所得税资产、短期借款、交易性金融负债、应付票据、应付职工薪酬、应交税费、应付利息、应付股利、其他应付款、递延所得税负债、实收资本、资本公积、库存股、盈余公积等项目，应当根据相关总账科目的余额直接填列。

（2）根据几个总账科目的余额计算填列。如“货币资金”项目，应当根据“库存现金”“银行存款”“其他货币资金”三个科目期末余额合计填列。

（3）根据有关明细科目的余额计算填列。如“应付账款”项目，应当根据“应付账款”“预付账款”两个科目所属明细科目期末贷方余额合计填列。

（4）根据总账科目和明细科目的余额分析计算填列。例如，“长期应收款”

项目，应当根据“长期应收款”总账科目余额，减去“未实现融资收益”总账科目余额，再减去所属相关明细科目中将于一年内到期的部分填列；“长期借款”项目，应当根据“长期借款”总账科目余额扣除“长期借款”科目所属明细科目中将于一年内到期、且企业不能自主地将清偿义务展期的部分后的金额填列广应付债券”项目，应当根据“应付债券”总账科目余额扣除“应付债券”科目所属明细科目中将于一年内到期的部分填列广长期应付款”项目，应当根据“长期应付款”总账科目余额，减去“未确认融资费用”总账科目余额，再减去所属相关明细科目中将于一年内到期的部分填列。

（5）根据总账科目与其备抵科目抵销后的净额填列。例如，“持有至到期投资”项目，应当根据“持有至到期投资”科目期末余额，减去“持有至到期投资减值准备”科目期末余额后的金额填列；“固定资产”项目，应当根据“固定资产”科目期末余额，减去“累计折旧”“固定资产减值准备”等科目期末余额后的金额填列。

（6）根据有关明细科目的余额与其备抵科目抵销后的净额填列。如“应收账款”项目，应当根据“应收账款”“预收账款”两个科目所属明细科目的期末贷方余额合计数，减去“坏账准备”科目中应收账款提取的部分后的金额填列。

第三节 利润表

利润表是反映企业在一定会计期间经营成果的报表。

一、利润表的内容及结构

利润表的结构有单步式和多步式两种，我国 般采用多步式结构。利润表主要包括以下内容：

（1）营业收入

营业收入由主营业务收入和其他业务收入组成。

（2）营业利润

营业收入减去营业成本（主营业务成本、其他业务成本）、税金及附加、销售费用、管理费用、财务费用、资产减值损失，加上公允价值变动收益、投资收益，即为营业利润。

（3）利润总额

营业利润加上营业外收入，减去营业外支出即为利润总额。

（4）净利润

利润总额减去所得税费用，即为净利润。

（5）每股收益

每股收益包括基本每股收益和稀释每股收益两项指标。

二、利润表的填列方法

（1）利润表中的“本期金额”栏反映各项目的本期实际发生数，主要根据各损益类科目的发生额分析填列。

（2）利润表中的“上期金额”栏各项目应根据上年年末利润表“本期余额”栏内所列数字填列。如果上年度利润表的项目名称和内容与本年度利润表不相一致，应对上年度利润表项目的名称和数字按本年度的规定进行调整，按调整后的数字填入报表的“上期金额”栏。

三、每股收益

普通股或潜在普通股已公开交易的企业以及正处于公开发行普通股或潜在普通股过程中的企业，应当在利润表中分别列示基本每股收益和稀释每股收益，并在附注中披露下列相关信息：

① 基本每股收益和稀释每股收益分子、分母的计算过程；

② 列报期间不具有稀释性但以后期间很可能具有稀释性的潜在普通股；

③ 在资产负债表日至财务报告批准报出日之间，企业发行在外的普通股或潜在普通股股数发生重大变化的情况。

（1）基本每股收益

企业应当按照归属于普通股股东的当期净利润除以当期实际发行在外普通股的加权平均数计算基本每股收益。

计算基本每股收益时，分子为企业当期实现的可供普通股股东分配的净利润（或净亏损）金额，分母为当期发行在外普通股的加权平均数。其中，发行在外普通股的加权平均数按下式计算：

$$\frac{\text{发行在外普通股}}{\text{的加权平均数}}=\frac{\text{期初发行在外}}{\text{的普通股股数}}+\frac{\text{当期新发行的}}{\text{普通股股数}}\times\frac{\text{已发行}}{\text{时间}}\div\frac{\text{报告期}}{\text{时间}}-\frac{\text{当期回购的}}{\text{普通股股数}}\times\frac{\text{已回购}}{\text{时间}}\div\frac{\text{报告期}}{\text{时间}}$$

已发行时间、报告期时间和已回购时间一般按天数计算；在不影响计算结果合理性的前提下，也可以采用简化的计算方法。

发生亏损的企业，每股收益以负数列示。

（2）稀释每股收益

企业存在稀释性潜在普通股的，应当根据其影响分别调整归属于普通股股东的当期净利润以及发行在外普通股的加权平均数，并据以计算稀释每股收益。

稀释性潜在普通股是指假设当期转换为普通股会减少每股收益的潜在普通股。潜在普通股是指赋予其持有者在报告期或以后期间享有取得普通股权利的一种金融工具或其他合同，主要有可转换公司债券、认股权证、股份期权等。

计算稀释每股收益应当注意以下几点：

① 归属于普通股股东的当期净利润应当根据下列事项进行调整（考虑相关的所得税影响）：当期已经确认为费用的稀释性潜在普通股的利息；稀释性潜在普通股转换时将产生的收益或费用。

② 计算稀释每股收益时，当期发行在外普通股的加权平均数，应当为计算基本每股收益时的普通股加权平均数与假定稀释性潜在普通股转换为已发行普通股而增加的普通股股数的加权平均数之和。

③ 计算稀释性潜在普通股转换为已发行普通股而增加的普通股股数的加权平均数时，应当假设以前期间发行的稀释性潜在普通股在当期期初全部转换，当期发行的稀释性潜在普通股在发行日全部转换。

④ 认股权证、股份期权等的行权价格低于当期普通股平均市场价格时，应当考虑其稀释性。增加的普通股股数按下式计算：

$$\text{增加的普通股股数}=\text{拟行权时转换的普通股股数}-\text{行权价格}\times\text{拟行权时转换的普通股股数}\div\text{当期普通股平均市场价格}$$

⑤ 稀释性潜在普通股应当按照其稀释程度从大到小的顺序计入稀释每股收益，直至稀释每股收益达到最小值。

第四节 现金流量表

一、现金流量表的概念

现金流量表是指反映企业在一定会计期间现金和现金等价物流入和流出的报表。通过现金流量表提供的信息，报表使用者可以了解和评价企业获得现金和现金等价物的能力，并据以预测企业未来的现金流量。

二、现金的概念

现金流量表是以现金为基础编制的。这里的“现金”是指企业的现金和现金等价物。具体包括：

（1）库存现金。即指企业“库存现金”账户核算的金额。

（2）可随时用于支付的银行存款。如果存在银行或其他金融机构的款项中有不能随时用于支付的存款（比如定期存款），则不能作为现金流量表中的现金。但提前通知金融机构便可支取的定期存款，则属于现金的范畴。

（3）其他货币资金。指企业存放在银行有特定用途的资金，如外埠存款、银行汇票存款、银行本票存款、信用证保证金存款、信用卡存款等。

（4）现金等价物。指企业持有的期限短、流动性强、易于转换为已知金额现金、价值变动风险很小的投资。期限短一般是指从购买日起三个月内到期。现金等价物通常包括三个月内到期的债券投资等。权益性投资变现的金额通常不确定，因而不属于现金等价物。企业应当根据具体情况，确定现金等价物的范围，一经确定不得随意变更。

下文提及现金时，除非同时提及现金等价物，均包括现金和现金等价物。

三、现金流量及分类

现金流量是指企业一定会计期间内现金流入和流出的数量。按照企业经济业务的性质，现金流量可分为以下几类：

（1）经营活动产生的现金流量

经营活动是指企业投资活动和筹资活动以外的所有交易和事项，包括销售商品或提供劳务、购买商品或接受劳务、收到返还的税费、支付各项税费、支付职工薪酬、支付广告费用等。通过经营活动产生的现金流量，可以说明企业的经营活动对现金流入和流出的影响程度，判断企业在不动用对外筹得资金的情况下，是否能够维持生产经营、偿还债务、支付股利等。

（2）投资活动产生的现金流量

投资活动是指企业长期资产的购建和不包括在现金等价物范围内的投资及其处置活动。这里的“投资”，既包括对外投资，又包括企业内部投资，比如，长期资产的购建与处置。投资活动包括取得和收回权益性投资、购建和处置固定资产、购买和处置无形资产等。通过投资活动产生的现金流量，可以判断投资活动对企业现金流量净额的影响程度。

（3）筹资活动产生的现金流量

筹资活动是指导致企业资本及债务规模和构成发生变化的活动，包括接受投资或发行股票、发行和偿还公司债券、取得和偿还银行借款、分派现金股利等。通过筹资活动产生的现金流量，可以分析企业通过筹资活动获取现金的能力，判断筹资活动对企业现金流量净额的影响程度。

企业编制现金流量表进行现金流量分类时，对于未特别指明的现金流量，应当按照现金流量的分类方法和重要性原则，判断某项交易或事项所产生的现金流量应当归属的类别或项目，对于重要的现金流入或流出项目应当单独反映。对于自然灾害损失、保险索赔等特殊项目，应当根据其性质，分别归并到经营活动、投资活动和筹资活动现金流量类别中单独列报。

四、影响现金流量的因素

企业日常经济活动是影响现金流量的重要因素，但并不是所有的经济业务都影响现金流量。影响或不影响现金流量的因素主要包括：

现金各项目之间的增减变动，不会引起现金流量净额发生变动。如从银行提取现金、将现金存入银行、用现金购买再有两个月即到期的债券等，均属于现金项目之间此增彼减的业务，不会使现金流量增加或减少；非现金项目之间的增减变动，也不会引起现金流量发生变动。如用固定资产或存货清偿债务、对外投资等，不涉及现金收支，不会使现金流量增加或减少；现金项目与非现金项目之间的增减变动，会引起现金流量净额的变动，如用现金购买固定资产或材料、用现金对外投资、收回长期投资等，均会引起现金流入或流出。

现金流量表主要反映现金项目与非现金项目之间的增减变动对现金流量的影响。非现金项目之间的增减变动虽然不影响现金流量，但属于重要的投资和筹资活动，也在现金流量表补充资料中反映。

五、现金流量表的填列方法

现金流量表主表中各项目的金额，可通过以下途径之一取得：

（1）逐笔分析法。即根据本期发生的影响现金流量的各项经济业务分析确定；

（2）调整法。即按照发生的全部经济业务，通过对利润表、资产负债表中的项目进行调整，确定各项目的金额，编制现金流量表。

下面介绍现金流量表各项目的填列方法。

1．经营活动产生的现金流量

经营活动产生的现金流量应当采用直接法填列。直接法是指通过现金收入和现金支出的主要类别列示经营活动的现金流量。现金流量一般应按现金流入和流出总额列报，但代客户收取或支付的现金，以及周转快、金额大、期限短的项目的现金流入和现金流出，可以按照净额列报。

（1）“销售商品、提供劳务收到的现金”项目

该项目反映企业承包工程、销售商品、提供劳务实际收到的现金（包括应向购买者收取的增值税销项税额），具体包括本期承包工程、销售商品、提供劳务收到的现金，以及前期承包工程、销售商品、提供劳务本期收到的现金和本期预收的款项，减去本期退回本期销售的商品和前期销售本期退回的商品支付的现金。企业销售材料和多种经营业务收到的现金，也在本项目反映。本项目可以根据资产负债表上的“应收账款”“应收票据”“预收账款”和利润表上的“主营业务收入”“其他业务收入”等项目的金额及有关账户记录分析计算填列。即

$$\frac{\text{销售商品、提供}}{\text{劳务收到的现金}}=\frac{\text{主营业}}{\text{务收入}}+\frac{\text{其他业}}{\text{务收入}}+\frac{\text{应收账本本期减少额}}{\text{（期初余额-期末余额）}}+\frac{\text{应收票据本期减少额}}{\text{（期初余额–期末余额）}}+\frac{\text{预收账款本期增加额}}{\text{（期末余额–期初余额）}}\pm\frac{\text{特殊调整业}}{\text{务的金额}}$$

上式中的特殊调整业务作为加项或减项处理的原则是：应收账款、应收票据和预收账款等账户（不含三个账户之间的转账业务）借方对应的账户不是“收入和增值税销项税额类”账户的，则作为加项处理，如以非现金资产换入应收款项等；应收账款、应收票据和预收账款等账户（不含三个账户之间的转账业务）贷方对应的账户不是“现金类”账户的，则作为减项处理，如企业的债务人以非现金资产抵偿债务等。常见的特殊调整业务有：当期计提的坏账准备、票据贴现的利息、他人以非现金资产抵债转销的应收款项、债务重整时豁免的债权等。

（2）“收到的税费返还”项目

该项目反映企业收到返还的各种税费，包括收到返还的增值税、消费税、所得税、教育费附加等。本项目可以根据“库存现金”“银行存款”“营业外收入”“其他应收款”等科目的记录分析填列。

（3）“收到其他与经营活动有关的现金”项目

该项目反映企业除了上述各项目以外所收到的其他与经营活动有关的现金，如罚款、流动资产损失中由个人赔偿的现金、经营租赁租金等。若某项其他与经营活动有关的现金流入金额较大，应单列项目反映。本项目可以根据“库存现金”“银行存款”“营业外收入”等科目的记录分析填列。

（4）“购买商品、接受劳务支付的现金”项目

该项目反映企业购买商品、接受劳务实际支付的现金（包括增值税进项税额），主要包括本期购买材料、商品、接受劳务支付的现金，以及本期支付前期购买商品、接受劳务的未付款项以及本期预付款项，减去本期发生的购货退回收到的现金。本

项目可以根据资产负债表上的“存货”“应付账款”“应付票据”“预付账款”和利润表上的“主营业务成本”“其他业务成本”等项目的金额及有关账户记录分析计算填列。即

$$\begin{array}{c}\text{销售商品、提供}\\\text{劳务收到的现金}\end{array}=\begin{array}{c}\text{主营业}\\\text{务收入}\end{array}+\begin{array}{c}\text{其他业}\\\text{务收入}\end{array}+\begin{array}{c}\text{应收账本本期减少额}\\\text{（期初余额–期末余额）}\end{array}+\begin{array}{c}\text{应收票据本期减少额}\\\text{（期初余额–期末余额）}\end{array}+\begin{array}{c}\text{预收账款本期增加额}\\\text{（期末余额–期初余额）}\end{array}\pm\begin{array}{c}\text{特殊调整业}\\\text{务的金额}\end{array}$$

上式中的特殊调整业务作为加项或减项处理的原则是：应付账款、应付票据、预付账款和存货类账户（不含四个账户之间的转账业务）借方对应的账户不是购买商品、接受劳务支付的“现金类”账户的，则作为减项处理，如分配工资费用等；应付账款、应付票据、预付账款和存货类账户（不含四个账户之间的转账业务）贷方对应的账户不是“主营业务成本、其他业务成本等”账户的，则作为加项处理，如债务重整时被豁免的债务等。常见的特殊调整业务有：当期计提的存货跌价准备、当期列入成本费用的职工薪酬、当期列入成本费用的折旧和摊销费、以非现金资产抵债转销的应付款项、债务重整时被豁免的债务等。

（5）“支付给职工以及为职工支付的现金”项目

该项目反映企业实际支付给职工以及为职工支付的现金，包括本期实际支付给职工的工资、奖金、各种津贴和补贴等，以及为职工支付的其他费用。企业代扣代缴的职工个人所得税也在本项目反映。本项目不包括支付给离退休人员的各项费用及支付给在建工程人员的工资及其他费用。企业支付给离退休人员的各项费用（包括支付的统筹退休金以及未参加统筹的退休人员的费用），在“支付其他与经营活动有关的现金”项目反映；支付给在建工程人员的工资及其他费用，在“购建固定资产、无形资产和其他长期资产支付的现金”项目反映。本项目可以根据“应付职工薪酬”“库存现金”“银行存款”等科目的记录分析填列。

企业为职工支付的养老、失业等社会保险基金、补充养老保险、住房公积金、支付给职工的住房困难补助，以及企业支付给职工或为职工支付的其他福利费用等，应按职工的工作性质和服务对象，分别在本项目和“购建固定资产、无形资产和其他长期资产支付的现金”项目反映。

（6）“支付的各项税费”项目

该项目反映企业按规定支付的各种税费，包括企业本期发生并支付的税费，以及本期支付以前各期发生的税费和本期预交的税费，主要有所得税、增值税、印花税、房产税、土地使用税、车船税、城市维护建设税、教育费附加等，但不包括实际支付的计入固定资产价值的耕地占用税，也不包括本期退回的增值税、所得税。

本期退回的增值税、所得税在“收到的税费返还”项目反映。本项目可以根据“应交税费”“库存现金”“银行存款”等科目的记录分析填列。

（7）“支付其他与经营活动有关的现金”项目

该项目反映企业除上述各项目外所支付的其他与经营活动有关的现金，如经营租赁支付的租金、支付的罚款、差旅费、业务招待费、保险费等。若其他与经营活动有关的现金流出金额较大，应单列项目反映。本项目可以根据“库存现金”“银行存款”“管理费用”“营业外支出”等科目的记录分析填列。

2. 投资活动产生的现金流量

（1）“收回投资收到的现金”项目

该项目反映企业出售、转让或到期收回除现金等价物以外的对其他企业的权益工具、债务工具和合营中的权益等投资收到的现金。收回债务工具实现的投资收益、处置子公司及其他营业单位收到的现金净额不包括在本项目内。本项目可根据“可供出售金融资产”“持有至到期投资”“长期股权投资”“库存现金”“银行存款”等项目的记录分析填列。

（2）“取得投资收益收到的现金”项目

该项目反映企业除现金等价物以外的其他权益工具、债务工具和合营中的权益投资分回的现金股利和利息等，不包括股票股利。本项目可以根据“库存现金”“银行存款”“投资收益”等科目的记录分析填列。

（3）“处置固定资产、无形资产和其他长期资产收回得现金净额”项目

该项目反映企业出售和报废固定资产、无形资产及其他长期资产收到的现金，（包括因资产毁损收到的保险赔偿款），减去为处置这些资产而支付的有关费用后的净额。如所收回的现金净额为负数，则应在“支付其他与投资活动有关的现金”项目反映。本项目可以根据“固定资产清理”“库存现金”“银行存款”等科目的记录分析填列。

（4）“处置子公司及其他营业单位收到的现金净额”项目

该项目反映企业处置子公司及其他营业单位所取得的现金，减去相关处置费用以及子公司及其他营业单位持有的现金和现金等价物后的净额。本项目可以根据“长期股权投资”“银行存款”“库存现金”等科目的记录分析填列。

（5）“收到其他与投资活动有关的现金”项目

该项目反映企业除了上述各项目以外，所收到的其他与投资活动有关的现金流入。比如，企业收回购买股票和债券时支付的已宣告但尚未领取的现金股利或已到付息期但尚未领取的债券利息。若其他与投资活动有关的现金流入金额较大，应单列项目反映。本项目可以根据“应收股利”“应收利息”“银行存款”“库存现金”

等科目的记录分析填列。

（6）“购建固定资产、无形资产和其他长期资产支付的现金”项目

该项目反映企业本期购买或建造固定资产、取得无形资产和其他长期资产实际支付的现金，以及用现金支付的应由在建工程和无形资产负担的职工薪酬，不包括为购建固定资产而发生的借款利息资本化部分，以及融资租入固定资产支付的租赁费。企业支付的借款利息和融资租入固定资产支付的租赁费，在筹资活动产生的现金流量中反映。本项目可以根据“固定资产”“在建工程”“无形资产”“库存现金”“银行存款”等科目的记录分析填列。

（7）“投资支付的现金”项目

该项目反映企业取得除现金等价物以外的对其他企业的权益工具、债务工具和合营中的权益投资所支付的现金，以及支付的佣金、手续费等交易费用，但取得子公司及其他营业单位支付的现金净额除外。本项目可以根据“可供出售金融资产”“持有至到期投资”“长期股权投资”“库存现金”“银行存款”等科目的记录分析填列。

（8）“取得子公司及其他营业单位支付的现金净额”项目

该项目反映企业购买子公司及其他营业单位购买出价中以现金支付的部分，减去子公司及其他营业单位持有的现金和现金等价物后的净额。本项目可以根据“长期股权投资”“库存现金”“银行存款”等科目的记录分析填列。

（9）“支付其他与投资活动有关的现金”项目

该项目反映企业除上述各项以外所支付的其他与投资活动有关的现金流出，如企业购买股票时实际支付的价款中包含的已宣告而尚未领取的现金股利，购买债券时支付的价款中包含的已到期尚未领取的债券利息等。若某项其他与投资活动有关的现金流出金额较大，应单列项目反映。本项目可以根据“应收股利”“应收利息”“银行存款”“库存现金”等科目的记录分析填列。

3. 筹资活动产生的现金流量

（1）“吸收投资收到的现金”项目

该项目反映企业以发行股票、债券等方式筹集资金实际收到的款项，减去直接支付的佣金、手续费、宣传费、咨询费、印刷费等发行费用后的净额。本项目可以根据“实收资本（或股本）”“库存现金”“银行存款”等科目的记录分析填列。

（2）“取得借款收到的现金”项目

该项目反映企业举借各种短期、长期借款实际收到的现金。本项目可以根据“短期借款”“长期借款”“库存现金”“银行存款”等科目的记录分析填列。

（3）“收到其他与筹资活动有关的现金”项目

该项目反映企业除上述各项目外所收到的其他与筹资活动有关的现金流入，如接受现金捐赠等。若某项其他与筹资活动有关的现金流入金额较大，应单列项目反映。本项目可以根据“银行存款”“库存现金”“营业外收入”等科目的记录分析填列。

（4）“偿还债务支付的现金”项目

该项目反映企业偿还债务本金所支付的现金，包括偿还金融企业的借款本金、偿还债券本金等。企业支付的借款利息和债券利息在“分配股利、利润或偿付利息支付的现金”项目反映，不包括在本项目内。本项目可以根据“短期借款”“长期借款”“应付债券”“库存现金”“银行存款”等科目的记录分析填列。

（5）“分配股利、利润或偿付利息支付的现金”项目

该项目反映企业实际支付的现金股利、支付给其他投资单位的利润或用现金支付的借款利息、债券利息等。本项目可以根据“应付股利”“应付利息”“财务费用”“库存现金”“银行存款”等科目的记录分析填列。

（6）“支付其他与筹资活动有关的现金”项目

该项目反映企业除上述各项目外所支付的其他与筹资活动有关的现金流出，如捐赠现金支出、融资租入固定资产支付的租赁费等。若某项其他与筹资活动有关的现金流出金额较大，应单列项目反映。本项目可以根据“营业外支出”“长期应付款”“银行存款”“库存现金”等科目的记录分析填列。

4. 汇率变动对现金及现金等价物的影响

该项目反映企业外币现金流量以及境外子公司的现金流量折算为人民币时，所采用的现金流量发生日的即期汇率或按照系统合理的方法确定的、与现金流量发生日即期汇率近似汇率折算的人民币金额与“现金及现金等价物净增加额”中的外币现金净增加额按期末汇率折算的人民币金额之间的差额。

在编制现金流量表时，可逐笔计算外币业务发生的汇率变动对现金的影响，也可不必逐笔计算而采用简化的计算方法，即通过现金流量表补充资料中“现金及现金等价物净增加额”数额与现金流量表中“经营活动产生的现金流量净额”“投资活动产生的现金流量净额”“筹资活动产生的现金流量净额”三项之和比较，其差额即为“汇率变动对现金及现金等价物的影响”项目的金额。

5. 现金流量表补充资料

除现金流量表反映的信息外，企业还应在补充资料中披露将净利润调节为经营活动现金流量、不涉及现金收支的重大投资和筹资活动、现金及现金等价物净变动情况等信息。

（1）将净利润调节为经营活动现金流量

除在现金流量表中采用直接法反映经营活动产生的现金流量外，企业还应同时在补充资料中采用间接法反映经营活动产生的现金流量，以对现金流量表中采用直接法反映的经营活动现金流量进行核对和补充说明。间接法是以本期净利润为起点，通过对有关项目进行调整来计算经营活动产生的现金流量。其基本原理是：经营活动产生的现金流量净额 = 净利润 + 不影响经营活动现金流量但减少了净利润的项目 – 不影响经营活动现金流量但增加了净利润的项目 + 与净利润无关但增加经营活动现金流量的项目 – 与净利润无关但减少了经营活动现金流量的项目。具体项目说明如下：

① 资产减值准备。该项目反映企业本期实际计提的各项资产减值准备，包括坏账准备、存货跌价准备、长期股权投资减值准备、持有至到期投资减值准备、投资性房地产减值准备、固定资产减值准备、在建工程减值准备、无形资产减值准备、商誉减值准备等。本项目可以根据“资产减值损失”科目的记录分析填列。

② 固定资产折旧。该项目反映企业本期累计计提的固定资产折旧。本项目可根据“累计折旧”科目的贷方发生额分析填列。

③ 无形资产摊销。该项目反映企业本期累计摊入成本费用的无形资产价值。本项目可以根据“累计摊销”科目的贷方发生额分析填列。

④ 长期待摊费用摊销。该项目反映企业本期累计摊入成本费用的长期待摊费用。本项目可以根据“长期待摊费用”科目的贷方发生额分析填列。

⑤ 处置固定资产、无形资产和其他长期资产的损失。该项目反映企业本期处置固定资产、无形资产和其他长期资产发生的净损失（或净收益）。如为净收益以“–”号填列。本项目可以根据“营业外支出”“营业外收入”等科目所属有关明细科目的记录分析填到。

⑥ 固定资产报废损失。该项目反映企业本期发生的固定资产盘亏净损失。该项目可以根据营业外支出和“营业外收入”科目所属有关明细科目的记录分析填列。

⑦ 公允价值变动损失。该项目反映企业持有的交易性金融资产、交易性金融负债、采用公允价值模式计量的投资性房地产等公允价值变动形成的净损失。如为净收益以“–”号填列。本项目可以根据“公允价值变动损益”科目所属有关明细科目的记录分析填列。

⑧财务费用。该项目反映企业本期实际发生的属于投资活动或筹资活动的财务费用。属于投资活动、筹资活动的部分，在计算净利润时已扣除，但这部分发生的现金流出不属于经营活动现金流量的范畴，所以，在将净利润调节为经营活动现金流量时，需要予以加回。本项目可以根据“财务费用”科目的本期借方发生额分析

填列。

⑨投资损失。该项目反映企业对外投资实际发生的投资损失减去收益后的净损失。本项目可以根据利润表“投资收益”项目的数字填列；如为投资收益，以“-”号填列。

⑩递延所得税资产减少（增加以“-”号填列）。该项目反映企业资产负债表“递延所得税资产”项目的期初余额与期末余额的差额。本项目可以根据“递延所得税资产”科目发生额分析填列。

⑪递延所得税负债增加（减少以“-”号填列）。该项目反映企业资产负债表“递延所得税负债”项目的期初余额与期末余额的差额。本项目可以根据“递延所得税负债”科目发生额分析填列。

⑫存货的减少。该项目反映企业资产负债表“存货”项目的期初与期末余额的差额。期末数大于期初数的差额，以“-”号填列。

⑬经营性应收项目的减少。该项目反映企业本期经营性应收项目（包括应收票据、应收账款、预付账款、长期应收款和其他应收款等经营性应收项目中与经营活动有关的部分及应收的增值税销项税额等）的期初与期末余额的差额。期末数大于期初数的差额，以“-”号填列。

⑭经营性应付项目的增加。该项目反映企业本期经营性应付项目（包括应付票据、应付账款、预收账款、应付职工薪酬、应交税费和其他应付款等经营性应付项目中与经营活动有关的部分）的期初余额与期末余额的差额。期末数小于期初数的差额，以“-”号填列。

（2）不涉及现金收支的重大投资和筹资活动

该项目反映企业一定会计期间内影响资产和负债但不形成该期现金收支的所有重大投资和筹资活动的信息。这些投资和筹资活动是企业的重大理财活动，对以后各期的现金流量会产生重大影响，因此，应单列项目在补充资料中反映。目前，我国企业现金流量表补充资料中列示的不涉及现金收支的重大投资和筹资活动项目主要有以下几项：

①“债务转为资本”项目，反映企业本期转为资本的债务金额。

②“一年内到期的可转换公司债券”项目，反映企业一年内到期的可转换公司债券的本息。

③“融资租入固定资产”项目，反映企业本期融资租入固定资产的最低租赁付款额扣除应分期计入利息费用的未确认融资费用后的净额。

（3）现金及现金等价物净变动情况

该项目反映企业一定会计期间现金及现金等价物的期末余额减去期初余额后的

净增加额（或净减少额），是对现金流量表中“现金及现金等价物净增加额”项目的补充说明。该项目的金额应与现金流量表“现金及现金等价物净增加额”项目的金额核对相符。

六、现金流量表的编制方法

在具体编制现金流量表时，企业可根据业务量的大小及复杂程度，采用工作底稿法、T形账户法，或直接根据有关科目的记录分析填列。

（1）工作底稿法

工作底稿法是以工作底稿为手段，以利润表和资产负债表数据为基础，结合有关科目的记录，对现金流量表的每一项目进行分析并编制调整分录，从而编制出现金流量表的一种方法。

采用工作底稿法编制现金流量表的具体步骤是：

第一步，将资产负债表的年初余额和期末余额过入工作底稿的年初余额栏和期末余额栏。

第二步，对当期业务进行分析并编制调整分录。调整分录大体有这样几类：第一类涉及利润表中的收入、成本和费用项目以及资产负债表中的资产、负债及所有者权益项目，通过调整，将权责发生制下的收入、费用转换为现金基础；第二类是涉及资产负债表和现金流量表中的投资、筹资项目，反映投资和筹资活动的现金流量；第三类是涉及利润表和现金流量表中的投资和筹资项目，目的是将利润表中有关投资和筹资方面的收入和费用列入现金流量表投资、筹资现金流量中去。此外，还有一些调整分录并不涉及现金收支，只是为了核对资产负债表项目的期末年初变动。

在调整分录中，有关现金和现金等价物的事项，并不直接借记或贷记现金，而是分别记入“经营活动产生的现金流量”“投资活动产生的现金流量”“筹资活动产生的现金流量”有关项目，借记表明现金流入，贷记表明现金流出。

第三步，将调整分录过入工作底稿中的相应部分。

第四步，核对调整分录，借贷合计应当相等，资产负债表项目年初余额加减调整分录中的借贷金额以后，应当等于期末余额。

第五步，根据工作底稿中的现金流量表项目部分编制正式的现金流量表。

（2）T形账户法

T形账户法是以利润表和资产负债表为基础，结合有关科目的记录，对现金流量表的每一项目进行分析并编制调整分录，通过T形账户编制出现金流量表的一种方法。

采用T形账户法编制现金流量表的具体步骤是：

第一步，为所有的非现金项目（包括资产负债表项目和利润表项目）分别开设T形账户，并将各自的期末年初变动数过入各该账户。

第二步，开设一个大的“现金及现金等价物”T形账户，每边分为经营活动、投资活动和筹资活动三个部分，左边记现金流入，右边记现金流出。与其他账户一样，过入期末年初变动数。

第三步，以利润表项目为基础，结合资产负债表分析每一个非现金项目的增减变动，并据此编制调整分录。

第四步，将调整分录过入各T形账户，并进行核对，该账户借贷相抵后的余额与原先过入的期末年初变动数应当一致。

第五步，根据大的“现金及现金等价物”T形账户编制正式的现金流量表。

（3）分析填列法

分析填列法是直接根据资产负债表、利润表和有关会计账户的记录，分析计算出现金流量表各项目的金额，并据以编制现金流量表的一种方法。

第五节　所有者权益变动表

一、所有者权益变动表的内容及结构

所有者权益变动表是指反映构成所有者权益各组成部分当期增减变动情况的报表。当期损益、直接计入所有者权益的利得和损失，以及与所有者的资本交易导致的所有者权益的变动，应当分别列示。

在所有者权益变动表中，企业至少应当单独列示反映下列信息的项目：（1）净利润；（2）直接计入所有者权益的利得和损失项目及其总额；（3）会计政策变更和差错更正的累积影响金额；（4）所有者投入资本和向所有者分配利润等；（5）提取的盈余公积；（6）实收资本或股本、资本公积、盈余公积、未分配利润的期初和期末余额及其调节情况。

二、所有者权益变动表的填列方法

1. “上年年末余额”项目，反映企业上年资产负债表中实收资本（或股本）、资本公积、库存股、盈余公积、未分配利润的年末余额。

2. “会计政策变更”“前期差错更正”项目，分别反映企业采用追溯调整法处

理的会计政策变更的累积影响金额和采用追溯重述法处理的会计差错更正的累积影响金额。

3．“本年增减变动额”项目

（1）“净利润”项目，反映企业当年实现的净利润（或净亏损）金额。

（2）“直接计入所有者权益的利得和损失”项目，反映企业当年直接计入所有者权益的利得和损失金额。

①“可供出售金融资产公允价值变动净额”项目，反映企业持有的可供出售金融资产当年公允价值变动的金额。

②“权益法下被投资单位其他所有者权益变动的影响”项目，反映企业对按照权益法核算的长期股权投资，在被投资单位除当年实现的净损益以外其他所有者权益当年变动中应享有的份额。

③“与计入所有者权益项目相关的所得税影响”项目，反映企业根据《企业会计准则第 18 号——所得税》规定应计入所有者权益项目的当年所得税影响金额。

（3）“所有者投入和减少资本”项目，反映企业当年所有者投入的资本和减少的资本。

①“所有者投入资本”项目，反映企业接受投资者投入形成的实收资本（或股本）和资本溢价（或股本溢价）。

②“股份支付计入所有者权益的金额”项目，反映企业处于等待期中的权益结算的股份支付当年计入资本公积的金额。

（4）“利润分配”项目，反映企业当年的利润分配金额。

①“提取盈余公积”项目，反映企业按照规定提取的盈余公积。

②“对所有者（或股东）的分配”项目，反映对所有者（或股东）分配的利润（或股利）金额。

（5）“所有者权益内部结转”项目，反映企业构成所有者权益的组成部分之间的增减变动情况。

①“资本公积转增资本（或股本）”项目，反映企业以资本公积转增资本或股本的金额。

②“盈余公积转增资本（或股本）”项目，反映企业以盈余公积转增资本或股本的金额。

③“盈余公积弥补亏损”项目，反映企业以盈余公积弥补亏损的金额。

第六节　附注

一、附注的作用

附注是资产负债表、利润表、现金流量表和所有者权益变动表等报表中列示项目的文字描述或明细资料，以及对未能在这些报表中列示项目的说明等。附注是财务报表的重要组成部分。

二、附注的主要内容

财务报表附注主要包括下列内容：

（1）企业的基本情况

企业注册地、组织形式和总部地址；企业的业务性质和主要经营活动；母公司以及集团最终母公司的名称；财务报告的批准报出者和财务报告批准报出日。

（2）财务报表的编制基础

（3）遵循企业会计准则的声明

企业应当声明编制的财务报表符合企业会计准则的要求，真实、完整地反映了企业的财务状况、经营成果和现金流量等有关信息。

（4）重要会计政策和会计估计

企业应当披露采用的重要会计政策和会计估计，不重要的会计政策和会计估计可以不披露。在披露重要会计政策和会计估计时，应当披露重要会计政策的确定依据和财务报表项目的计量基础，以及会计估计中所采用的关键假设和不确定因素。

（5）会计政策和会计估计变更以及差错更正的说明

（6）报表重要项目的说明

企业对报表重要项目的说明，应当按照资产负债表、利润表、现金流量表、所有者权益变动表及其项目列示的顺序，采用文字和数字描述相结合的方式进行披露。报表重要项目的明细金额合计，应当与报表项目金额相衔接。

第七节　财务报告分析

财务报告分析是以企业财务报告提供的资料为依据，对企业的财务状况和经营成果进行研究和评价的管理工作。

一、财务报告分析的意义与内容

财务报告分析的一般目的为：评价过去的经营业绩，判断现在的财务状况，预测未来的发展趋势。其意义主要表现在以下几个方面：

（1）企业所有者通过分析企业的资产构成和盈利能力，以决定是否投资；分析企业的盈利状况、股价变动和发展前景，以决定是否转让股份；分析资产的盈利水平、破产风险和竞争能力，以考查经营者的业绩；分析筹资状况，以决定股利分配政策。

（2）债权人通过分析企业的流动资金状况，了解其短期偿债能力；分析企业的盈利状况，了解其长期偿债能力，从而判断其借出资金的安全程度，为是否转让债权提供依据。

（3）企业管理者通过报表分析，总结经营管理的经验，发现经营管理的问题，以进一步改善财务决策和提高经营管理水平。

（4）政府有关部门通过报表分析，了解企业遵守财经政策和法律法规的情况，以进一步加强宏观管理和调控。

根据不同信息使用者的要求，财务报告分析的主要内容可以归纳为三个方面，即偿债能力分析、营运能力分析和盈利能力分析。

二、财务报告分析的方法

财务报告分析的方法主要包括比较分析法、趋势分析法、因素分析法和比率分析法。

比较分析法是将企业相关指标进行对比，计算出财务指标变动的绝对数额和相对程度的一种方法。如将实际指标同计划指标对比、本期指标同上期指标对比、本企业指标同国内外先进企业指标对比等。

趋势分析法是将企业连续几期会计报表中相同的指标或比率进行对比，求出它们增减变动的方向、数额和幅度，以揭示企业财务状况和生产经营情况的变化趋势的一种方法。

因素分析法是用来分析受多因素影响的综合指标，各因素变动对综合指标影响的方向和程度的一种分析方法。具体是假定影响指标的诸因素中一种因素发生变化，其他因素固定不变，来分析该因素变动对综合指标的影响。

比率分析法是把同一期间财务报表上具有相关关系的项目加以比较，求出比率，以反映企业经济活动情况的一种方法。

根据施工企业财务报告的结构与内容，在此主要介绍以下指标的计算方法：

（1）偿债能力指标

偿债能力即企业清偿债务的能力，是债权人最关心的。反映偿债能力的指标主要有：

① 流动比率。流动比率是企业某一时点的流动资产与流动负债之比，表明企业每一元流动负债有多少流动资产作为偿还保障，是反映企业短期偿债能力的基本财务指标。其计算公式为：

$$流动比率=\frac{流动资产}{流动负债}$$

流动比率越高，表明企业短期偿债能力越强，债权人的权益越有保障。但是从企业经营者和投资人的角度而言，流动比率过高则表明企业流动资产占用较多，会影响资金的使用效率和企业的获利能力。一般认为流动比率为 2 比较适宜。

② 速动比率。速动比率是企业的速动资产与流动负债的比率。速动资产是指企业的流动资产中变现速度较快的那部分资产，主要包括货币资金、交易性金融资产、应收款项等，但不包括变现能力较差的存货。计算公式为：

$$速动资产=流动资产-存货$$

$$速动比率=\frac{速动资产}{流动负债}$$

一般认为，速动比率为 1 比较合理。如果速动比率过低，表明企业的短期偿债能力不够；如果速动比率过高，则表明企业拥有过多的货币性资产，而可能失去一些有利的投资获利机会。

③ 资产负债率。资产负债率是指负债总额占资产总额的百分比。它反映企业全部资产中债务所占的比重，因而在某种程度上揭示了企业偿还债务的能力和对债权人权益的保障程度。资产负债率越低，表明企业每元资产承担债务的责任越小，企业的长期偿债能力越强。其计算公式为：

$$资产负债率=\frac{负债总额}{资产总额}\times 100\%$$

④ 债务资本比率。债务资本比率是指企业负债总额与所有者权益总额之比。它反映投资者权益对债权人权益的保障程度。该比例越小，表明企业的长期偿债能力越强。计算公式为：

$$债务资本比率=\frac{负债总额}{所有者权益总额}\times 100\%$$

（2）营运能力指标

营运能力是指通过企业生产经营资金周转速度的有关指标所反映出来的企业资金利用效率，它表明企业管理和运用资金的能力。

① 流动资产周转率。流动资产周转率是衡量企业流动资产周转速度和利用效果的重要财务指标，一般有周转次数和周转天数两种表现形式。周转次数是指一定时期内营业收入净额与流动资产平均余额的比率，表明流动资产周转的速度，周转天数则表明流动资产周转一次需要多少时间。计算公式为：

$$流动资产周转次数=\frac{营业收入净额}{流动资产平均余额}$$

$$流动资产平均余额=\frac{360}{流动资产周转次数}$$

$$流动资产平均余额=\frac{期初流动资产余额+期末流动资产余额}{2}$$

② 应收账款周转率。应收账款周转率是指一定时期内主营业务收入净额与平均应收账款余额的比率，它表明企业应收账款的流动程度。计算公式为：

$$应收账款周转率（次数）=\frac{营业收入净额}{应收账款平均余额}$$

$$平均应收账款余额=\frac{期初应收账款余额+期末应收账款余额}{2}$$

$$应收账款周转天数=\frac{360}{应收账款周转率}$$

③ 存货周转率。存货周转率是指一定时期内营业成本与存货平均资金占用额的比率，它表明企业存货转换为现金或应收账款的速度。其计算公式为

$$存货周转率（次数）=\frac{营业成本}{存货平均余额}$$

$$存货平均余额=\frac{期初存货余额+期末存货余额}{2}$$

$$存货周转天数=\frac{360}{存货周转次数}$$

（3）盈利能力指标

盈利能力是指企业获取利润的能力。反映盈利能力的指标通常有以下几项：

① 营业利润率。营业利润率是指营业利润与营业收入的比率，表明企业所经营业务的获利水平。计算公式为：

$$营业利润率=\frac{营业利润}{营业收入}\times 100\%$$

② 成本费用利润率。成本费用利润率是指利润总额与成本费用总额的比率，表明企业的成本费用与获得收益之间的关系。计算公式为：

$$\frac{成本费用}{利润率}=\frac{利润总额}{成本费用总额}\times 100\%$$

③ 总资产报酬率。总资产报酬率是指一定时期内获得的报酬总额与企业平均资产总额的比率，表明企业资产的综合利用效果。计算公式为：

$$总资产报酬率=\frac{利润总额+利息支出}{总资产平均余额}\times 100\%$$

$$总资产平均余额=\frac{期初资产总额+期末资产总额}{2}$$

注：式中利息支出不是指当期实际支付的利息，而是当期应承担的利息。

④ 净资产报酬率。净资产报酬率是指净利润与平均净资产的比率，表明净资产的获利能力，计算公式为：

$$净资产报酬率=\frac{净利润}{平均净资产}\times 100\%$$

$$平均净资产=\frac{期初所有者权益余额+期末所有者权益余额}{2}$$

第十章　工程项目财务管理的价值观念

第一节　资金时间价值

任何企业的财务活动都是在一定的时间和空间中进行的，不同时间的货币具有不同的价值。离开了时间价值因素，就无法正确计算不同时期的财务收支，也无法正确评价企业盈亏。因此，在企业的财务决策中，必须考虑分析和计算货币的时间价值。

一、资金时间价值的概念

关于资金时间价值的概念，用一个简单的问题来解释：今天的 1 元钱和明天的 1 元钱等值吗？西方国家的传统说法是：即使在没有风险和没有通货膨胀的条件下，今天 1 元钱的价值亦大于一年以后 1 元钱的价值。股东投资 1 元钱，就牺牲了当时使用或消费这 1 元钱的机会或权利，按牺牲时间计算的这种牺牲的代价或报酬，就叫作时间价值。

西方关于时间价值的概念虽众说纷纭，但大致可综述如下：投资者进行投资就必须推迟消费，对投资者推迟消费的耐心应给以报酬，这种报酬的量应与推迟的时间成正比。西方经济学者对资金时间价值的上述解释，只是说明了货币时间价值的表面现象，并没有揭示资金时间价值的本质，即资金的时间价值到底是从哪里来的？为了正确探讨资金时间价值的本质，需要对货币时间价值的产生过程进行科学的分析。

首先，他们把资金的时间价值解释为“是对投资者推迟消费的耐心的一种报酬”，这既不科学，也不全面。如果说“耐心”也能产生价值，那么，将资金闲置不用或埋到地下保存起来也应该能产生价值，而事实上这是不可能的。只有把资金投入生产和流通过程，使劳动者借助于生产资料生产出新的产品，创造出新的价值，才能实现其价值的增值。由此可见，资金的时间价值只能是在社会生产经营和流通中产生。

其次，资金只有投入生产和流通的过程才能实现其价值的增值。这部分价值增值是劳动者在生产过程中创造的，是作为生产资料货币表现的资金同劳动力相结合的结果。任何资金如果不投入生产过程、不同劳动力相结合，都不能自行增值，更不会具有时间价值。因此，资金时间价值的真正来源是劳动者在生产中创造的剩余价值。

最后，资金的时间价值一般以单位时间（通常为一年）的报酬与投资额的百分率表示，即用利息率来表示。但表示资金时间价值的利息率应以社会平均资金利润率或平均投资报酬率为基础。

综上所述，资金的时间价值是在不考虑风险和通货膨胀条件下的社会平均资金利润率或平均投资报酬率。它是在生产经营和流通过程中产生的，其真正的来源是劳动者创造的剩余价值。

二、资金时间价值的计算

计算资金的时间价值，其是为了确定不同时间收到或付出货币之间的数量关系。资金具有时间价值，使现在的 1 元钱不等于一年后的 1 元钱。那么，现在的 1 元钱等于一年后的多少钱，而一年后的 1 元钱又等于现在的多少钱，这都属于时间价值的计算问题。货币时间价值计算的关键是计算终值和现值，终值和现值之间的差额就是货币的时间价值。为此，首先应明确现值和终值的概念。

终值是指某一特定数额的资金在若干期后按规定利率计算的未来价值，即“本利和”。现值是指若干期后某一特定数额的资金按规定利率折算的现在价值即“本金”。

现值和终值是一组相对的概念。现在的 100 元钱按 10% 的年利率计算；一年后增加到 110 元。而一年后的 110 元按 10% 的年利率折算，就相当于现在的 100 元。那么，现在的 100 元就是本金：即现值；而一年后的 110 元则是现在 100 元按 10% 的利率计算的终值。终值和现值之间的差额（即增值额）就是货币的时间价值；增值额占本金的比率，称为利息率；利息率是用相对数表示的资金时间价值。

计算资金时间价值的指标很多，这里主要说明单利终值和现值、复利终值和现值、年金终值和现值的计算方法。

1. 单利终值和现值的计算

所谓单利，是指在计算利息时仅用最初本金来计算，而不计入先前计息周期中所累积增加的利息，即通常所说的“利不生利”的计息方法。

（1）单利终值的计算。单利终值就是按单利计算的某一特定金额在若干年后的本利和。其计算式如下：

$$F=P(1+i)^n=P(F/P,i,n)$$

式中 F——第 n 年末的终值；

P——现值；

i——年利率；

n——期数。

（2）单利现值的计算单利现值是指若干年后某一特定金额按单利折算的现在价值。计算单利现值，就是根据终值倒求现值。单利现值的计算公式可根据单利终值的计算公式推导确定。

单利终值的计算公式为：

$$F=P(1+i)^n$$

上式两边同除以 $(1+i)^n$ 则单利现值的计算公式如下：

$$P=F\times\frac{1}{(1+i)^n}=F(P/F,i,n)$$

2. 复利终值和现值的计算

所谓复利是指在计算某一计息周期的利息时，其先前周期上所累积的利息要计算利息，即“利生利”“利滚利”的计息方式。复利终值现金流量如图 10–1 所示。

（1）复利终值的计算复利终值就是按复利计算的某一特定金额在若干年后的本利和。

若现有一项资金 P，年利率 i 按复利计算，求 n 年以后的本利和，可根据复利的定义求得 n 年末本利和（即终值）F。

$$F=P(1+i)^n$$

式中，$(1+i)^n$ 称为复利终值系数，可记作（F/P，i，n）。在实际工作中，复利终值系数可通过查复利终值系数表求得。故也可写作

$$F=P(F/P, i, n)$$

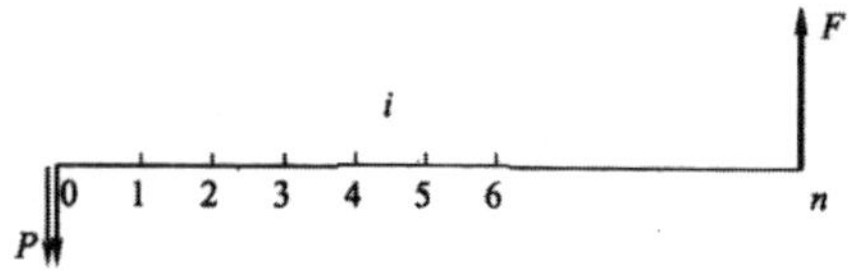

图 10–1　复利终值现金流量图

i 为计息期负利率；n 为计息的期数；P 为现值（即现在的资金价值或本金）；F 为终值（即 n 期末的资金值或本利和）

（2）复利现值的计算复利现值是若干年后某一特定金额按复利折算的现在价值。由终值求现值，叫作贴现。在贴现时所用的利息率叫贴现率。根据复利终值的

计算公式，可推导复利现值的计算公式。

复利终值的计算公式为：

$$F=P（1+i）^n$$

对上式两方同除以（1+i）^{n} 即可得到复利现值的计算公式为：

$$P=F\times\frac{1}{(1+i)^n}$$

复利现值的计算公式中，$\frac{1}{(1+i)^n}$ 称为复利现值系数，可记作（P/F，i，n），该系数可通过查阅复利系数表求得。

3．年金终值和现值的计算

年金是指一定时期内每期相等金额的收付款项。在企业的财务活动中，许多款项的收支都表现为年金的形式，如折旧费、租金、保险费等。年金按付款方式可分为普通年金（后付年金）、预付年金（先付年金）、递延年金和永续年金。

（1）普通年金终值和现值的计算。普通年金是指每期期末收入或支出相等金额的款项，也称后付年金。它是企业财务活动中最常见的一种年金形式。

① 普通年金终值的计算。普通年金终值是每期期末收入或支出等额款项的复利终值之和。实际上，普通年金终值就像零存整取的本利和。

为了便于计算，现仍以 F 代表普通年金终值，P 代表普通年金现值，i 代表利率，n 代表期数，而以 A 代表每期期末收入或付出的相等金额的款项，即年金。

由于普通年金终值是每期期末收入或付出款项的复利终值之和，而每期收付款项的复利终值的计算与一次收付款复利终值的计算方法是相同的，因此，计算普通年金终值，应先计算出每期期末收付款的复利终值，然后再把各期收付款的复利终值加起来，即为普通年金终值。为了便于说明问题，普通年金终值现金流量图如图10–2所示。

首先，普通年金终值的计算公式为：

$$F=A（1+i）^0+A（1+i）^1+A（1+i）^2+\cdots+A（1+i）^{n-2}+A（1+i）^{n-1}$$

将上式两边同乘以（1+i）得

$$F（1+i）=A（1+i）^1+A（1+i）^2+A（1+i）^3\cdots+A（1+i）^{n-2}+A（1+i）^{n-1}+A（1+i）^n$$

上面两式相减得

$$F=A\times\left[\frac{(1+i)^n-1}{i}\right]$$

在上式中，$\frac{(1+i)^n-1}{i}$称为普通年金终值系数，可记作（$F/A,i,n$）。普通年金终值系数可通过查复利系数表求得。

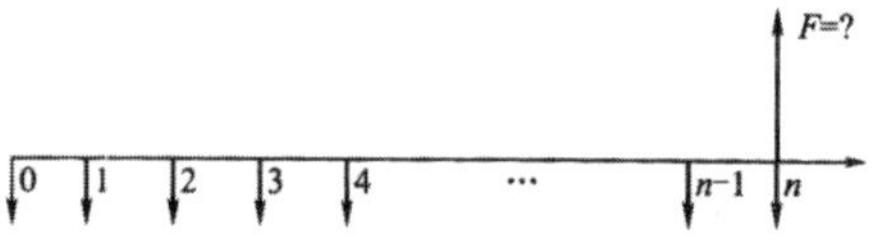

图 10-2　普通年金终值现金流量图

② 普通年金现值的计算。普通年金现值是指一定时期内每期期末收入或付出等额款项的复利现值之和。普通年金现值现金流量图如图 10-3 所示。

首先，求得普通年金现值的计算公式

$P=A(1+i)^{-1}+A(1+i)^{-2}+A(1+i)^{-3}+\cdots A(1+i)^{-(n-2)}+A(1+i)^{-(n-1)}+A(1+i)^{-n}$

将上式两边同乘以（$1+i$）得

$P(1+i)=A+A(1+i)^{-1}+A(1+i)^{-2}+A(1+i)^{-3}+\cdots A(1+i)^{-(n-2)}+A(1+i)^{-(n-1)}$

上面两式相减得

$$p=A\times\left[\frac{1-(1+i)^{-n}}{i}\right]$$

在上式中，$\frac{1-(1+i)^{-n}}{i}$称为普通年金现值系数，可记作（P/A，i，n）。普通年金现值系数可通过查复利系数表求得。

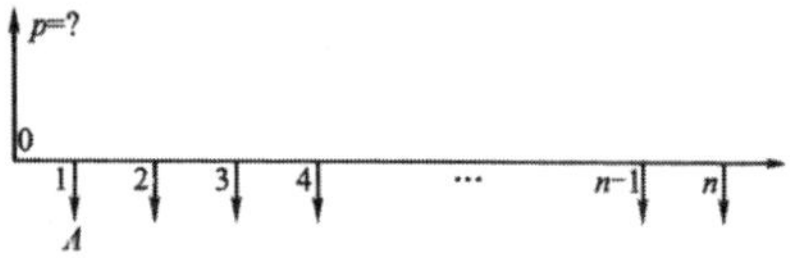

图 10-3　普通年金现值现金流量图

（2）预付年金终值和现值的计算。预付年金是指在一定时期内，每期期初收入或支出相等金额的款项，也称先付年金。预付年金与普通年金的区别仅在于付款时间的不同，即一个是在每期期初支付，另一个是在每期期末支付。由于普通年金是最常见的年金形式，一般的年金系数表也常常是按普通年金的终值和现值编制的。因此，在计付年金时，可先将预付年金调整为普通年金的形式，然后利用普通年金的系数表计算有关预付年金。

① 预付年金终值的计算。预付年金终值是每期期初收入或支出等额款项的复利

终值之和。由于预付年金和普通年金的区别在于支付时间的不同，因此，可以把预付年金调整为普通年金，再进行计算，预付年金终值的计算可由普通年金终值的公式推导。预付年金终值现金流量图如图 10–4 所示。

预付年金终值计算公式为：

$$或F = A \times \frac{(1+i)^n - 1}{i}(1+i)$$

$$F = A \times (F/A,i,n)(1+i)$$

可见，预付年金终值的计算，可以按其同样的 i，n 在普通年金终值系数表中找出普通年金终值系数，在此基础上乘以（1+i），可计算出预付年金终值的系数，再乘以 A，即为预付年金终值。

此外，预付年金终值还有另一个计算公式，即在最后一期期末补上一个 A，使期数增加为（n+1），计算（n+1）期的普通年金终值，然后再减去 A，其结果就是 n 期预付年金终值的计算公式为：

$$F=A（F/A,i,n+1）-A$$

$$=A[（F/A,i,n+1）-1]$$

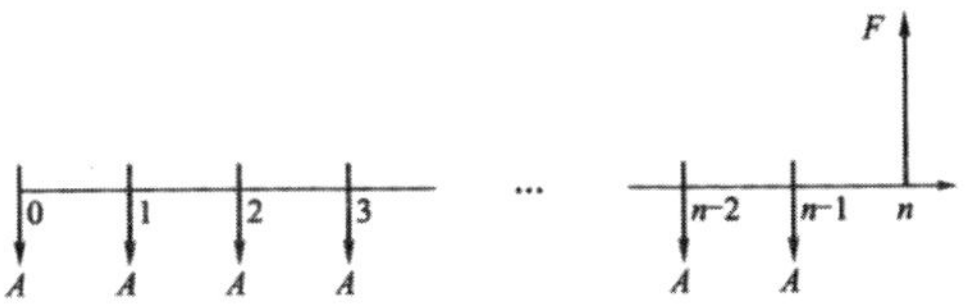

图 10–4　预付年金终值现金流量图

② 预付年金现值的计算。预付年金现值是每期期初收入或支出等额款项的复利现值之和。预付年金现值的现金流量图如图 10–5 所示。

预付年金现值的公式为：

$$P = A \times \frac{1-(1+i)^{-n}}{1}(1+i)$$

$$=A（P/A,i,n）（1+i）$$

预付年金现值的计算，也可按其同样的 i，n 在普通年金现值系数表中找出普通年金现值系数，在此基础上乘以（1+i），可计算出预付年金现值的系数，再乘以 A，即为预付年金现值。

此外，预付年金现值还有另一个计算公式，即先不考虑第一期起初的 A（去掉起初的 A），使期数变为（n–1）期，计算（n–1）期的普通年金现值，然后再加上期初的 A，其结果就是 n 期预付年金现值的计算公式。

$$P=A(P/A,i,n-1)+A$$
$$=A[(P/A,i,n-1)+1]$$

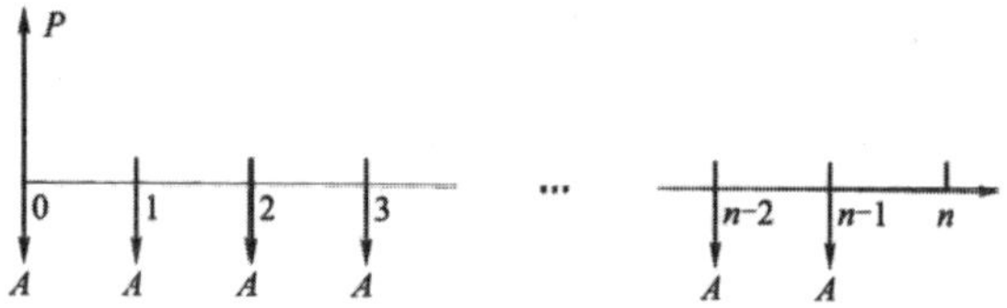

图 10-5　预付年金现值的现金流量图

（3）递延年金现值的计算。递延年金是在一定期间内，从期初开始，隔若干期后才发生等额系列收付款的年金。递延年金终值的计算，与普通年金终值和预付年金终值的计算方法基本一致。

递延年金现值的计算可通过图 10-6 说明如下。

图 10-6 中，在 8 期内，前 3 期没有收付的款项，从第 4 期期末至第 8 期期末才发生 5 期等额的收付款项 A。对此，可将这 5 期等额的收付款项 A 按普通年金现值的计算方法将其计算到第 4 期期初，这是一个普通年金现值的计算过程。再将这一普通年金现值从第 4 期期初（即第 3 期期末）按复利现值折算到期初，即是要计算的递延年金现值。

现假设发生等额收付款项的期数为 n，未发生等额收付款项的期数为 m，则递延年金现值的计算公式为

$$P=A\times\left[\frac{1-(1+i)^{-n}}{i}\right](1+i)^{-m}$$
$$=A(P/A,i,n)(P/F,i,m)$$

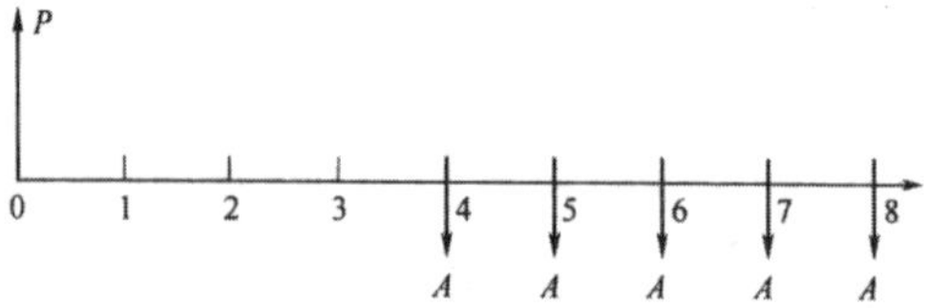

图 10-6　递延年金现值的现金流量图

（4）永续年金现值的计算。永续年金是指无限期收入或付出相等金额的款项。在现实的经济生活中，优先股的固定股利，某些期限长、利率高的长期债券的利息，均可视为永续年金。由于永续年金没有终点，因此不存在永续年金终值的计算问题，但永续年金现值的计算用途则十分广泛，如进行股票、债券的估价等。

永续年金现值的计算公式，可根据普通年金现值的计算公式推导。

普通年金现值的计算公式为：

$$P = A \times \frac{1-(1+i)^{-n}}{i}$$

当 $n \to \infty$ 时，（$1+i$）$^{-n} \to 0$

$$所以，P = \frac{A}{i}$$

式子即为永续年金现值的计算公式。

第二节 风险分析

在企业的财务管理工作中，需要经常作出各种财务决策，如筹资决策、投资决策等。所有的财务决策都面临一个共同的问题，即估计决策方案预期的收益及不能实现的风险，企业总是期望决策方案未来的收益足以补偿其所承担的风险。企业财务决策的过程，实际上就是一个权衡风险和报酬的过程。进行财务管理，必须认真分析风险和报酬之间的关系，运用风险报酬原理作出正确的财务决策。

一、风险的概念

一般而言，风险是指预期收益的不确定性。在现实的经济生活中，由于各种不确定因素的存在，使企业的每一项财务决策都既有有利的一面，也有不利的一面，只是有利因素和不利因素各自程度的大小会有所不同。只要不利因素存在，企业财务决策就会面临风险。因此，风险是客观存在的。

企业的绝大多数财务活动都有风险，只是风险的大小各不相同。所谓风险性财务活动，是指决策者对这些财务活动的最终结果不能完全确定，但对未来结果出现的可能性，即其概率分布是已知的或是可以估计的。与风险相类似的另一个概念是不确定。不确定性财务活动是指企业决策者对未来的情况不仅不能完全确定，而且对各种情况发生的概率也不清楚。或者说，不确定是指对未来发生各种事件的可能性都不知道。

在现代企业财务管理中，大多数财务决策都是在不确定情况下作出的。为了提高财务决策的科学性，决策人员常常为不确定性财务活动规定一些主观概率，以便进行计量分析，这使不确定性决策与风险性决策很相似。因此，企业在进行财务决策时，对风险和不确定这两个概念并不作严格的区分，而是把它们都视为风险。

在现实的经济生活中，风险是一种客观存在，绝对肯定的、没有风险的经营和投资决策是不存在的。在西方国家，一般把企业投资于国库券作为一项没有风险的投资。而实际上由于受资本市场上利率升降的影响，国库券的价格也处于经常变动之中，进行这项投资也是有风险的，只是相对于企业其他的投资决策来讲，风险小得多。风险在企业经营中几乎是无处不在的，只是风险的程度有大有小而已。一般认为，在企业的投资决策中，投资于国库券风险最小，这是因为其本金和利息是固定且有保障的，如果不考虑资本市场上利率变动的影响，可视之为无风险决策。企业投资于股票或开发新产品，一般都要承担较大风险，因为这些投资的收益要受很多不确定性因素的影响。企业进行正常的生产经营投资，如为扩大销售而投资、为提高产品质量或改进技术而投资，这些投资的风险一般要大于投资于国家债券，但小于开发新产品或投资于股票。

企业决策者一般都讨厌风险，并尽可能地回避风险。愿意要肯定的某一报酬率，而不愿要不肯定的某一报酬率，是决策者的共同心态，这种现象叫风险反感。既然存在着普遍的风险反感，为什么在实际中企业都要冒着风险进行经营和投资呢？其主要原因在于进行风险投资具有双重效应，即它是一种危险与机会并存的活动。如果出现负面效应，会给企业带来损失，且风险越大造成的损失也越大；如果出现正面效应，则会给企业带来超额收益，而且常常是企业冒的风险越大，可能获得的超额收益也越大。

企业之所以愿意冒着风险进行投资，这是因为风险与报酬紧密相连，进行风险投资可使企业得到超过资金时间价值以上的额外报酬，即风险报酬。因此，风险报酬就是投资者冒着风险进行投资而获得的超过时间价值的那部分额外报酬。风险报酬既可用绝对数表示，又可用相对数表示。用绝对数表示的风险报酬叫风险报酬额，用相对数表示的风险报酬叫风险报酬率。

二、风险的类别

由于财务上的风险往往指投资风险，所以，风险可作以下分类。

1. 从投资主体角度分

从投资主体的角度看，风险分为市场风险和公司特有风险（或者系统风险和非系统风险）。

（1）市场风险。市场风险（或系统风险）是指影响整个市场的因素所引起的风险，如战争、经济衰退、通货膨胀、税收改革、世界金融危机、能源危机等。这类风险涉及所有的投资对象，不能通过多角化投资来分散，因此又称为不可分散风险。

（2）公司特有风险。公司特有风险（非系统风险）是指发生于个别公司的特有事件造成的风险，如罢工、新产品开发失败、诉讼失败、没有争取到重要合同等。这类事件是随机发生的，可以通过多角化投资来分散，因此又称为可分散风险。

2．从公司本身角度分

从公司本身来看，风险分为经营风险（或商业风险）和财务风险（或筹资风险）。

（1）经营风险。经营风险（或商业风险）是指由于生产经营的不确定性所带来的风险。这种风险主要来自于市场销售、生产成本和生产技术等，这使得企业的报酬（息税前利润）变得不确定。

（2）财务风险。财务风险（或筹资风险）是指因借款而导致的风险，是筹资决策带来的风险。财务风险加大了企业的风险。对于投资者，主要是区分市场风险和非市场风险，但更关注市场风险，因为非市场风险可以分散。

三、风险的衡量

风险是一种不易计量的因素，但由于投资者冒着风险投资可以得到额外报酬，因此需要对风险进行计量。对投资活动来讲，由于风险是与投资收益的不确定相联系的，因此，对风险的计量必须从投资收益的概率分布开始分析，在计算出风险大小的基础上，进而计算风险投资的报酬率。

1．确定概率分布

概率是指任何一项随机事件可能发生的机会。一个事件的概率是指这一事件可能发生的机会。例如，一个企业的利润有 60% 的机会增加，有 40% 的机会减少。如果把所有可能的事件或结果都列示出来，且每一事件都给予一种概率，把它们列示在一起，便构成了概率的分布。上例的概率分布详见表 10–1。

表 10–1　概率分布表

可能出现的结果（i）	概率（P_i）
利润增加	0.6=60%
利润减少	0.4=40%
合计	1.00=100%

概率分布必须符合以下两个要求。

① 所有的概率即 P_i 都在 0 和 1 之间，即 $0 \leqslant P_i \leqslant 1$。

② 所有结果的概率之和应等于 1，即 $\sum_{i=1}^{n} P_i=1$，这里，n 为可能出现的结果的个数。

2．计算期望报酬率

期望报酬率是各种可能的报酬率按其概率进行加权平均得到的报酬率，它是反映集中趋势的一种量度。期望报酬率可按下列公式计算：

$$\overline{K}=\sum_{i=1}^{n}K_iP_i$$

式中 $\overline{K}$——期望报酬率；

K_i——第 i 种可能结果的报酬率；

P_i——第 i 种可能结果的概率；

n——可能结果的个数。

3．计算标准离差

标准离差是各种可能的报酬率偏离期望报酬率的综合差异，是反映离散程度的一种量度。标准离差可按下列公式计算：

$$\delta=\sqrt{\sum_{i=1}^{n}\left(K_i-\overline{K}\right)^2P_i}$$

式中 δ——期望报酬率的标准离差；

K_i——第 i 种可能结果的报酬率

$\overline{K}$——期望报酬率；

P_i——第 i 种可能结果的概率；

n——可能结果的个数。

具体来讲，计算标准离差的程序如下

① 计算期望报酬率

$$\overline{K}\quad\sum K_iP_i$$

② 把期望报酬率与每一结果相减，得到每一种可能结果的报酬率与期望报酬率的差异。

$$Di=Ki-\overline{K}$$

③ 计算每一差异的平方，再乘以与其相关的结果发生的概率，并把这些乘积汇总，得到概率分布的方差。也就是说，方差是各种可能结果值与期望报酬率之差的平方，以各种可能结果的概率为权数计算的加权平均数，常用 δ^2 表示。其计算公式为：

$$\delta^2 = \sum_{i=1}^{n}\left(K_i - \overline{K}\right)^2 P_i$$

④ 对方差开方，得到标准离差。标准离差公式为：

$$\delta = \sqrt{\sum_{i=1}^{n}\left(K_i - \overline{K}\right)^2 P_i}$$

4．计算标准离差率

标准离差是反映随机变量离散程度的一个指标。但它是一个绝对值，而不是一个相对量，只能用来比较期望报酬率相同的各项投资的风险程度，而不能用来比较期望报酬率不同的各项投资的风险程度。要对比期望报酬率不同的各项投资的风险程度，应该用标准离差同期望报酬率的比值，即标准离差率。标准离差率的计算公式为：

$$V = \frac{\delta}{\overline{K}} \times 100\%$$

式中 V——标准离差率；

δ——标准离差；

$\overline{K}$——期望报酬率。

5．计算风险报酬率

标准离差率虽然能正确评价投资风险程度的大小，但这还不是风险报酬率。要计算风险报酬率，还必须借助一个系数——风险报酬系数。风险报酬率、风险报酬系数和标准离差率之间的关系可用公式表示如下：

$$R_R = bV$$

式中 R_R——风险报酬率；

b——风险报酬系数；

V——标准离差率。

那么，投资的总报酬率可表示为：

$$K = R_F + R_R = R_F + bV$$

式中 K——投资报酬率；

R_F——无风险报酬率。

无风险报酬率就是加上通货膨胀贴水以后的货币时间价值，西方国家一般把投资于国库券的报酬率视为无风险报酬率。

至于风险报酬系数的确定，有如下几种方法。

（1）根据以往的同类项目加以确定风险报酬系数可以参照以往同类投资项目的历史资料，运用前述有关公式来确定。例如，某企业准备进行一项投资，此类项目含风险报酬率的投资报酬率一般为 20% 左右，其报酬率的标准离差率为 100%，无风险报酬率为 10%，则由公式 $K=R_F+bV$ 得

$$b=\frac{K-R_F}{V}=\frac{20\%-10}{100\%}=10\%$$

（2）由企业领导或企业组织有关专家确定以上第一种方法必须在历史资料比较充分的情况下才能采用。如果缺乏历史资料，则可由企业领导，如总经理、财务副总经理、总会计师、财务主任等根据经验加以确定，也可由企业组织有关专家确定。实际上，风险报酬系数的确定，在很大程度上取决于各公司对风险的态度。比较敢于承担风险的公司，往往把 b 值定得低些；反之，比较稳健的公司，则常常把 b 值定得高些。

（3）由国家有关部门组织专家确定国家有关部门如财政部、国家银行等组织专家，根据各行业的条件和有关因素，确定各行业的风险报酬系数，由国家定期公布，作为国家参数供投资者参考。

以上对投资风险程度的衡量，是就一个投资方案而言的。如果有多个投资方案供选择，那么进行投资决策总的原则应该是，投资收益率越高越好，风险程度越低越好。具体说来有以下几种情况：

1）如果两个投资方案的预期收益率基本相同，应当选择标准离差率较低的那一个。

2）如果两个投资方案的标准离差率基本相同，应当选择预期收益率较高的那一个。

3）如果甲方案预期收益率高于乙方案，而其标准离差率低于乙方案，则应当选择甲方案。

4）如果甲方案预期收益率高于乙方案，而其标准离差率也高于乙方案，则不能一概而论，而要取决于投资者对风险的态度。有的投资者愿意冒较大的风险，以追求较高的收益率，可能选择甲方案；有的投资者则不愿意冒较大的风险，宁肯接受较低的收益率，可能选择乙方案。但如果甲方案收益率高于乙方案的程度大，而其收益标准离差率高于乙方案的程度较小，则选择甲方案可能是比较适宜的。

应当指出，风险价值计算的结果具有一定的假定性，并不十分精确。研究投资风险价值原理，主要是在进行投资决策时，树立风险价值观念，认真权衡风险与收益的关系，选择有可能避免风险、分散风险，并获得较多收益的投资方案。

第十一章　建筑工程项目资金筹措与融资管理

第一节　基础知识

一、工程项目融资的含义和分类

1. 工程项目融资的含义

企业筹资是指企业作为筹资主体根据其生产经营、对外投资和调整资本结构等需要，通过筹资渠道和金融市场，运用筹资方式，经济有效地筹措和集中资本的活动。企业筹资活动是企业的一项基本财务活动，企业筹资管理是企业财务管理的一个主要内容。

资本是企业经营活动的一种基本要素，是企业创建和生存发展的一个必要条件。一个企业从创建到生存发展的整个过程都需要筹集资本。企业最初创建就需要筹资，以获得设立一个企业必需的初始资本。在取得会计师事务所验资证明，据以到工商管理部门办理注册登记后，才能开展正常的生产经营活动。

任何企业在生存发展过程中，都需要始终维持一定的资本规模，由于生产经营活动的发展变化，往往需要追加筹资。例如，有的企业为了增加经营收入，降低成本，提高利润水平，需要根据市场需求变化，扩大生产经营规模，调整生产经营结构，研制开发新产品，所有这些经营策略的实施通常都要求有一定的资本条件。企业为了稳定一定的供求关系并获得一定的投资收益，对外开展投资活动，往往也需要筹集资本。例如，有的企业为了保证其产品生产所必需的原材料的供应，向供应厂商投资并获得控制权。企业根据内外部环境的变化，适时采取调整企业资本结构的策略，也需要及时地筹集资本。例如，有的企业由于资本结构不合理，负债比率过大，偿债压力过重，财务风险过高，主动地通过筹资调整资本结构。企业持续的生产经营活动，不断产生对资本的需求，这就需要筹措和集中资本。同时，企业因开展对外投资活动和调整资本结构，也需要筹措和集中资本。

同样，在工程项目实施周期内，一个重要的环节就是工程项目的资金筹措问题。目前，工程项目资金的筹措已有多种现成的方式，未来也可能会有新方式出现。由于不同项目所处的融资环境不完全相同，所以，根据项目的具体情况和资金来源的特点，选择合适的融资方式，对构建合理的项目融资结构尤为重要。

筹集资金是指项目公司财务活动中的一项基本活动。所谓筹集资金，是指项目公司从自身经营现状及资金运用情况出发，根据公司未来经营战略及发展需要，经科学的预测和决策，通过一定渠道，采用一定的方式，向公司的投资者及债权人筹集资金，组织资金的供应，保证正常经营的需要。

2. 工程项目融资的分类

研究工程项目主体融资的种类，有利于决策人员和管理人员了解不同融资方式的成本和风险，以便做出筹融资决策。

（1）按照所筹资金的不同性质划分按照所筹资金的性质，筹集资金可分为自有资金和借入资金（见表 11–1）。

表 11–1　按照所筹资金的不同性质分类

类别	内容
借入资金	借入资金是指企业依法取得，按照约定的期限、方式使用和还本付息的资金。借入资金的所有权归属于企业债权人，是企业的一项负债。企业负债按偿还期限长短分为长期负债和流动负债。长期负债包括应付债券、长期借款和融资租赁等；流动负债包括应付票据、短期借款、应付账款及应计费用等。借入资金对企业有双重影响：一方面，由于负债利息可以在税前列支，具有抵税作用，并且其本身成本相对较低，负债经营能使企业获得杠杆利益，有助于企业快速发展；而另一方面，由于债权人对企业有固定要求权，所以会使企业面临较大的财务风险
自有资金	自有资金（也称主权资金）是指企业依法取得、长期拥有并能自主使用的资金。它来源于企业投资者的投资和企业内部积累，包括企业资本金、资本公积金、盈余公积金和未分配利润。根据资本金保全制度的要求，企业筹集的资本金在企业的生产经营期内，投资者除依法转让外，一般不得抽回。因此，自有资金作为企业的一项“永久性资本”，能体现企业的自身实力，是企业承担经营风险的物质基础。自有资金筹集是企业筹资的主要形式

借入资金和自有资金的搭配比例称为资金结构。资金结构对企业的筹资成本和风险有很大的影响。资金结构的合理选择也成为财务管理的基本内容。

（2）按照所筹资金的期限长短划分按照所筹资金的期限长短，筹集资金可分为长期资金和短期资金。

① 长期资金。长期资金也称长期资本，是指企业筹集的使用期限在一年以上的

资金。它一般是为了满足企业长期发展需要而募集的资金。长期资金主要用于固定资产、无形资产、长期投资等长期项目上。长期资金的来源包括长期负债和主权资本，一般采用吸收直接投资、发行股票、发行债券、长期借款、融资租赁及留存收益等方式筹集。

② 短期资金。短期资金是指企业筹集的使用期在一年以内的资金。它一般是为了满足企业在生产经营过程中短期周转需要所筹集的资金。短期资金主要用于现金、应收账款和存货等短期项目上。短期资金一般采用短期借款、商业信用等方式筹集。

（3）按所筹资金的来源渠道不同划分按照所筹资金的来源渠道划分，筹集资金可分为内部筹资与外部筹资（见表 11–2）。

表 11–2　按所筹资金的来源渠道不同分类

类别	主要内容
外部筹资	外部筹资是指企业从企业外部融通资金而形成的资金来源。它一般是在企业内部筹集的资金不能满足生产经营和发展需要时，企业通过一定筹资方式而从外部吸收的资金。外部筹资有很多的渠道和方式，因而可以募集更多的资金，但外部筹资大多需要花费筹资费用。外部筹资筹集的可以是自有资金或借入资金。外部筹资因为渠道和方式的多样性而需要财务人员科学筹划，以选择对企业较为有利的渠道和方式
内部筹资	内部筹资是指企业通过留用利润而形成的资金来源。相对于外部筹资而言，内部筹资因其手续简单、无筹资费用而更方便快捷，但筹资数量有限。内部筹资所筹集的资金属于企业的自有资金，是企业的一项长期资金来源

（4）按所筹资金是否以金融机构为媒介划分按所筹资金是否以金融机构为媒介划分，可分为直接筹资和间接筹资。

① 直接筹资。直接筹资是指企业不通过银行等金融机构，直接与资本所有者协商融入资本的筹资活动。随着金融工具创新和经济发展，在我国，直接筹资正在不断发展。我国政府为了推进金融体制改革和分散投资风险，也提倡发展直接筹资。相对于间接筹资而言，直接筹资具有筹资范围广、影响大，但费用高、手续复杂的特点。

② 间接筹资。间接筹资是指企业通过银行等金融机构融入资本的筹资活动。间接筹资是我国企业过去主要的筹资方式。常见的间接筹资方式就是银行借款。

二、融资渠道与融资方式

企业筹资需要通过一定的筹资渠道，运用一定的筹资方式来进行。不同的筹资渠道和筹资方式各有特点和适用性，为此需要加以分析研究。筹资渠道与筹资方式既有联系，又有区别。同一筹资渠道的资本往往可以采用不同的筹资方式取得，而同一筹资方式又往往可以筹集不同筹资渠道的资本，这也需要分析研究两者之间的有效配合。

1．企业筹资渠道

企业筹资渠道是指企业筹集资本来源的方向与通道，体现着资本的源泉和流量。筹资渠道主要是由社会资本的提供者及数量分布所决定的。目前，我国社会资本的提供者众多，数量分布广泛，为企业筹资提供了广泛的资本来源。认识企业筹资渠道的种类及其特点和适用性，有利于企业充分开拓和利用筹资渠道，实现各种筹资渠道的合理组合，有效地筹集资本。

企业筹资渠道可以归纳为表 11–3 中的内容。

表 11–3　企业筹资渠道

渠道	内容
银行信贷资本	银行信贷资本是各类企业筹资的重要来源。银行一般分为商业性银行和政策性银行。在我国，商业性银行主要有中国工商银行、中国农业银行、中国建设银行、中国银行以及交通银行等；政策性银行有国家开发银行、农业发展银行和中国进出口银行。商业性银行可以为各类企业提供各种商业性贷款；政策性银行主要为特定企业提供一定的政策性贷款。银行信贷资本拥有居民储蓄、单位存款等经常性的资本来源，贷款方式灵活多样，可以适应各类企业债权资本筹集的需要
政府财政资本	政府财政资本历来是国有企业筹资的主要来源，政策性很强，通常只有国有企业才能利用。现有的国有企业，包括国有独资公司，其筹资来源的大部分，是在过去由政府通过中央和地方财政部门以拨款方式投资形成的。政府财政资本具有广阔的来源和稳固的基础，并在国有企业资本金预算中安排，今后仍然是国有企业权益资本筹资的重要渠道
非银行金融机构资本	非银行金融机构资本也可以为一些企业提供一定的筹资来源。非银行金融机构是指除了银行以外的各种金融机构及金融中介机构。在我国，非银行金融机构主要有租赁公司、保险公司、企业集团的财务公司以及信托投资公司、证券公司。它们有的集聚社会资本，融资融物；有的承销证券，提供信托服务，为一些企业直接筹集资本或为一些公司发行证券筹资提供承销信托服务。这种筹资渠道的财力虽然比银行要小，但具有广阔的发展前景
企业内部资本	企业内部资本主要是指企业通过提留盈余公积和保留未分配利润而形成的资本。这是企业内部形成的筹资渠道，比较便捷，有盈利的企业通常都可以加以利用
民间资本	民间资本可以为企业直接提供筹资来源。我国企业和事业单位的职工和广大城乡居民持有大笔的货币资本，可以对一些企业直接进行投资，为企业筹资提供资本来源
其他法人资本	其他法人资本有时亦可为筹资企业提供一定的筹资来源。在我国，法人可分为企业法人、事业法人和团体法人等。它们在日常的资本运营周转中，有时也可能形成部分暂时闲置的资本，为了让其发挥一定的效益，需要相互融通，这就为企业筹资提供了一定的筹资来源

续表

渠道	内容
外国和我国港澳台地区资本	在改革开放的条件下，外国以及我国香港、澳门和台湾地区的投资者持有的资本，亦可加以吸收，从而形成所谓外商投资企业的筹资渠道

2. 企业筹资方式

企业筹资方式是指企业筹集资本所采取的具体形式和工具，体现着资本的属性和期限。这里，资本属性是指资本的股权或债权性质。筹资方式取决于企业资本的组织形式和金融工具的开发利用程度。目前，我国企业资本的组织形式多种多样，金融工具得到比较广泛的开发和利用，为企业筹资提供了良好的条件。认识企业筹资方式的种类及其特点和适用性，有利于企业准确地开发和利用各种筹资方式，实现各种筹资方式的合理组合，有效地筹集资本。

一般而言，企业筹资方式有以下七种。

（1）投入资本筹资。投入资本筹资是企业以协议形式筹集政府、法人、自然人等直接投入的资本，形成企业投入资本的一种筹资方式。投入资本筹资方式不以股票为媒介，适用于非股份制企业，是非股份制企业取得股权资本的基本方式。

（2）发行股票筹资。发行股票筹资是股份公司按照公司章程依法发售股票直接筹资，形成公司股本的一种筹资方式。发行股票筹资要以股票为媒介，仅适用于股份公司，是股份公司取得股权资本的基本方式。

（3）发行债券筹资。发行债券筹资是企业按照债券发行协议通过发售债券直接筹资，形成企业债权资本的一种筹资方式。在我国，股份有限公司、国有独资公司等可以采用发行债券筹资方式，依法发行公司债券，获得大额的长期债权资本。

（4）发行商业本票筹资。发行商业本票筹资是大型工商企业或金融企业获得短期债权资本的一种筹资方式。它是一种新兴的短期筹资方式，目前在我国使用得还不普遍。

（5）银行借款筹资。银行借款筹资是各类企业按照借款合同从银行等金融机构借入各种款项的筹资方式。它广泛适用于各类企业，是企业获得长期和短期债权资本的主要筹资方式。

（6）商业信用筹资。商业信用筹资是企业通过赊购商品、预收货款等商品交易行为筹集短期债权资本的一种筹资方式。这种筹资方式比较灵活，为各类企业所采用。

（7）租赁筹资。租赁筹资是企业按照租赁合同租入资产从而筹集资本的特殊筹资方式。各类企业都可以采用租赁筹资方式，租入所需资产，并形成企业的债权资本。

3. 企业筹资渠道与筹资方式的配合

企业的筹资渠道与筹资方式有着密切的联系。同一筹资渠道的资本往往可以采取不同的筹资方式取得，而同一筹资方式又往往可以适用于不同的筹资渠道。因此，企业在筹资时，应当实现筹资渠道和筹资方式两者之间的合理配合。

三、融资的动机和原则

不同企业往往具有不同的筹资动机，为了做好筹资决策，提高筹资的综合效益，企业的筹资活动也应遵循一定的原则。

1. 筹资的动机

（1）筹资的创建动机

资金是企业持续从事生产经营活动的基本前提。任何企业，开始经营活动前首先必须筹集足够的资金，才有可能开展正常的生产经营活动。

（2）筹资的发展动机

任何企业的发展，都是以资金的不断投放作保证。因为企业要发展，就需要不断扩大生产经营规模、不断更新设备和不断进行技术改造等，所有这些都离不开资金的支持。

（3）调整资本结构动机

资本结构是指企业各种资金的构成及比例关系。任何企业都希望具有合理和相对稳定的资本结构，但由于在资本结构中任何项目及其数额（绝对额、相对额）的变化都可能会引起资本结构的变动，进而引起资本结构的不合理，企业就需要采用不同的筹资方式筹集资金以调整其资本结构，使之趋于合理。

（4）外部环境变化

外部环境的任何变化都可能会影响到企业的经营。比如，通货膨胀引起企业原材料价格上涨造成资金占用量的增加，从而增加资金需求等，因此，企业必须筹集资金来满足这些由于环境因素变动引起的资本需求。

2. 融资的基本原则

企业筹资是企业的基本财务活动，是企业扩大生产经营规模和调整资本结构必须采取的行动。为了经济有效地筹集资本，企业筹资必须遵循下列基本原则（见表11-4）。

表 11-4　企业筹资必须遵循的原则

原则	内容
合理性原则	企业筹资必须合理确定所需筹资的数量。企业筹资不论通过哪些筹资渠道，运用哪些筹资方式，都要预先确定筹资的数量。企业筹资固然应当广开财路，但必须要有合理的限度，使所需筹资的数量与投资所需数量达到平衡，避免因筹资数量不足而影响投资活动或筹资数量过剩而影响筹资效益。企业筹资还必须合理确定资本结构。合理地确定企业的资本结构，主要有两方面的内容：一方面是合理确定股权资本与债权资本的结构，也就是合理确定企业债权资本的规模或比例问题，债权资本的规模应当与股权资本的规模和偿债能力的要求相适应。在这方面，既要避免债权资本过多，导致财务风险过高，偿债负担过重，又要有效地利用债务经营，提高股权资本的收益水平。另一方面是合理确定长期资本与短期资本的结构，也就是合理确定企业全部资本的期限结构问题，这要与企业资产所需持有的期限相匹配
效益性原则	企业筹资与企业投资在效益上应当相互权衡。企业投资是决定企业是否要筹资的重要因素。投资收益与资本成本相比较，决定着是否要追加筹资；而一旦采纳某项投资项目，其投资数量就决定了所需筹资的数量。因此，企业在筹资活动中，一方面需要要认真分析投资机会，讲究投资效益，避免不顾投资效益的盲目筹资；另一方面，由于不同筹资方式的资本成本的高低又不尽相同，也需要综合研究各种筹资方式，寻求最优的筹资组合，以便降低资金成本，经济有效地筹集资本
合法性原则	企业的筹资活动影响着社会资本及资源的流向和流量，涉及相关主体的经济权益。为此，必须遵守国家有关法律法规，依法履行约定的责任，维护有关各方的合法权益，避免非法筹资行为给企业本身及相关主体造成损失
及时性原则	企业筹资必须根据企业资本的投放时间安排来予以筹划，及时地取得资本来源，使筹资与投资在时间上相协调。企业投资一般都有投放时间上的要求，尤其是证券投资，其投资的时间性要求非常重要，筹资必须要与此相配合，避免筹资过早而造成投资前的资本闲置或筹资滞后而贻误投资的有利时机

第二节　建筑工程项目资金筹措

一、权益性资金融资

1. 权益资本的含义

权益资本也称自有资本或所有者权益，是企业依法筹集并长期拥有、自主调配运用的资金来源。企业的权益资本包括资本金、资本公积金、盈余公积金和未分配利润。

资本金是企业在工商行政管理部门登记的注册资金，是投资者按照企业章程或合同、协议的约定，实际投入企业的资本。投资者出资达到法定注册资本的要求是企业设立的先决条件。

资本公积金是指投资者或其他人投入到企业，所有权归属于投资菩并且投入金额超过法定资本部分的资金。从来源上看，它不是由企业实现的利润转化而来的，本质上属于投入资本的范畴。

盈余公积金是从净利润中提取的各种积累资金，是有指定用途的留存收益。

未分配利润是企业实现的净利润经过弥补亏损、提取盈余公积金和向投资者分配利润后留存在企业的、历年结存的利润。

权益资本是采用吸收直接投资、发行股票、留用利润等方式筹措而成的。其特点如下。

第一，权益资本的所有权归属企业所有者所有，所有者凭其参与企业的经营管理和分配利润，并对企业的经营状况承担有限责任。

第二，企业对权益资本依法享有经营权，在企业的存续期内，投资者除依法转让外，不得以任何方式抽回其投入的资本。

2. 吸收直接投资

吸收直接投资是企业按照“共同投资、共同经营、共担风险、共享利润”的原则直接吸收投资者投入资金的一种方式。与发行股票一样，吸收直接投资是企业从外部筹集主权资本的重要方式，只不过发行股票适用于公司制企业，包括股份有限公司和有限责任公司，而吸收直接投资适用于独资和合伙等性质的非公司制企业。

（1）吸收直接投资的程序

企业采用吸收直接投资筹资，一般应遵循下列程序。

1）确定筹资数量。企业新建或扩建时采用吸收直接投资方式筹资，需要首先合理确定筹资数量，然后经过出资人协商决定。

2）寻找投资人。企业在吸收直接投资之前，应当做一些必要的宣传，以便可能投资的投资人了解企业的经营和财务状况，帮助企业吸引到更多投资人，也便于企业寻找合适的投资人。

3）协商筹资有关事项。选择投资人后，双方便可就筹资有关具体事项进行协商。例如，企业可根据自身经营需要和对方协商确定投资人出资的具体形式及数量。

4）签署投资协议。经过双方协商一致后，就可以签署投资协议，将有关具体内容以协议方式决定下来。例如，双方要决定出资的具体形式，是以货币或实物出资还是以无形资产出资；如果是实物出资，实物出资应如何作价。这些内容影响双方的权利和责任，通过签署协议或合同，可以予以明确。

5）获得投资。签署投资协议或合同后，企业应按规定获得资金，以便尽快形成生产经营能力。

（2）直接投资中的出资形式

企业在采用吸收直接投资方式筹资时，投资人的出资形式比较灵活，一般有下面几种形式（见表 11–5）。

表 11–5 投资人的出资形式

形式	主要内容
实物出资	实物出资是指投资者以房屋、建筑物、设备等固定资产和有价证券、存货等流动资产作为出资。实物出资的具体作价，可以由双方协商确定，也可聘请专业资产评估机构评定
无形资产出资	无形资产出资是指投资者以专利权、商标权、非专利技术、特许经营权、土地使用权等无形资产作为出资。由于无形资产具有较高的不确定性，企业在吸收无形资产投资时应谨慎，要进行认真的可行性分析。特别是新建企业，各国一般都要求在募集资本金时，无形资产出资不应超过一定比例
现金出资	现金出资是吸收直接投资筹资方式中最重要的一种出资形式。筹资企业也最乐于接受这种出资形式。有了现金，企业可用于购买所需资产或支付费用，比较灵活方便。因此，各国法规一般都对现金出资比例作出规定，我国目前尚无相关规定，需要出资和筹资双方协商确定

（3）吸收直接投资筹资的优缺点

1）吸收直接投资筹资的优点

能够增强企业信誉。吸收直接投资融入的资金是企业的主权资本，它是企业的“风险资本”，能够增强企业的信誉和借款能力。

能够尽快形成生产经营能力。企业采用吸收直接投资方式筹资可以直接获得投资者的先进设备和先进技术，因而有利于尽快形成生产经营能力。

能够降低企业的财务风险。采用吸收直接投资筹资，企业无固定的还本付息压力，所以，财务风险较低。

2）吸收直接投资筹资的缺点

① 资金成本较高。在这一筹资方式下，投资人要承担较高的投资风险，自然要求获得较高的投资报酬，从而使企业负担较高的资金成本。

② 产权不够清晰。由于没有以证券为媒介，所以投资人的退出和产权交易很困难。此外，投资人一般都要求获得与投资数量相适应的经营管理权，从而导致新增投资人与原投资人权力分配的矛盾，给企业经营带来不利影响。

3. 发行普通股筹资

股票是股份有限公司为筹措股权资本而发行的有价证券，是持股人拥有公司股份的凭证。它代表持股人在公司中拥有的所有权。股票持有人即为公司的股东。公司股东作为出资人按投入公司的资本额享有所有者的资产受益、公司重大决策和选择管理者的权利，并以其所持股份为限对公司承担责任。

发行股票筹资是股份有限公司筹措股权资本的基本方式。本节阐述股票筹资中发行普通股的实务操作。

（1）股票的种类

股份有限公司根据筹资者和投资者的需要，发行各种不同的股票。股票的种类很多，可按不同的标准进行分类。

1）按股东的权利和义务分类。股票按股东权利和义务分类，可分为普通股和优先股。

① 普通股是公司发行的代表着股东享有平等的权利、义务，不加特别限制，股利不固定的股票。普通股是最基本的股票。通常情况下，股份有限公司只发行普通股。

普通股在权利和义务方面的特点是：普通股股东享有公司的经营管理权；普通股股利分配在优先股之后进行，并依公司盈利情况而定；公司解散清算时，普通股股东对公司剩余财产的请求权位于优先股之后；公司增发新股时，普通股股东具有认购优先权，可以优先认购公司所发行的股票。

② 优先股是公司发行的优先于普通股股东分取股利和公司剩余财产的股票。多数国家的公司法规定，优先股可以在公司设立时发行，也可以在公司增发新股时发行。但有些国家的法律则规定，优先股只能在特殊情况下，如公司增发新股或清理债务时才准发行。

2）按票面有无记名分类。股票按票面有无记名分类，可分为记名股票和无记名股票。

① 记名股票是在股票票面上记载股东的姓名或者名称的股票，股东姓名或名称要记入公司的股东名册。《公司法》规定，公司向发起人、国家授权投资的机构、法人发行的股票，应为记名股票；向社会公众发行的股票，可以为记名股票，也可以为无记名股票。记名股票一律用股东本名，其转让、继承要办理过户手续。

② 无记名股票是在股票票面上不记载股东的姓名或名称的股票，股东姓名或名称也不记入公司的股东名册，公司只记载股票数量、编号及发行日期。公司对社会公众发行的股票可以为无记名股票。无记名股票的转让、继承无须办理过户手续，即可实现股权的转移。

3）按票面是否标明金额分类。股票按票面是否标明金额分类，可分为有面额股票和无面额股票。

① 有面额股票是公司发行的票面标有金额的股票。持有这种股票的股东，对公司享有权利和承担义务的大小，以其所拥有的全部股票的票面金额之和占公司发行

在外股票总面额的比例大小来定。《公司法》规定，股票应当标明票面金额。

② 无面额股票不标明票面金额，只在股票上载明所占公司股本总额的比例或股份数，故也称“分权股份”或“比例股”。其所以采用无面额股票，是因为股票价值实际上是随公司财产的增减而变动的。发行无面额股票，有利于促使投资者在购买股票时，注意计算股票的实际价值。

4）按投资主体的不同分类。股票按投资主体的不同分类，可分为国家股、法人股、个人股和外资股。

① 国家股是有权代表国家投资的部门或机构以国有资产向公司投入而形成的股份。国家股由国务院授权的部门或机构持有，并向公司委派股权代表。

② 法人股是指企业法人依法以其可支配的资产向公司投入而形成的股份，或具有法人资格的事业单位和社会团体以国家允许用于经营的资产向公司投入而形成的股份。

③ 个人股为社会个人或本公司职工以个人合法财产投入公司而形成的股份。

④ 外资股是指外国和我国港澳台地区投资者购买的人民币特种股票（B 股）。

5）按发行时间的先后分类。股票按发行时间的先后分类，可分为始发股和新股。始发股是设立时发行的股票。新股是公司增资时发行的股票。始发股和新股发行的具体条件、目的、价格不尽相同，但股东的权利、义务是一致的。

6）按发行对象和上市地区分类。我国目前的股票还按发行对象和上市地区，分为 A 股、B 股和 H 股。A 股是供我国个人或法人买卖的、以人民币标明票面价值并以人民币认购和交易的股票；B 股和 H 股是专供外国和我国港澳台地区的投资者买卖的，以人民币标明面值但以外币认购和交易的股票（2001 年起也允许境内居民以合法取得的外币买卖）。B 股在深圳股票交易所、上海股票交易所上市，H 股在香港股票交易所上市。

（2）股票发行的条件

根据国家有关法律法规和国际惯例，股份有限公司发行股票必须具备一定的发行条件，取得发行资格，办理必要的手续。

1）发行股票的一般条件

① 股份有限公司无论出于何种目的，采取何种发行方式，在发行股票之前都必须向有关部门呈交申请文件。

股份有限公司章程。股份有限公司发行股票必须制定股份有限公司章程。股份有限公司章程的主要内容应包括公司的名称、住所、经营范围、设立方式、股份总数、每股金额和注册资本、股东的权利和义务、公司的组织管理体制、利润分配办法、公司的解散事宜与清算办法等。

发行股票申请书。股份有限公司发行股票一般都应事先向证券主管机构等有关部门提出申请。发行股票申请书除了应有公司章程等基本内容以外，还应包括拟发行股票的名称、种类、股份总数、每股金额和总额、发行对象及其范围、发行股票的目的及所筹资金的用途、经营估算、分配方式等。

招股说明书。股份有限公司发行股票，必须订立招股说明书，向社会公开募集股份时必须公告招股说明书。招股说明书除附有公司章程外，还应载明下列事项：发行人认购的股份数、每股票面金额和发行价格、无记名股票的发行总数、认股人的权利和义务、股票发售的起止期限等。

股票承销协议。股份有限公司向社会公开发行股票，应当由依法设立的证券经营机构承销，签订承销协议。其内容应包括：股票承销商的名称、地址、法定代表人、承销金额、承销机构及组织系统、承销方式及当事人的权利和义务、承销费用、承销起止日期、承销剩余部分的处理办法等。

会计师事务所审计的财务会计报告。资产评估机构出具的资产评估报告书及资产评估确认机构关于资产评估的确认报告等。

② 股份公司发行股票，分为设立发行和增资发行，不论是设立发行还是增资发行，根据《公司法》，都必须依循下列要求。

股份有限公司的资本划分为股份，每股金额相等；公司的股份采取股票的形式；股份的发行实行公开、公平、公正的原则，必须同股同权，同权同利；同次发行的股票，每股的发行条件和价格应当相同。各个单位或者个人所认购的股份，每股应当支付相同价额；股票发行价格可以按票面金额，也可以超过票面金额，但不得低于票面金额。即可以按面额发行或溢价发行，但不得折价发行；溢价发行股票，须经国务院证券管理部门批准，所得溢价款列入公司资本公积金。

2）设立发行股票的特殊条件。设立发行股票是指在股份公司设立或经改组、变更而成立股份有限公司时，为募集资本而进行的股票发行，亦即股份有限公司首次发行股票。公司首次发行股票，还要具备一些特定的条件，依循一定的要求。

① 设立股份有限公司首次发行股票，需具备的特殊条件如下。

发起人认缴和社会公开募集的股本达到法定资本最低限额；发起设立的，需由发起人认购公司应发行的全部股份；募集设立的，发起人认购的股份不得少于公司股份总数的 35%，其余股份应向社会公开募集；发起人应有 5 人以上，其中须有过半数人在中国境内有住所；发起人以工业产权、非专利技术作价出资的金额不得超过股份有限公司注册资本的 20%。

关于发起人认购公司股份的比例，各国法律规定不一，一般规定不得少于 25% 或 30%。

② 国有企业改组为股份有限公司时，其发起人可以少于 5 人，但应当采取募集设立方式发行股票，严禁将原企业的国有资产低估折股，低价出售或者无偿分给个人。

③ 有限责任公司变更为股份有限公司时，折合的股份资本总额应当等于公司原资产额；原有限责任公司的债权、债务由变更后的股份有限公司承继；变更后的股份有限公司为增加资本，首次向社会公开募集股份的，需具备向社会公开募集股份的有关条件。

3）增资发行新股的特殊条件增资发行新股是指股份公司成立后因增加资本而进行的股票发行，这是股份公司在首次发行（即设立发行）股票以后的再次发行股票。股份有限公司为增加资本发行新股票，按照《公司法》的规定，必须具备下列条件：

前一次发行的股份已募足，并间隔一年以上；公司在最近三年内连续盈利，并可向股东支付股利，但以当年利润分派新股不受此限；公司在最近三年内财务会计报告无虚假记载；公司预期利润率可达同期银行存款利率。

（3）股票的发行程序

各国对股票的发行程序都有严格的法律规定，未经法定程序发行的股票无效。设立发行和增资发行在程序上有所不同。

1）设立发行股票的程序。股份有限公司设立时发行股票的基本程序如下。

① 发起人认足股份，交付出资。股份有限公司的设立，可以采取发起设立或者募集设立两种方式。无论采用哪种设立方式，发起人均须认足其应认购的股份。若采用发起设立方式，须由发起人认购公司应发行的全部股份；若采用募集设立方式，须由发起人至少认购公司应发行股份的法定比例（不少于 35%），其余部分向社会公开募集。

发起人可以用现金出资，也可以用实物、工业产权、非专利技术、土地使用权作价出资。对作为出资的实物、工业产权、非专利技术或者土地使用权，必须进行合理评估作价，并折合为股份。在发起设立方式下，发起人以书面认足公司章程规定应认购的股份后，应及时缴纳全部股款。以实物、工业产权、非专利技术或者土地使用权抵作股款的，应依法办理其财产权的转移手续。发起人交付全部出资后，应当选举董事会和监事会，由董事会办理设立登记事项。

② 提出募集股份申请。发起人向社会公开募集股份时，必须向国务院证券管理部门递交募股申请，并报送批准设立公司的文件，主要包括：公司章程；经营估算书；发起人姓名或者名称、发起人认购的股份数、出资种类及验资证明；招股说明书；代收股款银行的名称及地址；承销机构的名称及有关协议等文件。证券监督管理部门审查募股申请后，认为符合《公司法》规定条件的，予以批准；否则，不予批准。

对已作出批准决定的如发现不符合《公司法》规定的，将被撤销。尚未募集股份的，停止募集；已经募集的，认股人有权按照所缴股款并加算银行同期存款利息，要求发起人返还和补偿。

③ 公告招股说明书，制作认股书，签订承销协议。在向社会公开募股申请获得批准之前，任何人不得以任何方式泄露招股的具体情况。募股申请获得批准后，发起人应在规定期限内向社会公告招股说明书，并制作认股书。招股说明书应附有发起人制定的公司章程，并载明发起人认购的股份数、每股的票面金额和发行价格、无记名股票的发行总数、认股人的权利义务、本次募股的起止期限、逾期未募足时认股人可撤回所认股份的说明等事项。认股书应当载明招股说明书所列事项，由认股人填写所认股数、金额、认股人住所，并签名、盖章。

发起人向社会公开发行股票，应当由依法设立的证券承销机构承销，并签订承销协议；还应当同银行签订代收股款协议。

④ 招认股份，缴纳股款。发行股票的发起人或其股票承销机构，通常以广告或书面通知的方式招募股份。认购者认股时，需在由发起人制作的认股书上填写认购股数、金额、认股人住所，并签名、盖章。认购者一旦填写了认股书，就要承担认股书中约定的缴纳股款的义务。

发起人公开向社会招募股份时，有时会出现认股者所认购总股数超过发起人拟定招募总股数的情况，这时可以采用抽签方式决定哪些认购者的认股书有效。

认股人应在规定的期限内向代收股款的银行缴纳股款。无论股票有无面额、股票面额大小，股款一律按发行价格一次缴足。认股人应在缴纳股款的同时，交付认股书。收款银行应向缴纳股款的认股人出具需由发起人签名盖章的股款缴纳收据，并负责向有关部门出具收缴股款的证明。缴足后，发起人应当委托法定的机构进行验资，并出具验资证明。

⑤ 召开创立大会，选举董事会、监事会。发行股份的股数募足后，发起人应在规定期限内（法定 30 天内）主持召开创立大会。创立大会由认股人组成，应有代表股份总数半数以上的认股人出席方可举行。

创立大会通过公司章程，选举董事会和监事会的成员，并有权对公司的设立费用进行审核，对发起人用于抵作股款的财产的作价进行审核。

⑥ 办理公司设立登记，交割股票。经创立大会选举产生的董事会，应在创立大会结束后 30 天内，办理申请公司设立的登记事项。股份有限公司登记成立后，即向股东正式交付股票。公司登记成立前不得向股东交割股票。

股票采用纸面形式或者由国务院证券管理部门规定的其他形式。股票应当载明公司名称、公司登记成立的日期、股票种类、票面金额及代表的股份数、股票的编号。发起人的股票还应标明发起人股票字样。股票须由董事长签名，公司盖章。

2）增资发行新股的程序。股份有限公司成立以后，在其存续期间为增加资本，会多次发行新股份。增资发行新股的基本程序如下。

① 作出发行新股决议。根据《公司法》，公司发行新股须由股东大会作出决议，包括新股种类及数额、新股发行价格、新股发行的起止日期、向原有股东发行新股的种类及数额等事项。

按照国际惯例，在授权资本制度下，公司董事会可在授权股额内作出发行新股的决定。所谓授权资本制度，是在公司章程规定公司预定发行股票总额（授权股额）的范围内，股东大会授予董事会决定增发股票的权限，公司成立时所发行的股票不应少于预定发行股票总额的 1/4，其余股份在公司成立后由董事会随时决定发行。但当预定发行总数已满而仍需增加发行时，还须由股东大会决议调整公司章程，增加授权股数，董事会再据此作出发行新股的决定。由此可见，发行新股的决策权，在理论上属于股东大会，在实际中系由董事会行使，这有利于公司把握股票筹资的良好时机，及时作出增资决策。目前，不少国家如英国、美国、日本均先后实行了授权资本制度，并赋予法律效力。

公司发行新股的种类、数额及发行价格，需根据公司股票在市场上的推销前景，公司筹措资本的需要，公司连续盈利情况和财产增值情况，并考虑发行成本来予以确定。

② 提出发行新股的申请。公司作出发行新股的决议后，董事会必须向国务院授权的部门或者省级人民政府申请批准。属于向社会公开募集的新股，须经国务院证券管理部门批准。

③ 公告招股说明书，制作认股书，签订承销协议。公司经批准向社会公开发行新股时，必须公告新股招股说明书和财务会计报表及附表，并制作认股书，还需与证券经营机构签订承销协议。

④ 招认股份，缴纳股款，交割股票。

⑤ 改选董事、监事，办理变更登记。公司发行新股募足股款后，应立即召开股东大会，改选董事、监事。这种改选是由于公司股份增加、股份比例结构变动所引起的增额性改选。

公司必须向登记机关办理变更登记，并向社会公告。变更登记事项主要包括本次实际发行新股的股数及金额、发行新股后变更的股东名册、经改选的公司董事和监事名单等。

（4）股票的发行方法与推销方式

股票的发行方法与推销方式对于及时筹集和募足资本有着重要的意义。股票发行公司应根据具体情况，选择适宜的股票发行方法与推销方式。

1）股票的发行方法。股票发行的具体方法有以下几种。

① 有偿增资。有偿增资是指出资人须按股票面额或市价，用现金或实物购买股票。有偿增资又可分为公募发行、股东优先认购、第三者分摊等具体做法。

A. 公募发行。公募发行即向社会公众公开发行募集股票。它又分为直接公募和间接公募两种。直接公募发行是发行公司通过证券商等中介机构，向社会公众发售股票，发行公司承担发行责任与风险，证券商不负风险而只收取一定的手续费。在英国，这种做法适用于最确定可靠，或相反地适用于令人难以置信的股票的发行。

间接公募发行是发行公司通过投资银行发行、包销，投资银行承担发行风险，由投资银行先将股票购入再售给社会公众。这种做法在西方国家广为流行。在美国，90% 以上的新股票是采用这种办法发行的。

B. 股东优先认购。股东优先认购是发行公司对现有股东按一定比例配给公司新发行股票的认购权，准许其优先认购新股。凡发行新股时在股东名册上记载的股东，均有优先认购新股的权利。股东可以优先认购的新股股数与现持旧股股数的比例相同。例如，某股东现持公司 1.5% 的旧股，他就有权认购新股的 1.5%。股东若不欲认购，则可转让其认购权。这种办法有利于维护股东在公司的原有地位，不会引起股权结构发生大的变化，但会相对降低公司的社会性。在股票市场尚不发达时期，它是股票发行的主要做法。目前，这种办法在西方各国依然较为流行。

C. 第三者分摊。第三者分摊是指股份有限公司在发行新股时，给予与本公司有特殊关系的第三者（如其他公司或银行）以新股摊认权。在美国，这种做法多在公司经营不景气、筹资困难时才予以采用。

② 股东无偿配股。股东无偿配股是公司不向股东收取现金或实物财产，而是无代价地将公司发行的股票配给股东。公司采用这种做法，其目的不在增资，而是为了调整资本结构，提高公司的社会地位，增强股东的信心。按照国际惯例，无偿配股通常有三种具体做法，即无偿交付、股票派息和股票分割。

A. 无偿交付是指股份有限公司用资本公积金转增股本，按股东现有股份比例无偿地交付新股票。

B. 股票派息是股份有限公司以当年利润分派新股代替对股东支付现金股利。这种做法对股份有限公司而言，可以避免资本外流，扩大股本规模。但由于增加了股份数额，也加重了股利分配负担。

C. 股票分割是指将大面额股票分割为若干小面额股票。例如，将原来的一股分为两股或两股分为三股。其结果是增加了股份总数，但并不改变股本总额。实行股票分割的目的，在于降低股票票面金额，便于个人投资者购买，以促进股票的发行和流通。

③ 有偿无偿并行增资。采用这种办法时，股份有限公司发行新股时，股东只需交付一部分股款，其余部分由资本公积金抵充。这种办法兼有增加资本和调整资本结构的作用。

2）股票的推销方式。股票的发行是否成功，最终取决于能否将股票全部推销出去。股份有限公司公开向社会发行股票，其推销方式不外乎有两种选择，即自销和委托承销。

① 自销方式。股票发行的自销方式是指股份有限公司自行直接将股票出售给投资者，而不经过证券经营机构承销。自销方式可节约股票发行成本，但发行风险完全由发行公司自行承担。这种推销方式并不普遍采用，一般仅适用于发行风险较低，手续较为简单，数额不多的股票发行。在国外主要由知名度高、有实力的公司向现有股东推销股票时采用。

② 委托承销方式。股票发行的委托承销方式是指发行公司将股票销售业务委托给证券承销机构代理。证券承销机构是指专门从事证券买卖业务的金融中介机构，在我国主要为证券公司、信托投资公司等，在美国一般是投资银行，在日本则是称为“干事公司”的证券公司。委托承销方式是发行股票所普遍采用的推销方式。《公司法》规定，公司向社会公开发行股票，不论是募集设立时首次发行股票还是设立后再次发行新股，均应当由依法设立的证券经营机构承销。委托承销方式包括包销和代销两种具体办法。

A. 股票发行的包销是由发行公司与证券经营机构签订承销协议，全权委托证券承销机构代理股票的发售业务。采用这种办法，一般由证券承销机构买进股份有限公司公开发行的全部股票，然后将所购股票转销给社会上的投资者。在规定的募股期限内，若实际招募股份数达不到预定发行股份数，剩余部分由证券承销机构全部承购下来。

发行公司选择包销办法，可促进股票顺利出售，及时筹足资本，还可免于承担发行风险；不利之处是要将股票以略低的价格售给承销商，且实际付出的发行费用较高。

B. 股票发行的代销是由证券经营机构代理股票发售业务，若实际募集股份数达不到发行股数，承销机构不负承购剩余股份的责任，而是将未售出的股份归还给发行公司，发行风险由发行公司自己承担。

根据我国有关股票发行法规的规定，公司拟公开发行股票的面值总额超过人民币 3000 万元或者预期销售总金额超过人民币 5000 万元的，应当由承销团承销。承销团由两个以上承销机构组成，一般包括总承销商、副总承销商和分销商。总承销商由发行人按照公开竞争的原则，通过竞标或协商办法确定。

（5）股票发行价格的确定

股票的发行价格是股份有限公司发行股票时，将股票出售给投资者所采用的价格，也就是投资者认购股票时所支付的价格。股票发行价格通常由发行公司根据股票面额、股市行情和其他有关因素决定。在以募集设立方式设立公司首次发行股票时，由发起人决定；在公司成立以后再次增资发行新股时，由股东大会或董事会决定。

股份有限公司在不同时期、不同状态下对不同种类的股票，可采用不同的方法确定其发行价格。股票发行价格通常有等价、时价和中间价三种。

1）等价。等价就是以股票面值为发行价格发行股票，即股票的发行价格与其面值等价，亦称平价发行。等价发行股票一般比较容易推销，但发行公司不能取得溢价收入。在股票市场不甚发达的情况下，设立公司首次发行股票时，选用等价发行可确保及时足额地募集资本。

2）时价。时价也称市价，即以公司原发行同种股票的现行市场价格为基准来选择增发新股的发行价格。

选用时价发行股票，考虑了股票的现行市场价值，可促进股票的顺利发行。纵观世界股市的现状与趋势，时价发行股票颇为流行。美国已完全推行时价发行，德国、法国也经常采用时价发行，日本正在步美国后尘推行时价发行。

3）中间价。中间价是以股票市场价格与面额的中间值作为股票的发行价格。例如，某种股票的现行市价为 75 元，每股面额为 50 元，如果发行公司按每股 62.5 元的价格增发该种新股票，就是按中间价发行。显然，中间价兼具等价和时价的特点。

选择时价或中间价发行股票，可能属于溢价发行，也可能属于折价发行。溢价发行是指按超过股票面额的价格发行股票；折价发行是指按低于股票面额的价格发行股票。如属溢价发行，则发行公司获得发行价格超过股票面额的溢价款列入资本公积金。

（6）股票上市

1）股票上市的意义。股票上市是指股份有限公司公开发行的股票，符合规定条件，经过申请批准后在证券交易所作为交易的对象。经批准在证券交易所上市交易的股票称为上市股票，其股份有限公司称为上市公司。

股份有限公司申请股票上市，基本目的是增强本公司股票的吸引力，形成稳定的资本来源，能在更大范围内筹措大量资本。股票上市对上市公司而言，主要有如下意义：① 提高公司所发行股票的流动性和变现性，便于投资者认购、交易；② 促进公司股权的社会化，防止股权过于集中；③ 提高公司的知名度；④ 有助于确定公司增发新股的发行价格；⑤ 便于确定公司的价值，以利于促进公司实现财富最大化目标。因此，不少公司积极创造条件，争取其股票上市。

但是，也有人认为，股票上市对公司不利，主要是：各种“公开”的要求可能会暴露公司的商业秘密；股市的人为波动可能歪曲公司的实际情况，损害公司的声誉；可能分散公司的控制权。因此，有些公司即使已符合上市条件，也宁愿放弃上市机会。

2）股票上市的条件。股票上市条件也称股票上市标准，是指对申请上市公司所作的规定或要求。按照国际惯例，股票上市的条件，一般包括开业时间、资产规模、股本总额、持续盈利能力、股权分散程度、股票市价等方面。各国对股票上市条件都规定了具体的数量标准。

①《公司法》规定，股份有限公司申请其股票上市，必须符合下列条件。

股票经国务院证券管理部门批准已向社会公开发行；公司股本总额不少于人民币 5000 万元；开业时间在 3 年以上，最近 3 年连续盈利；由原国有企业依法改建而设立的，或者本法实施后新组建成立，其主要发起人为国有大中型企业的，可连续计算；持有股票面值达人民币 1000 元以上的股东人数不少于 1000 人，向社会公开发行的股份达公司股份总数的 25% 以上；公司股本总额超过人民币 4 亿元的，其向社会公开发行股份的比例为 15% 以上；公司在最近 3 年内无重大违法行为，财务会计报告无虚假记载；国务院规定的其他条件。

② 美国纽约证券交易所规定的上市条件如下。

公司在最近几年的税前盈利不低于 250 万美元，最近 2 年的税前盈利每年不低于 200 万美元；公司有形资产净值不少于 1600 万美元，不足此额的可以用上市股票的总价值补足；公众拥有的股票按市价计算不少于 1600 万美元；最少有 100 万股由公众持有，并且最少有 2000 名持有 1000 股以上的股东。

③ 日本东京证券交易所规定的上市条件如下。

公司的开业时间在 5 年以上；公司在股票上市前经营年度的最后一天，股东持有股票的价值总额不低于 10 亿日元，每股不低于 100 日元；近 3 年的利润包括税金在内，由远及近，分别不低于 2 亿日元、3 亿日元、4 亿日元；每股收益最近 3 年每年不低于 15 日元，最近 1 年不低于 20 日元，同时最近 1 年每股股利在 5 日元以上，并且预计股票上市后每股股利仍保持在 5 日元以上。

④ 法国的证券交易所规定的上市条件如下。

公司资产总额必须在 750 万欧元以上；公司发行股票价值占公司资产总额 25% 以上；区域性公司上市的股份不得少于 2 万股，全国性公司上市的股份不少于 8 万股；公司股票上市的前 3 年连续盈利，并对原股东支付股利。

除了上述条件以外，各国一般都要求上市公司定期、及时地公开其财务状况和经营情况，定期提供会计报表。《公司法》要求上市公司每半年公布一次财务会计报告，欧美各国通常要求上市公司按季度提供会计报表。

3）股票上市的决策。股份有限公司为实现其上市目标，需在申请上市前对公司状况进行分析，对上市股票的股利政策、上市方式和上市时机作出决策。

① 公司状况分析。申请股票上市的公司，需分析公司及其股东的状况，全面分析权衡股票上市的各种利弊及其影响，确定关键因素。例如，如果公司面临的主要问题是资本不足，现有股东风险过大，则可通过股票上市予以解决；倘若公司目前存在的关键问题是，一旦控制权外流，就会导致公司的经营不稳定，从而影响公司长远的稳定发展，则可放弃上市计划。

② 上市公司的股利决策。股利决策包括股利政策和股利分派方式的抉择。股利决策既影响上市公司股票的吸引力，又影响公司的支付能力，因此，必须作出合理的选择。

A. 股利政策的抉择。股利政策通常有固定股利额、固定股利率、正常股利加额外股利等。固定股利额能给市场以稳定的信息，有利于保持上市公司股票价格的稳定性，增强投资者的信心，有利于投资者有计划地安排股利的使用，但这也成为公司的固定财务负担。固定股利率可与公司盈利水平相衔接，但股利额不稳定。正常股利加额外股利的政策既能保持股利的稳定性，又能实现股利与盈利之间的配合，故为许多上市公司所采用。

B. 股利分派方式的抉择。股利分派方式主要有现金股利、股票股利、财产股利等。现金股利在公司具有充足的现金时才采用。股票股利可在公司现金短缺时选用。财产股利一般是指公司以其投资的短期有价证券代替现金分派股利，由于这种证券变现能力强，股东可以接受，而公司不必立即支付现金，可以暂时弥补公司现金的不足。

③ 股票上市方式的选择。股票上市的方式一般有公开发售、反向收购等。申请上市的公司需要根据股市行情、投资者和本公司的具体情况，进行选择。

A. 公开发售是股票上市的最基本方式。申请上市的公司通常采用这种上市方式。它有利于达到公司增加现金资本的需要，有利于原股东转让其所持有的部分股份。

B. 反向收购是指申请上市的公司收购已上市的较小公司的股票，然后向被收购的公司股东配售新股，以达到筹资的目的。

④ 股票上市时机的选择。股票上市的最佳时机，是在公司预计来年会取得良好业绩的时间。当然，还需考虑当时的股市行情是否适宜而定。

4）股票上市的暂停、恢复与终止。按照国际惯例，获得股票上市资格，并已实现股票上市的公司，必须持续保持其上市的条件。如果发现已上市的公司不再能满足规定的条件或其他有关规定，则将被暂停其股票上市。被暂停上市的原因消除后，可以恢复上市。如果在规定的期限内，公司未能消除其被暂停上市的原因，将被终止其股票上市，取消其上市资格。

① 股票上市的暂停与恢复。各国一般均规定，上市公司有下列情形之一者，将被暂停其股票上市。

公司发生变化，不再具备上市条件；公司不按规定公开其财务状况或其财务会计报告有虚假记载；公司发生信用危机，如因信用问题被停止与银行的业务往来关系；盈利能力下降或连续亏损等。

公司在规定的暂停上市期限内，如能消除有关原因，可以恢复上市。

② 股票上市的终止。上市公司在规定的期限内，如未能消除被暂停上市的原因，甚至产生严重后果者，将被终止上市，取消上市资格。具体情况如下。

公司财务会计报告有虚假记载，后果严重的；公司有重大违法行为，后果严重的；公司股票连续若干月成交量较少，或没有成交的；公司连续若干年没有分配股利；盈利能力严重下降，甚至连续几年亏损没有扭转的；公司决议解散、被依法责令关闭或者被宣告破产的等。

（7）普通股筹资的优缺点

股份有限公司运用普通股筹集股权资本，与优先股相比，与公司债券、长期借款等筹资方式相比，有优点也有缺点。

1）普通股筹资的优点

① 普通股筹资没有固定的股利负担。公司有盈利，并认为适于分配股利，就可以分给股东；公司盈利较少，或虽有盈利但资本短缺或有更有利的投资机会，也可以少支付或不支付股利。而债券或借款的利息无论企业是否盈利及盈利多少，都必须予以支付。

② 普通股股本没有固定的到期日，无须偿还，它是公司的永久性资本，除非公司清算时才予以偿还。这对于保证公司对资本的最低需要，促进公司长期持续稳定经营具有重要意义。

③ 利用普通股筹资的风险低。由于普通股股本没有固定的到期日，一般也不用支付固定的股利，不存在还本付息的风险

④ 发行普通股筹集股权资本能增强公司的信誉。普通股股本以及由此产生的资本公积金和盈余公积金等，是公司筹措债权资本的基础。有了较多的股权资本，有利于提高公司的信用价值，同时也为利用更多的债务筹资提供强有力支持。

2）普通股筹资的缺点

① 资本成本较高。一般而言，普通股筹资的成本要高于债权资本。这主要是由于投资于普通股风险较高，相应要求较高的报酬，并且股利应从所得税后利润中支付，

而债务筹资其债权人风险较低，支付利息允许在税前扣除。此外，普通股发行成本也较高，一般来说发行证券费用最高的是普通股，其次是优先股，

② 利用普通股筹资，出售新股票，增加新股东，可能会分散公司的控制权；另外，新股东对公司已积累的盈余具有分享权，这就会降低普通股的每股净收益，从而可能引起普通股市价的下跌。

③ 如果今后发行新的普通股票，会导致股票价格的下跌。

二、发行债券融资

债券是各类经济主体为筹集资金而发行的，按约定利率和期限向投资者还本付息的债权债务凭证。债券根据发行主体不同可分为政府债券、金融债券和公司（企业）债券。发行公司债券是企业筹集长期借入资金的重要方式。

1. 债券的种类

公司债券按不同标准可以分为不同的种类。

（1）按票面是否记有债权人姓名分类

债券按票面是否记有债权人姓名分为记名债券与无记名债券。

1）记名债券。与记名股票和无记名股票的划分相似，债券票面上记载有债权人姓名或名称的是记名债券，债权人凭印鉴支取利息，转让需要通过背书方式进行。

2）无记名债券。票面上不记载债权人姓名或名称的是无记名债券，债权人凭债券或息票支取利息，转让也无须通过背书方式，债券的交割即代表交易的完成。

（2）按有无财产担保分类

债券按有无财产担保分为抵押债券和信用债券。

1）抵押债券。抵押债券是指发行公司以特定财产作为担保品的债券。当企业到期没有足够的资金偿付债券的本息时，债权人可以拍卖其抵押品以获取资金。按抵押品的不同，抵押债券又分为不动产抵押、动产抵押和证券抵押三种。

2）信用债券。信用债券又称无担保债券，是指发行公司没有提供特定财产作为抵押，完全凭信用发行的债券。企业发行信用债券往往有许多限制条件，一般只有信誉良好的公司才能发行。

（3）按票面利率是否固定分类

债券按票面利率是否固定分为固定利率债券与浮动利率债券。

1）固定利率债券。固定利率债券是指企业在发行时即确定利率并明确记载于票面的债券。

2）浮动利率债券。浮动利率债券是指票面上记载基本利率，以后计息时按某一标准调整其利率的债券。

（4）按附加条款的不同分类

债券按附加条款的不同，可以分为下面几类（见表 11–6）。

表 11–6　按附加条款的不同分类

类别	内容
收益债券	它是指企业只在盈利时才支付利息的债券。对投资者而言，其投资风险较高，但利率也较高
可转换债券	它是指债权人可以在约定时期内，按约定比例将所持债券转换为普通股的债券。可转换债券的转换权在债权人，但一般票面利率较低
参与公司债券	它是指债权人除可以按预定利率获得利息外，还可以一定比例参与公司盈余分配的债券
附认股权债券	它是指企业发行的、附带有允许债权人按特定价格购买股票的选择权的债券

2. 发行债券的资格与条件

与发行股票一样，国家一般规定发行债券的企业要符合法定条件。

（1）发行债券的资格

《公司法》规定，股份有限公司、国有独资公司和两个以上的国有企业或者其他两个以上的国有投资主体投资设立的有限责任公司，可以发行公司债券。

（2）发行债券的条件

《公司法》规定，发行债券的公司必须符合下列条件。

股份有限公司的净资产额不低于人民币 3000 万元，有限责任公司的净资产额不低于人民币 6000 万元；累计债券总额不超过公司净资产额的 40%；最近 3 年平均可分配利润足以支付公司债券 1 年的利息；筹集资金用途符合国家产业政策；债券的利率不得超过国务院限定的利率水平；国务院规定的其他条件。

公司发行债券筹集的资金，必须用于审批机关批准的不得用于弥补亏损和非生产性支出，不得用于股票、房地产和期货买卖等与本企业生产经营无关的风险投资，以免损害债权人利益。

公司有下列情形之一的，不得再次发行债券。

前一次发行的公司债券尚未募足的；对已发行的公司债券或者其债务有违约或者延迟支付债务本息的事实，且仍处于继续状态的。

3. 发行债券的程序

按照有关法规的规定，企业发行债券应遵循一定的程序。

（1）作出发行债券决议

公司在实际发行债券之前，必须作出发行债券的决议，具体内容包括决定公司债券发行总额、票面金额、发行价格、募集办法、债券利率、偿还日期及方式等。

我国股份有限公司、有限责任公司发行公司债券，由董事会制定方案，股东会作出决议；国有独资公司发行公司债券，应由国家授权投资的机构或者国家授权的部门作出决定。在国外，公司发行债券一般需经董事会通过决议，由 2/3 以上董事出席，且超过出席董事的半数通过。

（2）提出发行债券申请

按照国际惯例，公司发行债券须向主管部门提交申请，未经批准，公司不得发行债券。我国规定，公司申请发行债券由国务院证券管理部门批准。公司申请应提交公司登记证明、公司章程、公司债券募集办法、资产评估报告和验资报告。

（3）公告债券募集办法

发行公司债券的申请经批准后，公开向社会发行债券，应当向社会公告债券募集办法。根据《公司法》的规定，公司债券募集办法中应当载明本次发行债券总额和债券面额、债券利率、还本付息的期限与方式、债券发行的起止日期、公司净资产额、已发行而未到期的公司债券总额、债券的承销机构等事项。

公司若发行可转换公司债券，还应在债券募集办法中规定具体的转换办法。

（4）委托证券承销机构发售

公司债券的发行方式一般有私募发行和公募发行两种。私募发行是指由发行公司将债券直接发售给投资者。这种发行方式因受限制，极少采用。公募发行是指发行公司通过承销团向社会发售债券。在这种发行方式下，发行公司要与承销团签订承销协议。承销团由数家证券公司或投资银行组成。承销团的承销方式有代销和包销。代销是指由承销团代为推销债券，在约定期限内未售出的余额将退还发行公司，承销团不承担发行风险。包销是由承销团先购入发行公司拟发行的全部债券，然后再售给社会上的投资者，如果在约定期限内未能全部售出，余额要由承销团负责认购。

（5）交付债券、收缴债券款、登记债券存根簿

发行公司公开发行公司债券，由证券承销机构发售时，投资者直接向承销机构付款购买，承销机构代理收取债券款，交付债券；然后，发行公司向承销机构收缴债券款并结算预付的债券款。

根据《公司法》的规定，公开发行的公司债券，必须在债券上载明公司名称、债券面额、利率、偿还期限等事项，并由董事长签名，公司盖章。

公开发行的债券，还应在公司债券存根簿中登记。对于记名公司债券，应载明的事项包括：① 债券持有人的姓名（或者名称）及住所；② 债券持有人取得债券的

日期及债券的编号；③ 债券总额、债券票面金额、债券利率、债券还本付息的期限与方式；④ 债券的发行日期。对于无记名债券，应在债券存根簿上载明债券总额、利率、偿还期限与方式、发行日期及债券的编号等事项。

4．债券的发行价格

债券的发行价格是指债券投资者认购新发行的债券时实际支付的价格。公司债券的发行价格通常有平价、溢价和折价三种。平价是指以面值作为发行价格；溢价指发行价格高于面值；折价指发行价格低于面值。

（1）决定债券发行价格的因素

公司债券发行价格的高低，取决于下述四项因素（见表 11–7）。

表 11–7　决定债券发行价格的因素

因素	主要内容
债券面额	债券的票面金额是决定债券发行价格的最基本因素。债券发行价格的高低，从根本上取决于债券面额的大小。一般而言，债券面额越大，发行价格越高。但是，如果不考虑利息因素，债券面额是债券到期价值，即债券的未来价值，而不是债券的现在价值，即发行价格
市场利率	债券发行时的市场利率是衡量债券票面利率高低的参照系数，两者往往不一致，因此共同影响债券的发行价格。一般来说，债券的市场利率越高，债券的发行价格越低；反之，就越高
票面利率	债券的票面利率是债券的名义利率，通常在发行债券之前就已确定，并注明于债券票面上。一般而言，债券的票面利率越高，发行价格也越高；反之，就越低
债券期限	同银行借款一样，债券的期限越长，债权人的风险越高，要求的利息报酬就越高，债券的发行价格就可能较低；反之，可能较高

债券的发行价格是上述四项因素综合作用的结果。

（2）确定债券发行价格的方法

在实务中，公司债券的发行价格通常有三种情况，即等价、溢价和折价。

等价是指以债券的票面金额作为发行价格。多数公司债券采用等价发行。溢价是指按高于债券面额的价格发行债券。折价是指按低于债券面额的价格发行债券溢价或折价发行债券，主要是由于债券的票面利率与市场利率不一致所造成的。债券的票面利率在债券发行前即已参照市场利率确定下来，并标明于债券票面，无法改变，但市场利率经常发生变动。在债券发售时，如果票面利率与市场利率不一致，就需要调整发行价格（溢价或者折价），以调节债券购销双方的利益。

债券的发行价格具体可按下列公式计算。

$$P=\sum_{t=1}^{n}\frac{I}{\left(1+K\right)^{t}}+\frac{F}{\left(1+K\right)_{n}}$$

式中 P——债券发行价格；

F——债券面值；

t——债券年利息；

K——市场利率；

n——债券期限。

5. 债券的信用评级

企业债券的信用评级是指信用评级机构对企业通过发行债券筹集资金使用的合理性、还本付息能力和企业风险程度所作的综合评价。它的主要作用是向投资者提供债券的风险信息，为企业和投资者的融资、投资行为提供便利。许多国家并不强制信用评级，但没有经过评级的债券一般很难被投资者接受。因此，发行债券的企业为了债券的顺利销售一般都自愿向债券评级机构申请评级。

在我国，债券的信用评级尚处于发展阶段。但鉴于证券市场发展尚不完善，投资者的投资行为还缺乏理性，中国人民银行规定，凡是向社会公开发行的企业债券，需要有中国人民银行及其授权的分行指定资信评级机构或公证机构进行评信。《中华人民共和国证券法》规定，公司发行债券，必须经认可的债券评信机构信用评级，且评级必须在规定标准以上才可发行债券。

下面概要介绍债券信用等级、债券评级程序和方法。

债券的信用等级表示债券质量的优劣，反映债券偿本付息能力的强弱和债券投资风险的高低。

国外流行的债券信用等级，一般分为三等九级。这是由国际上著名的美国信用评定机构穆迪投资者服务公司和标准普尔公司分别采用的，如表 11–8 所示。

我国有关部门统一制定的债券信用评级设置及表达符号的含义如表 11–9 所示。

表 11–8　债券信用等级

公司名称		级别含义
穆迪	标准普尔	
Aaa	AAA	安全性最高，基本上无风险，无论情况如何变化，还本付息没有问题
Aa	AA	安全性高，风险性较高、等级债券略高，还本付息没有问题
A	A	安全性良好，还本付息没有问题，但将来存在一些不利因素
Baa	BBB	安全性中等，目前的安全性、收益性没有问题，但在不景气时期要加以注意

续表

公司名称		级别含义
穆迪	标准普尔	
Ba	BB	有投机因素，不能保障将来的安全性，好的时期和坏的时期有波动，不可靠
B	B	不适合作为投资对象，在还本付息的安全性及遵守契约条件方面不可靠
Caa	CCC	安全性极低，有无法还本付息的可能性
Ca	CC	具有极端投机性，目前正处于违约状态或有严重缺陷
C	C	最低等级债券

表 11–9 我国制定的债券信用评级

级别分类	级别分等	级别	级别含义
投资级	一等	AAA	债券有极高的还本付息能力，投资者没有风险
		AA	很高的还本付息能力，投资者基本没有风险
		A	有一定的还本付息能力，经采取保护措施后，有可能按期还本付息，投资者风险较低
	二等	BBB	还本付息资金来源不足，发债企业对经济形势变化的应变能力差，有可能延期支付本息，有一定投资风险
投机级		BB	还本付息能力脆弱，投资风险较高
		B	还本付息能力低，投资风险高
	三等	CCC	还本付息能力很低，投资风险很高
		CC	还本付息能力极低，投资风险极高
		C	企业濒临破产，没有还本付息能力

6. 债券筹资的优缺点

发行债券筹集资金，对发行公司既有利也有弊，应加以识别权衡，以便抉择。

（1）债券筹资的优点

1）债券成本较低。与股票的股利相比较而言，债券的利息允许在所得税前支付，发行公司可享受税前利益，故公司实际负担的债券成本一般低于股票成本。

2）可利用财务杠杆。无论发行公司的盈利多少，债券持有人一般只收取固定的利息，而更多的收益可用于分配给股东或留给公司经营使用，从而增加股东和公司的财富。

3）保障股东控制权。债券持有人无权参与发行公司的管理决策，因此，公司发行债券不会像增发新股那样可能会分散股东对公司的控制权。

4）便于调整资本结构。在公司发行可转换债券以及可提前赎回债券的情况下，便于公司主动地合理调整资本结构。

（2）债券筹资的缺点

利用债券筹集资金，虽有前述优点，但也有明显的不足。

1）财务风险较高。债券有固定的到期日，并需定期支付利息，发行公司必须承担按期付息偿本的义务。在公司经营不景气时，亦需向债券持有人付息偿本，这会给公司带来更大的财务困难，有时甚至导致破产。

2）限制条件较多。发行债券的限制条件一般要比长期借款、租赁筹资的限制条件都要多且严格，从而限制了公司对债券筹资方式的使用，甚至会影响公司以后的筹资能力。

3）筹资数量有限。公司利用债券筹资一般受一定额度的限制。多数国家对此都有限定。《公司法》规定，发行公司流通在外的债券累计总额不得超过公司净资产的 40%。

三、长期借款融资

长期借款是指企业向银行和其他金融机构借入的期限超过 1 年的借款，主要用于购建固定资产和满足长期流动资金占用的需要。

1. 长期借款的种类

长期借款有很多种类，企业可以结合自身情况进行选择。常见的长期借款分为下面几种。

（1）按提供长期借款的机构分类

长期借款按提供的机构不同，可以分为政策性银行贷款、商业银行贷款和其他金融机构贷款。

1）政策性银行贷款。政策性银行贷款是指执行国家政策性贷款业务的银行（如国家开发银行、中国进出口银行等）向企业发放的贷款。这种贷款的政策性较强，通常有较为优惠的贷款条件，如期限长、利率低等，体现着国家对某些企业和业务的扶持。

2）商业银行贷款。商业银行贷款是指由商业银行发放的贷款。这种贷款是企业和银行间市场化的资金融通行为，形式较为灵活，银行可以结合企业情况来发放不同期限、不同限制、不同利率等的贷款。商业银行贷款是我国企业重要的资金来源。

3）其他金融机构贷款。其他金融机构贷款是指保险公司、证券公司、信托公司等非银行金融机构提供给企业的贷款。与商业银行贷款相比，这种贷款一般对企业的要求更严，利率也较高。

（2）按借款是否需要提供担保分类

长期借款按是否需要担保，可以分为抵押借款和信用借款。

1）抵押借款。抵押借款是指企业以一定的财产或以一定的保证人作担保所取得的贷款。长期借款的抵押品常见的有房屋、建筑物、机器设备、股票、债券等。在企业提供担保的情况下，银行的贷款有了双重保障是企业经营获得的现金和抵押品的变现收入。

2）信用借款。信用借款是指企业凭借自身信誉从银行取得的贷款。因为没有特定财产做抵押，银行在发放贷款时需要对贷款企业进行严格的审核，只有风险较低、偿债能力较强的企业才能获得信用借款。

（3）按借款的用途分类

长期借款按借款用途划分，可以分为固定资产投资借款、更新改造借款、科研开发和新产品试制借款等。这是我国银行较为常用的借款分类。

2. 银行借款的程序

企业从银行获得贷款，要经过下列基本程序。

（1）企业提出借款申请

我国金融部门对企业贷款的原则是：按计划发放、择优扶持、有物资保证、按期归还。企业申请贷款应具备下列条件。

独立核算、自负盈亏、具有法人资格；经营方向和业务范围符合国家产业政策，借款用途属于银行贷款办法规定的范围；有一定的物资和财产作保证，担保单位具有相应的经济实力；有偿还贷款的能力；财务管理和经济核算制度健全，资金使用效益及企业经济效益良好；银行开立有账户，办理结算。

符合贷款条件的企业，先要向银行提出申请，说明借款原因、期限、金额、用款时间及计划、偿还期限及计划。

（2）银行审批申请

银行接到企业的申请后，要对企业的申请进行审批，还要对企业进行调查，以决定是否提供贷款。其中包括调查、评估贷款企业的信用，调查贷款的用途、效益等。

（3）签订借款合同

银行同意贷款后，可以与企业就贷款的具体条件进行协商，并签订借款合同。

（4）企业取得借款

借款合同签订后，银行要根据合同的规定按期发放贷款。企业要按照借款合同规定的用途和用款计划合理使用贷款。

（5）企业归还借款

银行一般会在借款到期一个月之前，向借款企业发送还本付息通知书。企业在接到还本付息通知书后，应及时筹措资金，以便按借款合同的规定及时足额地偿还借款。

3. 借款合同的内容

借款合同是规定借贷双方权利和义务的契约。借款合同一旦签订，就受到法律的保护，借贷双方必须遵守合同的规定。借款合同一般包括基本条款和保护性条款两部分。

（1）借款合同的基本条款

基本条款是借款合同的基本内容，主要是规定双方的权利和义务。其中包括借款金额、借款方式、借款用途、借款利率、借款期限、付息方式、还本方式、保证条款和违约责任等。其中，保证条款包括按规定使用借款、相关的物资保证、抵押财产、担保人及其责任等内容。违约条款主要是规定若双方有违约行为应如何处理，如企业逾期不还、银行不按合同发放贷款等。

（2）借款合同的保护性条款

除了借款合同的基本内容外，由于长期借款具有期限长、风险高的特点，银行为维护自身利益，一般会在合同中对借款企业提出一定的限制，即保护性条款。

1）一般性保护条款。它是借款合同中最常见的保护性条款，包括要求企业保持一定水平的流动资产；限制现金股利的发放水平；限制资本支出规模；限制企业增加新的长期债务等。

2）常规性保护条款。它是借款合同中对借款企业的常规限制。其中包括：企业向银行定期报送财务报表；不能出售太多资产；按期缴纳税金和清偿到期债务；不准随意抵押资产；不准贴现应收票据或让售应收账款等。

3）特殊性保护条款。它是部分借款合同中针对某些特殊情况而制定的保护性条款。常见的有：贷款专款专用；要求企业主要负责人购买人身保险；限制企业高级职员的薪金和奖金总额等。

4. 长期借款的优缺点

（1）长期借款的优点

与发行证券筹资相比，长期借款筹资有以下优点（见表 11–10）。

表 11–10 长期借款筹资的优点

优点	主要内容
筹资速度快	按照国际惯例，发行证券的企业一般要满足较高的要求、遵循严格的程序，因而从准备发行证券到证券发行完毕要经过相当长的时间。而长期借款相比之下程序要简单得多，也无须通过中介，故筹资速度较快

续表

优点	主要内容
筹资弹性大	由于借款合同是企业和银行直接协商的结果，所以可以通过双方的协商改变一些借款条件，而发行证券是面对众多投资者，不可能通过协商的方式改变筹资条件，也使企业不能根据经营需要进行相应的调整，所以，银行借款对企业而言更具灵活性
资金成本较低	长期借款的利率一般低于债券利率，并且与发行证券筹资相比，长期借款也可节省许多发行费用
利于获得财务杠杆利益	与债券一样，长期借款募集的是企业的借入资金，有利于企业获得财务杠杆利益

（2）长期借款的缺点

作为企业的一项负债，长期借款也有许多限制。

1）债务风险高。长期借款合同对利息的支付、本金的归还都有具体规定，这对企业而言，是固定的偿付义务，因此和债券一样，增加了企业的财务风险。

2）限制条件多。借款合同中常见的保证条款及保护性条款都对企业提出了具体的要求，给企业的经营和财务行为增添了许多限制。

3）筹资数量有限。与发行证券筹资相比，长期借款筹资数额显得较为有限。

四、租赁融资

租赁是指资产所有者（出租人）授予另一方（承租人）在约定期限内使用资产的专用权并获得租金报酬的一种经济行为。租赁筹资就是融资企业通过定期支付租金的方式获得企业经营所需的资产，等于说是企业通过定期支付租金（相当于每期支付一定的本金和利息）获得了购买设备所需金额的贷款。

1. 租赁的种类

现代租赁的种类很多，通常按性质分为营运租赁和融资租赁两大类。

（1）营运租赁

1）营运租赁的含义。营运租赁又称经营租赁、服务租赁，是由出租人向承租企业提供租赁设备，并提供设备维修保养和人员培训等服务性业务。营运租赁通常为短期租赁。承租企业采用营运租赁的目的，主要不在于融通资本，而是获得设备的短期使用权以及出租人提供的专门技术服务。从承租企业无须先筹资再购买设备即可享有设备使用权的角度来看，营运租赁也有短期筹资的功效。

2）营运租赁的特点。营运租赁的特点为：① 承租企业根据需要可随时向出租人提出租赁资产；② 租赁期较短，不涉及长期而固定的义务；③ 在设备租赁期间内，如有新设备出现或不需用租人设备时，承租企业可按规定提前解除租赁合同，这对承租企业比较有利；④ 出租人提供专门服务；⑤ 租赁期满或合同中止时，租赁设备由出租人收回。

（2）融资租赁

1）融资租赁的含义。融资租赁又称资本租赁、财务租赁，是由租赁公司按照承租企业的要求融资购买设备，并在契约或合同规定的较长期限内提供给承租企业使用的信用性业务。它是现代租赁的主要类型。承租企业采用融资的主要目的是融通资金。一般融资的对象是资金，而融资租赁集融资与融物于一身，具有借贷性质，是承租企业筹集长期借入资金的一种特殊方式。

2）融资租赁的特点。融资租赁通常为长期租赁，可适应承租企业对设备的长期需要，故有时也称为资本租赁。其特点为：① 一般由承租企业向租赁公司提出正式申请，由租赁公司融资购进设备租给承租企业使用；② 租赁期限较长，大多为设备耐用年限的一半以上；③ 租赁合同比较稳定，在规定的租期内非经双方同意，任何一方不得中途解约，这有利于维护双方的权益；④ 由承租企业负责设备的维修保养和保险，但无权自行拆卸改装；⑤ 租赁期满时，按事先约定的办法处置设备，一般有退租、续租、留购三种选择，通常由承租企业留购。

3）融资租赁的形式。融资租赁按其业务的不同特点，可细分为如下三种具体形式。

① 直接租赁。直接租赁是融资租赁的典型形式，通常所说的融资租赁是指直接租赁形式。

② 售后租回。在这种形式下，制造企业按照协议先将其资产卖给租赁公司，再作为承租企业将所售资产租回使用，并按期向租赁公司支付租金。采用这种融资租赁形式，承租企业因出售资产而获得了一笔现金，同时因将其租回而保留了资产的使用权。这与抵押贷款有些相似。

③ 杠杆租赁。杠杆租赁是国际上比较流行的一种融资租赁形式。它一般要涉及承租人、出租人和贷款人三方当事人。从承租人的角度来看，它与其他融资租赁形式并无区别，同样是按合同的规定，在租期内获得资产的使用权，按期支付租金。但对出租人却不同，出租人只垫支购买资产所需现金的一部分（一般为 20% ~ 40%），其余部分（为 60% ~ 80%）则以该资产为担保向贷款人借资支付。因此，在这种情况下，租赁公司既是出租人又是借资人，据此既要收取租金又要支付债务，这种融资租赁形式，由于租赁收益一般大于借款成本支出，出租人借款购物出租可获得财务杠杆利益，故被称为杠杆租赁。

2. 融资租赁的程序

不同的租赁业务，具有不同的具体程序。融资租赁程序比较复杂，现介绍如下。

（1）选择租赁公司

企业决定采用租赁方式取得某项设备时，首先需了解各家租赁公司的经营范围、业务能力、资信情况，以及与其他金融机构如银行的关系，取得租赁公司的融资条件和租赁费率等资料，加以分析比较，从中择优选择。

（2）办理租赁委托

企业选定租赁公司后，便可向其提出申请，办理委托。这时，承租企业需填写“租赁申请书”，说明所需设备的具体要求，同时还要向租赁公司提供财务状况文件，包括资产负债表、利润表和现金流量表等资料。

（3）签订购货协议

由承租企业与租赁公司的一方或双方合作组织选定设备供应厂商，并与其进行技术和商务谈判，在此基础上签订购货协议。

（4）签订租赁合同

租赁合同由承租企业与租赁公司签订。它是租赁业务的重要文件，具有法律效力。融资租赁合同的内容可分为一般条款和特殊条款两部分。

1）一般条款。其内容主要包括：

合同说明。主要明确合同的性质、当事人身份、合同签订的日期等。

名词释义。解释合同中所使用的重要名词，以避免歧义。

租赁设备条款。详细列明设备的名称、规格型号、数量、技术性能、交货地点及使用地点等，这些内容亦可附表详列。

租赁设备交货、验收和调试、使用条款。

租赁期限及起租日期条款。

租金支付条款。规定租金的构成、支付方式和货币名称，这些内容通常以附表形式列为合同附件。

2）特殊条款。其主要内容包括：

购货协议与租赁合同的关系；租赁设备的产权归属；租期中不得退租；对出租人和对承租人的保障；承租人违约及对出租人的补偿；设备的使用和保管、维修、保障责任；保险条款；租赁保证金和担保条款；租赁期满时对设备的处理条款等。

（5）办理验货、付款与保险

承租企业按购货协议收到租赁设备时，要进行验收，验收合格后签发交货及验收证书，并提交租赁公司，租赁公司据以向供应厂商支付设备价款。同时，承租企业向保险公司办理投保事宜。

（6）支付租金

承租企业在租期内按合同规定的租金数额、支付方式等，向租赁公司支付租金。

（7）合同期满处理设备

融资租赁合同期满时，承租企业根据合同约定，对设备退租、续租或留购。

3. 租金的确定

在租赁筹资方式下，承租企业需按合同规定支付租金。租金的数额和支付方式对承租企业的未来财务状况具有直接的影响，因此是租赁筹资决策的重要依据。

（1）决定租金的因素

融资租赁每期支付租金的多少，取决于下列几项因素。

租赁设备的购置成本，包括设备的买价、运杂费和途中保险费等。

预计租赁设备的残值，指设备租赁期满时预计的变现净值。

利息，指租赁公司为承租企业购置设备融资而应计的利息。

租赁手续费，包括租赁公司承办租赁设备的营业费用以及一定的盈利。租赁手续费的高低一般无固定标准，通常由承租企业与租赁公司协商确定，按设备成本的一定比率计算。

租赁期限。一般而言，租赁期限的长短既影响租金总额，进而也影响每期租金的数额。

租金的支付方式。租金的支付方式影响每期租金的多少，一般而言，租金支付次数越多，每次的支付额越小。支付租金的方式也有很多种类，包括：A. 按支付间隔期，分为年付、半年付、季付和月付；B. 按在期初和期末支付，分为先付和后付；C. 按每次是否等额支付，分为等额支付和不等额支付。实务中，承租企业与租赁公司商定的租金支付方式，大多为后付等额年金。

（2）确定租金的方法

租金的计算方法很多，名称和叫法也不统一。目前，国际上流行的租金计算方法主要有平均分摊法、等额年金法、附加率法、浮动利率法。我国融资租赁实务中，大多采用平均分摊法和等额年金法。

1）平均分摊法。平均分摊法是先以商定的利息率和手续费率计算出租赁期间的利息和手续费，然后连同设备成本按支付次数平均。这种方法没有充分考虑时间价值因素。每次应付租金的计算公式可列示如下：

$$A=\frac{(C-S)+I+F}{N}$$

式中 A——每次支付租金；

C——租赁设备购置成本；

S——租赁设备预计残值；

I——租赁期间利息；

F——租赁期间手续费；

N——租期。

2）等额年金法。等额年金法是运用年金现值的计算原理计算每期应付租金的方法。在这种方法下，通常以资金成本作为折现率。

根据普通年金现值的计算公式，经推导可得到计算后付等额租金方式下每年年末支付租金的公式为：

$$\text{每期应付租金}（A）=P\div（P/A，i，n）$$

4．租赁筹资的优缺点

对承租企业而言，租赁尤其是融资租赁，是一种特殊的筹资方式。通过租赁，企业可不必预先筹措一笔相当于设备价款的现金，即可获得需用的设备。因此，与其他筹资方式相比，租赁筹资颇具特点。

（1）租赁筹资的优点

租赁筹资的优点，见表 11–11。

表 11–11　租赁筹资的优点

序号	内容
1	迅速获得所需资产融资租赁集“融资”与“融物”于一身，一般要比先筹措现金后再购置设备来得更快，可使企业尽快形成生产经营能力
2	租赁筹资限制较少企业运用股票、债券、长期借款等筹资方式，都受到相当多的资格条件的限制，相比之下，租赁筹资的限制条件很少
3	免遭设备陈旧过时的风险随着科学技术的不断进步，设备陈旧过时的风险很高，而多数租赁协议规定由出租人承担，承租企业可免遭这种风险
4	全部租金通常在整个租期内分期支付，可适当减低不能偿付的危险
5	租金费用可在所得税前扣除，承租企业能享受税上利益

（2）租赁筹资的缺点

租赁筹资的主要缺点是成本较高，租金总额通常要高于设备价值的 30%；承租企业在财务困难时期，支付固定的租金也将构成一项沉重的负担。另外，采用租赁筹资方式如不能享有设备残值，也可视为承租企业的一种机会损失。

第三节　资金成本与资本结构

一、资金成本概述

1. 资金成本的概念

资金成本是指企业为筹集资本和使用资本所付出的代价，包括资本筹集费用和资本占用费用。就企业整体而言，筹集和使用任何资金（包括短期资金和长期资金）都必须付出代价，所以，针对企业全部资金的成本，一般称为企业的资金成本。在企业进行筹资决策和投资决策时，由于主要涉及企业的长期资金，包括长期负债和主权资本，所以，这里的资金成本主要是指长期负债和主权资本的成本。

资金成本包括资本的筹集费用和占用费用。资本筹集费用是企业在筹集资本过程中支付的注册费、代办费和手续费等。这些费用在筹集资本时支出，需要从筹资总额中扣除。从筹资总额中扣除筹资费用是企业的筹资净额，筹资净额才是企业真正能使用的资本。资本占用费用是企业使用资本过程中所负担的费用，如债券的利息、股票的股利等。资本使用费用的多少不仅与筹资总额有关，而且与使用资本的时间有关。

资金成本一般以其相对数即资金成本率表示。资金成本率是指企业在一定时期内（通常为一年）使用资本所发生的费用与筹资净额的比率。更准确地讲，资金成本率实质上是企业在一年内每使用 1 元资本所负担的费用。

企业进行筹资决策，必须计算资金成本。资金成本有不同的表现形式，在比较各种筹资方式时，需要使用个别资金成本。个别资金成本包括长期借款成本、长期债券成本、优先股成本、普通股成本及留存收益成本。在进行资本结构决策时，需要使用综合资金成本。在追加筹资决策中，需要使用边际资金成本。

2. 资金成本的作用

资金成本是企业财务管理中的一个重要概念，在企业的筹资决策、投资决策等财务决策中都有着重要的作用。

（1）资金成本是企业选择筹资方式、进行筹资决策的重要依据

企业从不同的渠道以不同的方式筹集资本都必须付出相应的代价，但不同筹资方式的资金成本是不相同的。企业在选择筹资方式时，必须考虑资金成本的高低，在其他方面相同的情况下，应尽可能选择资金成本较低的筹资方式。企业进行筹资决策，确定资本结构，综合资金成本是一个最重要的衡量指标。选择综合资金成本

最低的资本结构是进行筹资决策的重要依据。

（2）投资最低报酬率企业进行投资决策

投资最低报酬率决定项目的取舍时，一个重要的标准是投资项目的预期报酬率必须高于资金成本率，因此，资金成本率又被称为进行投资决策的最低报酬率或“取舍率”。一般来讲，只有预期报酬率高于资金成本率的投资项目，才是企业考虑可以选择的投资项目；反之，对于投资报酬率低于资金成本率的项目，企业是不予考虑的。另外，资金成本在实质上是投资项目的机会成本，当资本投资于某项目时就失去了投资于其他项目获取报酬的机会。比如，企业投资于股票就不能投资于国家债券，那么，投资于国家债券的利息率就是投资于股票的机会成本。在进行投资决策时，必须将这种机会成本作为评价投资方案的依据。

（3）资金成本是衡量企业经营业绩的基准

衡量企业经营业绩的一个重要指标是投资收益率。投资收益率只有在高于资本成本率时，企业经营才能真正获利。如果投资收益率低于资本成本率，实际上意味着企业在经营中发生了损失，企业必须进一步改进经营管理，提高投资收益率，进而提升企业整体的业绩。

资金成本可以用绝对数表示，也可以用相对数表示。由于不同情况下筹资总额不同，资金成本通常用相对数来表示，即用资金成本率来表本。其计算公式为：

$$K=\frac{D}{L-F}=\frac{D}{L\left(1-f\right)}$$

式中 K——资金成本率；

L——筹集资金总额；

D——资金占用费用；

F——筹资费用；

f——筹资费率（即筹资费占筹集资金总额的比率）。

公司的资本是由不同的资金来源构成的，不同的资金来源，其资金的成本不同。为了便于分析和研究问题，资金成本可以分为个别资金成本和综合资金成本。

① 个别资金成本

A. 银行借款成本

银行借款的资金占用费是指借款利息，筹资费用是指银行手续费。由于借款利息计入税前成本，可以起到抵税的作用。因此，企业实际负担的利息费用公式为：

利息费用 = 利息 ×（1– 所得税率）

一次还本，分期付息借款的资金成本率的计算公式为：

$$K_i = \frac{I(1-T)}{L-F} = \frac{Li(1-T)}{L-Lf} = \frac{i(1-T)}{1-f}$$

式中 K_i——长期借款资金成本率；

I——长期借款年利息；

T——所得税率；

L——长期借款筹资总额；

i——长期借款年利率；

F——长期借款筹资费用；

f——长期借款筹资费用率（利率）。

长期借款的筹资费用主要是借款的手续费，通常很少，可以忽略不计。此时资金成本率计算式为：

$$K_i=i（1-T）$$

B. 债券成本

债券的资金占用费指债券的利息，债券的筹资费指债券的发行费用。债券利息与长期借款利息的处理相同，也可起到抵税的作用。但债券的筹资费用一般比较高，不可在计算资金成本时省略。一次还本，分期付息债券的资金成本率的计算公式为：

$$K_b = \frac{I_b(1-T)}{B(1-f)}$$

式中 K_b——债券资金成本率；

I_b——债券年利息；

T——所得税率；

B——债券筹资额；

f——债券筹资费用率。

债券的发行有溢价发行、折价发行和平价发行三种。债券利息按面额和票面利率确定，为了正确地计算债券成本，债券的筹资额应按实际发行价格计算。

C. 优先股成本

发行优先股的筹资费用有注册费、代销费等，资金占用费为从税后利润中定期支付的股息。其资金成本率的计算公式为：

$$K_P = \frac{D_P}{P(1-f)} = \frac{P_i}{P(1-f)} = \frac{i}{1-f}$$

式中 K_p——优先股资金成本率；

D_p——优先股年股利；

P——优先股筹资额；

f——筹资费用率；

i——优先股股利率。

D. 普通股成本

普通股成本的确定方法与优先股成本的确定方法基本相同。如果普通股每年的股利固定不变，计算公式与优先股一样；如果假定每年股利增长率是固定的比率 g，其计算公式为：

$$K_c = \frac{D_c}{P(1-f)} + g = \frac{P_i}{P(1-f)} + g = \frac{i}{1-f} + g$$

式中 K_c——普通股资金成本率；

D_c——普通股年股利；

P——普通股筹资额；

f——筹资费用率；

i——普通股年固定股利率；

g——每年股利固定增长比率。

E. 留存收益成本

留存收益是企业税后利润中留在企业内部用于再投资的部分，它往往被看作一种无须花费成本的公司的资金来源。但留用利润是普通股所代表的资本的增加额，股东对这部分投资与以前交给企业的股本一样，也要求有一定的报酬，只是没有筹资费用。计算留存收益成本的方法很多，最基本的计算公式为：

$$K_r = \frac{D_c}{P} + g$$

式中 K_r——留用利润成本；

其他符号含义同前。

② 综合资金成本

由于受多种因素制约，企业不可能只使用某种单一的筹资方式，往往需要运用多种筹资方式筹集所需资金。为进行筹资决策，就要计算企业全部长期资金的总成本。长期资金的总成本通常以各种个别资本占全部资本的比重为权数，对个别资本成本进行加权平均而确定，因而也称为加权平均资金成本。其计算公式为：

$$K_w = \sum_{i=1}^{n} K_i W_i$$

式中 K_w——综合资金成本；

K_i——第 i 种个别资金成本；

W_i——第 i 种个别资本占总资本的比重，即权数。

二、杠杆原理

企业进行筹资决策，一方面需要分析计算资本成本，另一方面需要分析衡量财务风险，财务风险是确定企业资本结构必须考虑的一个重要因素。

财务风险影响企业资本结构，企业的经营风险又影响企业的财务风险，因此，分析财务风险必须明确什么是经营风险以及经营风险与财务风险的关系。同时，与风险相联系的另一个重要概念就是杠杆利益。经营风险有其相对应的经营杠杆，财务风险有其相对应的财务杠杆，而经营杠杆与财务杠杆的结合则形成联合杠杆。所有这些因素都对企业筹资决策有着重要的影响。

1. 经营杠杆

（1）固定成本与变动成本

根据成本特性的不同，产品成本可分为固定成本与变动成本两部分。固定成本是指在一定产量范围内，不随产品产量变化而变化，保持一个常量的成本；变动成本是随着产量的变化而变化的成本。

（2）经营杠杆

经营杠杆是指企业息税前收益（*EBIT*）随企业销售额变化而变化的程度，常用 *DOL* 表示。其计算公式为：

$$DOL=\frac{\text{息税前收益变化百分比}}{\text{销售收入变化百分比}}=\frac{\Delta EBIT/EBIT}{\Delta S/S}$$

$$EBIT=\text{销售收入}-\text{总成本}=PQ-(VQ+F)(P-V)Q-F$$

$$\Delta EBIT=AQ(P-V)$$

式中 P——单位产品销售价格；

Q——产品销售量；

S——销售收入；

V——单位产品变动成本；

F——固定成本。

$$DOL=\frac{\Delta EBIT/EBIT}{\Delta S/S}=\frac{\Delta Q(P-V)/\left[(P-V)Q-F\right]}{P\Delta Q/PQ}=\frac{Q(P-V)}{Q(P-V)-F}$$

经营杠杆 DOL 越大，$EBIT$ 随销售收入变化而变化的幅度越大。上式中的 DOL 表示按销售数量确定的经营杠杆系数。

2. 财务杠杆

财务杠杆是指由于负债经营而导致公司所有者收益变化幅度的增加。财务杠杆用财务杠杆系数 DFL 衡量。公式为：

$$DFL=\frac{EPS\text{变化的百分比}}{EBIT\text{变化的百分比}}=\frac{\Delta EPS/EPS}{\Delta EBIT/EBIT}$$

式中 DFL——财务杠杆系数；

ΔEPS——普通股每股利润的变动额；

EPS——普通股每股利润；

$\Delta EBIT$——息税前利润的变动额；

$EBIT$——息税前利润。

若用 I 表示利息、T 表示公司所得税率、N 表示流通在外的普通股股数，则有：

$EPS=(EBIT-I)(1-T)/N$

$\Delta EPS=\Delta EBIT(1-T)/N$

$$\text{即有 } DFL\%=\frac{EBIT}{EBIT-I}$$

由以上分析可知，经营杠杆是通过扩大销售额影响息税前的利润；而财务杠杆则是通过扩大息税前利润影响每股利润。二者最终都影响到普通股每股的收益。可以得出以下结论。

① 股东权益受经营风险和财务风险的共同影响。其中经营风险主要受公司产品需求状况、生产要素的供给状况、固定成本与变动成本的比例关系及对市场的应变能力等因素的影响。财务风险则主要受公司资本结构的影响。

② 在营业利润水平高于债务利息率时，负债经营可以提高股东的收益水平；在营业利润水平低于债务利息时，负债经营将降低股东的收益水平。股东收益水平变化幅度的增减，就是财务杠杆引起的财务风险。

三、资金结构决策

1. 资本结构的概念

资本结构是指企业各种资本的价值构成及其比例关系。从资金成本的分析可知，利用债务筹资可以降低公司的资金成本；从杠杆理论分析可知，利用债务筹资可以获得财务杠杆利益，但同时也给公司带来一定的财务风险，包括定期还本付息的风险和导致所有者收益下降的风险。在企业筹资管理活动中，资本结构有广义和狭义之分。广义的资本结构是指企业全部资本价值的构成及其比例关系。它不仅包括长期资本，还包括短期资本，主要是短期债权资本。狭义的资本结构是指企业各种长期资本价值的构成及其比例关系，尤其是指长期的股权资本与债权资本的构成及其比例关系。在狭义资本结构下，短期债权资本系作为营运资本来管理。

2．最佳资金结构

所谓最佳资金结构，是指企业在一定时期内，使综合资金成本最低、企业价值最大时的资金结构。其判断标准有三个：① 有利于最大限度地增加所有者财富，能使企业价值最大化；② 企业综合资金成本最低；③ 资产保持适宜的流动，并使资金结构具有弹性。

3．资金结构决策的方法

资金结构决策的方法主要有以下两种。

（1）比较资金成本法。比较资金成本法是指通过计算不同资金组合的综合资金成本，并以其中资金成本最低的组合为最佳的一种方法。它以资金成本的高低作为确定最佳资金结构的唯一标准。其操作过程为：第一步，确定不同筹资方案的资金结构；第二步，计算不同方案的资金成本；第三步，选择资金成本最低的资金组合，即最佳资本结构。

（2）每股利润分析法。企业合理的资金结构，应当注意其对企业的盈利能力和股东财富的影响，因此将息税前利润（*EBIT*）和每股利润（*EPS*）作为分析确定企业资金结构的两大要素。每股利润分析法就是将息税前利润和每股利润这两大要素结合起来，分析资金结构与每股利润之间的关系，进而确定最佳资金结构的方法。由于这种方法需要确定每股利润的无差异点，因此又称每股利润无差异点法。其决策程序为：第一步，计算每股利润无差异点；第二步，作每股利润无差异点图；第三步，选择最佳筹资方式。

该方法测算每股利润无差异点的计算公式为：

$$\frac{(EBIT-I_1)(1-T)-D_1}{N_1}=\frac{(EBIT-I_2)(1-T)-D_2}{N_2}$$

式中 *EBIT*——每股利润无差异点处的息税前利润；

I_1,I_2——两种筹资方式下的年利息；

D_1,D_2——两种筹资方式下的优先股股利；

N_1,N_2——两种筹资方式下的流通在外的普通股股数。

每股利润无差异点的息税前利润计算出来以后，可与预期的息税前利润进行比较，据以选择筹资方式。当预期的息税前利润大于无差异点息税前利润时，应采用负债筹资方式；当预期的息税前利润小于无差异点息税前利润时，应采用普通股筹资方式。

每股利润分析法确定最佳资金结构，是以每股利润最大为分析起点，它直接将资金结构与企业财务目标、企业市场价值等相关因素结合起来，因此是企业在追加筹资时经常采用的一种决策方法。

应当看到，资金结构决策是企业财务决策中一项比较复杂的内容。上述两种方法都直接地以加权平均成本高低，或者以每股利润的大小为依据，虽然集中地考虑了资金成本与财务杠杆利益，但不够全面，如没有考虑资金结构弹性、财务风险大小及其相关成本等因素。因此，企业在进行资金结构决策时，要权衡利弊，统筹安排，并最终合理地选择筹资方案。

第十二章　建筑工程项目资产管理

第一节　资产管理基础知识

一、资产概述

1. 资产的概念

资产是由企业过去的交易或事项形成的、由企业拥有或者控制、预期会给企业带来经济利益的资源。

2. 资产的主要特点

（1）资产预期会给企业带来经济利益。资产可以通过企业日常的生产经营活动或非生产经营活动直接或间接导致现金和现金等价物流入企业。此项特征是资产的重要特征，如果某项目预期不能给企业带来经济利益，那么就不能将其确认为企业的资产。

（2）资产是企业拥有或者控制的资源。具体来说，企业享有某项资源的所有权，或者该资源可以被企业所控制。

（3）资产是由企业过去的交易或者事项形成的，只有过去发生的交易或者事项才能产生资产。例如，购买、生产、建造行为或者其他交易或事项。

二、资产的分类

建筑施工企业的资产可以用不同的分类标准进行划分，在这里以建筑施工企业常用的划分资产的标准进行介绍，将资产按照流动性划分可分为以下两类。

1. 流动资产

流动资产是指建筑施工企业可以在一个会计年度内或者超过一个会计年度的一个营业周期内变现或者运用的资产，它是企业资产中必不可少的组成部分。流动资产在周转过程中，从货币形态开始，依次改变形态，最后又回到货币形态，各种形态的资金与生产流通环节紧密相结合，资产的周转速度越快，变现能力越强，给企业带来的效益就越高。

流动资产按照不同的分类标准又可以进行不同的划分。

（1）按照实物形态划分，把流动资产划分为现金、短期投资、应收及预付款项、存货等（见表 12-1）。

表 12-1　按照实物形态分类

项目	内容
现金	现金是指可以直接用来购买物品、支付各类费用或者用于偿还各项债务的交换或支付手段。这里说的现金主要包括企业的库存现金、银行存款等内容。现金是流动资产中流动性最强的资产，可以直接支用和流通。建筑施工企业持有大量的现金，可以降低企业的财务风险，使企业具有较高的偿债能力，但同时也会因为现金不能带来或者只能带来极低的报酬，而影响企业的收益。因此在财务管理比较完善的企业，一般不保留大量的现金
短期投资	短期投资是指建筑施工企业持有的各类准备随时变现的有价证券以及不超过一年的其他投资。建筑施工企业进行此类投资，一方面可以充分利用闲置资金获得一定的收益；另一方面又可以保证企业资产的流动性，降低企业的财务风险。所以，持有一等数量的有价证券对于建筑施工企业是一种可取的财务管理方法
应收以及预付款项	应收以及预付款项是指建筑施工企业在施工生产过程中所形成的应该收取但尚未收取，或者预先支付的各种款项，其形成的原因主要是建筑施工企业的已完工工程与建设单位进行价款结算，但建设单位尚未支付的款项。主要有应收账款、应收票据、其他应收款以及预付账款。在竞争激烈的市场条件下，企业为提高产品的市场占有率或其他原因，存在应收款项是不可避免的，但企业应该采取合理的方法加速应收款项的收回，减少坏账给企业带来的不必要的损失
存货	存货是指建筑施工企业在施工生产中为生产、销售而持有的各类物资。对于建筑施工企业而言，主要包括产成品、半成品、在产品、原材料、周转材料、低值易耗品等。存货因为其在企业的施工生产中用途特殊，所以在企业的流动资产中所占的比重相对较大。所以，企业加强对存货的管理与控制，将存货保持在最佳持有数量上，是建筑施工企业财务管理的又一项重要工作

（2）按照在生产领域中的作用划分，把流动资产划分为生产领域中的流动资产和流通领域中的流动资产。

① 生产领域中的流动资产是指在产品的生产过程中有助于产品形成的流动资产，包括原材料、辅助材料、低值易耗品。

② 流通领域中的流动资产是指处于流通过程中的流动资产，包括产成品、外购商品、可出售的半成品。

2. 非流动资产

非流动资产是指除流动资产以外的资产，一般企业的非流动资产将会在超过一个会计年度或者超过一个正常的营业周期才变现、出售、被耗用的资产。这些资产对于建筑施工企业来说主要包括长期股权投资、固定资产、在建工程、无形资产等。

第二节　流动资产管理

一、现金管理

现金是建筑施工企业流动资产中流动性最强的资产，现金对于降低财务风险、增强企业资金的流动性具有很重要的意义。现金是指企业在施工生产过程中暂时处在货币形态的资金，具体包括库存现金、银行存款、其他货币资金、银行本票、银行汇票等内容。

现金是变现能力最强的资产，既可以满足企业生产经营的需要，同时又是企业支付职工薪酬、偿还借款、支付利息、履行纳税义务的保证。可见，企业拥有足够数量的现金可以有效降低企业的财务风险，增强企业信誉，对于企业债务的清偿具有重要的意义。

同时还要看到，现金属于企业的非盈利资产或基本不能盈利的资产。所以，如果企业的现金持有量过高，虽然可以充分降低企业的财务风险，但同时也会导致企业的收益水平下降。因此，企业有必要确定一个合理的现金持有量，使企业的现金收支在数量和时间上做到较好的衔接，从而保证既可以满足企业生产经营活动所需要的现金数量，又能尽量减少企业因为持有现金而丧失的机会成本，提高资金收益率。

企业筹集的资金，一般都以现金的形式存在。为了保证生产经营的正常进行，必须拿出一部分现金去采购材料，这样有一部分现金转化为材料；材料投入生产后，当产品尚未最后完工脱离加工过程以前，便形成在产品和自制半成品；当产品进一步加工完成后，就成为准备出售的产成品；产成品经过出售，有的可直接获得现金，有的则因赊销而形成应收账款；经过一定时期以后，应收账款通过收现又转化为现金。总之，流动资金每次循环都要经过采购、生产、销售过程，并表现为现金、材料、在产品、产成品、应收账款等具体形态。为此，在进行流动资产管理时，必须在各项流动资产上合理配置资金数额，以促进资金周转顺利进行。

1．现金的持有动机

建筑施工企业在日常的生产经营过程中持有一定数量的现金，总结起来主要基于以下几个动机（见表 12–2）。

表 12-2　现金持有的动机

类别	内容
支付动机	建筑施工企业为了应付日常的生产经营，维持企业正常的生产经营秩序，满足日常的支付需要，必须持有一定数量的现金。例如，购买原材料、支付职工薪酬、支付股利、支付利息、履行纳税义务、偿还到期债务等。一般而言，企业为满足支付动机所持有的现金余额主要取决于企业的销售水平。企业销售扩大，销售额也将随之增加，所需要的现金余额也将随之增加
预防动机	建筑施工企业为了应付遇到的意外事件而需要持有一定数量的现金。一般企业预计的现金持有量是在正常情况下企业的现金需要量，但由于市场上瞬息万变，有许多意外事件可能会影响企业现金的收入与支出，或者出于各种原因企业不能准确估计未来现金流入量与现金流出量，这样必然会打破企业的现金收支计划，对企业的正常生产经营产生不利的影响。所以，企业有必要在正常的现金需要量的基础上，追加一定金额的现金，用于应付企业的突发事件。企业为应付紧急情况所持有的现金余额主要取决于三方面：一是企业能够承担风险的程度；二是企业临时举债能力的强弱；三是企业对现金流量收支预测的准确程度
投机动机	在市场上会有很多意想不到的事情发生，建筑施工企业为了抓住各种瞬息即逝的市场机会，例如，可以在证券价格出现大幅变动时，从事投机活动，以便获取较大利益等原因而准备的现金余额。如果企业预期利率下降，有价证券的价格将要上涨时，企业可以将持有的现金投资于有价证券，以期在证券价格上涨时获利。反之，则出售有价证券，持有现金。在投机动机下，企业的现金持有量大小往往受企业在金融市场的投资机会以及企业对待风险的态度的影响
其他动机	建筑施工企业还可能基于满足将来某一特定要求或者为在银行维持补偿性余额等其他原因而持有现金

总之，对于建筑施工企业在确定其现金的持有数额时，一定要综合考虑各方面的持有动机，一般企业持有的现金总额并不等于各种动机所需要现金余额的简单相加，前者通常小于后者。

2．现金成本

建筑施工企业因为持有一定数额的现金会产生与之相对应的成本，称为现金成本。现金成本通常由以下几个方面组成。

（1）现金持有成本。现金持有成本是指企业因保留一定现金余额从而增加的管理费用以及失去的再投资收益（机会成本）。企业持有现金会发生一定的管理费用。例如，为保证现金的安全，采取必要的防范措施；现金管理人员的劳动报酬等方面的费用开支。这些管理费用具有固定成本的性质，它在一定范围内与现金持有量变动关系不大，属于决策无关成本，而再投资收益（机会成本），是企业因持有现金放弃的收益，属于变动成本，它与现金持有量成正比例关系。

（2）现金转换成本。现金转换成本指企业用现金购入有价证券以及转让有价证券换取现金时付出的交易费用。例如，委托买卖佣金、委托手续费、证券过户费等。那些依据委托成交金额计算的转换成本与证券变现次数关系不大，属于决策无关成本。因此，与证券变现次数密切相关的转换成本就只包括其中的固定性交易费用。固定性转换成本与现金持有量成反比变动关系。

现金转换成本 = 有价证券变现次数 × 有价证券每次转换费用

（3）现金短缺成本。现金短缺成本指企业在现金持有量不足而又无法及时通过有价证券变现加以补充而给企业造成的损失。现金短缺成本与现金持有量成反比变动关系。现金短缺成本主要包括以下三个方面的内容。

① 丧失购买能力的成本。建筑施工企业由于现金短缺而无法购进急需的原材料，从而使企业的施工生产或者投资活动中断给企业造成的损失。

② 信用损失和失去折扣优惠的成本。建筑施工企业由于现金的不足不能及时偿还债务给企业的信用造成不良影响或者因为现金不足不能在对方给予的折扣时间内偿还款项而丧失现金折扣给企业造成的损失。

③ 丧失偿债能力的成本。建筑施工企业在其现金持有量不足时，可能因此承担较高的财务风险，使企业的偿债能力下降，使得企业融资能力受到影响。

在实际财务管理工作中，有的现金短缺成本可以准确地进行计量，而有的现金短缺成本却需要通过一定的方法进行估算。一般说来，现金短缺数额越大，其导致的经济损失可能也越大，现金短缺成本将越高；反之，则低。因此，建筑施工企业一旦发现现金短缺的征兆，就应该立即采取补充措施，适时满足现金的供应，最大限度地降低因为现金短缺可能给企业造成的损失。建筑施工企业通过了解与现金有关的成本及其各个成本的特点，有助于企业从成本最低的角度出发，在综合考虑各个成本因素的相互关系下确定企业的最佳现金持有量。

3．最佳现金持有量

通过上面的介绍我们已经明确建筑施工企业要通过分析，进一步确定最佳的现金持有量。目前，财务管理中确定最佳现金持有量的方法主要包括成本分析模式、存货模式、现金周转期模式和随机模式几种，其中成本分析模式和存货模式在企业用于判断现金持有量时比较常用，下面分别进行介绍。

（1）成本分析模式。成本分析模式是指企业根据现金有关成本，分析预测使其总成本最低时现金持有量的一种方法。建筑施工企业运用成本分析模式时，可通过分析不同方案下现金持有成本的构成情况，从而选择使企业总成本最低的现金持有量。运用成本分析模式确定最佳现金持有量时，企业只需考虑因持有一定量的现金而产生的机会成本和短缺成本，而不考虑转换成本。因此，企业最佳现金持有数量就是持有现金而产生的机会成本与短缺成本之和最小时的现金持有量。如前所述，机会成本与现金持有量成正比变动关系，短缺成本与现金持有量成反比变动关系。公式为：

机会成本 = 企业现金持有量 × 有价证券利息率

建筑施工企业在具体运用成本分析模式确定最佳现金持有量的具体步骤如下。

① 进行不同现金持有量的测算，同时确定相关成本具体数值。

② 根据不同现金持有量方案以及成本资料编制最佳现金持有量测算表。

③ 从测算表中取得相关总成本最低的方案，即为企业要确定的最佳现金持有量。

在采用测算表确定最佳现金持有量的同时，企业还可以通过图例分析的方法确定企业的最佳现金持有量，具体步骤如下。

① 在平面坐标轴中分别绘制机会成本和短缺成本以及总成本曲线。

② 总成本曲线最低的点即为最佳现金持有量。

通过成本分析模型图可知，企业最佳现金持有量点，就是企业机会成本曲线和短缺成本曲线的交点。

采用这种方案进行最佳现金持有量的判断，方法简单易行，但同时方法也存在一定的不足，由于所能够想到的方案数量有限，使得在选择的时候仅在有限的方案中进行筛选，就可能将最佳的现金持有方案遗漏。

（2）存货模式。存货模式又被称为鲍尔模式（Baumol Model），它是由美国经济学家 Wi1+iam J. Baumol 首先提出的。在该模式下认为企业的现金持有量在很多方面与存货非常相似，因此在此模式下将存货经济订货批量模型应用于确定目标最佳现金持有量。

存货模式下确定最佳现金持有量也是着眼于持有现金的相关总成本最低为目标，但是在这种模式下，由于企业发生的管理费用相对稳定，同时现金是否会出现短缺具有很大的不确定性，因此在存货模式中可以近似认为企业的管理成本和短缺成本为决策的无关成本。因此在此模型下，企业只需要对决策相关成本进行考虑，这些相关成本主要包括企业的机会成本和固定性转换成本。由于企业的机会成本与企业的现金持有量成正比变动关系，而企业的固定性转换成本与现金持有量成反比变动关系。因此，在确定最佳现金持有量时就要对企业的现金和有价证券的比例进行科学合理的安排，即找到使得现金管理的机会成本和固定性转换成本之和最低的数量，从而保证企业最佳的现金持有量。

企业在运用存货模式确定企业的最佳现金持有量时，必须要满足一定的假设条件，这些假设条件主要包括以下内容。

企业所需要的现金可以通过出售有价证券取得，并且有价证券变现的不确定性很小；企业在预算期内现金需要总量可以通过合理预测得到；现金支付过程比较稳定，同时当企业的现金余额为零时，可以通过出售有价证券得以补足；企业持有的有价证券的利率或报酬率以及每次的固定性交易费用能够掌握。

假设这些条件都能够得到满足，企业就可以利用存货模式确定现金的最佳持有量。因为在存货模式下，现金持有量管理的相关总成本就等于机会成本与固定性转换成本之和。公式为：

现金管理总成本 = 机会成本 + 固定性转换成本

$$TC=(Q/2)\times+(T/Q)F$$

式中 TC——现金管理的相关总成本；

Q——最佳现金持有量；

K——现金的机会成本，即有价证券的利息率；

T——某一时期内的现金需求量；

F——每次有价证券与现金的转换成本。

（3）现金周转模式。现金周转模式要求建筑施工企业从现金周转的角度出发，根据现金的周转速度来确定最佳现金持有量的一种方法。现金的周转速度一般可以用现金周转期来衡量。

所谓现金周转期，是指企业从使用现金购买原材料开始，到完成产品的销售并最终收回现金所花费的时间。具体包括以下三个方面内容。

① 存货周转期。存货周转期是指企业将原材料转化成产成品并出售所需要的时间。

② 应收账款周转期。应收账款周转期是指企业将应收账款收回变为现金所需要的时间，即从产品销售到收回现金的时间。

③ 应付账款周转期。应付账款周转期是指企业从收到尚未付款的原材料开始到必须用现金支付货款所需要的时间。

确定出现金周转期后，便可确定现金周转期模式下的最佳现金持有量，其计算公式为：

现金周转期 = 存货周转期 + 应收账款周转期 – 应付账款周转期

最佳现金持有量 =（企业年现金需求总额 /360）× 现金周转期

（4）随机模式。随机模式是企业在现金需求量难以预知的情况下进行现金持有量控制的方法。其基本原则是确定一个现金控制区域，即制定一个上限和一个下限，将现金余额控制在上下限之间。当现金持有量达到控制上限时，用现金购入有价证券，使现金持有量下降；反之，当现金持有量降到控制下限时，则出售有价证券换回现金，使现金持有量回升。其公式为：

$$H=3R-2L$$

式中 H——现金持有量的上限；

L——现金持有量的下限；

R——最优现金返回线。

$$R=\sqrt[3]{3b\delta^2/4i}+L$$

式中 b——每次有价证券的固定性转换成本；

δ——预期每天现金余额变化的标准差；

i——有价证券的日利息率。

需要强调的是公式中现金持有量下限 L 的确定，可能会受到一些主客观因素的影响，例如，企业每天的最低现金需要量、企业管理人员对风险的预计以及对风险的承受能力、企业管理人员对市场的判断能力等方面的因素影响。

4. 现金日常管理

建筑施工企业在确定了最佳现金持有量后，还要根据现金的特点，采取合理措施，加强对现金的日常管理，确保现金的安全、完整，同时也有利于最大限度地发挥现金的效用。企业可以采取的做法具体包括以下几个方面。

（1）完善企业内部现金收支管理制度。现金由于其流动性极强，因此在使用时可能会经常出现差错，为了避免不必要的损失，需要建筑施工企业建立健全一整套完善的管理制度和办法，保证现金的安全性。一般而言，企业可以从以下几个方面建立健全现金内部管理制度（见表 12–3）。

表 12–3 建立健全现金内部管理制度

项目	内容
钱账分管制	钱账分管即是指管钱的不管账，管账的不管钱。一方面，非出纳人员不得经管现金的日常收取支付业务以及现金的保管业务；另一方面，出纳人员不得兼管稽核、会计档案保管和收入、费用、债权、债务等账目的账簿登记工作。这样做可以有效做到会计人员和出纳人员互相监督和制约。另外，如果有条件企业还可以采取定期换岗的制度，在换岗过程中还应该按照《企业会计法》的相关要求办理必要的交接手续，以便相关责任人明确责任
现金开支审批制	建筑施工企业应根据《现金管理暂行条例》及其实施细则的规定，确定现金开支范围，并在实际工作过程中按要求执行，不得任意扩大开支范围。还要制定各种报销凭证，规范报销手续和报销办法，确定各种现金支出的审批权限，没有经过审批并签章，或者超越规定审批权限的，出纳人员应该不予付款
日清月结制度	建筑施工企业对现金必须做到按日清点，按月结账，确保现金的实际金额与账面金额相符，银行存款余额与银行对账单相符。按现金管理规定企业实际库存现金持有金额不得超过库存现金限额，如果实际库存现金金额超过库存限额，则出纳人员应该将超过的部分及时送存银行；如果实际库存现金金额低于库存限额，则出纳人员应该及时补提现金

续表

项目	内容
现金清查制度	建筑施工企业应该按照有关现金管理规定，组织有关人员对企业现金进行定期或者不定期的清查盘点，使现金和银行存款做到账实相符、账账相符、账证相符。清查结束后，应该由清查人填制“现金清查盘点报告单”，填列现金账存、实存情况以及现金溢余或者短缺的金额，同时说明原因，上报有关部门或负责人进行处理

（2）现金回收管理。应收账款是赊销方式下的必然产物，赊销又是企业扩大销售的一个重要途径。但应收账款占用时间过长，必然使现金周转期延长，也会减慢现金周转速度并进而增加现金持有量。建筑施工企业为了增加收益，提高资金的使用效率应该尽快实现现金的收回，加速现金的周转。为此，企业应该建立销售与收款业务控制制度，并且根据成本与收益比较原则选用适当方法加速账款的收回。一般来说，企业款项收回主要经历四个时点，分别为：客户开出付款票据——企业收到票据——票据交存银行——企业收回现金。

可以看出，企业账款的收回时间包括票据邮寄时间、票据企业停留时间、票据结算时间。通过分析可知前两个阶段所需要的时间的长短受客户、企业、银行之间的距离的影响的同时，还和收款的效率有紧密关联。因此，有效地缩短这些阶段的时间，可以提高收款效率。这里主要介绍两种加速现金回收的方法。

① 银行业务集中法。银行业务集中法是指通过设立多个策略性的收款中心来代替通常在企业总部设立的单一收款中心，以加速账款的收回的一种方法。这种方法的目的是缩短从客户寄出账款到现金收入企业账户这个过程的时间。

银行业务集中法是一种通过建立多个收款中心来加速现金周转的方法。具体做法为：首先，企业需要指定一个主要开户行（通常是企业总部的所在地）为集中银行，并在收款额较集中的若干地区设立若干个收款中心。其次，客户收到账单后直接汇款到当地的收款中心，中心收款后可以立即存入当地开户银行。最后，当地开户银行在进行票据交换后立即转给企业总部所在地的银行。

银行业务集中法的优势在于可以大大缩短客户邮寄票据所需要的时间和票据托收所需要的时间，从而缩短了现金从客户到企业的中间周转时间。但同时采用银行业务集中法要求企业须在多处设立收账中心，因为每个收账中心的地区银行都会要求企业留有一定的补偿性余额，这样做就会导致企业开设的收账中心越多，支付补偿性余额带来的闲置资金也就越多，从而增加了相应的费用支出。同时，设置收账中心需要一定的人力和物力，这样也会增加企业的成本费用。

基于上述原因，企业应该在权衡利弊的基础上，选择是否采用银行业务集中法，需要企业通过计算确定分散收账收益净额从而做出选择。

分散收账收益净额 =（分散收账前应收账款投资额 – 分散收账后应收账款投资额）× 企业综合资金成本率 – 因增设收账中心每年增加费用额

② 锁箱法。锁箱法又可称为邮政信箱法，该方法最早是西方企业为加快资金周转较多使用的一种方法。其具体做法是，企业在各主要城市租用专门的邮政信箱，并开立分行存款账户，同时授权当地开户银行每日开启信箱，银行在取得客户支票后可以立即进行结算，并通过电汇的形式将货款拨付到企业所在地的银行。在这种方法下，客户可以直接将票据寄到企业所在地的邮箱而并非企业总部，从而可以有效缩短票据邮寄所用的时间，也节省了账款回收时需要先将支票交给企业的程序，银行收到支票后就可直接转账。但是采用这种方法用时会导致企业的管理成本升高，原因在于被授权开启邮政信箱的银行除了要求企业留有补偿性余额以外，还会另外向企业收取一定的劳务费用，这样就增加了企业的邮箱管理成本。因此，企业在决定是否采用锁箱法时，还需要根据能够提前收回的现金带来的收益和发生的成本的大小来决定。

对于建筑施工企业来说，为了能够及时收回款项，除采用上述方法以外，还可以根据具体情况选择其他有效的方法加速现金的回收。例如，大额汇款专人处理、企业内部往来多边结算、集中折抵、减少不必要的银行账户等。

（3）现金支出管理。建筑施工企业在对现金支出的管理中的主要任务是，在合理的范围内尽可能的推迟现金的支出时间，因为现金在本企业停留的时间越长，企业可能获得的收益也就越多。企业具体做法如下。

① 推迟支付应付款项。建筑施工企业可以在不影响企业自身信誉的前提下，尽量把应付款项的支付时间向后推迟，这样就可以使现金在本企业停留相对较长的时间。

② 合理使用现金的“浮游量”。所谓现金的“浮游量”，是指企业账户上现金余额和银行账簿上企业存款账户余额之间的差额。这些“浮游量”是由于企业和银行之间存在未达账项而引起的，是由于账款回收过程中存在时间差造成的。企业应该合理预测现金的“浮游量”，有效利用时间差，提高现金的使用效率。重视利用现金流量表中筹资与支付能力的分析来揭示企业在金融市场上的筹措资金能力以及偿付债务或现金的能力。充分利用现金“浮游量”是西方企业广泛采用的一种提高现金利用效率、节约现金支出总量的有效手段。

③ 改进薪酬支付方式。现在很多建筑施工企业为了方便向职工支付工资，都会选择在银行开设单独用于支付工资的存款账户。该存款账户余额的多少也同样会对企业现金的总额产生影响。因此，企业如果能够最大限度地减少这项存款金额，对

企业资金周转也能起到一定的帮助。具体做法是，企业可以预先估计所需要支付的工资支票到银行兑现的具体时间，然后再进行合理的安排，利用职工提款在不同时点，将节约的资金用于其他方面。

④ 采用汇票付款。由于汇票不是“见票即付”的付款方式，在持票人将汇票送达银行开户后，银行要将票据交付款人或者承兑人承兑，并由承兑人将相应金额存入银行后，银行才会向持票人或者收款人付款。因此，建筑施工企业还可以采用汇票付款的方式，这样就可以在合理的方式下延期支付。

5. 闲置现金投资管理

建筑施工企业通过各种渠道筹集资金时，通常能够取得大量的现金。这些资金在进行具体投资之前，可能会闲置一段时间。对于这些闲置资金，如果企业能够管理得当，同样可以为企业增加一定的收益。

建筑施工企业进行现金管理的目的，总结起来主要包括：第一是保证企业日常施工生产经营活动的现金需求；第二是利用这些现金获得尽可能的收益。基于这样的两个目的，企业应该把闲置资金投入到流动性高、风险性低、交易期限短的交易性金融工具中，以期获得可观的收益。在我国的货币市场上，为满足上述目的，建筑施工企业可以选择的金融工具主要有国库券、可转让大额存单、回购协议等。

二、应收账款管理

应收账款是指企业因销售产品、材料、提供劳务、让渡资产使用权等活动应该向购入产品、材料、接受劳务的单位收取的款项。对于建筑施工企业来说，应收账款主要指已办理工程价款结算手续，应该向建设单位收取而尚未收到的工程结算款项。一般而言，应收账款形成的原因主要包括两个方面：第一，企业销售与收款之间存在一定时间差。第二，激烈的商业竞争，建筑施工企业为了能够在竞争中保证自己的地位，很多时候会在不影响企业现金周转的基础上，允许赊销的存在，这样就形成了应收款项。

1. 应收账款管理的目标

应收账款可以认为是企业的一项资金投放，是企业为了提高自身的竞争力，扩大销售和盈利而进行的投资。企业为客户提供商业信用，允许采取赊销的方式，一方面会扩大企业销售，达到增加企业的市场占有率和盈利的目的；另一方面也会使企业应收账款的数额增加，收回现金的时间变长，回收成本增加，甚至还可能使企业遭到不能收回应收账款的损失。

应收账款收益与风险并存的客观现实，要求企业必须对增加应收账款而增加的收益与增加的成本和风险加以权衡，比较大小后，做出合理的安排。

建筑施工企业对应收账款管理的目标就是：充分发挥应收账款的功能，权衡应收账款可以给企业带来的收益、需要企业支出的成本和企业必须承担的风险，尽可能降低应收账款的成本和风险，最大限度地提高应收账款的收账率。

2. 应收账款的功能

应收账款的功能，是指在建筑施工企业的施工生产中所起到的作用，主要包括以下几个方面。

（1）增加企业销售的功能。在市场竞争比较激烈的情况下，企业想要完全依赖现销方式进行结算，显然是不太现实的。因此，赊销就成为企业为提高其产品市场占有率和扩大销售的一种重要方式。在赊销方式下，企业在向顾客销售产品的同时，其实也是在向顾客提供一定期限内可以无偿使用的短期资金，这种做法对客户非常具有吸引力。因此，赊销是现代企业的一种重要促销手段。尤其是当企业面临开拓市场，需要进行新产品促销或者产品销售不畅，市场低迷，竞争力不强的情况下，企业适时地选择赊销方式，就显得更加重要。

（2）减少企业存货的功能。企业持有存货，就会产生一定的保管费用、管理费用以及保险费用等成本支出。而企业在对应收账款进行管理时，则不会出现以上成本。采用赊销可以加速实现产品的销售，从而对降低存货中的产品数量有积极的作用。因此，当企业的存货达到一定数量时，为了降低因为管理存货而发生的成本支出，企业就应该考虑采取具有一定优惠的信用条件进行赊销，这样做可以尽快地实现产品向收入的转变，从而有效降低成本的支出。

3. 应收账款的成本

建筑施工企业因赊销形成应收账款，而企业持有应收账款，对应收账款进行管理要付出一定的代价，这种代价即为应收账款的成本。其具体内容如下。

（1）应收账款的机会成本。应收账款的机会成本是指企业将资金投放于应收账款上而使企业丧失能够取得的其他收入，例如，建筑施工企业可以将资金投资于有价证券能够取得的利息、股息收入等。这一成本的大小应该受企业维持赊销业务所需要的资金以及企业资金成本或有价证券利率的影响，其计算公式为：

应收账款的机会成本 = 维持赊销业务所需资金 × 资金成本率

式中的资金成本率一般可以根据企业综合资金成本率计算，也可以根据有价证券的利息率计算确定。

维持赊销业务所需要的资金数量企业可按下列步骤确定。

① 维持企业赊销业务所需资金 = 应收账款平均余额 × 变动成本率。

② 变动成本率 =（变动成本 + 销售收入）× 100%。

③ 应收账款平均余额 = 年赊销收入净额 + 应收账款周转率（次数）。

④ 应收账款周转率 =360+ 应收账款周转期（或收账天数）。

以上分析是建立在赊销数量在业务量的相关范围之内，即企业的成本水平保持不变（单位变动成本不变，固定成本总额不变）的基础上的。因为在一定范围内企业的固定成本总额与业务量的变动无关，只与特定期间有关。所以，应收账款的投资额仅指赊销收入总额中的变动成本部分。

一般情况下，企业应收账款的收账天数越短，固定数量的资金能够维持的赊销金额就越多；反之，企业应收账款的收账天数越长，固定数量的资金能够维持的赊销金额就越少。

（2）应收账款的坏账成本。应收账款是建筑施工企业因给予客户商业信用而产生的，存在到期无法收回的可能性，由此给企业造成的损失，就是坏账成本。

该项成本一般与应收账款余额成正比例，即应收账款应收金额越多，坏账成本也就越大；反之，坏账成本则越小。为此，企业应该根据以往经验选择合理的方法，对企业的应收账款提取适当金额的坏账准备，做到防患于未然。

（3）应收账款管理成本。应收账款的管理成本是指企业为管理应收账款所需要支付的所有费用，主要包括企业对客户信用状况调查的费用、收集整理信息的费用、收回应收款项的费用、账簿的记录费用等。

4. 信用政策

信用政策即企业对应收账款的管理政策，是指建筑施工企业对应收账款的投资进行规划和管理而确立的基本原则与行为规范，具体包括信用标准、信用条件和收账政策三部分内容。企业通过制定并使用合理有效的信用政策，可以加强对应收账款的管理，提高应收账款投资效益。

（1）信用标准。信用标准是指客户能够获得企业商业信用所必须具备的最低条件，通常用预期坏账损失率来表示。企业到底该向客户提供什么样的信用标准，应综合分析影响信用标准的因素，制定合理的信用标准。如果标准定得太高，可能会因为很多客户达不到要求被拒之门外，这样做企业虽然可以降低坏账风险，但是不利于提高企业的市场竞争力；反之，虽然可以提高市场占有率，但同时企业可能要因此承担较大的坏账损失的风险和过高的收账成本。

① 影响信用标准的因素分析。建筑施工企业在制定或选择信用标准时，要进行定性的分析。具体应该考虑如下三个基本因素。

第一，同行业竞争对手的情况。建筑施工企业由于其行业相对于其他企业较为特殊，竞争更为激烈。所以，企业主要要考虑在同行业的竞争中如何处于优势，并加以保持和扩大市场竞争力和占有率。当然，如果企业所面临的对手实力不强，那么企业就可以适当选择稍高的信用标准；反之，则应当适当降低信用标准，以吸引更多的客户。

第二，企业能够承担违约风险的能力。建筑施工企业由于其生产资金占用时间长，金额相对更大，这就更要求企业有较强的风险承受能力。如果在企业能够承担客户违约风险的能力较强的情况下，就可以选择稍低的信用标准；反之，则应当适当提高信用标准，降低因为客户违约而需要企业承担较高的风险。

第三，客户的信用状况。一般情况下，建筑施工企业可以考虑从五个方面来评价客户的信用状况，包括客户的信用品质（character）、偿付能力（capacity）、资本（capital）、抵押品（collateral）以及经济状况（condition），因为这几个评价标准的英文第一个字母都是“c”，所以有时我们将其简称为信用的“5C”系统。下面分别进行介绍。

A. 信用品质。信用品质指顾客或客户努力履行其偿债义务的可能性，是建筑施工企业评价顾客信用品质的首要标准，信用品质是企业应收账款的回收速度和回收数额的决定性因素。建筑施工企业在评价客户这项品质时可以通过了解客户以往履行付款义务的记录对客户进行评价。

B. 偿付能力。偿付能力指顾客或客户的偿债能力，客户偿还债务能力的强弱，取决于其流动资产的数量和质量以及与流动负债的比例。一般情况下，企业流动资产的数量越高，流动负债的数量越低，其流动比率应该越高，表明该企业的偿债能力越强；反之，则偿债能力越低。建筑施工企业在判断客户偿债能力的强弱时，一方面可以分析反映偿债能力的各类指标，例如，流动比率、速动比率等定量的财务指标；另一方面可以通过了解客户资产的变现能力的强弱和客户短期融资的能力来对客户进行评价。如果其资产的变现能力越强或者短期融资能力越大，则表明其偿付能力较高；反之，则低。

C. 资本。资本指顾客或客户的财务实力和财务状况，表明顾客可能偿还债务的背景，是客户偿还债务的最终保证。建筑施工企业可以通过反映企业偿债能力的财务利率进行判断。例如，资产负债比率、流动比率、速动比率、有形资产净值等。这些财务比率越高，表明企业的财务实力和财务状况越好。

D. 抵押。抵押指顾客或客户拒付款项或无力支付款项时能被用做抵押的资产，建筑施工企业一旦不能收到这类客户的款项，一般的做法就是以该客户的抵押品抵补，这对于首次交易或信用状况有争议的顾客或客户尤为重要。当然，建筑施工企业在考虑这项因素时还要注意对抵押品的判断。一般能够作为抵押品的资产应该符合以下条件：第一，该项资产必须实际为客户所有；第二，该项资产具备较高的市场性，即资产在市场上的变现能力较强。

E. 经济条件。经济条件指可能影响顾客或客户付款能力的经济环境，这项因素虽然主要是受客观环境的影响，但也是建筑施工企业必须要考虑的一个要素。例如，顾客或客户在困难时期的付款历史、顾客或客户在经济不景气情况下的付款可能，即客户对不利环境因素的应变能力。

通过对客户进行信用等级管理，企业可以对不同信用等级的客户投入不同的人力和物力，采取不同的服务方式和给予不同的信用额度，促进企业销售额的增长和信用风险的降低，同时也为公司积累了一批优质的客户。

以上这些要素的考察，对于建筑施工企业确定信用标准是必不可少的参考项目。这些信息资料的取得，建筑施工企业可以从以下几个方面考虑。

第一，客户向社会公布的历年财务报告。

第二，与掌握该客户资料的其他建筑施工企业进行沟通，实现信息的共享。

第三，委托专业的代理机构或者资信调查机构对客户的资信情况进行合理的调查。

第四，采用合理的方法从银行信用部门取得资料。

第五，对于有多年经验的建筑施工还可以根据自己的实践经验进行合理的判断。

总之，建筑施工企业能否确定合理的信用标准是其提高应收账款投资收益，减少坏账损失的重要步骤。

② 确定信用标准的定量分析。建筑施工企业在判断客户的信用标准，除了依靠定性的分析以外，进行定量的分析也是不可或缺的一步。确定信用标准的定量分析，建筑施工企业主要解决两个问题：一是确定客户拒付账款的风险，即坏账损失率；二是具体确定客户的信用等级，作为制定信用标准的依据。建筑施工企业应该主要通过以下三个步骤来完成。

第一步：确定信用等级的评价标准。建筑施工企业可以根据对客户的信用资料的调查进行分析，确定评价信用的数量指标。分别确定信用优良和信用恶劣的客户的平均值，作为比较其他客户的信用标准。

第二步：确定拒付风险系数。建筑施工企业利用客户所提供的财务报告数据，计算各需要的指标值并与信用等级评价标准比较。

如果客户的某项指标值大于等于差的信用标准，那么企业就可以预计客户的坏账损失率增加 10%；如果客户的某项指标值介于好与差的信用标准之间，那么企业就可以预计客户的坏账损失率增加 5%；如果客户的某项指标值小于等于好的信用标准，那么企业可以预计客户的坏账损失率为零，也就是说该客户在这项指标上基本上不存在拒付的可能性。最后，建筑施工企业将某个客户所有指标值坏账损失率累加，得到该客户的坏账损失率总值。

此外，建筑施工企业如果认为有必要对客户进行更为详细的信用指标的分析，以便做出更为全面的判断，还可以选择性的增加信用指标，同时调整坏账损失率，进行更详细的判断。

第三步：进行风险排队，确定客户的信用等级。

建筑施工企业根据上步计算确定的客户预计坏账损失率，由小到大进行排序。再全面考虑企业能够承担违约风险的能力以及市场竞争的需要，划分出客户的信用等级。对于不同信用等级的客户，企业可以选择采用不同的信用政策，从而降低企业的坏账损失。

对于信用指标进行定量的分析，有利于建筑施工企业提高应收账款投资决策的效果。因此，就要求企业的决策者必须深刻考察各项指标内在质量的基础上，结合丰富的经验，对各项指标进行判断和分析，以便得到可靠的结果。但同时我们还要注意，受到企业规模、所处地区以及企业自身财务状况等方面的考虑，企业在确定信用指标时可能存在一定的差别，这就向建筑施工企业的财务人员提出了更高的要求。

（2）信用条件

① 信用条件的构成。信用条件是指建筑施工企业提供商业信用时向客户所提出的付款要求，具体包括信用期限、折扣期限和现金折扣率。信用条件通常可表示为“2/10,n/30”，其含义是若客户在 10 天之内付款可享受 2% 的现金折扣；若放弃现金折扣，必须在 30 天内付清全部款项。其中，30 天为信用期限，10 天为折扣期限，2% 为现金折扣率。

A. 信用期限。信用期限是指建筑施工企业允许客户从工程结算到支付价款的时间间隔。一般而言，企业信用期限与所售产品存在相关关系：延长信用可以扩大销售量，进而增加企业利润，但是不恰当的延长信用期限也可能给企业带来损失。例如，增加坏账损失或者使收款成本增加。所以，企业决定是否向客户提供延长信用期限的过程中，应该在比较延长信用期限增加的边际成本和取得的边际收益的大小而定。

B. 现金折扣和折扣期限。现金折扣是指建筑施工企业为督促顾客及早付清货款而向客户提供的一种价格优惠。延长信用期限会增加应收账款占用的时间和金额。因此许多建筑施工企业为了加速资金周转，及时收回货款，减少企业自身的坏账损失，往往在延长信用期限的同时，还会给予客户一定的优惠。如果在规定的时间内提前偿还货款，客户可按销售收入的一定比率享受折扣。就如上面谈到的，“2/10、n/30”，即客户如果在 10 天内付款，则可以享受应付账款全部金额 2% 的优惠。

现金折扣实际上是对企业销售收入的扣减，所以企业在决定是否给客户提供现金折扣以及提供多大程度的现金折扣时，应该着重考虑提供折扣后客户一旦享受现金折扣时，企业需要为此支出的成本和能够取得的收益的大小。

② 信用条件的选择。建筑施工企业通过确定合理的信用条件，在信用条件的基础上进行相应的选择，即信用条件的选择。企业是通过比较不同信用条件下的销售收入及相关成本，选择净收益最大的信用条件。

（3）收账政策。收账政策也称收账方针，是建筑施工企业针对客户违反信用条件，拖欠甚至拒付账款时采取的收账策略与措施。

一般而言，企业在向客户提供商业信用时，应该首先考虑以下三个方面的问题。

第一，客户是否有可能拖欠或拒付账款，如果会，程度怎样；第二，如何做能够最大限度地防止客户拖欠账款；第三，款项一旦遭到客户的拖欠或拒付，企业可以采取什么样的对策。其中，前两个问题的解决主要依靠建筑施工企业信用调查和信用审批制度来进行有效控制，最后一个问题则必须通过建筑施工企业制定完善的收账方针，采取有效的收账措施才能有效解决。所以，当建筑施工企业准备向客户提供信用时，就应该合理预计可能发生账款拖欠或拒付的各种可能性，并提前制定行之有效的收账方针，而不能在款项已被拖欠或拒付时才被动的寻求办法解决，可以说收账政策是建筑施工企业整个信用政策实施过程的一个有机组成部分。

从理论上说，履约付款是客户不容置疑的义务和责任，但如果企业对所有拖欠或拒付账款的客户均付诸法律解决，其效果并非最好，因为企业无论采取怎样的办法解决与客户在账款方面的纠纷，其最终目的都是最有成效地将款项收回。事实上，各个客户拖欠或拒付账款的原因也各不相同，许多信用品质良好的客户也可能会出于一些暂时的原因无法如期付款。这时，如果企业不分情况，都直接采用诉讼的解决方式，不仅会出现相当数额的诉讼费用的支出，而且除非法院裁决对方破产（这通常需要经过极为复杂的程序和相当长的时间），否则，效果也不是很理想。所以，通过法院强制收回账款一般是企业不得已而为之的办法。基于这种考虑，建筑施工企业如果能够同客户协商出相互都能接受的方案，也能够将大部分款项收回。

一般而言，当客户预期拖欠或拒付款项时，建筑施工企业通常可以采用的收账管理办法是：首先，分析企业目前采用的信用标准及信用审批制度是否存在纰漏和不足，重新对违约客户的资信等级进行调查、评价。其次，对于信用品质确实恶劣的客户要从企业信用名单中剔除，对该客户所拖欠的款项可以先通过信函、电讯、派员前往通知的方式进行催收，态度可以适时强硬，并提出警告。最后，当这些措施全部无效时，就可以诉诸法律。为了提高诉讼效果，企业有必要联合其他经常被该客户拖欠或拒付账款的企业共同向法院起诉，以增强该客户信用品质不好的有力证据。而对于信用记录一向良好的客户，在去电、去函的基础上，还可以直接派人与客户进行沟通，达成协议，这样做的好处是密切彼此之间关系的同时，还有助于更好地解决款项拖欠的问题，如果双方无法取得谅解，也只能选择法律进行裁决。

除了以上收账政策，有些国家还会选择一种新的收账代理业务，即企业委托收账代理机构催收账款，这样做可以使企业减少一定的工作量，收账效果也可以相对较好，但是由于委托手续费往往高达应收账款的近一半，因此选择这个方法对许多企业，尤其是实力较低、经济效益不佳的企业很难。

建筑施工企业在组织款项催收工作时，也必须权衡催账成本与预期的催账收益的大小。一般情况是在一定限度内，催账成本越高，采用的收账政策适当，坏账损失也会越小，催账收益越大，反之，催账收益越小。但二者也并非完全呈线性关系，最初的催账成本也许不会使坏账损失减少很多，随着企业后续支出的催账成本将对坏账损失的减少产生越来越大的效应，但超过饱和点后，催账成本的增加对进一步降低坏账损失的效力便会逐渐减弱，甚至不起作用。基于此建筑施工企业在组织催账时必须予以分析、判断催账费用是否已临饱和点。具体方法是：随着催账费用支出效果的减弱，如果坏账的边际减少额加上其边际再投资收益等于催账费用的边际增加额时，通常可以认为催账费用已抵饱和点。

在实际工作中，建筑施工企业为了提高市场占有率，留住客源，对于客户的逾期付款会规定一个允许的拖欠期限，但是超过期限仍未付款的，企业就要采取措施进行催收。而企业采取的催款政策可能影响收款效果。如果企业制定的收款政策过紧，就可能会对不是故意拖欠账款的客户造成伤害，影响客户的业务关系，进而影响未来企业的收益；反之，企业制定的收款政策过松，可能会使款项拖延的时间更长，给企业造成更为严重的损失。因此，企业在选择采用的收账措施时，要充分做好分析工作，选择合适的收账政策，这样才能保证达到较好的效果。

总之，企业合理的信用政策应该把信用标准、信用条件、收账政策结合起来，考虑三者的综合变化对销售额、应收账款机会成本、坏账成本和收账成本的影响。为了能够达到这个目的，通常企业可以形成专门的收账手册。收账手册的基本内容如下。

定义与收账任务有关的各种权利和义务；建立“未逾期账款询问”制度以及实施方式；需要采用追收的警告和制裁手段（电话追讨、信函追讨和上门追讨等）；收账的时间安排；收账每个时间段的确定；最终追收方式的确定；使用抵押品的时机及处理抵押品的方法；转移到收账机构的时间和程序；转移到律师事务所的时间和程序；特殊情况下的选择。

5. 应收账款日常管理

制定合理的信用政策，优化应收账款的投资决策，是提高应收账款投资效率，降低风险损失的基本保证。建筑施工企业对于已经存在的应收账款，为了更有效地促进应收账款投资的良性循环，还应该强化日常管理工作，建立健全应收账款管理的责任制度与控制措施，以便顺利地实现企业应收账款投资的基本目标。

对于已经发生的应收账款，企业有必要进行分析、控制，以便及时发现问题，提前采取措施，加速应收账款的收回，最大限度地减少坏账损失对企业产生的不利影响。

（1）实施应收账款的追踪分析。应收账款一旦形成，建筑施工企业就必须考虑如何能够按期足额收回款项的问题。因此，企业有必要在收款之前，对该应收账款的运行过程进行追踪分析，分析的重点就要放在赊销商品的变现问题上。客户赊购的商品如果能够及时销售收回款项，那么企业应收款项的收回也就有了相应的保障。一般来说，客户能否严格履行付款义务，主要取决于两个因素：第一，客户现金持有量和能够对现金的调剂程度；第二，客户的信用品质。所以，建筑施工企业就要对赊购者今后的经营情况、偿付能力进行追踪分析，及时了解客户现金的持有量与调剂程度能否满足兑现的需要。应将那些挂账金额大、挂账时间长、经营状况差的客户的欠款作为考察的重点，以防患于未然。必要时可采取一些措施，例如，要求这些客户提供担保等来保证应收账款的回收。

（2）进行应收账款的账龄分析。对于企业所持有的应收款项，其时间是长短不一的，有些款项已经超出收回时间，而有的还尚在信用期限内。一般而言，客户逾期拖欠账款的时间越长，对于企业来说催收账款的难度就可能越大，应收款项成为呆坏账损失的可能性也越高。因此，建筑施工企业必须要做好应收账款的账龄分析，密切注意应收账款的回收程度和可能出现的变化。

通过对应收账款的账龄分析，建筑施工企业可以有效获得以下信息：有多少客户在折扣期限内付款；有多少客户在信用期限内付款；有多少客户在信用期限过后才付款；有多少应收账款拖欠太久，可能会成为坏账。

如果账龄分析显示企业的应收账款的账龄开始延长或者过期账户所占比例逐渐增加，那么就必须及时采取措施，调整企业信用政策，努力提高应收账款的收现效率。对尚未到期的应收账款，也不能放松监督，以防发生新的拖欠。

（3）加强对应收账款的事前管理。建筑施工企业为了能够及时收回账款，要在事前就对应收账款做好管理工作，具体内容如下。

做好基础记录。建筑施工企业应该了解、掌握客户付款的及时程度。基础记录工作包括企业对用户提供的信用条件，建立信用关系的日期、用户付款的时间、目前尚欠款数额以及用户信用等级变化等，企业只有掌握这些信息，才能及时地采取相应的对策。

检查用户是否突破信用额度。建筑施工企业对客户提供的每一笔赊销业务，都要检查是否有超过信用期限的情况，并注意检验用户欠债总额是否突破了信用额度。

掌握用户已过信用期限的债务。密切监控客户已到期债务的增减动态，以便及时采取措施与用户联系，提醒其尽快付款。

分析应收账款周转率和平均收账期。流动资金是否处于正常水平是反映客户偿债能力的有效表现，建筑施工企业可通过对流动比率等指标的计算，与以前实际、现在计划及同行业相比，用以评价应收账款管理中的成绩与不足，并修正信用条件。

考察拒付状况。建筑施工企业还应该注意考察应收账款被拒付的百分比，即坏账损失率，以决定企业信用政策是否应改变，如果实际坏账损失率大于或低于预计坏账损失率，企业必须考虑其信用标准是不是过于严格或太松，进而修正企业的信用标准。

（4）加强企业内部控制。建筑施工企业还应该在企业内部加强管理，具体做法如下。

加强企业内部的管理与监控职能，建立健全财务管理内部牵制原则；改进企业内部核算方法。分别针对企业不同的销售业务，采用不同的核算方法与程序以示区别，并采取相应的管理对策；建立严明的资金回笼制度，成立专门收账机构，完善应收账款催收系统；定期或不定期对企业设立的营销网点进行巡视监察和内部审计。防范因管理不严而出现的挪用、贪污及资金体外循环等问题，降低风险；建立健全企业机构内部监控制度。针对应收账款在赊销业务中的每一个环节，健全应收账款的内部控制制度。努力形成一整套规范化的对应收账款的事前控制、事中控制、事后控制程序。

三、存货管理

1. 存货管理的目标

存货是指建筑施工企业在日常施工生产过程中持有以备出售，或者仍然处于生产过程，或者在生产或提供劳务过程中将被消耗的材料或物料等。主要包括库存、加工中、在途的各种物料、商品、在产品、产成品、半成品、低值易耗品等。

（1）按照存货的经济用途不同划分（见表 12–4）。

表 12–4 按照存货的经济用途不同分类

类别	内容
原材料存货	原材料存货是指建筑施工企业用于工程施工或产品制造并构成工程或产品实体的材料物资，包括主要材料和结构件等。这部分存货是企业准备用于建筑安装工程施工或产品生产的必要储备，经过施工或工业生产活动，会构成工程或产品的实体

续表

类别	内容
生产用品存货	生产用品存货是指建筑施工企业为了进行建筑安装工程施工生产或产品生产所需的生产用品存货，包括机械配件、其他材料、周转材料和低值易耗品等。生产用品存货本身并不构成工程或产品的一部分
在产品存货	在产品存货是指建筑施工企业已经投入人工、材料等进行施工或生产，但尚未全部完工，在交付使用或销售之前还需要进一步加工的存货，包括企业在施工中的未完工程以及附属工业企业和辅助生产部门尚未完工的产品
产成品存货	产成品存货是指建筑施工企业已经完成全部生产过程，可以对外销售的制成产品，包括企业可以作为商品房销售的已完工建筑产品以及附属工业企业和辅助生产部门的库存产成品
商品存货	商品存货是指建筑施工企业购入以备出售的各种货品。商品存货在其销售以前无须加工，仍保持其原有的实物形态

（2）存货按照存货的存放地点划分。可以分为库存存货、在途存货、在制存货、寄存存货、委托外单位代销存货。

（3）按照存放地点划分。可分为外购存货、自制存货、委托加工的存货、投资者投入的存货、接受捐赠的存货、接受抵债取得的存货、非货币性交易换入的存货和盘盈的存货。

存货属于建筑施工企业的流动资产，并且在流动资产中所占比重较大，但又是流动资产中流动性较差的一项资产。企业为了满足正常的施工生产活动要有充足的存货，这样做不仅能够保证施工生产的顺利进行，节约采购成本和生产时间，同时能够快速满足客户的订货需求。保证企业的生产和供应环节有较大的灵活性。避免企业因为存货不足丧失收益。但同时也要看到由于存货的增加占用了一定的资金，这样可能使企业承担一定的机会成本，同时增加管理费用，降低企业的收益。因此，建筑施工企业就要在存货的持有量上找到一个合理的界限，使其数量既能保证企业的正常施工生产，又不过多地占用企业的资金。建筑施工企业对存货的管理主要包括存货的信息管理和在此基础上的决策分析，最后进行有效控制，达到对存货进行管理的最终目的，从而提高企业经济效益。由此可见，存货管理水平的高低对企业施工生产能否顺利进行具有直接影响，并且最终会影响到企业的收益、风险和流动性的综合水平。所以，存货管理在建筑施工企业对整个流动资产的管理中具有重要地位。

建筑施工企业对存货管理的目标总结起来就是在存货的功能（收益）与成本之间进行利弊分析，充分发挥存货功能的同时，降低成本，增加收益，实现它们之间的最佳组合。

2．存货的功能和成本

（1）存货的功能，存货的功能是指存货在建筑施工企业施工生产过程中所起的作用。其作用主要通过以下几个方面体现。

防止施工生产的中断。企业适当的存货持有数量是其正常施工生产的保证，适量的存货能够保证企业不出现停工待料的状态，维持企业生产的连续性。

适应市场突变。企业适当的存货持有数量可以增强其在生产和销售环节的灵活性，适应市场的变化。只有当企业具备了足够的存货，才能有效地向市场供应产品，满足客户的需求；反之，企业可能会因为存货不足，丧失市场销售良机，失去客源，影响企业的效益和今后的发展。

降低进货成本。企业在进货的过程中，采取批量集中进货的方法，可以获得供货方较多的商业折扣。同时，企业还可以通过增加每次采购的数量，从而减少购货次数。建筑施工企业这样做的好处是可以有效降低采购成本，节约资金。

维持均衡生产。有些企业所生产的产品属于季节性产品，其生产所需的材料具有季节性的特点。这时企业为了有效地降低生产成本，实现均衡生产，有必要适当地储备一定的存货，以避免生产旺季企业超负荷运转，生产淡季企业停工待料，使企业生产能力得不到充分的利用。

有利于产品销售。市场是瞬息万变的，企业为了能够在竞争中取胜，提高产品的市场占有率，就必须尽量做到能够向客户提供充足的货源，满足客户的需求。否则就可能因为不能提供足够的产品而丧失现有的和潜在的客户。因此，企业拥有一定数量的存货就可以在需要的时候及时出售，保证产品的市场占有率。

（2）存货的成本。如前所述，建筑施工企业为发挥存货的功能，就必须储备一定数量的存货，但同时也会为此发生一定的支出。这些支出对于企业而言就是存货的成本。存货成本概括起来主要包括以下三个方面的内容。

① 进货成本。进货成本是指建筑施工企业取得存货时的成本费用支出，主要包括存货进价和进货费用两个方面的支出。存货进价还可称为购置成本，是指存货本身的价值，等于存货采购单价乘以采购数量。用公式表示如下：

$$存货进价=DU$$

式中 D——全年存货需求总量；

U——存货采购单价。

在企业进货总量确定的条件下，采购次数不会影响进货成本，使存货的成本保持稳定，所以存货的进价成本是决策无关成本。

进货费用还可称为订货成本，是建筑施工企业为组织和管理进货活动而发生的费用。例如，企业进货时发生的采购费、差旅费、运输费、搬运费等。存货的进货费用中有些费用（采购费、差旅费）与进货次数成正比关系，是决策相关成本。用公式表示如下：

$$进货费用=F_1+（D/Q）K$$

式中 F_1——固定性进货费用；

Q——每次进货量；

K——每次订货的变动进货费用。

因此，可以把存货的进货成本公式表示为

进货成本 = 存货进价 + 进货费用 $=DU+F_1+（D/Q）K$

② 储存成本。储存成本是指建筑施工企业为持有存货而发生的成本费用支出，主要包括存货占用资金应支付的利息（企业使用借入资金购入存货）或存货占用资金的机会成本（企业以自有资金购入存货）、存货的仓储费用、保险费以及存货毁损变质给企业造成的损失等。

存货的储存成本可以按照其与储存数额的关系分为变动性储存成本和固定性储存成本两部分。其中固定性储存成本包括仓库管理员的工资、仓库折旧费等，这些费用在存货储存数量一定的范围内，对储存费用没有影响，属于决策无关成本。有些费用，如存货占用资金应支付的利息费用、存货毁损变质给企业造成的损失等支出与存货储存数量成正比变动关系，属于决策相关成本。用公式表示如下：

$$储存成本=F_2+KC\times Q/2$$

式中 F_2——固定性储存成本；

KC——单位存货的变动储存成本；

Q——进货量。

③ 缺货成本。缺货成本是指建筑施工企业因存货不足而遭受的损失，主要包括由于材料供应中断造成企业的停工损失、产品供应中断导致延误发货的信誉损失和丧失销售机会的损失等。企业的缺货成本是否会成为企业决策的相关成本，要根据企业是否允许出现存货短缺的不同情况而定。如果企业允许缺货，则缺货成本与存货数量成反比关系，属于决策相关成本；反之，则为决策无关成本。

如果企业缺货成本用 TCS 表示，则存货总成本用公式表示如下：

$$存货总成本\ TC=进货成本+储存成本+缺货成本$$

$$=DU+F_1+（D/Q）K+F_2+KC\times Q/2+TCS$$

3．存货经济批量决策

（1）存货经济批量的含义。通过上面对存货成本构成的介绍可以得出，如果建筑施工企业的存货过多，容易造成存货过时、损坏、变质、增加机会成本和保险费用等不必要的成本费用支出；同样如果企业存货过少，则可能因为缺货而出现缺货成本。因此，企业的财务管理部门有必要合理确定企业的进货批量和进货时间，使存货的总成本最低。综上所述，能够使一定时期企业存货的总成本最低的采购数量，就是存货的经济批量或经济订货量。因此，建筑施工企业要想取得存货的经济订货量，就必须协调各存货的决策相关成本之间的关系，使其成本总和保持最低水平。

（2）存货经济进货批量基本模式确定存货经济进货批量的基本模式，需要设立一定的假设条件，这些条件主要包括：

建筑施工企业有能力及时补充存货，即企业需要订货时便可立即取得存货；进货时间可以完全由建筑施工企业自行决定，并且每次存货能集中到货，而不是陆续入库；建筑施工对存货的消耗或者销售相对均衡；不允许出现缺货情形，不存在缺货成本，这是因为良好的存货管理本来就不应该出现缺货；建筑施工企业在一定时期存货需求稳定，并且进货总量可以准确地予以预测；存货的价格稳定，且不存在商业折扣；建筑施工企业现金充足，不会因现金短缺而影响进货；建筑施工企业所需存货市场供应充足，不会因买不到需要的存货而影响其他工作。

在上述假设条件下，企业不允许出现缺货，因此与存货总成本直接相关的就只有相关进货费用和相关储存成本两项。

则有：存货相关总成本 = 相关进货费用 + 相关存储成本

即 $TC=（D/Q）K+K_C \times Q/2$

在上式中，D、K、K_C 为常数时，总成本 TC 的大小就取决于 Q，为了求出 TC 的极小值，可对上式求导数，得出如下公式：

$$存货经济进货批量（Q）= \sqrt{2KD/K_C}$$

上式称为存货经济进货批量的基本模式，Q 即为经济进货量。根据此基本模式还可以计算出以下几个指标。

$$经济进货批量的存货相关总成本（TC）= \sqrt{2KDK_C}$$

$$经济进货批量平均占用资金（W）=UQ/2= \sqrt{KD/2K_C}$$

$$经济最佳进货批次（N）=D/Q= \sqrt{DK_C/K}$$

（3）存在商业折扣的经济进货批量模式。上面也提到在实际工作中，很多企业为提高销售量，通常会根据客户购买产品的数量给予不同程度的价格优惠，即在经济进货批量基本模式其他各种假设条件均具备的前提下，存在商业折扣。此时建筑施工企业在确定经济进货批量时，在考虑进货费用和储存成本的同时，还需要考虑存货的进货成本，则相关总成本可按下式计算。

存货相关总成本 = 存货进价 + 相关进货费用 + 相关存储成本

因此，企业如果实行商业折扣的话，存货的经济进货批量具体确定步骤如下。

第一步，按照经济进货批量基本模式确定经济进货批量及存货相关总成本。

第二步，计算享受商业折扣的最低进货批量的存货相关总成本。如果给予商业折扣的进货批量是一个范围，例如，企业进货数量在 1000 ～ 1999 千克之间可享受 2.5% 的价格优惠，此时需要按给予商业折扣的最低进货批量，即按 1000 千克计算存货相关总成本。因为销售企业给予商业折扣的进货批量范围内，无论进货量是多少，存货进价成本总额都是相同的，相关总成本的变动规律是：进货批量越小，相关总成本就越低。

第三步，比较不同进货批量的存货相关总成本，最低存货相关总成本对应的进货批量，就是存在商业折扣时的最佳经济进货批量。

（4）允许缺货时的经济进货模式。前面的论述都是假设企业不存在缺货的情况下，但在实际的生产中企业无论采用何种预防措施都不可避免地会有缺货的现象发生。如果企业真的出现缺货，又该如何对存货的经济进货批量进行决策呢。下面讨论在允许缺货的情况下，建筑施工企业对经济进货批量的确定。这时，企业需要考虑的费用不仅包括进货费用与储存成本，而且还必须对可能的缺货成本也加以考虑，即能够使三项成本总和最低的进货批量就是经济进货批量。根据上面的分析，允许缺货时的经济进货模式公式为：

$$Q=\sqrt{(2DK\div K_C)(K_C+K_U)\div K_U}$$
$$S=QK_C\div(K_C+K_U)$$

式中 S——缺货量；

K_U——单位缺成本；

其他符号意义同前。

4. 存货的日常管理

与现金一样，建筑施工企业为了保证存货的安全和完整，最大限度地发挥效用，企业对存货也要进行日常的管理。建筑施工企业对存货日常管理的目标是，在保证企业施工生产活动正常进行的前提下尽量减少库存，防止存货积压。企业在实践中形成的存货日常管理方法主要包括库存储存期控制、存货 ABC 分类管理、库存储存量控制、存货供应时点控制等。以下就介绍几个重点方法。

（1）存货储存期控制。建筑施工企业的材料等存货入库后，一方面面临着市场需求的不确定性，另一方面企业储存存货也要占用一定的资金。因此，企业的首要问题就是如何能够尽快地进行生产，同时实现产品的销售，这样做可以加速存货的周转，提高资金使用效率。

建筑施工企业对存货进行投资所发生的费用支出，按照与储存时间的关系可以分为固定储存费与变动储存费两部分。前者由存货的进货费用、管理费用等构成，这些费用的金额多少与存货储存期的长短没有直接关系，是无关成本；后者由存货资金占用费（贷款购置存货的利息或现金购置存货的机会成本）、存货仓储管理费、仓储损耗（有些时候为计算方便，如果存货仓储损耗较小，也可以将这部分费用计入固定储存费中）等构成，这些费用的金额随存货期的变动成正比变动。

根据上面的分析，可以得出这些费用与利润存在如下的关系。

利润 = 毛利 − 固定储存费 − 销售税金及附加 − 每日变动储存费 × 储存天数

公式中的“每日变动储存费”应换算成存货的售价来计算。

对上面的公式进行变形即可得出存货保本储存天数（利润为零）和存货保利储存天数（利润为目标利润）的计算公式。

$$\text{存货保本储存天数}=\frac{\text{毛利}-\text{销售税金及附加}-\text{固定储存费}}{\text{每日变动储存费}}$$

$$\text{存货保利储存天数}=\frac{\text{毛利}-\text{销售税金有附加}-\text{固定储存费}-\text{目标利润}}{\text{每日变动储存费}}$$

存货的储存成本不断增加的原因是由于变动储存费随着存货储存期的延长而不断增加的结果，所以，利润与费用之间存在此消彼长的关系，这实际上是利润与变动储存成本之间的关系。因此能够得到结论，存货储存期越长，利润越低。

建筑施工企业通过对存货储存期的分析和管理，能够及时掌握企业存货的有关信息，企业的管理部门也就可以及时做出调整方案。例如，对于已经超过保本期的存货，企业应该积极推销，力求将损失降到最低限度；对于超过保利期但仍在保本期内的存货，企业应该进行市场调查，找到原因，采取相应的措施等。

（2）存货 ABC 分类管理。存货 ABC 分类管理就是按照一定的标准，将建筑施工企业的存货划分为 A、B、C 三类，按照材料品种进行重点管理，按照材料的类别一般控制以及按照材料的总额灵活掌握的管理方法。

建筑施工企业为了能够保证施工生产的顺利进行，库存存货往往品种数量繁多。而在实际工作中，并非所有的存货都有同样重要的地位，有些存货虽然数量不多，但金额巨大，在施工生产中所起的作用也举足轻重，这样的存货如果管理不善就可能给企业带来很大的损失；而有些存货则相反，虽然数量很多，但是金额不高，在生产中起的作用也不是很重要，所以即使在管理过程中出现一些问题，也不至于使企业的损失过大。ABC 分类管理的目的就是使建筑施工企业分清主次，突出重点，以提高存货资金管理的整体效果。

① 存货 ABC 分类的标准。建筑施工企业存货的分类标准主要有两个：一是金额标准；二是品种数量标准。其中金额标准是考虑的重点，品种数量标准仅作为参考。

其中，A 类存货的特点是金额巨大，但品种数量较少；B 类存货的金额适中，品种数量相对 A 类存货较多；C 类存货品种数量最多，但价值金额却很小。该方法运用到建筑施工企业，就是对施工过程中所使用的各种材料，按照企业施工生产的需用量大小，占用资金多少，结合重要程度将存货分成 A、B、C 三类，对材料进行管理时采取不同的办法。

根据建筑施工工程材料的特点，对施工过程中需用量大、占用资金多、专用材料或备料难度大的材料，定为 A 类材料，对这类材料必须严格按照设计施工图，逐项进行认真仔细的审核，做到材料的规格、型号、数量完全准确，存放时也要给予特别的关注，经常进行清查。对资金占用少、需用量小、比较次要的定为 C 类材料，对这类材料的管理，企业可采用较为简便的系数调整办法进行估计，进行一般性的管理即可。对处于 A 类材料和 C 类材料中间状态的通用主材、资金占用属中等的辅助材料定为 B 类材料，企业对这类材料在管理时一般按常规的管理方法管理，确定其用量即可。

一般来说，建筑施工企业可以按照一定的金额比例和数量比例对存货进行划分，三类存货的金额比重大致为 A ∶ B ∶ C=0.7 ∶ 0.2 ∶ 0.1，而品种数量比重大致为 A ∶ B ∶ C=0.1 ∶ 0.2 ∶ 0.70

② A、B、C 三类存货的具体划分。建筑施工企业在具体划分三类存货时，具体过程可以分成三个步骤进行（有条件企业还可以借助计算机进行工作）。

第一，列示企业全部存货的明细表，并计算出每种存货的价值总额。

第二，计算每一种存货占用资金在全部存货资金总额中的比例，并按照存货金额由大到小进行排序并累加金额百分比，编成表格。

第三，根据事先确定的标准把重要的材料划为 A 类，把一般的材料划为 B 类，把不重要的材料划为 C 类。一般来说，当存货金额百分比累加到 70% 左右时，以上存货定为 A 类存货；百分比介于 70% ~ 90% 之间的存货定为 B 类存货，剩下的部分定为 C 类存货。

分类结束后，建筑施工企业应该对 A 类材料进行重点管理和控制，对 B 类材料进行次重点的管理，对 C 类材料则进行一般性的管理。

（3）库存储存量控制。控制材料库存储存量同样是加强材料资金管理的重要环节。建筑施工企业为了做好这项工作，有必要分清存货的正常库存和超出积压的界限。存货的库存储存量控制可以通过存货的最高储备量、最低储备量和采购点储备量三个指标来反映。

① 最高储备量。最高储备量是指供应间隔期储存的材料数量，加上加工整理材料和保险储备。它是库存材料将要超出储备数量的极限，一般情况下，存货处于最高储备量时，建筑施工企业应停止进货。

② 最低储备量。最低储备量是指供应间隔储备的材料已经用完，仓库中仅存加工整理材料和保险储备。这是库存材料储量即将不足的信号，当建筑施工企业材料处于最低储备量时，应立即采取行动马上进货，以保证施工生产的顺利进行。

③ 采购点储备量。采购点储备量也称为订货点储备量，这是采购材料的信号，当库存材料达到采购点储备量时，建筑施工企业应及时组织进货，使库存材料保持必要的储备量。企业究竟要何时进行订货还要依靠准确地确定材料的采购周期。

所谓采购周期，就是指从材料供应商办理订货手续到材料入库的全部时间。这是从发出订单、办理订货手续、运输到入库前验收等时间的总和。正确地确定采购周期，是使企业仓库保持合理储备的重要环节。因为如果采购周期过长，材料储备就会过多；反之，采购周期过短，材料储备就会过少，影响施工生产的正常进行。

最高储备量、最低储备量和采购点储备量的计算公式及它们之间的关系如下。

最高储备量 = 平均每天耗用量 ×（供应间隔天数 + 加工整理天数 + 保险天数）

最低储备量 = 平均每天耗用量 ×（加工整理天数 + 保险天数）

采购点储备量 = 平均每天耗用量 ×（加工整理天数 + 保险天数 + 采购周期）

在建筑施工企业的实际采购工作中，又可分为定量采购点和定期采购点两种。

① 定量采购点是指存货的库存数量固定，订货时间不固定，当库存量下降到采购点时，就发出订货单，而库存数量必须选择最经济合理的批量。这种方法一般适用于 A 类材料，有利于控制材料储备数量及其占用的资金。

② 定期采购点是指存货的订货时间固定，库存数量不固定，按规定订货时间发出订单。这种方法适用于 B 类和 C 类材料，该方法可以简化企业的管理工作。

第三节　非流动资产管理

一、固定资产管理

1. 固定资产管理概述

（1）固定资产的含义及分类

① 固定资产是指同时具有以下两个特征的有形资产：为生产商品、提供劳务、

出租或经营管理而持有的，使用寿命超过一个会计期间的资产。

对于建筑施工企业而言固定资产主要包括房屋及建筑物、机器设备、运输设备、工具器具等。固定资产一般具有如下特点：第一，固定资产的使用期限超过一年或超过一年的一个经营周期，且在使用过程中保持原来的物质形态不变；第二，固定资产的使用寿命是有限的（土地除外）；第三，固定资产是企业用于生产经营活动，而不是为了出售的资产；第四，固定资产的单位价值较高。

② 固定资产的分类。建筑施工企业的固定资产种类繁多，规格不一。企业为加强对固定资产的管理，有必要对固定资产进行合理的分类。根据企业不同的管理需要和不同的分类标准，可以对固定资产进行以下的分类。

A. 固定资产按照经济用途划分，可分为生产经营用固定资产和非生产经营用固定资产。生产经营用固定资产是指直接为企业生产、经营活动服务的各类固定资产，如企业生产经营用的房屋、建筑物、机器、设备、工器具等。

非生产经营用固定资产是指不直接为企业生产、经营活动服务的，但是可以为企业的正常生产经营活动提供帮助的各类固定资产，如职工宿舍、食堂、浴池、医院、疗养院等使用的房屋、设备和其他固定资产等。

B. 固定资产按照使用情况划分，可分为使用中固定资产、未使用固定资产和不需用固定资产。

使用中固定资产是指企业正在使用中的生产经营用和非生产经营用的固定资产。企业因为季节性经营或大修理等原因，暂时停止使用的固定资产仍属于企业使用中的固定资产；企业出租（指经营性租赁）给其他单位或部门使用的固定资产和内部替换使用的固定资产也属于使用中的固定资产。

未使用固定资产是指已完工或已购建的但尚未交付使用的新增固定资产或者因进行改建、扩建等原因暂停使用的固定资产，如企业购建的尚待安装的固定资产、经营任务变更停止使用的固定资产等。

不需用固定资产是指对于企业多余或者不适合使用，需要调配处理的固定资产。

C. 固定资产按照所有权划分，可分为自有固定资产和租入固定资产。

自有固定资产是指企业拥有的可供企业自由地支配使用的固定资产，即企业拥有所有权的固定资产。

租入固定资产是指企业采用租赁方式从其他单位租入的固定资产。即企业没有所有权，只有使用权的固定资产。企业对租入的固定资产依照租赁合同拥有使用权，同时负有支付租金的义务，但资产的所有权属于出租单位。租入固定资产可分为经营性租入固定资产和融资租入固定资产。

D. 固定资产按照经济用途和使用情况等方面划分，可把企业的固定资产分以下为七大类。生产经营用固定资产；非生产经营用固定资产；租出固定资产（租出固定资产是指在经营租赁方式下出租给外单位使用的固定资产）；不需用固定资产；未使用固定资产；土地（该处的土地是指过去已经估价单独入账的土地）融资租入固定资产（融资租入固定资产是指企业以融资租赁方式租入的固定资产）。

③ 固定资产分类的意义。建筑施工企业按照不同标准对固定资产进行分类，在实际工作中具有显著的作用，这些作用具体表现如下方面。

对固定资产按照经济用途分类，可以帮助建筑施工企业掌握和监督经营用固定资产和非经营用固定资产之间，以及经营用各类固定资产之间的组成和变化情况，以考核和分析企业固定资产的利用情况，促进企业合理地配置和使用固定资产，充分发挥其效用。

对固定资产按照使用情况分类，可以帮助建筑施工企业了解固定资产的使用情况及其比例关系，便于企业分析固定资产的利用效率，发掘固定资产的利用潜力，促进企业合理地使用固定资产。

（2）固定资产的管理要求。市场条件下，建筑施工企业面临的理财环境复杂多变。合理地制定固定资产投资决策，对节约固定资产投资，提高固定资产利用效果，加速固定资产更新改造，增强企业经济实力，具有非常重要的作用。所以固定资产管理是企业财务管理部门的一项重要工作。企业在对固定资产进行管理时，应该做到以下几个方面。

① 合理地对固定资产需要量进行预测。固定资产预测是指企业根据已经掌握的相关信息和数据，采用一定科学的方法，对企业未来一定期间的固定资产需要量和固定资产投资做出符合规律的测算和分析的工作,使企业的固定资产投资合理有效。企业固定资产预测由固定资产需要量的预测和固定资产投资效益的预测两个方面构成。

当前企业生产经营快速发展，企业所需要固定资产的数量、结构、效能也要不断变化和发展。能否正确预测固定资产需要量，是企业对固定资产进行管理的一项基础工作，也是固定资产管理的首要环节。在预测的过程中建筑施工企业要根据自身施工生产的任务、建设规模、生产能力等因素，运用科学合理的方法预测各类固定资产的需用量，对固定资产的使用进行合理的配置，力求以尽可能少的固定资产满足企业正常的施工生产的需要。

预测固定资产需用量对企业而言具有重要意义，首先有助于建筑施工企业准确掌握固定资产库存量，平衡生产任务和生产能力，发掘固定资产使用潜力，提高固定资产的利用效果；其次还可以为企业进行固定资产投资决策提供重要的依据。

② 科学地对固定资产投资进行预测。企业固定资产的特点决定了固定资产的投

资金额大，使用时间长，对企业的生产经营能够产生重大影响。因此，对固定资产的投资决策稍有闪失，对建筑施工企业而言，不仅可能造成投资不合理产生巨大的浪费，而且可能出现因为开始的投资失误而致使企业在日后生产经营上遇到这样或那样的困难。

基于上述原因建筑施工企业在对固定资产进行投资时，有必要根据企业自身的实际情况和所处的投资环境，认真研究投资项目的必要性，确定投资技术上的可行性，分析项目财务上的效益性。对各个固定资产投资方案的整体效益进行比较，从而在各种投资方案中，选择出投资少、收益高、投资回收期相对较短的最佳方案，在此基础上，再对固定资产的投资支出、资金来源和投资效果做出合理的计划安排，使企业固定资产的投资建立在科学的基础上。

③ 努力提高固定资产的利用效果。建筑施工企业通过分析决策，在选择出有效的固定资产投资方案后，还要对企业已经拥有使用的固定资产进行合理有效的管理，这样做的好处在于可以节省固定资产的投资，最大限度地发挥固定资产的效能，提高企业的获利能力。企业在确定固定资产的投资方案、固定资产的购建、固定资产的更新、改扩建以及固定资产的使用等各个环节的工作中都应该注意，采用有效的措施提高固定资产的利用效率。

④ 利用科学的方法准确确定固定资产价值。固定资产价值确定的准确与否，是建筑施工企业确定资产价值的重要前提。《企业会计准则》中要求企业在一般情况下，确定固定资产价值要以历史成本（原始价值）为基础。

为了适应市场的变化要求，同时，由于固定资产价值较大，其价值会随着损耗而逐渐减少，企业还有必要揭示固定资产的折余价值。因此，固定资产的计价方式总结起来主要有以下几种。

A. 历史成本计价。历史成本又称原始成本或原始价值，是指企业购置、建造或取得某项固定资产所支付的全部货币支出。

现行企业财务制度规定，企业外购固定资产价值构成，应按买价加上支付的相关运输费、保险费、包装费、安装成本和缴纳的税金，以及使固定资产达到预计使用标准所发生的全部费用确认价值；企业自行建造固定资产价值构成，应按从建造工作开始使固定资产达到使用标准前所实际发生的全部费用支出确认价值；企业融资租入固定资产价值构成，应按承租双方签订的租赁协议或者合同确定的价款加运输费、保险费、安装调试费等确认价值；企业在原有固定资产基础上进行改建扩建的固定资产价值构成，应按原固定资产价值扣除已提折旧，加上改扩建发生的支出，减去改扩建过程中发生的固定资产变价收入后的金额确认价值。历史成本计价的方法具有客观性和可验证性的特点，因此成为固定资产的基本计价方法。

B. 完全重置成本计价。完全重置成本是指在企业当前生产条件和市场情况下，全新购建同类固定资产所需支出的全部费用。一般情况下，企业盘盈固定资产或者接受捐赠的固定资产，可以按照完全重置成本确认价值。

C. 净值计价。固定资产净值也称为固定资产折余价值，是指固定资产的原始价值减去已计提折旧后的净额。固定资产净值可以反映企业实际占用在固定资产上的资金数额和固定资产的新旧程度。一般情况下，企业盘亏固定资产、毁损固定资产，可以按照净值确认价值。

D. 可变现净值计价。可变现净值计价是指固定资产按照正常对外销售所能收到的现金或者现金等价物的金额扣减购置该固定资产将要发生的成本后的金额。

E. 公允价值。公允价值是指固定资产在公平交易中熟悉情况的交易双方自愿进行资产交换的金额。

建筑施工企业无论采用哪种价值模式确认固定资产的价值，都要在符合《企业会计准则》要求的前提下进行。

⑤ 采用合理的方法准确地计提固定资产折旧。固定资产在使用过程中会发生价值的损耗，建筑施工企业要通过对固定资产计提折旧的方式进行补偿。折旧的提取是企业更新固定资产所需资金的来源，因此合理确定固定资产折旧的提取计划，及时提取固定资产折旧，使固定资产在施工生产中的损耗足额得到补偿，才能保证固定资产再生产的顺利进行。对于固定资产折旧形成的这一部分资金来源，企业应加以有效的管理。

⑥ 切实做好固定资产的保管和清查工作。固定资产是建筑施工企业满足日常施工生产活动的重要资源，能否保证固定资产的完整，是保证企业施工生产顺利进行的关键，也是企业固定资产管理的基本要求。为了保证固定资产的完整性，企业应该做好对固定资产管理的各项基础工作，包括：明确固定资产的管理范围；编制固定资产明细；使用固定资产登记卡、账，及时准确地反映各类固定资产的数量变动，使用和节余情况；进行定期或者不定期的清查盘点，切实做到账、卡、物三者相符。在做好以上各项基础工作的同时，还要建立、健全固定资产竣工验收、调拨转移、清理报废等各项管理制度，这是实现固定资产完整无缺的保证。

（3）固定资产折旧概述

① 固定资产折旧含义。固定资产在使用过程中因损耗而转移到产品中去的那部分价值的补偿方式，叫作折旧。建筑施工企业在计提固定资产折旧时应考虑的因素主要包括固定资产原值、固定资产预计净残值、固定资产预计使用寿命。

② 固定资产的损耗。固定资产的价值是根据它自身的磨损程度逐渐转移到新产品中去的，固定资产的损耗包括两个方面，即有形损耗和无形损耗。

A. 有形损耗。有形磨损又可称为物质磨损，是指固定资产在生产过程中使用或因自然力影响而引起的使用价值和价值上的损失。

按其损耗的发生分为两类。第一类有形磨损是指固定资产在使用中，因摩擦、腐蚀、振动、疲劳等造成的设备的损坏和变形。企业针对这一类有形磨损，日常过程中应注意在使用设备的同时，降低其磨损速度，减少或者消除非正常损耗。这就要求企业合理使用固定资产，做好日常的维护保养工作、及时检修。第二类有形磨损是指固定资产在自然力的作用下，造成设备实体锈蚀、风化、老化等的损耗。这类损耗与设备的闲置时间有密切关系。企业针对第二类有形磨损，应注意加强对设备的管理，减少设备闲置时间，做好闲置设备的养护工作。

B. 无形磨损又可称为精神磨损，是固定资产由于科学技术的进步而引起的贬值。按其产生的具体原因，同样可分为两类。第一类无形磨损是由于固定资产制造部门的劳动生产率提高，使得具有原技术结构和经济性能的机器设备，再生产费用降低而引起设备贬值。这类磨损不影响设备的使用性能，也不影响其技术性能。但企业要防止和减少这类损耗，应注意的问题是，合理购置设备；提高已有设备利用率，充分利用设备；对设备采用合理的方法提取折旧。第二类无形磨损是由于固定资产制造部门生产出新的、具有更高生产效率和经济效益的设备，使原有设备相对贬值。此类磨损会使设备的技术性能相对落后，从而影响企业的经济效益。企业要防止和减少这类磨损，应注意对设备加强管理，及时对设备进行必要的更新改造工作。

③ 固定资产折旧管理。

第一，计提折旧的固定资产。除了以下两种情况外，企业应对所有固定资产计提折旧：已提足折旧企业仍继续使用的固定资产；按照规定过去已经单独估价作为固定资产入账的土地。

企业不使用、不需用、大修理停用的固定资产应计提折旧。不使用、不需用、大修理停用的固定资产仍存在无形损耗或有形损耗，因此应计提固定资产折旧。

企业已达到预定可使用状态的固定资产，在年度内办理竣工决算手续的，按照实际成本调整原来的暂估价值，并调整已计提的折旧额，作为调整当月的成本、费用处理。如果在年度内尚未办理竣工决算的，应当按照估计价值先暂时入账，并计提折旧；待固定资产完工办理了竣工决算手续后，再按照实际成本调整原来的暂估价值，调整原已计提的折旧。

企业对固定资产进行更新改造时，应将更新改造的固定资产的账面价值转入在建工程，并在此基础上确定更新改造后的固定资产原价。处于更新改造过程而停止使用的固定资产，因已转入在建工程，因此不计提折旧，待更新改造项目达到预定可使用状态转为固定资产后，再按重新确定的折旧方法和该项固定资产尚可使用年限计提折旧。

企业对于接受捐赠的旧固定资产，企业应当按照规定的固定资产入账价值、预计尚可使用年限、预计净残值，以及企业所选用的折旧方法计提折旧。

融资租入的固定资产，按照实质重于形式的会计原则，企业应当将资产视作企业资产，采用与自有固定资产相一致的折旧政策。能够合理确定租赁期届满时将会取得租赁资产所有权的，应当在租赁资产尚可使用年限内计提折旧；无法合理确定租赁期届满时能够取得租赁资产所有权的，应当在租赁期与租赁资产尚可使用年限两者中较短的期间内计提折旧。

第二，计提固定资产折旧时应注意的问题。

A. 按月计提折旧。固定资产应当按月计提折旧，并根据用途分别计入相关资产的成本或当期费用。企业在实际计提固定资产折旧时，当月增加的固定资产，当月不提折旧，从下月起计提折旧；当月减少的固定资产，当月仍计提折旧，从下月起停止计提折旧。

B. 已提足折旧仍继续使用的固定资产。固定资产提足折旧后，不论能否继续使用，均不再提取折旧。所谓提足折旧，是指已经提足该项固定资产应提的折旧总额。应提的折旧总额为固定资产原价减去预计残值。

C. 提前报废的固定资产。固定资产提前报废，即使该项固定资产没有提足折旧，也不再补提折旧，固定资产剩余价值计入企业的当期损益。

D. 已全额计提固定资产减值准备的固定资产也不再计提折旧。

④ 固定资产折旧方法。建筑施工企业可选用的固定资产的折旧方法包括三类，主要为年限平均法、工作量法、加速折旧法。其中加速折旧法又包括双倍余额递减法和年数总和法。由于固定资产折旧方法的选用直接影响到企业成本、费用的计算，也影响到企业的利润和国家的财政收入。因此，对固定资产折旧方法一经选定，不得随意调整。企业应当根据固定资产的性质和使用情况，合理确定固定资产的使用寿命和预计净残值。固定资产的使用寿命、预计净残值一经选定，一般不得随意调整。

第一，年限平均法。年限平均法又称直线法，是根据固定资产原值和确定的折旧年限平均计算折旧额的一种方法。采用这种方法计算的每期折旧额是相等的，因此这种方法实际上是将固定资产的应提折旧总额均衡地分摊到使用期限内各个会计期间的方法。计算公式如下：

$$年折旧率=\frac{1-预计净残值率}{预计使用年限}\times100\%$$

$$月折旧率=\frac{年折旧率}{12}$$

$$或者年折旧额=\frac{固定资产原值-预计净残值}{预计使用年限}\times100\%$$

$$月折旧率=\frac{年折旧额}{12}$$

年限平均法对固定资产计提折旧方法简便易行，工作量小，但同时也存在一定的不足，主要表现在固定资产在不同使用年限提供的经济效益是不同的。一般来说，固定资产在其使用前期工作效率相对较高，所带来的经济利益也就多；而在其使用后期，工作效率一般呈下降趋势，因而，所带来的经济利益也就逐渐减少，平均年限法不考虑这一事实，明显是不合理的；固定资产在不同的使用年限发生的维修费用也不一样。固定资产的维修费用将随着其使用时间的延长而不断增大，这也是年限平均法所不能考虑到的因素。最后，若企业固定资产各期负荷程度不同，采用年限平均法计算折旧时，不能反映固定资产的实际使用情况，提取的折旧数与固定资产的损耗程度也不相符。

第二，工作量法。工作量法是根据固定资产在施工生产经营过程中所完成的工作量计算折旧额的一种方法。该方法实际也是直线法，但这种方法弥补了平均年限法只重使用时间，不考虑使用强度的缺点，其计算公式为：

$$单位工作量折旧额=\frac{固定资产原价\times(1-残值率)}{预计总工作量}$$

某项固定资产月折旧额 = 该项固定资产当月工作量 × 单位工作量折旧额

工作量法在建筑施工企业实际应用时包括台班折旧法、行驶里程法等。工作量法主要适用于运输车辆、各期使用时间不均衡的大型施工机械、大型精密设备的折旧计算。

第三，加速折旧法。加速折旧法也称为快速折旧法或递减折旧法。该方法主要特点是在固定资产有效使用年限的前期多提折旧，后期则少提折旧，从而相对加快折旧的速度，以使固定资产成本在有效使用年限中加快得到补偿。

建筑施工企业根据《企业会计准则》要求，可以采用加速折旧法主要的有双倍余额递减法和年数总和法两种。

A. 双倍余额递减法。双倍余额递减法是在不考虑固定资产残值的情况下，根据每期期初固定资产账面余额和双倍的直线法折旧率计算固定资产折旧的一种方法。

计算公式为：

$$年折旧率=\frac{2}{预计的折旧年限}\times 100\%$$

$$月折旧率=\frac{年折旧率}{12}$$

月折旧额 = 固定资产账面净值 × 月折旧率

由于双倍余额递减法不考虑固定资产的残值收入，因此，在应用这种方法时必须注意不能使固定资产的账面折余价值降低到它的预计残值收入以下，即实行双倍余额递减法计提折旧的固定资产，应当在其固定资产折旧年限到期以前两年内，将固定资产净值扣除预计净残值后的余额平均摊销。

B. 年数总和法。年数总和法又称年限积数法、合计年限法或者级数递减法，该方法是指将固定资产的原值减去净残值后的净额乘以一个逐年递减的分数计算每年的折旧额，这个分数的分子代表固定资产尚可使用的年数，分母代表使用年数的逐年数字总和。计算公式如下：

$$年折旧率=\frac{尚可使用年限}{预计使用年限的年数总和}\times 100\%$$

$$或者年折旧率=\frac{预计使用年限-已使用年限}{预计使用年限\times(预计使用年限+1)\div 2}\times 100\%$$

$$月折旧率=\frac{年折旧率}{12}$$

月折旧额 =（固定资产原值 - 预计净残值）× 月折旧率

采用加速折旧法后，在固定资产使用的早期多提折旧，后期少提折旧，其递减的速度逐年加快。加快折旧速度，目的是使固定资产成本在估计耐用年限内加快得到补偿。

建筑施工企业至少应当于每年年度终了，对固定资产的使用寿命、预计净残值和折旧方法进行复核。使用寿命预计数与原先估计数有差异的，应当调整固定资产使用寿命。预计净残值预计数与原先估计数有差异的，应当调整预计净残值。与固定资产有关的经济利益预期实现方式有重大改变的，应当改变固定资产折旧方法。固定资产使用寿命、预计净残值和折旧方法的改变应当作为会计估计变更。

（4）固定资产日常管理。

第一，编制固定资产目录。为了加强对固定资产的管理，企业财务部门要按照国家规定的固定资产划分标准会同固定资产的使用和管理部门，详细编制“固定资产目录”。在编制固定资产目录时，要统一固定资产的分类编号，各管理部门和各使用部门的账、卡、物要统一用此编号。

第二，实行固定资产归口分级管理。建筑施工企业的固定资产种类繁多，且使用部门和地点又分散。为此，要建立各职能部门、各级单位在固定资产管理方面的责任制，实行固定资产的归口分级管理。

所谓归口管理，就是指把固定资产按不同类别交相应职能部门负责管理。具体做法是：生产设备归生产部门管理；动力设备归动力部门管理；运输设备归运输部门管理；房屋、家具、用具归总务部门管理；各种科研开发设备由技术部门管理。各归口管理部门要对所分管的固定资产负责，保证固定资产的安全完整。

所谓分级管理，就是指按固定资产的使用地点，由各级使用单位负责具体管理，并进一步落实到部门、落实到个人。做到层层有人负责，物物有人管理，以确保固定资产的安全管理和有效利用。

第三，建立固定资产卡片。固定资产卡片实际上是以每个独立的固定资产项目为对象开设的明细账，企业在取得固定资产时设立卡片，登记固定资产的名称、类别、编号、预计使用年限、原值、建造单位等相关原始数据，还要登记有关验收、启用、大修、内部转移、调出及报废清理等内容。这种办法可以有效保护企业固定资产的完整，促进使用部门关注对设备的保养和维护，提高设备的完好程度，有利于做到账账、账实相符，为提高固定资产的利用效果打下良好的基础。

第四，选择合理的方法准确地提取折旧。固定资产的价值在生产过程中逐渐地损耗，并转移到产品中去的。为了保证固定资产在报废时能够得到更新，企业在固定资产的使用过程中，要正确计算折旧，以便合理地计入相关成本和费用中，并以折旧的形式收回，以保证再生产活动的顺利持续地进行。

第五，合理安排固定资产的修理。为了保证生产经营活动的正常进行，固定资产处于良好的使用状态才能充分发挥能力，因此企业要经常对固定资产进行维修和保养。

第六，科学合理地对固定资产进行更新改造。财务管理的一项重要内容是根据企业折旧积累的程度和企业发展的需要，建立起企业固定资产适时更新规划，满足企业周期性固定资产更新改造的要求。

具体做法如下。

制定分阶段固定资产更新改造的规划。必须尽可能地确定具体更新改造固定资产的种类、数量和质量标准。根据不同的更新种类和数量，确定预计要达到的经济合理的经营规模；然后再根据不同的质量要求，选择先进的技术装备；提出合理的固定资产更新的预算资金。企业要根据分阶段固定资产更新改造的规划，制定出各期所需资金量。企业内部资金来源包括一定时期的累计折旧、企业的盈余公积及未分配利润等。若企业现有资金不足，则要考虑对外筹措；正确估计所需流动资金的数量。固定资产的更新改造要结合流动资产的投入一并预算和规划，同时必须考虑各更新项目工程完工后将要配套发生的流动资金数。这样，固定资产的更新改造才能为企业形成预定的生产能力。

第七，建立固定资产清查盘点制度。企业为了保证固定资产的完整无缺，必须制定合理的时间对固定资产进行清查，每年至少一次。清查时，除了清点固定资产数量外，还要检查固定资产的使用情况和维护情况，检查有无长期闲置的不使用或多余不需用的固定资产，有无使用不当、保管不妥、维护保养不善的固定资产。对于存在的问题，要提出相应的措施，及时解决。

2. 固定资产投资

（1）固定资产投资概述

① 固定资产投资的分类。

A. 根据固定资产投资在生产过程中的作用划分。可分为新建企业投资、简单再生产投资和扩大再生产投资。新建企业投资是指为一个新企业建立生产、经营、生活条件所进行的投资。简单再生产投资是指为了更新生产经营中已经老化的物质资源和人力资源所进行的投资。扩大再生产投资是指为扩大企业现有的生产经营规模所进行的投资。

B. 根据固定资产对企业施工生产的影响进行划分。可分为战术性投资和战略性投资两大类。战术性投资是指不牵涉整个企业前途的投资。战略性投资是指对企业全局有重大影响的投资。

C. 根据固定资产投资项目之间的关系进行划分。分为相关性投资和非相关性投资两大类。如果采纳或放弃某一项目并不显著地影响另一项目，可以说这两个项目在经济上是不相关的。如果采纳或放弃某个投资项目，可以显著地影响另外一个投资项目，可以说这两个项目在经济上是相关的。

D. 根据增加利润的途径进行划分。可分为扩大收入投资与降低成本投资两类。扩大收入投资是指通过扩大企业生产经营规模，以便增加利润的投资。降低成本投资则是指通过降低营业支出，以便增加利润的投资。

E. 根据决策的分析思路来划分。可分为采纳与否投资和互斥选择投资。采纳与否投资决策是指决定是否投资于某一项目的决策。在两个或两个以上的项目中，只能选择其中之一的决策，叫互斥选择投资决策。

② 固定资产投资的特点。固定资产投资的特点主要从以下五个方面来说明。

第一，固定资产的回收时间较长。固定资产投资决策一旦做出，就会在较长时间内给建筑施工企业带来影响。一般而言，企业对固定资产投资都需要几年甚至十几年才能收回其初始投资。

第二，固定资产投资的变现能力较差。一般来说，建筑施工企业固定资产投资的实物形态主要是厂房和机器设备等固定资产。而这些资产一般不易改变用途，出售困难，所以其变现能力相对较差。

第三，固定资产投资的资金占用数量相对稳定。企业固定资产投资一旦完成，在资金占用数量上便保持相对稳定，而不像流动资产投资那样经常出现变动。

第四，固定资产投资的实物形态与价值形态可以分离。企业固定资产投资完成，投入使用以后，随着使用过程中固定资产的磨损，固定资产价值便会有一部分脱离其实物形态，转化为货币准备金，而其余部分仍存在于实物形态中。在固定资产的使用年限内，保留在固定资产实物形态上的价值逐年减少，而脱离实物形态转化为货币准备金的价值却逐年增加。直到固定资产报废，其价值才全部得到补偿，实物也才能得到更新。

第五，固定资产投资的次数相对较少。与流动资产相比，企业对固定资产的投资一般较少发生，特别是大规模的固定资产投资，一般要几年甚至十几年才发生一次。

③ 固定资产投资管理的程序。通过以上对固定资产特点的分析，明确了这些特点决定了建筑施工企业对固定资产投资具有相当大的风险，一旦决策失误，就会严重影响企业的财务状况和现金流量，甚至还可能会使企业走向破产。因此，企业在对固定资产进行投资时，不能在缺乏调查研究的情况下轻率地做出决策，而必须按照特定的程序，运用科学的方法进行可行性分析，这样才能保证决策的正确有效。企业固定资产投资决策的程序一般包括如下几个步骤。

第一，投资项目的提出。企业的相关管理者都可以根据掌握的情况，向企业提出新的投资项目。

第二，投资项目的评价。企业根据提出的投资项目方案需要进行进一步的评价。对固定资产投资项目的评价主要涉及如下几项工作：一是把提出的投资项目进行分类，为分析评价做好准备；二是计算有关项目的预计收入和成本，预测投资项目的现金流量；三是运用各种投资评价指标，把各项投资按可行性的顺序进行排序；四是编写评价报告，请示上级批准。

第三，投资项目的决策。对固定资产投资项目进行评价后，企业的决策者要根据结论做出最后决策。最后决策一般可分成以下三种。A. 接受这个项目，可以进行投资。B. 拒绝这个项目，不能进行投资。C. 发还给项目的提出部门，重新调查后，再做处理。

第四，投资项目的执行。企业决定对某个投资项目进行投资后，就要积极筹措资金，实施投资行动。在投资项目的执行过程中，还要对投资的工程进度、工程质量、施工成本进行控制，以便使固定资产投资按预算规定保质如期完成。

第五，投资项目的再评价。在固定资产投资项目的执行过程中，企业还应该随时分析判断原来选择的决策方案是否合理、可行，及时发现存在的问题，加以纠正。

（2）固定资产投资的现金流量

① 现金流量的构成。固定资产投资决策中所说的现金流量是指与固定资产投资决策有关的现金流入和现金流出的数量。这是建筑施工企业评价投资方案是否可行时必须事先计算的一个基础性指标。要想计算这些指标首先要明确这些指标涉及的内容。

A. 初始现金流量。初始现金流量是指固定资产投资开始时发生的现金流量，一般由以下的几个部分构成。

固定资产投资：主要包括企业对固定资产的购入或建造成本、运输成本和安装成本等的费用支出。

流动资产投资：主要包括企业对原材料、在产品、产成品、办公用品和现金等流动资产的投资。

其他投资费用：主要指与固定资产投资有关的职工培训费、谈判费、注册费用等。

原有固定资产的变价收入：这主要是指企业在对固定资产进行更新过程中对原有固定资产的变卖所得的现金收入。

B. 营业现金流量。营业现金流量是指企业的固定资产投资项目建成投入使用后，项目在其寿命周期内进行生产经营所带来的现金流入和流出的数量。对于这种现金流量企业一般以年为单位进行计算。这里所说的现金流入一般是指企业的营业现金收入，现金流出一般是指企业的营业现金支出和按照《中华人民共和国税法》的有关要求交纳的税金。如果一个企业的投资项目每年的销售收入等于营业现金收入，付现成本（指不包括折旧的成本）等于营业现金支出，那么，该企业的年营业现金净流量可用下列公式计算。

每年净现金流量（NCF）= 每年营业收入 − 付现成本 − 所得税

或者每年净现金流量（NCF）= 净利 + 折旧

C. 结束现金流量。结束现金流量是指企业投资项目完结时所发生的现金流量，主要包括处置固定资产的残值收入或变价收入；投资项目的初始阶段垫支在各种流动资产上的资金的收回；停止使用的土地的变价收入等几部分内容。

② 现金流量的计算。建筑施工企业为了正确地评价投资项目的优劣，必须准确地计算出投资项目的现金流量。在投资项目现金流量的计算中，为了简化计算步骤，一般都假定企业的各年投资在年初一次进行，各年营业现金流量则看作是各年年末一次发生，把终结现金流量看作是投资结束的最后一年年末发生。

计算确定投资项目现金流量的基本原则是：只有增量现金流量才是与项目相关的现金流量。计算时具体注意的问题如下。

首先，充分考虑项目投资的机会成本。企业在对在投资方案进行选择时，如果选择了一个投资方案，则必须放弃投资于其他方案的机会。而其他项目投资机会可能取得的收益就是实行本投资方案的一种代价，通常这就是这项投资方案的机会成本，企业要对机会成本加以重视。在这里，机会成本不是我们通常意义上的“成本”，它不是一种支出或费用，而是企业失去的收益。机会成本的具体金额总是针对具体方案的，离开被放弃的方案就无从计量确定。

其次，区分项目投资的相关成本和非相关成本。项目投资的相关成本是指与特定决策有关的、在分析评价时必须加以考虑的成本费用。例如，投资带来的差额成本、未来成本、重置成本、机会成本等均属于投资决策的相关成本。而对于对投资决策不产生影响的非相关成本企业就可以不进行过多地考虑。

再次，充分考虑项目投资对企业其他各个部门的影响。因为一个投资项目在投资建设过程中要得到各方面的配合，同时项目建成投入使用后也要兼顾各方面的利益。

最后，分析对企业净营运资金的影响。净营运资金是指企业对项目进行投资过程中增加的流动资产与增加的流动负债之间的差额。

③ 投资决策中使用现金流量的原因。在确定项目投资决策的过程中，企业之所以要以按收付实现制计算的现金流量作为评价项目经济效益的基础，归结起来主要包括以下两方面原因。

第一，采用现金流量有利于科学地考虑时间价值因素。科学的项目投资决策必须将考虑资金时间价值的问题放在首要的位置，因为资金时间价值是财务管理问题的基础。这就要求建筑施工企业在决策时一定要清楚每笔预期收入款项和支出款项的具体时间。而利润的计算，并不考虑资金收付的时间，它是以权责发生制为基础的。要在投资决策中考虑时间价值的因素，就不能利用利润来衡量项目的优劣，而必须采用现金流量。

第二，采用现金流量才能使投资决策更符合客观实际情况。在项目投资决策中，使用现金流量能科学、客观地评价投资方案的优劣，而利润评价则明显地存在不科学、不客观的成分。这是由于净利润的计算比现金流量的计算有更大的主观随意性；利润反映的是某一会计期间“应计”的现金流量，而不是实际的现金流量。

（3）固定资产投资决策指标。项目投资决策指标是评价项目投资方案是否可行或者投资项目优劣的标准。固定资产投资决策的评价指标很多，但将这些指标按照是否考虑资金时间价值进行分类可以概括为静态财务评价指标和动态财务评价指标两大类。

① 静态财务指标。静态的财务指标是指不考虑资金时间价值的各种指标，有时也可把这些指标称为非贴现现金流量指标。这类指标主要包括静态投资回收期指标、平均报酬率指标、投资利润率指标等。

A. 静态投资回收期。投资回收期是指投资项目回收初始投资所需要的时间，一般以年为单位，是一种使用很久很广的投资决策指标。投资回收期的计算，因每年的营业净现金流量不相等而有所不同。如果每年的营业净现金流量（NCF）相等，则静态投资回收期可以按照下面的公式计算。

静态投资回收期 = 原始投资额 ÷ 投产后前若干年每年相等的净现金流量

= 原始投资额 ÷ 每年 NCF

如果每年 NCF 不相等，那么计算静态投资回收期企业就要根据每年年末尚未回收的投资额加以确定。

静态投资回收期是一个绝对量的反指标，静态投资回收期概念容易理解，计算也比较简便，并且该指标能够直观地反映原始投资的回本时间，企业在计算时可以直接利用回收期之前的净现金流量的信息。这一指标也存在不足，具体表现在，首先没有考虑资金的时间价值；其次没有考虑回收期满后的现金流量状况，另外也不能反映出不同投资方式对项目产生的影响，因而不能充分说明问题。利用该指标进行项目投资的判断时，只有指标小于或者等于基准的静态投资回收期时，投资项目才具有财务可行性。

B. 平均报酬率。平均报酬率是投资项目寿命周期内平均的年投资报酬率，也称平均投资报酬率。平均报酬率最常见的计算公式为：

平均报酬率 =（平均现金流量 ÷ 初始投资额）× 100%

平均报酬率指标是一个相对量的正指标。平均报酬率指标的计算简单明了，易于操作。但该方法也存在不足，主要缺点是没有考虑资金的时间价值，同时项目所带来的第一年的现金流量与最后一年的现金流量被看作具有相同的价值，但在事实上这是绝不可能的，所以有时会使决策者做出错误的决策。在不考虑其他指标的前提下，平均报酬率指标大于或者等于基准平均报酬率指标时投资项目才具有财务可行性。

② 动态财务指标。动态财务指标是指在考虑资金时间价值的基础上确定的评价指标，有时也可把这些指标称为贴现现金流量指标。这类指标主要包括净现值指标、净现值率指标、内部报酬率指标、获利指数指标、动态投资回收期指标等。

A. 净现值。净现值是指在投资项目的计算期内各年净现金流量现值的代数和。其计算公式为：

$$NPV=\sum_{t=0}^{n}NCF_t\left(1+k\right)^{-t}$$

式中 NCF_t——第 t 年的净现金流量；

k——折现率；

n——项目预计使用年限。

企业在计算净现值时，需要使用折现率，企业设定的折现率应该是投资该项目企业预期希望获得的最低收益率，一般来说多数企业通常采用资金成本作为该折现率或者选择行业基准折现率。净现值有时还可以有另外一种表述方法，即项目投产后各年净现金流量的现值之和与原始投资现值之和的差额。其计算公式为：

$$NPV=-\sum_{t=0}^{n}NCF_t\left(1+k\right)^{-t}+\sum_{t=s+1}^{n}NCF_t\left(1+k\right)^{-t}$$

式中 I_t——第 t 年的原始投资；

s——建设期；

其他字母的含义不变。

项目净现值是投资项目投产后所获得的净现金流量扣除按预定折现率计算的投资收益或资金成本（即投资者的必要收益），再扣除原始投资的现值（即投资的本钱），在建设起点上所能实现的净收益或净损失。净现值是投资项目所增加的企业价值。当 $NPV=0$ 时，表明投资项目的实际收益率（内部报酬率）等于设定的折现率；当 $NPV>0$ 时，表明投资项目的实际收益率（内部报酬率）大于设定的折现率；当 $NPV<0$ 时，表明投资项目的实际收益率（内部报酬率）小于设定的折现率。这样项目投资的决策者就可以根据净现值的大小对项目进行取舍了。

净现值的具体确定过程如下。

第一步：计算项目每年的营业净现金流量。

第二步：计算未来报酬的总现值。这一步又可以进行具体的划分：将每年的营业净现金流量折算成现值。如果每年的 NCF 相等，则按计算年金的方法折算成现值；如果每年的 NCF 不相等，则先对每年的 NCF 分别进行贴现，然后再加以合计。将终结现金流量折算成现值。计算未来报酬的总现值。

第三步：计算净现值。净现值 = 未来报酬的总现值 - 初始投资现值

建筑施工企业采用净现值法选择投资项目。当只有一个备选方案的采纳与否的决策中，选择净现值为正的投资项目，舍去净现值为负的投资方案。当有多个备选方案的互斥项目的决策中，应该选用净现值是正值中的最大者。

净现值指标是一个折现的相对量的正指标。采用净现值指标作为项目选择的判

断标准的优点是，指标考虑了资金的时间价值，能够反映各种投资方案的净收益，因而是一种较好的判断指标；同时，该指标也是企业运用动态评价指标进行判断的首选；最后，该指标在计算时，能够利用项目寿命期内的有关净现金流量的全部信息，计算结果全面。该指标的缺点在于，不能揭示各个投资方案本身可能达到的实际报酬率的大小。

B. 净现值率。净现值率是项目的净现值占原始投资额现值的比率，一般用字母 NPVR 表示。净现值率指标的计算公式为：

$$NPVR = \frac{NPV}{\text{原始投资项目的现值之和}} \times 100\%$$

净现值率是一个折现的相对量的正指标。采用净现值率指标作为项目选择的判断标准的优点是，指标考虑了资金的时间价值，能够反映项目投入资金的投入和产出关系，比其他的折现指标计算更容易。该指标的缺点在于，不能揭示各个投资方案本身可能达到的实际报酬率的大小，同时要想计算这个指标就必须先取得净现值金额的相关资料。

在运用净现值率指标选择投资项目时，在只有一个备选方案的采纳与否决策中，如果计算出的净现值率大于或者等于零时，投资项目才具有财务可行性。

C. 内部报酬率。内部报酬率又称内含报酬率是使投资项目的净现值等于零时的贴现率。内部报酬率实际上反映了投资项目的真实报酬。内部报酬率的计算公式为：

$$\sum_{t=0}^{n} NCF_t \left(1 + IRR\right)^{-t} = 0$$

建筑施工企业计算内部报酬率的具体过程如下。如果项目每年的 NCF 相等，首先计算项目的年金现值系数，利用公式：年金现值系数 = 原始投资额 ÷ 每年 NCF。其次，查年金现值系数表，在相同的期数内，找出与上述年金现值系数相邻近的较大和较小的两个贴现率。最后，根据上述两个邻近的贴现率和已求得的年金现值系数，采用插值法就可以计算出该投资方案的内部报酬率。

如果项目每年的 NCF 不相等，第一，先预估一个贴现率，并按此贴现率计算净现值。如果计算出的净现值为正数，则表示预估的贴现率小于该项目的实际内部报酬率，应提高贴现率，再进行测算；如果计算出的净现值为负数，则表明预估的贴现率大于该方案的实际内部报酬率，应降低贴现率，再进行测算。经过如此反复测算，找到净现值由正到负并且比较接近于零的两个贴现率。第二，根据上述两个邻近的贴现率再来用插值法，计算出方案的实际内部报酬率。

内部报酬率是一个折现的相对量正指标。该指标的优点在于，考虑了资金的时间价值；能够直接反映项目投资的实际收益率的大小；计算指标时不用考虑行业基准折现率。该指标的不足在于，计算过程比较复杂，特别是每年 NCF 不相等的投资项目，一般要经过多次测算才能求得。

在运用内部报酬率指标选择投资项目时，在只存一个备选方案的采纳与否决策中，如果计算出的内部报酬率大于或者等于企业的资本成本或者必要报酬率时投资项目才具有财务可行性。

D. 获利指数。获利指数又称利润指数，是投资项目未来报酬的总现值与初始投资额的现值之比。其计算公式为：

$$PI=\text{未来报酬的总现值}\div\text{原始投资额的现值}$$

获利指数的具体计算过程如下。

第一，计算投资项目未来报酬的总现值，这与计算净现值所采用的方法相同。

第二，运用公式计算投资项目的获利指数，即根据未来的报酬总现值和初始投资额之比计算获利指数。

获利指数是一个折现的相对量正指标。获利指数的优点是，考虑了资金的时间价值，能够真实地反映投资项目的盈亏程度，由于获利指数是用相对数来表示，所以，有利于在初始投资额不同的投资方案之间进行对比；获利指数的缺点是获利指数这一概念不便于理解。在运用获利指数指标选择投资项目时，在只有一个备选方案的采纳与否决策中，获利指数大于或等于 1 时投资项目才具有财务可行性。

E. 动态财务指标之间的比较。净现值和内部报酬率的比较。在多数情况下，运用净现值和内部报酬率这两种方法得出的结论是相同的。但出现下面两种情况。

① 初始投资不一致。

② 现金流入的时间不一致。尽管是在这两种情况下使二者产生了差异，但引起差异的原因是共同的：净现值假定产生的现金流入量重新投资会产生相当于企业资金成本的利润率，而内部报酬率却假定现金流入量重新投资产生的利润率与此项目的特定的内部报酬率相同。当企业可投资的资本无资本限量时，净现值是一个比较好的判断指标。

③ 净现值和获利指数的比较。由于净现值和获利指数使用的是相同的信息，在评价投资项目的优劣时，它们常常是一致的，但有时也会产生分歧。只有当初始投资不同时，净现值和获利指数才会产生差异。当获利指数与净现值得出不同结论时，应以净现值为准。

总之，在企业无资本限量的情况下，利用净现值指标在所有的投资评价中都能做出正确的决策，而利用内部报酬率指标和获利指数指标在选择与否的决策中也能做出正确的决策，但是在互斥选择决策中有时会做出错误的决策。因而，在这三种评价方法中，净现值是最好的判断财务可行性的指标。

③ 投资决策指标的评价。

第一，各种指标在投资决策中应用的变化趋势。投资回收期法，作为评价企业投资效益的主要方法，曾流行于全世界。但是，后来人们日益发现其局限性，于是，建立起以货币时间价值原理为基础的贴现现金流量指标。在时间价值原理基础上建立起来的贴现现金流量指标，在投资决策指标体系中的地位发生了显著变化。使用贴现现金流量指标的公司不断增多，从20世纪70年代开始，贴现现金流量指标已占主导地位，并形成了以贴现现金流量指标为主、以投资回收期为辅的多种指标并存的指标体系。

第二，动态财务指标广泛应用的原因。

静态财务指标把不同时间点上的现金收入和支出用毫无差别的资金进行对比，忽略了货币的时间价值因素，这是不科学的；静态财务指标中的静态投资回收期只能反映投资的回收速度，而且夸大了投资的回收速度；静态财务指标对寿命不同、资金投入的时间和提供收益的时间不同的投资方案缺乏鉴别能力；静态财务指标中的平均报酬率、投资利润率等夸大了项目的盈利水平；在运用静态投资回收期这一指标时，标准回收期是方案取舍的依据。但标准回收期一般都是以经验或主观判断为基础来确定的，缺乏客观依据；管理人员水平的不断提高和电子计算机的广泛应用，加速了动态财务指标的使用。

（4）固定资产投资决策指标的应用

① 固定资产更新决策。建筑施工企业对固定资产更新改造决策一般可以考虑采用差量分析法进行分析。首先，从更新设备的角度计算差量现金流量 $\Delta NCFt$；然后，根据差量现金流量计算差量净现值 ΔNPV；当 $\Delta NPV \geqslant 0$，选择新设备；当 $\Delta NPV < 0$，继续使用旧设备。

② 资本限量决策。资本限量是指企业资金有一定限度，不能投资于所有可接受的项目。一般而言，建筑施工企业在选择投资时可能会面临很多决策方案，也就是说，有很多获利项目可供投资，但企业无法筹集到足够的资金，对所有方案都进行投资，这时企业就面临资本限量决策。企业可以选择以下两种做法。

A. 使用获利指数指标选择

第一，计算所有项目的获利指数，不能漏掉任何项目，并列出每一个项目的初始投资。

第二，接受 $PI \geqslant 1$ 的项目，如果所有可接受的项目都有足够的资金，则说明资本没有限量，这一过程即可完成。

第三，如果资金不能满足所有 $PI \geqslant 1$ 的项目，那么就要对第二步进行修正。这一修正的过程是：对所有项目在资本限量内进行各种可能的组合，然后计算出各种组合的加权平均获利指数。

第四，接受加权平均利润指数最大的一组项目。

B. 使用净现值指标选择

第一，计算所有项目的净现值，并列出项目的初始投资。

第二，接受 $NPV \geqslant 0$ 的项目，如果所有可接受的项目都有足够的资金，则说明资本没有限量，这一过程即可完成。

第三，如果资金不能满足所有的 $NPV \geqslant 0$ 的投资项目，那么就要对第二步进行修正。这一修正的过程是：对所有的项目都在资本限量内进行各种可能的组合，然后，计算出各种组合的净现值总额。

第四，接受净现值的合计数最大的组合。

③ 项目寿命不等的投资决策。大部分固定资产投资都会涉及两个或者两个以上的寿命不同的投资项目的选择问题。由于项目的寿命不同，因而就不能对它们的净现值、内部报酬率和获利指数进行直接比较。为了使投资项目的各项指标具有可比性，必须设法使两个项目在相同的寿命周期内进行比较，可以选择的做法有以下两种。

A. 最小公倍数寿命法。求出两个项目使用年限的最小公倍数，再通过比较在相同时间上几个方案的净现值的大小，做出选择的方法。

B. 年均净现值法。平均净现值法是把投资项目总的净现值转化为项目每年的平均净现值再进行判断。年均净现值的计算公式为：

$$ANPV = \frac{NPV}{PVIFA_{k,n}}$$

式中 $ANPV$——年均净现值；

$PVIFA_{k,n}$——建立在公司资本成本和项目寿命周期基础上的年金现值系数。

（5）有风险情况下的投资决策建筑施工企业固定资产投资决策涉及的时间相对较长，对未来收益和成本很难准确预测，即有不同程度的不确定性或风险性。在前面的分析中都不考虑有关风险的问题，但在实际的决策中风险因素是不可能规避的。有风险情况下的投资决策的分析方法很多，主要介绍按风险调整贴现率和按风险调整现金流量两种方法。

① 按风险调整贴现率法。所谓按风险调整的贴现率法，是指将与特定投资项目有关的风险报酬，加入到资本成本或企业要求达到的报酬率中，构成按风险调整的贴现率，并据以进行投资决策分析的方法。

按风险调整贴现率具体应用时包括以下几种方法。

A. 用资本资产定价模型来调整贴现率。

特定投资项目按风险调整的贴现率可按下式来计算。

$$K_j=R_F+\beta_j\left(R_m—R_f\right)$$

式中 K_j——项目 j 按风险调整的贴现率或项目的必要报酬率；

R_F——无风险报酬率；

β_j——项目 j 的不可分散风险的系数；

R_m——所有项目平均的贴现率或必要报酬率。

B. 按投资项目的风险等级来调整贴现率。这种方法是对影响投资项目风险的各因素进行评分，根据评分来确定风险等级，并根据风险等级来调整贴现率的一种方法。一般而言，企业在调整贴现率时考虑的风险等级、分数、贴现率的确定都由企业的管理人员根据以往经验来设定，具体的评分工作，企业可以组织生产、销售、技术、财务等部门的负责人组成专家组进行。

特定项目按风险调整的贴现率可按下式计算。

$$K_i=R_F+b_iV_i$$

式中 K_i——项目 i 按风险调整的贴现率；

b_i——项目 i 的风险报酬系数；

V_i——项目 i 的预期标准离差率。

按风险调整贴现率以后，具体的评价方法与无风险的基本相同。这种方法，对风险大的项目采用较高的贴现率，对风险小的项目采用较低的贴现率，简单明了，易于理解。但这种方法把资金时间价值和风险价值混在一起，这样做的结果就是人为地假定风险随时间的增长也在不断增长，这在实际使用中缺乏合理性。

② 按风险调整现金流量法。风险的存在使得各年的现金流量变得不确定，因此，就需要按风险情况对各年的现金流量进行调整。这种先按风险调整现金流量，然后进行长期投资决策的评价方法，叫作按风险调整现金流量法。具体调整办法很多，这里介绍最常用的肯定当量法。

所谓肯定当量法，就是把不确定的各年现金流量，按照一定的系数（通常称为约当系数）折算成大约相当于确定的现金流量的数量，再利用无风险贴现率来评价风险投资项目的决策分析方法。

约当系数是肯定的现金流量对与之相当的、不肯定的现金流量的比值，一般用 d 来表示。在进行评价时可根据各年现金流量风险的大小，选用不同的约当系数。

在选用约当系数时会因人而异，一般情况下，勇于冒险的决策者会选用较高的约当系数，而不愿冒险的决策者可能会选用较低的约当系数。为了防止因决策者的偏好不同而造成决策失误，企业可以根据标准离差率来确定约当系数。采用确定当量法来对现金流量调整，进而做出投资决策，克服了调整贴现率法夸大远期风险的缺点，但如何准确、合理地确定约当系数是一个十分困难的问题。

二、其他长期资产管理

无形资产是指企业为生产、经营管理而持有的，没有实物形态的资产。企业的无形资产有时可以为其带来长期超额收益，因此无形资产管理是企业财务管理的重要组成部分。

（1）无形资产的内容。无形资产主要由以下几项内容构成（见表 12–5）。

表 12–5　无形资产的构成

组成部分	主要内容
专利制度和专利权	专利制度是一种用来确认和保护发明创造权利的法律制度，也是国际上通行的一种用法律和经济相结合的手段来推动科学技术进步的管理制度。这个制度的基本内容，是由国家的专利管理部门依据专利法，对申请专利的发明创造，经过审查批准授予专利权。根据法律的规定，授予申请者在一定期限内享有独占权或专利权。任何人如果要利用该项专利进行生产或出售使用该项专利制造的产品，需事先获得专利权所有人的许可，并付给报酬
专有技术（非专利技术）	专有技术也称技术秘密和技术诀窍。它是指企业中实用的、先进的、未公开的和未申请专利的知识和技术，包括各种设计数据、图纸数据、技术规范、工艺流程和配方等。专有技术常常依据《中华人民共和国合同法》《中华人民共和国物权法》及《中华人民共和国反不正当竞争法》以及《中华人民共和国刑法》中的有关规定，实施间接保护
商标权	商标是工商企业在其经营的商品上所使用的一种标志。法律上为保护生产者的正当权益严禁出现假冒、仿用商标等侵犯他人权利的违法行为，受商标法保护的权利，称为商标权。商标权是以申请注册的时间先后为审批依据，而不以使用时间审批依据，按照《中华人民共和国商标法》的规定，商标权的有效期限为 10 年，期满可申请延期。商标权同其他商品一样，具有使用价值和价值，既可以作价转让，也可以有偿地许可他人使用，商标权的价值是由使用商标的商品质量、商品信誉、商品的获利能力、商标设计、注册、宣传以及保护商标等方面而支付的费用等多种因素决定的
著作权	著作权又称版权，是指对正式出版的某一作品或创作的某一艺术品给予的专属权利。非经作者和出版商（社）的共同授权，著作或艺术品不得私自翻印或复制
专营权	专营权包括两种：一种是指政府特许企业使用国有财产，或在一定区域享有经营某种业务的独占权，比如，公共交通、电力、电信、煤气、自来水等；另一种专营权指一个企业依照合同，永久或有限期地使用另一个企业的商标、专利、专有技术等的权利

续表

组成部分	主要内容
租赁权	租赁权是指出租人在承租人给予一定报酬的条件下，授予承租人在约定期限内占有和使用租赁材料（包括房地产、机器设备等）的权利。租赁权是通过双方签订并经公证有效的租约而取得的。租赁具有所有权与使用权分离的特点，即所有权归出租人，使用权归承租人。通常承租人负有维修、保养，使之处于良好状态的义务，并按租约规定数额和具体付款办法向出租人分期交付租金
土地使用权	在我国，土地所有权归国家，任何企业或个人对土地仅有使用权而无所有权。水利工程建设占地和水库淹没的土地，如果是采用划拨方式取得（即无偿取得）土地使用权，没有向政府交付土地使用权出让金，根据国家颁布的土地有偿使用的法规和条例，此时水利工程管理单位无权将土地自行转让、出租和抵押，因为并没有取得完全的土地使用权，当然不能作为无形资产。至于因占用土地而支付的淹没处理补偿费、青苗赔偿费、拆迁移民费等，应计入水利工程固定资产投资内

（2）无形资产的分类。无形资产种类很多，为了方便评估和管理，应对其进行合理的分类。

① 按企业取得无形资产的渠道，可分为企业自创的或自身拥有的无形资产和外购的无形资产。前者是由企业自己研制创造获得的以及由于客观原因形成的，如自创的专利、专有技术、商标等，后者则是企业以一定代价从其他单位购入的，如外购专利权、商标权等。

② 按有无法律保护，可分为法定无形资产和收益性无形资产。专利权、土地使用权、商标权等均受国家有关法律保护，称为法定无形资产；专用技术等无法律保护的无形资产称为收益性无形资产。

③ 无形资产按是否有固定的寿命期，可分为可摊销无形资产和不可摊销无形资产。可摊销无形资产有规定的生效期，企业必须在其寿命期内，将资产价值分期摊入各期费用。这类无形资产有专利权、特许权、著作权、版权、租赁权、专有技术等。不可摊销无形资产指没有固定的寿命期，这类无形资产有商标。

（3）无形资产的特点。无形资产作为企业的一项特殊资产，具有如下特点（见表 12–6）。

表 12–6　无形资产的特点

特点	内容
非实体性	一方面，无形资产没有人们感官可感触的物质形态，只能从观念上感觉它。它或者表现为人们心目中的一种形象，或者以特许权形式表现为社会关系范畴；另一方面，它在使用过程中没有有形损耗，报废时也无残值

续表

特点	内容
垄断性	无形资产的垄断性表现在以下几个方面：有些无形资产在法律制度的保护下，禁止非持有人无偿地取得；排斥他人的非法竞争。如专利权、商标权等；有些无形资产的独占权虽不受法律保护，但只要能保证秘密不向外界泄露，实际上也能独占，如专有技术，秘诀等；还有些无形资产不能与企业整体分离，除非整个企业产权转让，否则别人无法获得，如商业信誉
共享性	共享性是指无形资产有偿转让后，可以由几个主体同时共有，而固定资产和流动资产不可能同时在两个或两个以上的企业中使用，例如，商标权受让企业可以使用，同时出让企业也可以使用
高效性	无形资产能给企业带来远远高于其成本的经济效益。企业无形资产越丰富，则其获利能力越强；反之，则企业的获利能力就弱，市场竞争力也就越差
不确定性	无形资产的有效期受技术进步和市场变化的影响很难准确确定

（4）无形资产的日常管理。企业对无形资产的日常管理主要从以下几方面进行。

增加无形资产的管理。不管是购入的、自建的，还是其他单位投入的，都要办理合法手续，要按实际成本入账，或由评估机构评估计价。

无形资产摊销的管理。无形资产的有效使用年限：法律和合同都规定了有效期的按孰短的原则确定；法律没规定，合同规定了，就按合同中规定年限确定；均未规定的，按不少于 10 年的有效期确定。

无形资产摊销额的计算。年摊销额 = 无形资产的原始价值 ÷ 预计使用寿命

无形资产使用的管理。要挖掘潜力，提高无形资产的利用率；要实行归口分级管理。如专利权，必须技术由技术部门管理，专营权、场地使用权归生产销售部门管理。商标权由销售部门管理，以便明确责任，提高使用效果。

（5）无形资产投资决策。

① 无形资产投资决策应考虑的因素。无形资产投资涉及的时间一般超过一年且投资金额很大，所以其考虑的因素基本上与固定资产投资决策的因素相同。

第一，货币的时间价值。对于使用期限在一年以上的无形资产，在其使用期限内不同时点产生的现金净流量必须折合到同一时点才能累计。因此，可以用该项无形资产投资的资金成本作为折现率来折合，应用货币时间价值的概念和原理来计算。

第二，现金流量。包括现金流入量和现金流出量。与取得无形资产有关的现金流出量包括：开发、设计、研制或购置无形资产的全部支出；追加成本（在使用中进行改进、创新等投资）；取得和使用无形资产过程中的有关法律费用；其他有关的各项支出。有关的现金流入量包括：取得和使用该项无形资产而增加的收入；取

得和使用该项无形资产而节约的成本；无形资产转让所得；使用无形资产过程中其他有关的收入。

第三，投资的风险价值。无形资产的非标准性决定了在其投资决策分析时必须考虑风险因素。根据风险与报酬的关系，风险越大，报酬也就越高。其基本公式为：

无形资产投资的风险报酬 = 无风险的最低报酬率 + 风险报酬率

风险报酬率 = 风险系数 × 风险程度

风险投资系数 F 的确定要取决于全体投资者回避风险的态度，取值范围为 0 ~ 1。综上所述，可得

风险报酬率 = 风险系数 × 风险程度

② 无形资产投资决策的评价标准和基本方法。如果建筑施工企业无形资产投资涉及的期限超过一年，属于长期投资决策，因此其评价标准应该是现金流量。

以现金流量为评价标准决定了无形资产投资的方法应采用动态的分析法。常用的分析方法包括净现值法（NPV）、内含报酬率法（IRR）和动态回收期法等。

第十三章　建筑施工企业收入、利润及利润分配管理

第一节　收入的管理

一、收入的构成

建筑施工企业的工程价款收入又称合同收入。合同收入的构成包括两部分，即合同中规定的初始收入和因合同变更、索赔、奖励等形成的追加收入。

1．初始收入

合同中规定的初始收入是指施工企业与客户在双方签订的合同中最初商定的总金额，它构成合同收入的基本内容。

2．合同的追加收入

合同的追加收入是在合同执行过程中由于合同变更、索赔、奖励等形成的。施工企业不能随意确认这部分收入，工程承包商只有在经过发包单位签证同意后，才能将其计入施工企业的工程价款收入。

合同变更是指客户为改变合同规定的作业内容而提出的调整。因合同变更而增加的收入，应在同时具备下列条件时予以确认。

① 客户能够认可因变更而增加的收入。

② 收入能够可靠的计量。

索赔款是指因客户或第三方的原因造成的，由施工企业向客户或第三方收取的，用于补偿不包括在合同造价中的成本的款项。因索赔款而形成的收入，应在同时具备下列条件时予以确认。

根据谈判情况，预计对方能够同意这项索赔；对方同意接受的金额能够可靠的计量。

奖励款是指工程达到或超过规定的标准时，客户同意支付给施工企业的额外款项。因奖励而形成的收入，应在同时具备下列条件时予以确认。

根据目前合同完成情况，足以判断工程进度和工程质量能够达到或超过既定的标准；奖励金额能够可靠的计量。

二、收入的确认

企业应当根据收入的性质，按照收入确认的原则，合理地确认和计量各项收入。施工企业按照其工程施工和提供劳务、机械作业的进度，填写“工程价款结算账单”，经建设方、监理方签证认可后，以此确认营业收入的实现。由于施工企业与发包单位在办理工程价款结算时，往往采用多种不同的结算方式，所以工程价款收入的确认，应区别情况，做不同处理。

（1）实行合同完成后一次结算工程价款办法的工程合同，应于合同完成，施工企业与发包单位进行工程合同价款结算时，确认为收入实现，实现的收入额为承发包方双方结算的合同价款总额。

（2）实行旬末或月中预支，月终结算，竣工后清算办法的工程合同，应于各月份终了，与发包单位进行已完工工程价款结算时，确认为承包合同已完工部分的工程收入实现，本期收入额为月终结算的已完工工程价款的金额。

（3）实行按工程形象进度划分不同阶段，分段结算工程价款办法的工程合同，应于完成合同规定的工程形象进度或工程阶段，与发包单位进行工程价款结算时，确认为工程收入的实现。本期实现的收入额，为本期已结算的分段工程价款金额。

（4）实行其他结算方式的工程合同，其合同收益应按合同规定的结算方式和结算时间，与发包单位结算工程价款时确认为收入一次或分次实现。本期实现的收入额，为本期结算的已完工工程价款或竣工一次结算的全部合同价款。

施工企业于发包单位办理工程价款结算时，不论采用竣工后一次结算还是按月结算或分段结算，都应填制“工程价款结算账单”，经发包单位审核签证后，送交开户银行办理结算。采用按月结算或分段结算办法的工程，递交的“工程价款结算账单”还应随附“已完工程月报表”。

三、工程价款结算

工程价款结算是最终实现企业经营利润的过程。施工企业取得的工程结算收入，用以补偿企业垫支的各项生产消耗，实现企业利润。与其他企业相比，施工企业无论在结算程序还是结算方法上，都有其自身的特点。

1. 建筑安装工程价款结算

（1）建筑安装工程价款结算的特点

工程价款结算是依据工程承包合同中规定的结算办法和工程合同价款进行的。

因为建筑产品生产过程与一般工业产品不同，建筑施工企业是受发包单位的委托，根据双方签订的工程承包合同进行施工的。

根据工程实际情况确定工程价款结算方式。建筑产品生产周期比较长，需要占用大量资金。而建筑施工企业无法独立垫支全部资金，否则会导致建筑施工企业资金紧张和资金周转困难。为了保证施工的顺利进行，必须根据实际情况及时结算工程款。

工程价款收入具有个别性的特征。建筑安装工程产品具有单件性的特点，每一项工程产品具有自己独特的结构、造型和用途，即使根据标准设计进行的施工，也会由于自然条件的差异，其施工工艺、材料用量也会有所不同，造价也是不相同的，因此，进行工程价款结算不适用统一价或标准价。

（2）建筑安装工程价款结算的主要方式。建筑安装工程价款结算方式是指建筑施工企业因承包建筑安装工程，按照承包合同的规定向发包建设单位交付已完工程，收取工程价款的行为。建筑安装工程价款结算方式主要有以下几种。

① 竣工后一次结算。竣工后一次结算是在单项工程或建设项目全部竣工后结算工程价款。建设项目或单项工程全部建筑安装工程建设期在 12 个月以内，或者工程承包合同价值在 100 万元以下的，可以实行工程价款每月月终预支，竣工后一次结算的办法。工期在一年以内，当年竣工的工程，可以实行竣工后一次结算的办法。竣工后一次结算不仅结算手续简便，而且有利于促进缩短建设周期、压缩在建工程、，加速资金周转、减少资金占用。但对工期较长的工程，竣工后一次结算则不能及时反映经营情况和成果。

② 按月结算。按月结算是每月终了按已完工部分分项工程结算工程价款。按月结算工程价款的，可实行旬末或月中预支，月末结算。跨年度施工的工程，在年末进行工程盘点，办理年度结算。按月结算一般适用于工期较长的工程。

按月结算有利于建设单位和银行根据建筑安装工程进度控制分期拨款额度；有利于建筑施工企业施工过程中所发生的各种消耗的及时补偿和利润的实现；有利于加快工程进度，及时收回工程款，按时反映企业的经营情况和成果。这种结算方式的主要缺陷是：建筑企业为了达到在一定时间内获得更多的工程款的目的，往往会对高产值的工程部位（如主体工程）有极大的兴趣，而对耗工多、造价低、工程价款收入少的收尾工程不加重视，这就不利于建筑施工企业集中使用人力、物力、财力去保证工程项目提前或按时交付使用等。另外，每月办理已完工工程结算，跨年度工程年终要办理已完工工程盘点和年度结算，计算工作量大，手续烦琐。

③ 分段结算。分段结算是按工程形象进度划分的不同阶段（部位）结算工程价款。当年开工，当年不能竣工的单项工程或单位工程，可按照工程形象进度，划分

不同阶段进行结算。按照有关规定，分段结算可以按月预支工程款。

分段结算适用于工期较长、造价较高的工程，有利于及时结算工程价款。但计算工作较频繁，段落不易划分清楚，往往在结算时容易出现漏项或重复，需要在竣工时作最后的清算和结算。

④ 完工百分比法。完工百分比法是根据合同完工进度确认合同收入和费用的方法。运用这种方法确认合同收入和费用，能够为报表使用者提供有关合同进度及本期业绩的有用信息，体现了权责发生制的要求。正确运用完工百分比法确认建造合同收入和费用，首先必须采用适当的方法计算完工进度。

建筑施工企业确定合同完工进度可以按累计实际发生的合同成本占合同预计总成本的比例、已经完成的合同工作量占合同预计总工作量的比例、已完成合同工作的测量等方法计算完工百分比。

A. 根据累计实际发生的合同成本占合同预计总成本的比例确定。该方法是确定合同完工进度较常用的方法。计算公式为：

$$合同完工进度=\frac{累计实际发生的合同成本}{合同预计总成本}\times100\%$$

B. 根据已经完成的合同工作量占合同预计总工作量的比例确定。该方法适用于合同工作量容易确定的建造合同，如道路工程、土石方挖掘工程、砌筑工程等。计算公式为：

$$合同完工进度=\frac{已经完成的合同工作量}{合同预计总工作量}\times100\%$$

C. 已完工合同工作量的测定。该方法是在无法根据上述两种方法确定合同完工进度所采取的一种特殊的技术测量方法，适用于一些特殊的建造合同，如水下施工工程等。需要注意，这种技术测量并不是由建筑承包商自主随意测定的，而应由有关专业技术人员进行现场科学测定。

⑤ 其他结算方式。结算双方约定并经开户银行同意，还可以采取其他结算方式。

（3）工程价款结算的程序。建筑施工企业预支工程价款，应根据工程进度填写“工程价款预支账单”，送发包单位和开户银行办理付款手续。预支的款项，应在月末或竣工结算时抵充应收的工程款。

建筑施工企业于月终完成合同规定的工程形象进度或工程竣工办理工程价款结算时，应根据实际完成的工程量，对照中标书或施工图预算所列工程单价和有关取费标准，计算已完工工程价款，编制“已完工工程月报表”和“工程价款结算账单”，经发包单位审查签证后，送开户行办理结算。

2．预付备料款结算

我国建筑安装工程施工，有出包和自营两种方式。两种方式下备料资金的拨付、使用、结算方法也有所不同。

（1）出包工程预付备料款。出包工程，施工企业所需要的主要材料资金，由建设单位于开工之前以预付款的形式提供。预付备料款的数额，应以保证正常的储备需要为原则。建筑工程预付备料款一般不得超过当年建筑工作量的25%。对于施工期在6个月以内的小型工程，或大量采用预制构件的工程，预付备料款的数额可以适当增加。安装工程一般不得超过当年安装工作量的10%，安装材料用量较大的工程可适当增加。具体额度由各地银行根据不同性质的工程和工期的长短，在调查测算的基础上分类确定。建设单位和施工企业在签订施工合同时，应根据所在地区的规定，具体确定预付备料款的数额，经办银行审查符合规定后，即从建设单位账户中一次拨付施工企业。如果年内调整计划，致使工作量发生较大变化时，备料款应做相应调整。对未签合同，或不具有施工条件的，不得拨付备料款。施工企业收取备料款两个月后，仍不开工的，经办银行可将备料款如数收回。

预付款是为满足工程所需建筑材料的必要储备，因此，在工程后期，随着工程所需材料储备的减少，预付款应以抵充工程价款的方式陆续扣回。如果工程是跨年施工的，下年度仍由同一企业施工，预付款就可以不扣或少扣，次年再按发包工程工作量的备料需要予以调整，至工程竣工前全部扣清。扣回预付款不能过早或过晚，扣得过早，会影响材料的正常合理储备；扣得过晚，又会积压资金，使竣工前不能全部扣清。因此，为了准确、合理、及时扣回预付款，以承包方包工包料为例，可采用以下三种扣回方法。

① 按照公式计算起扣点和抵扣额。这种办法原则上应以未完工工程所需材料的价值相当于备料款数额时起扣，于每次结算工程价款时，按材料比重扣抵工程价款，至工程竣工前全部扣清，其计算公式如下：

预付备料款数额 = 工程合同造价 × 预付备料款额度

起扣点未完工程价值 = 预付备料数额 ÷ 主要材料比重

达到起扣点的已完工工程价值 = 年度承包工程总价值 – 起扣点未完工程价值

在达到起扣点后，再完成的工程在进行工程价款结算时，应抵扣工程价款，其计算公式如下：

第一次应扣回预付备料款 =（累计已完工程价值 – 达到起扣点已完工程价值）× 主要材料的比重

以后每次抵扣额 = 达到起扣点后每次完成的工程价款 × 主要材料的比重

② 按照规定办法扣回预付款。按照第一种方法扣回预付款，从理论上讲较为合

理，因为当未完工程所需材料等于预付备料款时，证明所需材料业已全部备足，以后无须再购材料，预付备料款的需要也逐渐减少，开始扣还预付款，既不会影响施工企业的材料储备，也避免了资金占有过多。这种方法虽较合理，但手续烦琐，因此，在实际工作中，常采用按公式计算出的起扣点，在工程价值结算办法中规定固定的比例扣回备料款办法，甲乙双方共同遵守。

③ 按照工程最后一次扣抵备料款办法。这种方式适合于投资不大，施工期短的工程。预付备料款在施工前一次拨付，到工程后期一次抵作工程进度款，在施工过程中不分次抵扣，当预付备料款加上已付工程进度款达到总值的95%时，便停付工程进度款，待工程竣工验收后，一并结算。

（2）自营工程备料资金。自营工程即自建工程。对于规模较大的自营工程，按照国家要求，一般应在建设单位统一领导下，设立一个独立进行经济核算的施工企业，担负着同一般施工企业大致相同的经济责任。施工单位所需的备料款，也可依照上述出包工程从建设单位的账户中，投人施工企业开立的结算户，供其周转使用。所不同的是国家对自营单位不核拨流动资金，银行也不提供流动资金贷款，其施工所需要的备料资金和其他流动资金，统由建设单位投资中解决，到工程后期，同样以抵充工程款方式收回。

对于规模小，施工期短的自营工程为了简化手续，可不单独核拨备料资金，由建设单位在核定的投资指标内，根据合理储备物资和大体符合工程进度的原则，按实际需要核实拨付。

3. 设备款结算

设备款结算是指在基本建设过程中对建设单位购买当年不需要安装或需要安装的符合固定资产标准的设备、机器、工具、器具，按设备厂的出厂价格或制造费用以及有关的运杂费所办理的货币支付。设备储备工作具有特殊性，主要表现在以下方面。

设备种类繁多，配套复杂，且单位价值大；设备的专用性很强。每个建设项目所需要的设备，各有其特定的用途和要求。如果采购订货当中发生失误，形成积压后，就难以调剂处理，不仅造成资金和物资闲置，而且由于资金短缺将直接影响工程的顺利进行；设备的供应渠道复杂。根据货源不同，有国外进口和国内供应两大渠道。国内供应部分，通用设备是由设备成套供应机构供货。还有一些专用设备需由建设单位自制或委托加工。这就造成设备订货、采购、供应工作的复杂性；设备供应必须与建设进度相衔接。需要安装的设备，在建筑工程进行到一定部位时，建设单位就要及时将设备交付建筑安装企业进行安装。设备储备过早，会积压资金。但如不按时到货，则会影响工程进度和及时竣工投产，不能尽早发挥投资效果。

以国家财政安排的基本建设项目为例，根据设备储备工作的特点，为了使用好设备储备资金，必须注意以下问题。

建设单位应根据批准的年度基建计划、初步设计文件库存设备情况，编好设备供应计划，分别列明当年工程需要的设备和为以后年度储备的设备；建设单位应按设备供应计划，与供货单位或生产企业签订订货合同，合同应经建设单位财务部门签字同意。对需要预先安排生产的大型成套设备的订货，应通知经办行审查签订，否则，生产单位不得安排生产，银行也不预付款，以防止计划外的盲目订货。

对国内订购的设备应坚持钱货两清的原则，除按国家规定对制造期在 6 个月以上的大型专用设备（以单台计）和船舶，为了不影响生产企业资金周转，可在投料生产以后按实际制造进度分次付款外，其他设备订货一般不得预付货款。为了监督供需双方遵守合同和结算纪律，在设备到货后，建设单位应做好检查验收工作，如发现到货与谷同不符，应立即向供货单位或运输部门追查；对符合合同规定的货款，建设单位应按时承付，不得拖欠。对于因设计、计划变更，应退货而未发退货手续的设备到货，经办行应按照合同规定付款，并监督建设单位设法处理，由此影响计划内工程用款，应由建设单位自行负责。对于单位盲目采购设计以外的设备，经办银行有权拒绝付款。

建设单位需要的国外设备，一般由其主管部门统一订货。进口设备到货后，建设单位应认真检查、验收，如与发货清单不符，应立即报请主管部门及时向国外厂商查询。进口设备的价款，先由主管部门偿付，后再与建设单位结算，经办银行应凭总分行下达的进口设备转账通知，办理转账手续。

4. 其他基本建设费用结算

其他基本建设费用结算主要包括建设单位管理费、土地征用费、施工机构迁移费、联合试运转费等费用的支付活动。

其他基本建设费用具有使用零散、不易管理以及伸缩性、灵活性、政策性强等特点。

（1）建设单位管理费。建设单位管理费是指建设项目的设计任务书批准后，建设单位为进行建设项目筹建、建设、联合试运转、验收总结算工作所发生的管理费用。在使用财政资金的基本建设中，为了节约这项费用，国家规定：属于改、扩建项目，一般不应单独设立筹建机构，其管理工作应由生产单位兼办，所需费用由生产费用内开支；新建项目需要设立筹建机构的，应按照精简节约的原则，机构设立不能过早，人员编制不能过多，应报经主管部门批准。

银行对建设单位管理费的支付，应在年度基建预算的范围内从严控制。各项管理费用必须严格执行有关规定标准。对于一切违反财经制度、铺张浪费和请客送礼等，应坚决制止，不予拨款。

（2）土地征用费。土地征用费是指按照国务院关于《国家建设使用土地条例》规定所支付的土地补偿费，青苗补偿费，被使用土地上的房屋、水井、树木等补偿费，迁坟费和安置补助费以及土地使用管理费。这部分费用的多少，主要取决于建设用地面积。建设项目所需占用土地面积，是由初步设计确定的。

银行应参与设计、概算的审查，对不符合征用土地政策的，应积极提出意见，并根据审定后的设计文件规定的面积，在年度基本建设计划投资范围内掌握支付；对建设场地上原有的房屋，应尽量设法利用；支付房屋拆迁补偿费应考虑扣除回收价值；支付给全民所有制企业、单位的补偿，应由使用单位在银行专户存储，按指定用途支用。

（3）施工机构迁移费。施工机构迁移费是指施工企业根据建设任务书的需要，经有关部门决定，施工机构由原驻地迁移到另一地区所发生的一次性搬迁费用。

这项费用应列入设计概算和年度基本建设计划之内。目前对这项费用的支付，有以下两种办法。

① 按实际发生的费用，核实拨付。

② 由施工单位按费用标准编制预算，经建设项目的主管部门同意，按照建筑安装工程费用的百分比，支付施工单位包干使用。但不论采用哪种办法，银行都应按照规定的取费标准审查，年度计划投资范围内控制支款。

（4）联合试运转费。联合试运转费是指新建企业或新增生产工艺流程的扩建企业，在竣工验收前，按照设计规定的工程质量标准，进行整个车间的负荷或无负荷联合试运转所发生的费用支出大于试运转收入的亏损部分。

不包括应由设备安装费用开支的试车费用。其费用内容包括：试运转所需的原料、燃料、油料和动力的消耗费用，机械使用费，低值易耗品及其他物品的费用和施工单位参加联合试运转人员的工资等。

列入年度投资计划和概算的联合试运转费，是预计试车费用超过试车纯收入的差额部分。经办银行除按计划指标控制付款外，还应注意促进建设单位尽量节约试车费用，并核实试车产品的销售收入。如果试车收入大于试车费用，其盈利部分应作为基本建设收入。

对使用财政资金的基本建设结算进行审查监督是银行的重要工作，是国家通过银行对基本建设经济活动进行管理的重要方法。同时，基本建设结算监督是银行运用结算这个经济杠杆，采用经济手段，对建设单位和施工企业的经济活动进行的经济监督。这一经济监督是国家授予银行的职权，也是一种国家监督。银行对基本建设的审查监督主要有以下两个方面的内容。

① 进行结算纪律的监督。主要是审查基本建设结算中是否严格遵守财经纪律和结算纪律。审查有无拖欠货款、赊销商品等现象；防止计划外订货、采购的发生；注意存款余额、贷款指标、拨款资金的变动情况等。对违反财经纪律和结算纪律的应予以经济制裁。

② 对结算凭证的监督。结算凭证是银行办理结算业务的依据。银行对结算凭证应审查凭证的有效期；凭证的内容、金额填写是否正确、完整、真实；是否符合计划和合同的规定；凭证是否有涂改等。对凭证内容和结算手续不符合规定的，不予办理结算。

四、收入的日常管理

建筑施工企业在编制工程价款结算收入计划后，应加强管理，认真执行规定的计划。具体内容如下。

严格按施工生产计划和工程承包合同组织生产，为保证施工生产、完成工程承包合同任务，及时取得工程结算收入创造条件；及时组织工程价款结算，加强已完待结算工程和未完施工的管理；及时办理工程款的结算，加速资金周转。

第二节　利润的管理

建筑施工企业的利润是一定会计期间的施工生产经营成果。利润总额集中反映了企业施工生产经营活动各个方面的效益，是衡量企业经营管理水平和经济效益的重要综合指标。

一、利润的作用

企业利润的作用主要表现在以下几个方面。

1．利润是实现建筑施工企业财务管理目标的重要保证

企业财务管理的目标是企业价值最大化，要实现这一目标，应从两方面入手：一是不断提高企业的盈利水平；二是不断降低企业的风险。所以，在考虑风险的同时，不断提高企业的盈利水平，增加企业的投资收益率，是实现建筑施工企业财务管理目标的重要保证。

2．利润是建筑施工企业自我发展的资金来源

建筑施工企业要想在竞争激烈的市场上立足并获得快速发展，必须不断增加企

业的财力。增加企业财力的途径有两种：一是增加自有资金；二是增加借入资金。而增加借入资金必须以一定数量的自有资金为前提，因此，壮大企业财力的根本在于企业自有资金，而增加企业自有资金的根本途径就是不断提高企业盈利水平。

3. 利润是投资者获得投资回报的前提

投资者将资金投入企业，是为了获得比银行存款利息更多的投资收益，而投资收益只有在企业盈利的前提下，才能通过分配的利润或股利获得。因此，只有不断提高企业盈利水平，投资者才能获得更多的投资回报。

4. 利润是保证社会正常活动的必要条件

企业的利润中有相当一部分以所得税的形式上缴给国家，国家通过财政预算，将其形成社会消费基金然后将它用于行政、国防、文教卫生等部门的支出。因此，增加企业利润，为国家多上缴税金，可以保证社会正常活动，巩固国家政权。

二、利润的构成

利润包括收入减去费用后的净额、直接计入当期利润的利得和损失等。直接计入当期的利得和损失是指计入当期损益、会导致所有者权益发生增减变动的、与所有者投入资本或者向所有者分配利润无关的利得或者损失。

1. 营业利润

营业利润是指建筑施工企业一定时期内从事施工生产经营活动实现的利润。计算公式为：

营业利润 = 营业收入 – 营业成本 – 营业税金及附加 – 管理费用 – 销售费用 – 财务费用 – 资产减值损失 + 公允价值变动收益（ – 公允价值变动损失）+ 投资净收益（ – 投资损失）

营业收入是指企业经营业务所确定的收入总额，包括主营业务收入和其他业务收入。营业成本是指企业经营业务所发生的实际成本总额，包括主营业务成本和其他业务成本。资产减值损失是指企业计提各项资产减值准备所形成的损失。公允价值变动收益（或损失）是指企业交易性金融资产等公允价值变动形成的应计入当期损益的利得（或损失）。

投资收益（或损失）是指企业以各种方式对外取得的收益（或发生的损失）。投资收益包括：① 对外投资应享有的利润、股利、债券利息；② 投资到期收回或中途转让取得款项高于账面价值的差额；③ 按照权益法核算的股权投资在被投资单位增加的净资产中所拥有的数额等。投资损失包括：① 对外投资分担的亏损；② 投资到期收回或者中途转让取得款项低于账面价值的差额；③ 按照权益法核算的股权投资在被投资单位减少的净资产中所分担的数额等。

2. 利润总额

利润总额 = 营业利润 + 营业外收入 – 营业外支出

营业外收支虽然与企业的施工生产经营活动没有直接关系，但从企业主体来考虑，同样是增加或减少利润的因素，对企业的利润总额及净利润会产生较大的影响。

（1）营业外收入。营业外收入是指与企业施工生产经营活动没有直接关系的各项收入。建筑施工企业的营业外收入主要包括：固定资产盘盈、处置固定资产净收益、处置无形资产净收益、罚款收入、赔偿金收入、违约金收入、非货币性交易等。

（2）营业外支出。营业外支出是指不属于企业生产经营费用，与企业施工生产经营活动没有直接关系，但应从企业实现的利润总额中扣除的支出。建筑施工企业的营业外支出主要包括：固定资产盘亏、处置固定资产净损失、处置无形资产净损失、计提的固定资产减值准备、计提的无形资产减值准备、非常损失、罚款支出、债务重组损失、捐赠支出等。

3. 净利润

净利润又称税后利润，是指企业的利润总额扣除应该交纳的所得税费用后所剩余的利润。公式为：

净利润 = 利润总额 – 所得税费用

三、利润预测

利润预测是在对建筑施工企业工程收入预测的基础上，通过对固定成本、变动成本、工程任务量以及对影响利润的其他因素进行分析研究，测算企业在未来某一会计期间可以实现的利润。通过利润预测，进而编制企业利润计划，分解落实企业利润指标，以保证目标利润的实现。由于工程结算利润在建筑施工企业的利润总额中占有较大的比重，因而工程结算利润成为利润预测的重点。

建筑施工企业年度计划中工程结算利润的预测方法主要有以下两种。

1. 根据计划利润和工程成本降低额预测

工程结算利润 = 计划利润 + 工程成本降低额

计划利润 = 工程结算收入 ×（1– 税费率）× 预期利润 /（1+ 预期利润率）

利用上面式子测算工程结算利润时，需要注意以下几个问题。

① 由于计划年度施工的工程不一定就是结算工程，所以当年年初在建工程等于年末在建工程时，可以用施工产值代替工程结算收入。但当年年初在建工程与年末在建工程不相等时，需要对工程结算收入加以调整。

② 由于在年度计划中很难分别计算各个工程项目的成本降低额，因此，应根据结算工程和施工工程比例对工程成本降低额加以调整。

2. 利用本量利分析法预测

（1）建筑施工企业从事单一工程的施工生产其计算公式如下：

工程结算利润 = 预计工程数量 ×（单位结算价格 – 单位税金 – 单位变动成本）– 固定成本总额

其中，单位价格 – 单位税金 × 单位变动成本 = 单位边际贡献（单位贡献毛益）

或工程结算利润 = 工程结算收入 ×（1– 税费率 – 变动成本率）– 固定成本总额

（2）施工企业同时从事多种工程产品的施工生产其预测分析的计算步骤如下。

计算各种工程产品的边际贡献率；计算各工程产品的工程结算价款收入占全部工程结算价款收入的比重；计算加权平均边际贡献率；计算全部工程产品的工程结算利润。

全部产品的工程结算利润 = 预测工程结算收入 × 加权平均边际贡献率 – 固定成本总额

第三节　利润分配的管理

利润分配是企业财务管理的一个重要组成部分。利润分配政策是否适当，直接关系国家、企业、投资者、职工个人等利益集团的利益划分是否适当，即直接关系国家的财税收入、企业的经营积累、投资者的投资回报以及职工个人的福利待遇是否得到保障。因此，企业必须根据国家有关法律、法规、方针政策和企业的实际情况，制定合理的利润分配政策。

一、利润分配的概念和项目

1. 利润分配的概念

利润是指企业在一定时期内创造的剩余价值，是企业经营者为企业所有者实现的经营成果。利润分配是指企业在一定时期内创造的剩余价值总额在企业内外的利益主体之间分割的过程。有广义的利润分配和狭义的利润分配两种，广义的利润分配是指对企业收入和利润进行分配的过程；狭义的利润分配则指对企业净利润的分配，是对企业当年所实现的税后利润按照国家有关规定在国家、企业和投资者之间进行分配，以维护国家、企业、职工个人和投资者各方的利益。

2. 利润分配的项目

按《公司法》规定，公司企业利润分配的项目包括以下内容。

（1）提取盈余公积。盈余公积是从税后利润中提取形成的，其主要用途是弥补亏损、扩大公司生产经营或转增公司资本。盈余公积分为法定盈余公积和任意盈余公积。公司分配当年税后利润时应当按照 10% 的比例提取法定盈余公积；当盈余公积累计额达到注册资本的 50% 时，可以不再继续提取。任意盈余公积的提取由股东会根据需要决定。

（2）提取公益金。公益金也是从公司税后利润中提取的。专门用于职工集体福利设施的建设。公益金按税后利润的 5% ~ 10% 的比例提取。

（3）分配股利。公司向股东（投资者）分配利润，要在提取盈余公积、公益金之后。股利（利润）分配应以股东（投资者）持有股份（投资额）的多少为依据。每一股东（投资者）取得的股利（分得的利润）与其持有的股份数（投资额）成正比。股份有限公司原则上从累计盈利中分配股利，无盈利不得支付股利。但若公司用盈余公积弥补亏损后，为维护其股票信誉，经股东大会特别会议，也可用盈余公积支付股利，这样支付股利后留存的法定盈余公积不得低于公司注册资本的 25%。

二、利润分配的顺序

在实际工作中，企业收益分配具体表现为对企业一定时期实现的利润总额的分配，因此利润分配要按照一定的顺序进行分配。具体顺序如下。

（1）弥补企业亏损按照《企业财务通则》规定，企业发生的年度亏损，可以用下一年度的税前利润弥补；下一年度不足弥补的，可以在今后 5 年内用所得税前利润连续弥补，连续 5 年未弥补完的亏损，用缴纳所得税后的利润弥补。

（2）缴纳所得税所得税按年计征，分期预交。企业应从全局利益出发，正确计算和缴纳所得税。其计算公式如下。

应纳所得税税额 = 应纳税所得额 × 所得税税率

所得税税率是由国家税法规定的，企业必须严格执行，不得随意改变，正确计算应纳所得税税额的关键是正确计算应税所得额。应税所得额是根据国家规定，在企业实现的利润总额的基础上增加或扣减有关收支项目的办法加以计算的，其计算公式如下。

应纳税所得额 = 实现利润总额 + 经批准增加的收入项目 – 经批准减少的支出项目

（3）税后利润分配

① 支付被没收财务的损失和违反税法规定而支付的滞纳金和罚款。把这项支出作为税后利润分配的首要项目，也是为了维护国家的法律权威，促使企业遵纪守法。违约金、罚款和没收财物等具有赔偿性和惩罚性，是企业经营管理不善形成的支出，

而不是生产经营活动中应该发生的费用，因而不能列入成本，冲减当期损益。如果计入成本冲减当期损益，结果就使得企业将因违法支出的惩罚性支出的一部分转嫁给国家负担。为维护国家法纪，这种惩罚性支出必须由税后利润开支，以增强企业的法治观念。

② 弥补以前年度亏损。如果企业的亏损额较大，用税前利润在5年的限制期内抵补不完，就转由企业的税后利润弥补，以保证企业简单再生产的正常进行，为扩大再生产创造条件。所以把弥补以前年度亏损作为税后利润分配的第二顺序。

③ 提取公积金。施工企业应根据税后利润扣除前述两项分配数额后余额的10%提取公积金，主要用于弥补企业亏损，补充投资者分利的不足，以及按规定转增资本金。

④ 提取公益金。公益金是企业用于职工集体福利设施支出的基金。它是按企业决议确定的比例，从税后利润扣除前三项分配数额后的余额提取基金。

⑤ 向投资者分配利润。向投资者分配利润是税后利润分配的最后一项，但这并不意味着向投资者分配利润不重要。投资者一般以年底从被投资企业分得的红利份额被投资企业经营绩效指标。如果一个企业税后利润分配率变化较大，这必然影响投资者对其投资的热情。所以当企业发生亏损、无利分配时，企业管理当局在保证法定盈余公积金的余额不低于企业注册资本金的25%的条件下，用法定盈余公积金的一部分分配给投资者，以维护企业的声誉。可见，向投资者分配税后利润十分重要。但把此项放在分配顺序的最后，是因为生产是继续取得投资报酬的前提，只有先保证简单再生产和扩大再生产的顺利进行，才能继续取得或提高投资报酬。同时，也是为了使投资者的权益与责任相结合，在未弥补亏损和提取公积金和公益金之前，不得向投资者分配利润。向投资者分配股利，首先，应支付优先股股利；其次，按公司的章程或董事会决议，提取任意盈余公积；最后，向企业普通股股东支付股利。

三、股份有限公司股利政策

股利政策是指在法律允许的范围内，可供企业管理当局选择的，有关净利润分配事项的方针及对策。

可供分配的净利润既可以用于向投资者分红，也可以留存企业。在这部分净利润数额相对有限的情况下，如何合理确定分红与留存的比例，直接关系到有关短期利益与长远利益、股东与企业等关系能否得到妥善处理的问题。确定或选择正确的利润分配政策，对企业具有特别重要的意义。一方面，分配政策在一定程度上决定企业对外再筹资能力。如果企业分配政策得当，除了能直接增加企业积累能力外，还能够吸引投资者（包括潜在的投资者）对企业的投资，增强其投资信心，从而为筹资提供基础。另一方面，分配政策在一定程度上还决定企业市场价值的大小。如何确定较好的分配政策，并保持一定程度上的连续性，有利于提高企业的财务形象，从而提高企业发行在外的股票价格和企业的市场价值。

1. 股利理论

股利分配作为财务管理的一部分，同样要考虑其对公司价值的影响。围绕公司股利政策对公司股票价值或者公司价值有无影响问题的研究，形成了股利政策的基本理论。在西方学术界以及实务界中，对理论的研究存在着不同的观点和理论，现就其主要内容做简要介绍。

（1）股利无关论。股利无关论认为，公司的股利政策不会对公司价值（股票价格）产生影响。其代表人物是美国财务学家米勒和莫迪格莱尼，因此，该理论又称为 MM 理论。他们指出，在满足一定条件下，公司的股利政策对股价和公司价值没有任何影响。其假设前提如下。

现行市场价格反映了所有已公开或者未公开的信息，公司的投资者和管理当局可相同地获得关于未来投资机会的信息（即投资不受股利政策的影响）；没有筹资费用（即不存在股票发行和交易费用）；不存在个人和公司所得税；公司的投资决策与股利政策彼此独立（即投资决策不受股利分配的影响）。

上述假设下的市场是一种完美的市场，所以，MM 理论又称完全市场理论。基于这些假设，MM 理论认为投资者并不关心公司股利的分配情况，公司盈余在股利和保留盈余之间的分配，并不影响公司的价值，公司的股价完全取决于投资方案和获利能力，既然投资者不关心股利分配，那么公司在较好投资机会的情况下，如果股利分配少、留利多，公司可将留存较多的利润用于再投资，公司的股票价格也会上升，需用现金的投资者可以通过出售股票来换现金。同样，即使公司有了理想的投资机会而又支付了较高的股利，公司也可以在证券市场上顺利地筹集到新股，新的投资者会认为公司有投资机会。这样，投资者对股利和资本利得并无偏好。所以，股票价格与公司的股利政策是无关的。

（2）股利相关论。股利相关论认为，公司的股利政策会影响到公司股票的价格，公司的股利政策对公司的市场价值并非无关而是相关的。股利相关论的代表性观点如下。

① 一鸟在手论。这种理论认为，投资者对股利收益与资本利得收益是有偏好的，大部分投资者更偏向于股利利益，特别是正常的股利收益。因为正常的股利收益是投资者按时按量有把握取得的现实收益，好比在手之鸟，抓在手中是飞不掉的。而资本利得收益要靠出售股票才能得到，但抛售股票的价格起伏不定，具有很大的不确定性。一旦股价大跌，则资本利得收益会大幅减少，好比在林之鸟，看上去很多，

却不一定能够抓住。因此，资本利得风险比股利风险大得多。在两者之间，投资者更偏向于选择股利支付比率较高公司的股票。随着公司股利支付率的下降，股票价格因此下跌。用谚语来形容就是：“一鸟在手胜过双鸟在林”，该理论因此得名。

② 投资者类别效应理论。这种理论认为，投资者不仅仅是对资本利得和股票收入有偏好，即使是投资者本身，因其类别不同，对公司股利政策的偏好也是不同的。那些低收入阶层比较偏好经常性的高额现金股利，因为较多的现金股利可以弥补其收入的不足，并可以减少不必要的交易费用，而那些高收入阶层则比较偏好少分现金股利，多些留成，用于再投资，这样既可以避免因取得股利收入而进一步增加其按高税率计算并支付的个人所得税，又可以为将来积累财富，因此较高的现金股利满足不了高收入阶层的需要，而较少的现金股利又会引起低收入阶层的不满。所以投资者会因为自己的类别不同、偏好不同而选择股利政策不同的公司，低收入者会选择股利较高的公司，高收入者会选择股利支付率较低的公司，从而使投资者各取所需，各得其所。

③ 信息效应理论。这种理论认为，MM 理论中关于投资者和管理当局可相同地获得关于未来投资机会信息的这一假设是不存在的。这是因为投资者一般只能通过公司的财务报告及其他公司的财务信息来了解公司的经营状况和盈利能力，并据此来判断股票的价格是否合理。但是，财务报告在一定时期内可以调整、润色，甚至还有虚假的成分。因此，投资者对未来发展和收益的了解远不如公司管理人员清晰，即存在着某种信息不对称。在这种信息不对称的情形下，现金股利的分配就成了一个难得的信息传播渠道，股利政策因此就有了信息效应，即股利的分配给投资者传递了关于公司盈利能力的信息（对一个盈利能力不足的公司来说，是无法定期按量支付现金股利的），而这一信息自然会引起股票价格的变化。通常增加现金股利的支付，向投资者传递的是公司盈利能力充足的信息，会导致股票价格上升；反之，减少现金股利的支付，可能给投资者传递的是公司经营状况恶化、前途不甚乐观的信息，会导致股票价格下跌。这就是说，股利政策所产生的信息效应会影响股票的价格。

④ 税收效应理论。这种理论认为，MM 理论中关于不存在个人及公司所得税这一假设也是不存在的。在现实生活中，不仅存在着个人和公司所得税，而且在西方国家，对资本利得收入计征的所得税的课税比率也是不同的。一般而言，资本利得的所得税率较低，鼓励收入的所得税率较高，另外，如果投资者不出售股票，就不会获得资本利得，也不需要纳税；再者，如果投资者一直将资金保留在公司中继续增值，则直到出售股票获得资本利得时，才需要纳税，还具有推迟纳税的效果，即公司的股利政策采取多留少分，有利于投资者减少纳税的所得税，使投资者获得更

多的投资收益，这就是股利政策的所得税效应。从该效应来看，那些能够利用留存收益进行有效投资、增加股东财富的公司，不发或少发股利对投资者更为有利。

总之，MM 理论中的假设在现实生活中是不存在的，完全市场也是不存在的，因此，公司的股利政策与公司价值和股票价格是相关的。我们可以将上述四种理论通称为股利相关理论。

2. 影响股利政策制定的相关因素

由于现实生活中不存在股利无关论提出的假设前提，公司的股利政策是在种种制约因素下进行的，公司也不可能摆脱这些因素的影响，正因为股利政策与公司的股价是相关的，所以制定一个合理的股利政策对公司的股价、投资和融资等财务活动来说都至关重要。相反，公司的种种因素也对其股利产生种种影响。一般而言，公司的股利政策的形成受以下几种因素的影响。

（1）法律因素。为了保护债权人和股东的利益，有关法律法规对公司的股利分配经常有如下限制（见表 13–1）。

表 13–1　法律法规对公司的股利分配的限制

名称	内容
资本积累限制	资本积累限制要求企业在分配收益时，必须按一定的比例和基数提取各种公积金。另外，它要求在具体的分配政策上，贯彻“无利不分”原则，即当企业出现年度亏损时，一般不得分配利润
资本保全限制	资本保全是企业财务管理应遵循的一项重要原则。它要求企业发放的股利或投资分红不得来源于原始投资，而只能来源于企业当期利润或留存收益。其目的是防止企业任意减少资本结构中所有者权益的比例，以维护债权人利益
无偿债能力限制	有些国家法律规定，禁止缺乏偿债能力的企业支付现金股利。无偿债能力包括两种含义：一是企业的负债总额超过了资产的公允价值总额；二是企业不能向债权人偿还到期债务。由于企业清偿债务的能力取决于企业的流动性，而不是其资产的多少，所以第二种含义的无偿债能力限制给予了债权人更大程度上的保护。目前，无偿债能力限制在我国尚未纳入法律规范的范畴，但在企业长期借款或发行企业债券的相关条款中已有所涉及
净利润限制	通常规定企业年度累计净利润必须为正数时才可以发放现金股利，以前年度亏损必须足额弥补
超额累积利润限制	由于股东接受现金股利缴纳的所得税率高于其进行股票交易的资本利得税，于是很多国家规定企业不得超额累积利润，一旦企业的保留盈余超过法律许可的水平，将被加征额外税收。由于我国目前股东接受现金股利缴纳的所得税率为 20%，未开征股票交易的资本利得税，也未规定超额累积利润限制，故在我国，企业税后留成比例相当大

（2）公司因素。公司资金的灵活周转是公司生产经营得以正常进行的必要条件。就公司的生产经营需要来讲，也存在一些影响股利分配的因素。这些因素见表13–2。

表 13–2　影响股利分配的因素

因素	主要内容
资产的流动性	在股利决策中，资产的流动性是应该考虑的一个重要方面。由于股利代表现金流出，现金状况和资产流动性越好，其支付股利的能力就越强。高速成长中的盈利性企业，其资产可能缺乏流动性，因为它们的大部分资金投资在固定资产和永久性流动资产上了。这类高速成长的盈利性企业，由于其资产的流动性差，其管理部门为了保持财务灵活性，一般不愿意为了支付大额股利而危及企业的安全
盈余的稳定性	一个公司是否能获得长期稳定的盈余是其股利决策的重要基础。盈余相对稳定的公司有可能支付较高的股利，而盈余不稳定的公司一般采用低股利政策。对于盈余不稳定的，低股利政策可以减少因盈余下降而造成的股利无法支付、股价急剧下降知风险，还可将更多的盈余用于再投资，以提高公司的权益资本比重，减少财务风险
投资机会	利润分配政策要受到企业未来投资机会的影响。主要表现在：当企业预期未来有较好的投资机会，且预期投资收益率大于投资者期望收益率时，企业经营者会首先考虑将实现的收益用于再投资，减少用于分配的收益金额。这样有利于企业的长期发展，同时也能被广大的投资者所理解。相反，如果企业缺乏良好的投资机会，保留大量盈余会造成资金的闲置，可适当增大分红数额。正因为如此，处于成长中的企业多采取少分多留政策，而陷于经营收缩的企业多采取多分少留政策
举债能力	如果一个公司举债能力强，能够及时地从资金市场筹措到所需要的资金，则有可能采取较为宽松的利润分配政策；而对于一个举债能力较弱的公司而言，宜保留较多的盈余，往往采取较紧的利润分配政策
偿还债务需要	具有较高债务偿还需要的企业，可以通过举借新债务、发行新股筹集偿债需要的资金，也可以用保留盈余偿还债务。如果举借新债的资本成本高或受其他限制而难以进入资本市场时，企业也应当减少现金股利的支付
资本成本	与增发普通股相比，保留盈余不需花费筹资费用，其资本成本较低，是一种比较经济的筹资渠道。所以，从资本成本考虑，如果企业扩大规模，需要增加权益资本时，不妨采取低股利政策

（3）股东因素。股东出于对自身利益的考虑，可能对公司的利润分配提出限制、稳定或提高股利发放率等不同意见。

控制权考虑。公司的股利支付率高，必然导致保留盈余减少，这又意味着将来发行新股的可能性加大，而发行新股会稀释公司的控制权。因此，公司的老股东往往主张限制股利的支付，而愿意较多地保留盈余，以防止控制权旁落他人。

避税考虑。一些高收入的股东出于避税考虑（股利收入的所得税高于交易的资本利得税)，往往要求限制股利的支付，而较多地保留盈余，以便从股价上涨中获利。

稳定收入考虑。一些股东往往靠定期的股利维持生活，他们要求公司支付稳定的股利，反对公司留存较多的利润。

规避风险考虑。在某些股东看来，通过增加留存收益引起股价上涨而获得的资本利得是有风险的，而目前所得股利是确定的，即便是现在较少的股利，也强于未来较多但是存在较大风险的资本利得，因此他们往往要求较多地支付股利。

(4) 其他因素

① 债务合同限制。企业的债务合同，特别是长期债务合同，往往有限制企业现金支付程度的条款，以保护债权人的利益。通常包括：未来的股利只能以签订合同之后的收益来发放，也就是说不能以过去的留存收益来发放；营运资金低于某一特定金额时不得发放股利；将利润的一部分以偿债基金的形式留存下来；利息保障倍数低于一定水平时不得支付股利。企业出于方便未来负债筹资的考虑，一般都能自觉恪守与债权人事先签订的有关合同的限制性条款，以协调企业与债权人之间的关系。

② 机构投资者的投资限制。机构投资者包括养老基金、储蓄银行、信托基金、保险企业和其他一些机构。政府对机构投资者所能进行的投资限制往往与股利特别是稳定股利的支付有关。如果某一企业想更多地吸引机构投资者，它一般应采用较高而且稳定的股利支付政策。

③ 通货膨胀。通货膨胀会带来货币购买力水平下降，固定资产重置资金来源不足，此时企业往往不得不考虑留用一定的利润，以便弥补由于货币购买力水平下降而造成的固定资产重置资金缺口。因此，在通货膨胀时期，企业一般采取偏紧的利润分配政策。

3. 股利分配政策的主要类型

企业在确定利润分配政策时，应综合考虑各种影响因素，结合自身实际情况，权衡利弊得失，从优选择。企业经常采用的股利政策主要有以下几种。

(1) 剩余股利政策。剩余股利政策主张企业的盈余首先用于可接受投资项目的资金需要，在满足了可接受投资项目资金需要之后，若还有剩余，企业才能将剩余部分作为股利发放给股东。剩余股利政策的依据是股利无关论。

剩余股利政策的具体应用程序如下。

设定目标资本结构，即确定权益资本与债务资本的比率，在此资本结构下，加权平均资本成本将达到最低水平；确定目标资本结构下投资所需的权益资本数额；最大限度地使用保留盈余来满足可接受投资项目所需的权益资本数额；可接受投资项目所需权益资本已经满足后若还有剩余，再将其作为股利发放给股东。

剩余股利政策的优点是充分利用留存收益这一筹资成本最低的资金来源，保持理想的资本结构，使综合资本成本最低，实现企业价值的长期最大化。其缺陷表现在：完全遵照执行剩余股利政策，将使股利发放额每年随投资机会和盈利水平的波动而波动，不利于投资者安排收入与支出，也不利于公司树立良好的形象。剩余股利政策一般适用于公司初创阶段。

（2）固定股利政策。固定股利政策是公司将每年派发的股利额固定在某一特定水平上，然后在一段时间内不论公司的盈利情况和财务状况如何，派发的股利额均保持不变。只有当企业对未来利润增长确有把握，并且这种增长被认为是不会发生逆转时，才增加每股股利额。固定股利政策的理论依据是股利相关论。

这种策略对公司而言有如下好处。

固定的股利有利于公司树立良好的形象，有利于稳定公司股票价格，从而增强投资者对公司的信心；稳定的股利有利于投资者安排收入与支出，特别是那些对股利有较强依赖性的股东更是如此。

这种策略对公司而言的主要缺陷表现在如下方面。

公司股利支付与公司盈利相脱离，造成投资的风险与投资的收益不对称；由于公司盈利较低时仍要支付较高的股利，容易引起公司资金短缺，导致财务状况恶化，甚至侵蚀公司留存收益和公司资本。

固定股利政策一般适用于经营比较稳定或正处于成长期、信誉一般的公司，但该政策很难被长期采用。

（3）固定股利支付率政策。固定股利支付率政策是企业确定一个股利占盈余的比率，并长期按此比率从净利润中支付股利的政策。在这一股利政策下，各年股利额随企业经营的好坏而上下波动，获得较多盈余的年份股利额高，反之获得盈余少的年份股利额就低。固定股利支付率政策的理论依据是股利相关论。

固定股利支付率政策的优点如下。

股利与企业盈余紧密结合，体现多盈多分、少盈少分、不盈不分的原则；由于公司的盈利能力在年度间是经常变动的，因此每年的股利也应随着公司收益的变动而变动，保持股利与利润间的一定比例关系，体现投资风险与收益的对等。

固定股利支付率政策的不足之处如下。

由于股利的波动传递的是经营业绩不稳定的信息，容易使外界产生企业经营不稳定的印象，不利于股票价格的稳定和上涨，也不利于树立企业良好的财务形象；公司每年按固定比例从净利润中支付股利，缺乏财务弹性；确定合理的固定股利支付率难度很大。

固定股利支付率政策只能适用于稳定发展的公司和公司财务状况较稳定的阶段。

（4）低正常股利加额外股利政策。低正常股利加额外股利政策是公司事先设定一个较低的经常性股利额，一般情况下，公司每期都按此金额支付正常股利，只有企业盈利较多时，再根据实际情况发放额外股利。额外股利不固定化，意味着企业不是永久地提高了规定的股利。这是一种介于固定股利和变动股利政策之间的折中股利政策，是对上述股利政策的综合。低正常股利加额外股利政策的依据是股利相关论。

低正常股利加额外股利政策的优点如下。

具有较大的灵活性，给企业以较大的弹性。由于平常股利发放水平较低，故在企业净利润很少或需要将相当多的净利润留存下来用于再投资时，企业仍旧可以维持既定的股利发放水平，避免股价下跌的风险；而企业一旦拥有充裕的现金，就可以通过发放额外股利的方式，将其转移到股东的手中，也有利于股价的提高；它既可以在一定程度上维持股利的稳定性，又有利于企业的资本结构达到目标资本结构，使灵活性与稳定性较好地相结合，为许多企业所采用。

低正常股利加额外股利政策的缺点如下。

股利派发仍然缺乏稳走性，额外股利随盈利的变化而变化，时有时无，给人漂浮不定的印象；如果公司较长时期一直发放额外股利，股东就会误认为这是正常股利，一旦取消，极易造成公司“财务状况”逆转的负面影响，股价下跌在所难免。

以上介绍的几种股利政策中，固定股利政策和低正常股利加额外股利政策是被企业普遍采用，并为广大投资者所认可的两种基本政策。企业在进行利润分配时，应充分考虑各种政策的优缺点和企业的实际情况，选择适宜的净利润分配政策。

4．股利分配方案的确定

股利分配方案的确定，主要是考虑确定以下四个方面的内容：第一，选择股利政策类型；第二，确定股利支付水平的高低；第三，确定股利支付形式，即确定合适的股利分配形式；第四，确定股利发放的日期等。

（1）选择股利政策类型企业选择股利政策类型通常需要考虑以下几个因素。

① 企业所处的成长与发展阶段；② 企业支付能力的稳定情况；③ 企业活力能力的稳定情况；④ 目前的投资机会；⑤ 投资者的态度；⑥ 企业的信誉状况。公司在不同成长与发展阶段所采用的股利政策，如表 13–3 所示。

表 13–3　公司股利分配政策的选择

公司发展阶段	特点	适应的股利政策
公司初创阶段	公司经营风险高，融资能力差	剩余股利政策
公司高速发展阶段	产品销量急剧上升，需要进行大规模的投资	低正常股利加额外股利政策

续表

公司发展阶段	特点	适应的股利政策
公司稳定增长阶段	销售收入稳定增长，公司的市场竞争力增强，行业地位已经巩固，公司扩张的投资需求减少，广告开支比例下降，净现金流入量稳步增长，每股净利呈上升态势	固定股利支付率政策
公司成熟阶段	产品市场趋于饱和，销售收入难以增长，但盈利水平稳定，公司通常已积累了相当的盈余和资金	固定股利政策
公司衰退阶段	产品销售收入锐减，利润严重下降，股利支付能力下降	剩余股利政策

（2）确定股利支付水平。股利支付水平通常用股利支付率来衡量。股利支付率是当年发放股利与当年净利润之比，或每股股利除以每股收益。一般来说，公司发放股利越多，股利的分配率越高，因而对股东和潜在投资者的吸引力越大，也就越有利于建立良好的公司信誉。但过高的股利分配率政策也会产生不利效果：一是会使公司的留存收益减少；二是如果公司要维持高股利分配政策而对外大量举债，会增加资本成本，最终必会影响公司的未来收益和股东权益。

是否对股东发放股利以及比率高低，取决于企业对下列因素的权衡：① 企业所处的成长周期及目前的投资机会；② 企业的再筹资能力及筹资成本；③ 企业的控制权结构；④ 顾客效应；⑤ 股利信号传递功能；⑥ 贷款协议以及法律限制；⑦ 通货膨胀等因素。

（3）确定股利支付形式。股份有限公司支付股利的基本形式主要有现金股利和股票股利。

① 现金股利形式。现金股利是股份公司以现金的形式发放给股东的股利。发放现金股利的多少主要取决于公司的股利政策和经营业绩。上市公司发放现金股利主要出于三个原因：投资者偏好、减少代理成本和传递公司的未来信息。

公司采用现金股利形式时，必须具备两个基本条件：第一，公司要有足够的未指明用途的留存收益（未分配利润）；第二，公司要有足够的现金。一般来说，现金流入超出现金流出的余额越多，现金的可调剂头寸与机动弹性也就越大，也就越有能力支付较高的现金股利。相反，当企业的现金头寸吃紧时，企业为了保证应付意外情况的机动性，通常是不愿意也不应当承受太大的财务风险而动用现金支付巨额的股利。

② 股票股利形式。股票股利形式是指企业以股票形式发放的股利，即按股东股份的比例发放股票作为股利的一种形式。

当公司注册资本尚未足额投入时，公司可以以股东认购的股票作为股利支付；

也可以是发行新股支付股利。实际操作过程中，有的公司增资发行新股时，预先扣除当年应分配股利，减价配售给老股东；也有的发行新股时进行无偿增资配股，即股东不须缴纳任何现金和实物，即可取得公司发行的股票。

发放股票股利的优点主要有：企业发放股票股利可免付现金，保留下来的现金，可用于追加投资，扩大企业经营；同时减少筹资费用。股票变现能力强，易流通，股东乐于接受。可传递公司未来经营绩效的信号，增强经营者对公司未来的信心。便于今后配股融通更多资金和刺激股价。

股票股利不会引起公司资产的流出或负债的增加，而只涉及股东权益内部结构的调整，即在减少未分配利润项目金额的同时，增加公司股本额，同时还可能引起资本公积的增减变化，而股东权益总额并不改变。发放股票股利会因普通股股票股数的增加而引起每股利润下降，每股市价有可能因此下跌，但发放股票股利后股东所持股份比例并未改变，因此每位股东所持股票的市场价值总额仍能保持不变。

除上述两种基本股利形式外，还有财产股利（如实物股利、证券股利）、负债股利（如公司债券股利）和股票回购等形式。

（4）确定股利发放日期。股份有限公司分配股利必须遵循法定的程序，先由董事会提出分配政策，然后提交股东大会审议，股东大会决议通过分配预案之后，向股东宣布发放股利的方案，并确定股权登记日、除息日（或除权日）和股利支付日等。制定股利政策时必须明确这些日期界限。

股利宣告日。股利宣告日是公司董事会将股利支付情况予以公告的日期。公告中将宣布每股股利、股权登记日、除息日和股利支付日等事项。我国的股份有限公司通常一年派发一次股利，也有在年中派发中期股利的。

股权登记日。股权登记日是有权领取股利的股东资格登记截止日期。只有在股权登记日前在公司股东名册上有名的股东，才有权分享股利，证券交易所的中央清算登记系统为股权登记提供了很大的方便，一般在营业结束的当天即可打印出股东名册。

除息日。除息日是指领取股利的权利与股票相分离的日期。在除息日之前，股利权从属于股票，持有股票者即享有领取股利的权利；从除息日开始，股利权与股票相分离，新购入股票的人不能分享股利。通常在除息日之前进行交易的股票，其价格高于在除息日之后进行交易的股票价格，其主要原因就在于前种股票的价格包含应得的股利收入在内。

第十四章 建筑施工企业财务分析

第一节 建筑施工企业财务分析基础知识

一、财务分析的概念和意义

财务分析是指企业以价值形式运用会计报表及其他核算资料，采用一系列方法，对一定期间的财务活动的过程和结果进行研究和评价，借以认识财务活动规律，促进企业提高经济效益的财务管理活动。

财务分析是企业理财的重要手段，它既是对企业已完成的财务活动的总结，又是对企业未来财务发展状况进行预测的前提。通过财务分析，可评价企业在一定时期的财务状况和经营成果，揭示企业经营过程中存在的问题，为财务信息使用者进行经济决策提供重要依据。财务分析在财务管理工作中起着承上启下的作用。做好财务分析工作具有以下重要意义：

1．财务分析是评价财务状况、衡量经营业绩的重要依据

通过对企业财务报告等核算资料的分析，可以了解企业偿债能力、营运能力、盈利能力和发展能力，便于企业管理者及其他报告使用人了解企业财务状况和经营成果，并通过分析将影响财务状况和经营成果的主客观因素及宏微观因素区分开，划清经济责任，合理评价经营者的工作业绩，并据此奖优罚劣，以促使经营者不断改进工作。

2．财务分析是挖掘潜力、改进工作、实现财务管理目标的重要手段

企业财务管理的根本目标是努力实现企业价值最大化。通过财务指标的设置和分析，能了解企业的盈利能力和资金周转情况，不断挖掘企业改善财务状况、扩大财务成果的内部潜力，充分认识未被利用的人力资源和物质资源，寻找利用不当的部分及原因，发现进一步提高利用效率的可能性，以便从各方面揭露矛盾、找出差距、寻求措施，促进企业经营理财活动按照企业价值最大化的目标实现良性运行。

3．财务分析是合理实施投资决策的重要措施

投资者及潜在投资者是企业重要的财务报告使用人，通过对企业财务报告的分

析，可以了解企业获利能力的高低、偿债能力的强弱、营运能力的大小以及发展能力的增减,可以了解投资后的收益水平和风险程度,从而为投资决策提供必要的信息。

二、财务分析的内容

财务分析的内容是由财务信息使用者对财务分析的目的所决定的，虽然不同的利益主体对财务分析的侧重点有所不同，但就总体而言，企业财务分析的基本内容可归纳为以下四个方面（见表 14–1）。

表 14–1　企业财务分析的基本内容

项目	主要内容
营运能力分析	营运能力分析主要分析企业的资产管理效率和人力资源管理效率，通过营运能力分析评价企业资源的利用情况和管理水平
偿债能力分析	偿债能力分析包括短期偿债能力分析和长期偿债能力分析两方面，通过偿债能力分析衡量企业财务风险的大小，评价企业财务是否稳健
发展能力分析	发展能力分析主要从收入的增长、利润的增长、资产保值增值等方面分析企业的发展趋势，预测企业的未来发展前景
获利能力分析	获利能力分析主要分析企业的销售盈利水平、投资报酬水平、资本收益水平，通过获利能力分析评价企业的经营，考核企业经营目标的完成情况

三、财务分析的局限性

运用财务分析可以揭示企业在经营和财务管理中存在的问题，但不能给出解决问题的方案和改善企业状况的方法。此外，财务分析的主要依据是企业的财务报告，由于财务报告本身的局限性及财务报告数据的真实性问题，使财务分析具有一定的局限性。

（1）财务报表所提供的资产价值数据是资产的历史成本而非现行价值。财务分析基于物价稳定这一假定，不按通货膨胀率或物价水平调整资产价值。如果物价发生较大变动或通货膨胀的情况下，财务报表所提供的数据将与资产的现行价值严重背离，以此为依据分析企业的财务状况及其变动趋势有可能产生重大偏差。

（2）会计的稳健性原则要求预计损失而不预计收益，因此，企业提供的财务报表数据有可能夸大费用，少计收益，从而影响对企业经营业绩的正确评价。

（3）对同一会计事项的账务处理，企业会计准则允许企业选用不同的规程和方法，例如对存货计价，就有先进先出法、加权平均法、个别计价法等多种方法。由于会计政策可选择对财务报表数据的影响，进行同业间的财务情况分析对比时可能会有失可比性。

（4）财务报告是财务分析的主要依据，只有根据真实的财务报告，才有可能得出正确的分析结论。但是财务分析不能解决财务报告的真实性问题，因此，财务分析通常假定财务报告是真实的，如果出现财务报告虚假，则以此为基础的财务分析将失去意义。

第二节　财务分析的基本方法

财务分析的基本方法主要包括比率分析法、趋势分析法和因素分析法。

一、比率分析法

比率分析法是将某些彼此关联的用绝对数表示的经济指标加以对比，计算比率，形成具有一定意义的用相对数表示的经济指标——财务比率，据以评价企业财务状况和经营成果及其变动程度的一种财务分析方法。运用比率分析法可消除生产经营规模不同的影响，将某些条件下不可比的项目变得具有可比性。财务比率的构成项目之间存在着一定的逻辑关系，因此，比率分析法有利于对各指标的形成及变动原因进行分析。财务比率按反映的关系不同分为构成比率、效率比率和相关比率三类。

1. 构成比率

构成比率又称结构比率，是某项财务指标的各组成部分数值占总体数值的百分比，反映部分与总体的关系。其计算公式为：

$$构成比率=\frac{某个组成部分数值}{总体数值}\times100\%$$

比如，企业资产中流动资产、固定资产和无形资产占资产总额的百分比（资产构成比率），企业负债中流动负债和长期负债占负债总额的百分比（负债构成比率）等。利用构成比率，可以考察总体中某个部分的形成和安排是否合理，以便协调各项财务活动。

2. 效率比率

效率比率是某项经济活动中所费与所得的比例，反映投入与产出的关系。利用效率比率指标，可以进行得失比较，考察经营成果，评价经济效益。比如，将利润项目与销售成本、销售收入、资本金等项目加以对比，可计算出成本利润率、销售利润率以及资本利润率等利润率指标，从不同角度观察、比较企业获利能力的高低及其增减变化情况。

3. 相关比率

相关比率是以某个项目和与其相关但又不同的项目加以对比所得的比率，反映有关经济活动的相互关系。利用相关比率指标，可以考察企业有联系的相关业务安排得是否合理，以保障运营活动顺畅进行。比如，将流动资产与流动负债加以对比，计算出流动比率，据以判断企业的短期偿债能力。

比率分析法的优点是计算简便，计算结果也比较容易判断，而且可以使某些指标在不同规模的企业之间进行比较，甚至也能在一定程度上超越行业间的差别进行比较。但采用这一方法时应该注意以下几点（见表 14–2）。

表 14–2　采用比率分析法应注意事项

项目	内容
对比项目的相关性	计算比率的子项和母项必须具有相关性，把不相关的项目进行对比是没有意义的
衡量标准的科学性	运用比率分析，需要选用一定的标准与之对比，以便对企业的财务状况作出评价。通常而言，科学合理的对比标准有：① 预定目标，如预算指标、设计指标、定额指标、理论指标等；② 历史标准，如上期实际、上年同期实际、历史先进水平以及有典型意义的时期实际水平等；③ 行业标准，如主管部门或行业协会颁布的技术标准、国内外同类企业的先进水平、国内外同类企业的平均水平等；④ 公认标准
对比口径的一致性	计算比率的子项和母项必须在计算时间、范围等方面保持口径一致

二、趋势分析法

趋势分析法是将两期或连续若干期财务报告中相同的指标进行比较，确定其增减变动的方向、金额和幅度，以揭示企业财务状况和经营成果变动趋势的一种财务分析方法。运用趋势分析法可以分析引起变化的主要因素、变化的性质，并预测企业未来的发展前景。

1. 趋势分析法的两种比较方式

（1）定基比率分析

定基比率分析是在对连续若干期财务报告中相同的指标进行比较时，以第一期为固定基期，分别计算企业各期数值对基期的百分比，以显示在分析期间各项指标的总体变动趋势。其计算公式为：

$$定基比率 = 分析期数值 \div 固定基期数值$$

（2）环比比率分析

环比比率分析是在对连续若干期财务报告中的相同指标进行比较时，分别计算各期数值与前期数值的百分比，以显示在分析期间各项指标的升降变动情况。其计算公式为：

环比比率 = 分析期数值 ÷ 前期数值

2. 趋势分析法具体运用的形式

（1）财务报表的比较

将连续若干个会计期间的财务报表金额并列在一起，比较相同指标的增减变动，以判断企业财务状况和经营成果的变动情况及幅度，预测发展趋势。

（2）财务报表项目构成的比较

这种分析方法是在财务报表比较的基础上发展形成的。将财务报表中的某一总体指标作为 100%，再计算出其他项目在总体指标中所占的百分比，形成反映项目构成情况的财务报表，然后将连续若干期按项目构成情况编制的财务报表合并为一张财务报表，通过比较各项目百分比的增减变动来判断企业的财务状况、经营成果的变化情况及趋势。

财务报表项目构成比较方法不仅可用于同一企业不同时期财务状况的纵向比较，也可用于不同企业的横向比较。同时，这种方法能消除不同时期、不同业务规模差异的影响，有利于分析企业的耗费水平和收益水平。

（3）重要财务指标的比较

重要财务指标的比较是对不同时期财务报告中的相同指标，采用定基比率分析或环比比率分析的方式进行比较，观察其增减变动情况、变动幅度，判断其发展趋势。

3. 采用趋势分析法应注意的问题

用于进行对比的各个时期的指标，在计算口径上必须一致；剔除偶发性项目的影响，使作为分析的数据能反映正常的经营状况；应运用例外原则，对某项有显著变动的指标作重点分析，研究其产生的原因，以便采取对策，趋利避害；趋势分析以本企业的历史数据为基础，而经营环境是不断变化的，因此，需考虑环境变化对指标的影响。

三、因素分析法

因素分析法是根据指标与构成因素之间的数量依存关系，分析各项相关因素变动对某项综合性财务指标的影响程度的一种方法。运用因素分析法既可全面分析各因素对某一财务指标的影响，也可单独分析某个因素对某一财务指标的影响，有利于揭示问题，明确问题的形成及主要原因，以采取有效的对策和方法解决问题。采用这种方法的出发点在于，当有若干因素对分析指标发生影响作用时，假定其他各个因素都无变化，顺序确定每一个因素单独变化所产生的影响。

因素分析法具体有两种：一是连环替代法；二是差额分析法。

1. 连环替代法

连环替代法又称因素替换法，是将分析指标分解为各个可以计量的因素，并根据各个因素之间的依存关系，顺次用各因素的比较值（即实际值）替代基准值（即标准值或计划值），据以测定各因素对分析指标的影响。

假定某项财务指标 P 由 a、b、c 三个因素的乘积构成，即

$$P=abc$$

将构成指标 P 的 a、b、c 三个因素，由计划数 a_o、b_o、c_o 分别顺序替代换成实际数 a_1、b_1、c_1，确定各因素变动对指标 P 的影响。其计算公式和步骤如下。

计划指标：$Po=a_ob_oc_o$

第一次替代：$P_1=a_1b_oc_o$

第二次替代：$P_2=a_1b_1c_o$

第三次替代：$P_3=a_1b_1c_1$

$P_3=a_1b_1c_1$ 是实际指标。

a 因素变动的影响：$\Delta Pa=P_1-P_0$

b 因素变动的影响：$\Delta Pa=P_2-P_1$

c 因素变动的影响：$\Delta Pa=P_3-P_2$

各因素变动影响合计：$\Delta P=\Delta Pa+\Delta Pb+\Delta Pc$

ΔP 是实际指标与计划指标的差异。

2. 差额分析法

差额分析法是连环替代法的一种简化形式，它是利用各个因素的比较值与基准值之间的差额，来计算各因素对分析指标的影响。

其计算公式和步骤如下。

计划指标：$P_0=a_0b_0c_0$

实际指标：$Pn=a_1b_1c_1$

实际指标与计划指标的差异：$\Delta P=P_n-P_0$

a 因素变动的影响：$\Delta Pa=(a_1-a_0)b_0c_0$

b 因素变动的影响：$\Delta Pb=a(b_1-b_0)c_0$

c 因素变动的影响：$\Delta Pc=a_1b_1(c_1-c_0)$

各因素变动影响合计：$\Delta P=\Delta Pa+\Delta Pb+\Delta Pc=Pn-P_0$

第三节　综合财务分析的方法

营运能力、偿债能力、盈利能力和发展能力等财务指标，都只是从某个侧面对企业的财务状况提供信息，只有将各个方面的信息纳入一个有机的整体之中，从全方位对企业的经营状况、理财状况作综合分析，才能对企业的财务状况作出正确的评价。综合财务分析就是将营运能力、偿债能力、盈利能力和发展能力等诸方面的分析纳入一个有机的整体之中，全面地对企业经营状况、财务状况进行解剖和分析，从而对企业经济效益的优劣作出准确的评价与判断。综合分析方法常用的有杜邦财务分析法和沃尔比重分析法。

一、杜邦财务分析体系

杜邦财务分析体系是利用各种财务指标间的内在联系，对企业生产经营活动及其经济效益进行综合分析评价的一种方法。因其最初由美国杜邦公司创立并成功运用而得名。该体系以净资产收益率为核心，将其分解为若干财务指标，通过分析各分解指标的变动对净资产收益率的影响来揭示企业获利能力及其变动原因。

杜邦分析体系中，包括以下几种主要指标关系。

1. 净资产收益率

净资产收益率是一个综合性最强的财务比率，是杜邦分析体系的核心。其他各项指标都是围绕这一核心，通过研究彼此间的依存制约关系而揭示企业获利能力及其前因后果。财务管理的目标是使所有者财富最大化。净资产收益率反映所有者投入资金的获利能力，反映企业筹资、投资、资产运营等活动的效率，提高净资产收益率是实现财务管理目标的基本保证。该指标的高低取决于主营业务净利率、总资产周转率和权益乘数。

2. 主营业务净利率

主营业务净利率反映了企业净利润与主营业务收入的关系。提高主营业务净利率是提高企业盈利的关键。提高主营业务净利率主要有两个途径：一是扩大主营业务收入；二是降低成本费用。

3. 总资产周转率

总资产周转率揭示企业资产总额实现主营业务收入的综合能力。企业应当联系主营业务收入分析企业资产的使用是否合理，资产总额中流动资产和非流动资产的结构安排是否恰当。此外，还必须对资产的内部结构以及影响资产周转率的各具体因素进行分析。

4. 权益乘数

权益乘数反映所有者权益与总资产的关系。权益乘数越大，说明企业负债程度较高，能给企业带来较大的财务杠杆利益，但同时也带来了较大的偿债风险。因此，企业既要合理使用全部资产，又要妥善安排资金结构。

杜邦体系各主要指标之间的关系如下：

净资产收益率 = 总资产净利率 × 权益乘数

总资产净利率 = 主营业务净利率 × 总资产周转率

主营业务净利率 = 净利润 ÷ 主营业务收入

总资产周转率 = 主营业务收入 ÷ 平均资产总额

权益乘数 =1 ÷（1– 资产负债率）

需要说明的是，由于净资产收益率、总资产净利率、主营业务净利率和总资产周转率都是时期指标，而权益乘数和资产负债率均采用的是 2008 年度年初和年末的平均值。

在具体运用杜邦分析体系进行分析时，可以首先确定主营业务净利率、总资产周转率和权益乘数的基准值，然后依次代入这三个指标的实际值，分别计算分析这三个指标的变动对净收益的影响方向和程度，还可以使用因素分析法进一步分解各个指标并分析其变动的深层次原因，找到解决办法。

通过杜邦分析体系自上而下地分析，不仅可以揭示出企业各项财务指标间的结构关系，查明各项主要指标变动的影响因素，而且为决策者优化经营理财状况，提高企业经营效益提供了思路。提高主权资本净利率的根本在于扩大销售、节约成本、合理投资配置、加速资金周转、优化资金结构、确立风险意识等。

杜邦分析方法的指标设计也具有一定局限性，它更偏重于企业所有者的利益角度。从杜邦分析体系看，在其他因素不变的情况下，资产负债率越高，净资产收益率就越高。这是利用较多负债，从而利用财务杠杆作用的结果，但是杜邦分析体法没有考虑财务风险，负债越多，财务风险越大，偿债压力越大。因此，还要结合其他指标综合分析才能得出有效的结论。

二、沃尔比重分析法

1. 沃尔比重分析法的概念

在进行财务分析时，人们遇到的一个主要困难就是计算出财务比率之后，无法判断它是偏高还是偏低。与本企业的历史比较，也只能看出自身的变化，却难以评价其在市场竞争中的优劣地位。为弥补这些缺陷，20 世纪初，美国的亚历山大·沃尔教授出版的《信用晴雨表研究》和《财务报表比率分析》中提出了信用能力指数的概念，将流动比率、产权比率、固定资产周转率、存货周转率、应收账款周转率、固定资产周转率、自由资金周转率七项财务比率指标用线性关系结合起来，并分别跟定各自分数的比重，然后确定标准比率，并与实际比率相比较，评出每项指标的得分，然后求出总评分，从而对企业的信用水平作出评价。这种方法也称为沃尔财务状况综合评价法。

2. 沃尔比重分析法的程序

（1）选定评价企业财务状况的比率指标。在每一类指标中，通常应选择能说明问题的重要指标，还应选择有代表性的重要比率，如偿债能力、营运能力和盈利能力三类比率指标。因反映财务状况的侧重点不同，故应分别从中选择有关比率。选择的各项经济效益指标在评价标准上应尽量保持方向的一致性。即

$$单项指数 = 某指标实际值 \div 该指标标准值$$

尽量选的是正指数，单项指数越高越好。

（2）根据各项比率的重要程度，确立其重要性系数各项比率指标的重要性系数之和应等于 100%。对其重要程度的判断，可根据企业经营状况、管理要求、发展趋势及分析的目的等具体情况而定。

（3）确定各项财务比率的标准值和实际值。进行财务比率分析时，必须选定财务比率标准值作为比较的标准。财务比率标准值是指特定的国家、特定的行业、特定的时期的财务比率指标体系及其标准值，可以用来作为标准财务比率的通常是行业平均水平的比率（或行业先进水平）。它是根据同一行业中部分有代表性的企业的财务与经营资料，经过综合成为整体后，再据以求得的各项比率，如流动比率标准值、总资产利润率标准值等。有了财务比率标准值就可以将其作为评价企业财务比率优劣的参照物。另外，还可根据企业财务报表，分析计算各项指标的实际值。

特别需要注意的是，评价指标体系中一般为正指标（如资产利润率、存货周转率），但是，如果评价指标为资产负债率、流动比率、速动比率，既不是正指标，也不是逆指标，其标准值具有约束性，即大于或小于标准值都不好，其单项指数最高为 1 或 100%。对于这类指标，单项指数可按下列公式计算。

$$单项指数 = 1 - \frac{|实际值 - 标准值|}{标准值} \times 100\%$$

（4）计算关系比率。关系比率即各指标实际值与标准值的比率。

$$关系比率 = \frac{实际值}{标准值}$$

（5）根据企业财务报表。分项计算所选定指标的实际值，再计算所选定指标的加权平均数。其计算公式为：

$$综合实际得分 = \Sigma（重要性权数 \times 单项指数）$$

通常，综合系数合计数如为 1 或接近 1，则表明该企业财务状况基本符合标准要求，如与 1 有较大差距，则表明企业财务状况不佳。

3．沃尔比重分析法的缺陷

（1）从理论上讲，原始意义上的沃尔比重分析法存在的缺陷是，未能证明为什么选择流动比率等 7 个指标，而不是更多或更少，或者选择别的财务比率，以及未能证明每个指标所占比重的合理性。这个问题至今仍然没有从理论上解决。

（2）从技术上讲，沃尔比重分析法的缺陷是，某一个指标严重异常时，会对总评分产生不合逻辑的重大影响。这个缺陷是由相对比率与比重相“乘”所引起的。财务比率提高一倍，其评分增加 100%，而财务比率缩小一半，其评分值减少 50%。

4．沃尔比重分析法应用

采用沃尔比重分析法可以综合评价企业的财务状况，但应注意这一方法的有效性，它依赖于重要性权数和标准比率的正确确定。而这两项因素在确定时，往往带有一定的主观性，因此，这两项因素应根据历史经验和现实情况合理地判断确定，只有这样才能得出正确的结果。因此，运用比率平价法时，有以下几点应注意。

（1）在财务比率的选择及重要性确定方面。任何分析都带有一定的偏向性，如投资者偏向盈利能力，债权人偏好于偿债能力分析等。因此，应根据分析的不同要求，有针对性地选择那些能说明问题的相关比率。与此相适应，在指标的重要性安排上也应体现分析目标的差别，例如，流动比率的重要性在债权人分析时可定为 20 分，而在投资分析时可能定为 5 分。可见，分析者的意向及偏好在指标选择及定性上起重要作用。

（2）在标准比率的制定方面。一定时期的标准比率是以该企业所属行业的平均值为基础，并根据本企业具体情况经修正得出的。该标准既要先进，又要符合实际。在利用标准对某指标评分时，要注意规范个别指标的异常差异可能对总分造成的不合理影响。

（3）在实际使用该方法时，遇到下列情况应按下列原则进行调整。

亏损企业的销售净利率、总资产报酬率、净资产收益率和资本保值增值率，如果实际财务比率是负数，在这种情况下，这些比率的关系比率值取 0，该项指标得分为 0。这样处理，可避免亏损时财务综合评分过低；资产负债率、流动比率、应收账款周转率和存货周转率，对最高得分进行限定。这样处理，可避免个别企业财务比率或行业平均财务比率异常时，引起综合评分的过度异常浮动；行业标准值一般是根据行业中部分企业抽样调查得来，如果其中有一个极端样本，则行业平均指标就难以反映整个行业的实际情况。而且，行业内每个企业采用的会计政策不一定相同，每个企业的经营状况也可能存在较大差异。把这些各不相同的企业的指标加在一起平均，也将影响标准比率的权威性。因此，采用标准比率进行比较分析时，应根据实际情况对行业平均财务比率进行一定的修正，尽可能建议一个可比的标准比率值。

第四节 财务分析指标

一、财务分析指标的内容

财务分析指标包括偿债能力指标、营运能力指标、盈利能力指标和发展能力指标。进行财务分析时，需要以资产负债表、利润表及现金流量表等作为分析的依据。

二、财务分析指标的具体应用

1. 偿债能力指标

企业偿债能力是指企业付出资产代价以清偿债务的能力。从企业来说，足够的偿债能力是保证企业按时清算债务和承付货款，从而维护企业的信誉和保证生产正常进行的条件，当前偿债能力也会影响企业未来的举债能力；从债权人的角度看，则要关心企业能否按期支付债务利息和偿还债务本金；对管理部门而言，经济组织之间的债权债务能否得到及时履行，关系到经济的运行秩序。因此，分析企业的偿债能力是企业所有者、经营者、债权人和管理部门都关注的问题。

根据债权人对资产要求权时间的不同，企业债务分为流动负债和长期负债。因此，企业偿债能力分析也分为短期偿债能力分析和长期偿债能力分析。

（1）短期偿债能力指标

短期偿债能力指企业流动资产对流动负债及时足额偿还的保证程度，是衡量企业当前财务能力，特别是流动资产变现能力的重要标志。短期偿债能力高低可以反映企业生产经营状况是否正常及企业的信用程度，但短期偿债能力强，并不意味着企业的长期偿债能力就强。

企业短期偿债能力的衡量指标主要有流动比率、速动比率和现金比率三项。

1）流动比率。流动比率是指流动资产与流动负债的比率。它表明企业每1元流动负债有多少流动资产作为偿还保证。其计算公式为：

$$流动比率=\frac{流动资产}{流动负债}\times 100\%$$

一般情况下流动比率越大，企业的短期偿债能力越强，债权人的权益越有保证。流动比率也不可以过高，过高则表明企业流动资产占用较多，会影响资金的使用效率和企业的筹资成本，进而影响获利能力。国际上通常认为，流动比率的下限为 100%，而流动比率为 200% 时较为合适。它表明企业财务状况稳定可靠，有足够的财力偿还短期债务。

运用流动比率时，必须注意以下几个问题。

虽然流动比率越高，企业偿还短期债务的流动资产越有保证，但这并不等于说企业已有足够的资金用来偿债。流动比率高也可能是存货积压、应收账款增多且收账期延长等所致，而真正可用来偿债的资金却严重短缺；从短期债权人的角度看，自然希望流动比率越高越好。但对企业经营来说，在正常运作的条件下，过大的流动比率，通常意味着企业闲置货币资金的持有量过多，必然会造成企业机会成本的提高和盈利能力的降低。因此，应尽可能将流动比率维持在既不使货币资金闲置，又不影响流动负债及时偿还的水平；流动比率是否合理，不同行业、不同企业以及同一企业不同时期的评价标准是不同的，因此，不应用统一的标准来评价企业流动比率是否合理；流动比率指标所需报表数据的真实性和可靠性是至关重要的。分析流动比率时应当剔除虚假或不实因素，以免得出错误的结论。

2）速动比率。速动比率是企业速动资产与流动负债的比率。它表明企业每 1 元流动负债有多少速动资产作为偿还保证。速动资产是指流动资产减去变现能力较差且不稳定的存货、预付账款、待处理流动资产损失等之后的余额。由于剔除了存货等变现能力较弱且不稳定的资产，因此，速动比率较之流动比率能够更加准确、可靠地评价企业资产的流动性及其偿还短期负债的能力。其计算公式为：

$$速动比率=\frac{速动资产}{流动负债}\times 100\%$$

一般情况下，速动比率越高，表明企业偿还流动负债的能力越强。国际上通常认为，速动比率等于 100% 时较为适当。如果速动比率小于 100%，会使企业面临较大的偿债风险；如果速动比率大于 100%，尽管债务偿还的安全性很高，但会因货币资金等占用过多，而大大增加企业的机会成本。

在分析时需要注意的是：尽管速动比率较之流动比率更能反映出流动负债偿还的安全性和稳定性，但并不能认为速动比率较低的企业流动负债到期绝对不能偿还。实际上，如果企业存货流转顺畅，变现能力强，即使速动比率较低，只要流动比率高，企业仍然有望偿还到期的债务本息。

3）现金比率。流动比率未考虑流动资产的分部和结构，流动比率较高也可能是流动资产分布在应收账款和存货等流动性相对较差的资产上。速动比率虽然剔除了存货的影响，但应收账款有时也会因提前抵押、贴现或客户破产、死亡等原因而造成坏账损失，也可能影响应收账款的按期收回，最终影响短期偿债能力。所以在短期偿债能力分析中，还有一种极为保守的分析指标，即现金比率。

现金比率是企业一定时期的经营现金净流量同流动负债的比率，它可以从现金流量角度来反映企业当期偿付短期债务的能力。在此现金是指现金流量表中所说的现金，包括货币资金和 3 个月内可变现的现金等价物。它是衡量企业即期偿债能力的指标。其计算公式为：

$$现金比率 = \frac{年经营现金净流量}{流动负债} \times 100\%$$

式中，年经营现金净流量指一定时期内，企业经营活动所产生的现金及现金等价物流入量与流出量的差额。

现金比率从现金流入和流出的动态角度对企业的实际偿债能力进行考察。由于有利润的年份不一定有足够的现金（含现金等价物）来偿还债务，所以利用以收付实现制为基础计量的现金比率指标，能充分体现企业经营活动所产生的现金净流量可以在多大程度上保证当期流动负债的偿还，直观地反映出企业偿还流动负债的实际能力。

现金比率越高，说明企业直接或可立即变现的有价证券偿还债务的能力较强，但过高的现金比率，意味着企业流动资金利用不充分，盈利能力不强。有鉴于此，通常只在企业无法从其他资产转化或其他途径取得资产来形成债务支付能力时，即企业出现财务危机时，才采用现金比率进行保守的分析。

（2）长期偿债能力指标

长期偿债能力反映的是企业到期支付长期负债的能力。长期债权人关心的是企业能否按期支付利息到期偿还本金或是到期一次性偿还本金和利息，所以，他们更关心企业现有资产状况能否有利于企业保持长期经营良好，企业现在是否有足够的盈利能力以促进企业发展等问题。

企业长期偿债能力的衡量指标主要有资产负债率、产权比率和已获利息倍数。

1）资产负债率。资产负债率又称负债比率，指企业负债总额对资产总额的比率。它表明企业资产总额中，债权人提供资金所占的比重，以及企业资产对债权人权益的保护程度。其计算公式为：

$$资产负债率=\frac{负债总额}{资产总额}\times100\%$$

一般情况下，资产负债率越小，表明企业长期偿债能力越强。但是，并非该指标对谁都是越小越好。从债权人来说，该指标越小越好，这样企业偿债越有保证。从企业所有者来说，如果该指标较大，说明利用较少的自有资本投资形成了较多的生产经营用资产，不仅扩大了生产经营规模，而且在经营状况良好的情况下，还可以利用财务杠杆的原理，得到较多的投资利润；如果该指标过小，则表明企业对财务杠杆利用不够。但资产负债率过大，则表明企业的债务负担重，企业资金实力不强，不仅对债权人不利，而且企业有濒临倒闭的危险。此外，企业的长期偿债能力与盈利能力密切相关，因此企业的经营决策者应当将偿债能力指标（风险）与盈利能力指标（收益）结合起来分析，予以平衡考虑。保守的观点认为资产负债率不应高于50%，而国际上通常认为资产负债率等于60%时较为合适。

2）产权比率。产权比率是指负债总额与所有者权益的比率，是企业财务结构稳健与否的重要标志，也称资本负债率。它反映企业所有者权益对债权人权益的保障程度。其计算公式为：

$$产权比率=\frac{负债总额}{所有者权益总额}\times100\%$$

一般情况下，产权比率越低，表明企业的长期偿债能力越强，债权人权益的保障程度越高，承担的风险越低，但企业不能充分发挥负债的财务杠杆效应。所以，企业在评价产权比率适当与否时，应从提高获利能力与增强偿债能力两个方面综合进行，即在保障债务偿还安全的前提下，应尽可能提高产权比率。

产权比率与资产负债率对评价偿债能力的作用基本相同，两者的主要区别是：资产负债率侧重于分析债务偿付安全性的物质保障程度，产权比率则侧重于揭示财务结构的稳健程度以及自有资金对偿债风险的承受能力。

3）已获利息倍数。已获利息倍数是指企业一定时期息税前利润与利息支出的比率，反映了获利能力对债务偿付的保证程度。其中，息税前利润总额指利润总额与利息支出的合计数，利息支出指实际支出的借款利息、债券利息等。其计算公式为：

$$已获利息倍数=\frac{息税前利润总额}{利息支出}$$

其中，息税前利润总额 = 利润总额 + 利息支出 = 净利润 + 所得税 + 利息支出

已获利息倍数不仅反映了企业获利能力的大小，而且反映了获利能力对偿还到

期债务的保证程度，它既是企业举债经营的前提依据，也是衡量企业长期偿债能力大小的重要标志。一般情况下，已获利息倍数越高，表明企业长期偿债能力越强。国际上通常认为，该指标为3时比较合适。从长期来看，若要维持正常偿债能力，利息保障倍数至少应当大于1，如果利息保障倍数过小，企业将面临亏损以及偿债的安全性与稳定性下降的风险。究竟企业已获利息倍数应是多少才算偿付能力强，这要根据往年经验并结合行业特点来判断。

2．营运能力指标

企业的再生产过程是企业的资产运动过程，企业经营就是要运用好企业的资产，实现资产的保值和增值，以维持企业的生存，促进企业的发展。营运能力是指企业各项资产的利用效率。企业营运能力的大小对企业盈利能力的持续增长和偿债能力的不断提高有着决定性的影响。一般来说，周转速度越快，资产使用效率越高，营运能力越强；反之，营运能力越差。

营运能力指标一般包括人力资源营运能力指标和资产营运能力指标。

（1）人力资源营运能力指标

人力资源是构成生产力最重要的资源之一。人力资源是企业最积极能动的生产要素，其素质水平的高低对企业营运能力的形成状况具有决定性作用。分析和评价人力资源营运能力的重点在于如何充分调动劳动者的积极性和能动性，提高施工企业经营效益。人力资源营运能力的分析，通常采用劳动效率指标来分析。

劳动效率是指建筑施工企业主营业务收入与平均职工人数的比率。其计算公式为：

$$劳动效率=\frac{主营业务收入}{平均职工人数}\times 100\%$$

式中，平均职工人数是指年度或季度内各日职工人数的平均数。

对企业劳动效率进行考核评价主要是采用比较的方法，即将实际劳动效率与本企业计划水平、历史最高水平或同行业平均先进水平等指标进行对比，进而确定其差异程度，分析造成差异的原因，以采取适宜对策，进一步发掘提高人力资源劳动效率的潜能。

（2）资产营运能力指标

企业拥有或控制的生产资料表现为各项资产占用。因此，生产资料的营运能力实际上就是企业的总资产及其各个组成要素的营运能力。资产营运能力的强弱关键取决于资产的周转速度。一般来说，周转速度越快，资产的使用效率越高，则资产营运能力越强；反之，则营运能力就越差。资产周转速度通常用周转率和周转期表示。周转率是企业在一定时期内资产的周转额与平均余额的比率，它反映企业资产在一定时期的周转次数。周转次数越多，表明周转速度越快，资产营运能力越强。周转期是周转率的反指标，也称周转天数，是周转次数的倒数与计算期天数的乘积，反映资金周转一次所需要的天数。周转天数越少，表明周转速度越快，资产营运能力越强。两者的计算公式为：

周转率（周转次数）= 周转额 ÷ 资产平均余额

周转期（周转天数）= 计算期天数 ÷ 周转率

= 资产平均余额 × 计算期天数 ÷ 周转额

具体来说，资产营运能力分析可以从以下几个方面进行：流动资产周转情况分析、固定资产周转情况分析和总资产周转情况分析。

1）流动资产周转情况指标。反映流动资产周转情况的指标主要有应收账款周转率、存货周转率和流动资产周转率。

① 应收账款周转率。应收账款周转率是指企业一定时期内主营业务收入与应收账款平均余额的比值，是反映在一定时期内应收账款转为现金的次数。其计算公式为：

$$应收账款周转率=\frac{主营业务收入}{应收账款平均余额}\times 100\%$$

应收账款平均余额 =（期初应收账款余额 + 期末应收账款余额）÷ 2

上式中的应收账款余额，是扣除坏账准备后的应收账款净额。

应收账款周转天数也称平均收账期，是指从销售产品到收回货款经历的时间，表示应收账款收回所需的平均收账时间。其计算公式为：

应收账款周转天数 =360 ÷ 应收账款周转率

=（应收账款平均余额 ×360）÷ 主营业务收入

应收账款周转率反映了企业应收账款变现速度的快慢及管理效率的高低，周转率越高表明企业应收账款变现速度越快，资产的管理效率就越高，企业的营运能力和偿债能力就越强。

② 存货周转率。存货周转率是主营业务成本与存货平均资金占用额的比率，是反映企业流动资产流动性的一个指标，也是衡量企业生产经营各环节中存货运营效率的一个综合性指标。通常以周转次数表示，其计算公式为：

$$存货周转率=\frac{主营业务成本}{存货平均余额}\times 100\%$$

存货平均余额 =（期初存货余额 + 期末存货余额）÷ 2

存货周转天数 = 360 ÷ 存货周转率

= (存货平均余额 ×360) ÷ 主营业务成本

上式中存货包括在库、在用、在途和在建的原材料、低值易耗品、周转材料、委托加工物资、在建工程、在产品、产成品等。

存货周转速度的快慢，不仅反映企业采购、生产、工程结算、产品营销各个环节的营销水平，而且对企业偿债能力产生决定性的影响。一般来说，存货周转率越大，表示存货流动性越大，存货管理水平越高，越有利于节约存货占用资金，提高企业资金利润率。

③ 流动资产周转率。流动资产周转率是指主营业务收入与流动资产平均余额的比值，通常以周转次数表示。其计算公式为：

$$流动资产周转率 = \frac{主营业务收入}{流动资产平均余额} \times 100\%$$

流动资产平均余额 = (期初流动资产余额 + 期末流动资产余额) ÷ 2

流动资产周转天数 = 360 ÷ 流动资产周转率

= (流动资产平均余额 ×360) ÷ 主营业务收入

在一定时期内，流动资产周转次数越多，表明以相同的流动资产完成的周转额越多，流动资产利用效果越好。从流动资产周转天数来看，周转一次所需要的天数越少，表明周转速度越快；反之，则表明周转速度减缓。

2) 固定资产周转率。固定资产周转率也称固定资产利用率，是反映固定资产周转情况的主要指标。它是企业一定时期主营业务收入与平均固定资产净值的比值，是衡量固定资产利用效率的一项指标。其计算公式为：

$$固定资产周转率 = \frac{主营业务收入}{平均固定资产净值} \times 100\%$$

平均固定资产净值 = (年初固定资产净值 + 年末固定资产净值) ÷ 2

固定资产周转天数 =360 ÷ 固定资产周转率

= (平均固定资产净值 ×360) ÷ 主营业务收入

一般情况下，固定资产利用率高，说明固定资产利用充分，同时也能表明企业固定资产投入得当，固定资产结构合理，能充分发挥效率；反之，则表明固定资产使用效率不高，提供的生产成果不多，企业的营运能力不强。

运用固定资产周转率时，需要考虑因固定资产计提折旧影响其净值在不断减少以及因更新重置影响其净值突然增加。同时，由于折旧方法不同，可能影响其可比性。因此在分析时，应剔除掉这些不可比因素。

3）总资产周转率。总资产周转率是指企业主营业务收入与平均资产总额的比率。表现为企业在一定时期内（通常为 1 年）全部资金周转的次数。其计算公式为：

总资产周转率 = 主营业务收入 ÷ 总资产平均余额

总资产平均余额 =（年初总资产总额 + 年末总资产总额）÷ 2

总资产周转天数 =360 ÷ 总资产周转率

=（总资产平均余额 ×360）÷ 主营业务收入

总资产周转率反映了企业全部资产的利用效率，该比率高，说明资产的周转速度快，使用效率高；该比率低，则显示资产使用效率差。利用总资产周转率指标，可综合评价企业的资产管理效率。

应将企业的总资产周转率与行业现有水平比较，以明确差距，认识不足。

3．盈利能力指标

企业经营的直接目的就是最求利润的最大化，获取利润是企业能否生存和发展的前提，它不仅关系到投资者的利益，也关系到债权人及企业经营者的切身利益，因此，盈利能力是企业人、债权人和经营管理者共同关心的一个重要指标。由于盈利是企业的最终财务成果，既与各项经营活动密切相关，又与企业各种资产、负债和所有者权益相关，诸如资产、工程结算收入、负债等，因此，应分别从各个不同的角度解剖企业的盈利能力，解释企业有关盈利情况的重要信息。

（1）主营业务利润率

主营业务利润率是企业一定时期主营业务利润与主营业务收入净额的比率。主营业务利润率越高，表明企业主营业务市场竞争力越强，发展潜力越大，盈利能力越强。其计算公式为：

$$\text{主营业务利润率} = \frac{\text{主营业务利润}}{\text{主营业务收入净额}} \times 100\%$$

对于建筑施工企业，工程施工经营是企业的主要业务活动，通过工程阶段利润水平的高低，可以发现企业经营理财状况的稳定性，面临的危险或可能出现转机的迹象。主营业务利润率高，表示企业在建筑市场中的竞争能力较强，工程施工成本低。

（2）成本费用利润率

成本费用利润率是指企业一定时期利润总额与成本费用总额的比率。其计算公式为：

$$\text{成本费用利润率} = \frac{\text{利润总额}}{\text{成本费用总额}} \times 100\%$$

该指标越高，表明企业为取得利润而付出的代价越小，成本费用控制得越好，盈利能力越强。

同利润一样，成本可以分为几个层次：主营业务成本、营业成本（主营业务成本 + 营业税金及附加 + 销售费用 + 管理费用 + 财务费用 + 其他业务成本）、税前成本（营业成本 + 营业外支出）、税后成本（税前成本 + 所得税）。通常使用主营业务成本和营业成本计算主营业务成本利润率及营业成本利润率。其计算公式如下：

$$主营业务成本利润率 = \frac{主营业务利润}{主营业务成本} \times 100\%$$

$$营业成本利润率 = \frac{营业利润}{营业成本} \times 100\%$$

（3）总资产报酬率

总资产报酬率是指企业一定期间内获得的报酬总额与该时期企业平均资产总额的比例关系，表明企业资产的运用效率及实现利润的能力，用以衡量企业的经营效益和盈利能力。其计算公式为：

$$总资产收益率 = \frac{息税前利润}{平均资产总额} \times 100\%$$

$$平均资产总额 = （年初资产总额 + 年末资产总额）\div 2$$

上式中的利润总额就是损益表中的利润总额。总资产收益率反映了企业总资产的利用效果，表明了每 100 元资产能创造多少利润。该比例越高，表明企业资产利用效益越好，全部资产盈利能力越强，企业经营管理水平越高。

（4）净资产收益率

净资产收益率亦称所有者权益报酬率，是企业一定时期的净利润与平均所有者权益之比。其计算公式为：

$$净资产收益率 = \frac{净利润}{平均净资产} \times 100\%$$

$$平均净资产 = （年初所有者权益总额 + 年末所有者权益总额）\div 2$$

该指标是评价企业股东投入的自有资本及其积累获取报酬水平的最具综合性与代表性的指标，反映企业资本运营的综合效益。该指标通用性强，适应范围广，不受行业局限，在国际上的企业综合评价中使用率非常高。该指标越高，企业自由资本获取收益的能力越强，运营效益越好，对企业投资人、债权人的保证程度越高。

（5）资本保值增值率

资本保值增值率是指企业扣除客观因素后的本年年末所有者权益总额与年初所有者权益总额之间的对比关系，反映了企业当年资本在企业自身努力下的实际增减变动情况，是评价企业财务效益状况的辅助指标，它可以衡量企业投资者拥有企业主权资本的完整性、保全性和增值性。其计算公式为：

$$资本保值增值率=\frac{扣除客观因素后的年末所有者权益总额}{年初所有者权益总额}\times 100\%$$

资本保值增值率是根据“资本保全”原则设计的指标，更加谨慎、稳健地反映了企业资本保全和增值状况，它体现了对所有者权益的保护，通过对该指标的分析可以及时、有效地发现侵蚀所有者权益的现象，反映了投资者投入企业资本的保全性和增长性。一般认为，资本保值增值率越高，表明企业的资本保全状况越好，所有者权益增长越快，债权人的债务越有保障，企业发展后劲越强。该指标通常应大于 100%，若小于 100%，则表明企业资本受到侵蚀，没有实现资本保全，损害了所有者权益，也妨碍了企业进一步发展壮大，应予以充分重视。

4．发展能力指标

发展能力是企业在保证生存的基础上不断扩大规模、增加实力的潜在能力。对企业的发展能力主要从总资产的增长、资本积累率、营业增长率和利润增长率四个方面分析评价。

（1）总资产增长率

总资产增长率是企业本年总资产增长额与年初资产总额的比率，它可以衡量企业资产规模的增长情况，评价企业经营规模上的扩张程度。其计算公式为：

$$总资产增长率=\frac{年末资产总额-年初资产总额}{年初资产总额}\times 100\%$$

该指标是从企业资产总量增长衡量企业的发展能力，表明资产规模扩张对企业发展后劲的影响。该指标越高，说明企业的经营规模的扩张速度越快。在使用该指标评价企业发展能力时，应注意资产规模扩张的质与量的关系，保持企业的后续发展能力，避免盲目扩张。

（2）资本积累率

资本积累率是指企业本年所有者权益增长额与年初所有者权益的比率。它反映了企业资本保全和增值的能力。其计算公式为：

$$资本积累率=\frac{年末所有者权益-年初所有者权益}{年初所有者权益}\times 100\%$$

资本积累率是企业扩大再生产的源泉，资本积累增长是企业发展的重要标志，企业的资本积累率越高，表明投资人投入资本的保全性越强，持续发展的潜力越大。如果该指标为负值，则表明企业资本被侵蚀，所有者的利益受到损害，严重影响企业的生存和发展，应予以高度重视，及时采取对策扭转局面。

（3）营业增长率

营业增长率是企业本年主营业务收入增长额与上年主营业务收入总额的比率。它反映企业主营业务收入的增减变动情况，是评价企业成长状况和发展能力的重要指标。其计算公式为：

$$营业增长率=\frac{本年主营业务收入总额-上年主营业务收入总额}{年初所有者权益}\times 100\%$$

营业增长率是衡量企业经营状况和市场占有能力、预测企业经营业务拓展趋势的重要标志。该指标大于零，表示企业本年的主营业务收入有所增长，指标值越高，表明增长速度越快，企业前景看好；若该指标值为负，则说明企业份额萎缩。该指标在实际操作时，应结合企业历年经营水平、市场占有情况、行业未来发展以及其他潜在因素综合考虑。

（4）利润增长率

利润增长率是指企业本年利润增长额与上年利润总额的比率。它是评价发展能力的综合性指标。其计算公式为：

$$利润增长率=\frac{本年利润总额-上年利润总额}{上年利润总额}\times 100\%$$

利润增长是企业增加资本积累、扩大投资、增加销售的源泉，而企业的资本、资产等的变动，最终都会对利润产生影响，可结合资产增长率、资产周转率等指标，对影响利润增长的原因进行分析。利润增长率指标，综合反映了企业的发展能力，该指标越高，说明企业的发展能力越强。

第十五章　建筑工程的相关税收与保险

第一节　建筑工程税收

一、营业税

营业税是以在我国境内提供应税劳务、转让无形资产和销售不动产的行为为课税对象所征收的一种税。

1．营业税的特点

营业税的特点，见表 15–1。

表 15–1　营业税的特点

特点	内容
以营业额为计税依据，计算方法简便	营业税的计税依据为各种应税劳务收入的营业额、转让无形资产的转让额、销售不动产的销售额（三者统称为营业额），税收收入不受成本、费用高低影响，收入比较稳定。营业税实行比例税率，计征方法简便
按行业设计税目税率	营业税与其他流转税税种不同，它不按商品或征税项目的种类、品种设置税目、税率，而是从应税劳务的综合性经营特点出发，按照不同经营行业设计不同的税目、税率，即行业相同，税目、税率相同；行业不同，税目、税率不词。营业税税率设计的总体水平较低
征税范围广、税源普遍	营业税的征税范围包括在我国境内提供应税劳务、转让无形资产和销售不动产的经营行为，涉及国民经济中第三产业这一广泛的领域。第三产业直接关系着城乡人民群众的日常生活，因而营业税的征税范围具有广泛性和普遍性。随着第三产业的不断发展，营业税的收入也将逐步增长

2．纳税义务人

在中华人民共和国境内提供应税劳务、转让无形资产或者销售不动产的单位和个人，为营业税的纳税义务人。上述应税劳务是指属于交通运输业、建筑业、金融保险业、邮电通信业、文化体育业、娱乐业、服务业税目征收范围的劳务。加工和修理修配劳务属于增值税的征税范围，因此不属于营业税的应税劳务。单位或个体经营者聘用的员工为本单位或雇主提供的劳务，也不属于营业税的应税劳务。提供应税劳务、转让无形资产或者销售不动产是指有偿提供应税劳务、有偿转让无形资产或者有偿销售不动产的行为。有偿是指通过提供、转让或销售行为取得货币、货物或其他经济利益。单位是指国有企业、集体企业、私有企业、股份制企业、外商投资企业、外国企业、其他企业、行政单位、事业单位、军事单位和社会团体等。个人是指个体工商户以及其他有经营行为的中国公民和外国公民。

值得注意的是，建筑安装业务实行分包或转包的，分包或转包者为营业税的纳税义务人。

3. 扣缴义务人

在现实生活中，有些具体情况难以确定纳税人，因此税法规定了扣缴义务人。纳税人提供建筑业应税劳务时应按照下列规定确定营业税扣缴义务人：

建筑业工程实行总承包、分包方式的，以总承包人为扣缴义务人。

纳税人提供建筑业应税劳务，符合以下情形之一的，无论工程是否实行分包，税务机关可以建设单位和个人作为营业税的扣缴义务人。

纳税人从事跨地区（包括省、市、县，下同）工程提供建筑业应税劳务的；纳税人在劳务发生地没有办理税务登记或临时税务登记的。

4. 税目

建筑业是指建筑安装工程作业等，包括建筑、安装、修缮、装饰和其他工程作业等项内容（见表 15–2）。

表 15–2 建筑业包含的内容

项目	内容
建筑	建筑是指新建、改建、扩建。各种建筑物、构筑物的工程作业，包括与建筑物相连的各种设备或支柱、操作平台的安装或装设的工程作业，以及各种窑炉和金属结构工程作业在内。但自建自用建筑物，其自建行为不是建筑业税目的征税范围。出租或投资入股的自建建筑物，也不是建筑业的征税范围
安装	安装是指生产设备、动力设备、起重设备、运输设备、传动设备、医疗实验设备及其他各种设备的装配、安置工程作业，包括与设备相连的工作台、梯子、栏杆的装设工程作业和被安装设备的绝缘、防腐、保温、油漆等工程作业
修缮	修缮是指对建筑物、构筑物进行修补、加固、养护、改善，使之恢复原来的使用价值或延长其使用期限的工程作业
装饰	装饰是指对建筑物、构筑物进行修饰，使之美观或具有特定用途的工程作业
管道煤气集资费（初装费）业务	管道煤气集资费（初装费），是用于管道煤气工程建设和技术改造，在报装环节一次性向用户收取的费用

续表

项目	内容
其他工程作业	其他工程作业是指除建筑、安装、修缮、装饰工程作业以外的各种工程作业，如代办电信工程、水利工程、道路修建、疏浚、钻井（打井）、拆除建筑物、平整土地、搭脚手架、爆破等工程作业

5．税率

营业税税目税率表见表 15–3。

表 15–3 营业税税目税率表

税目	税率	税目	税率
一、交通运输业	3%	六、娱乐业	5% ~ 20%
二、建筑业	3%	七、服务业	5%
三、金融保险业	5%	八、转让无形资产	5%
四、邮电通信业	3%	九、销售不动产	5%
五、文化体育业	3%		

6．计税依据

营业税的计税依据是营业额，营业额为纳税人提供应税劳务、转让无形资产或者销售不动产向对方收取的全部价款和价外费用。价外费用包括向对方收取的手续费、基金、集资费、代收款项、代垫款项及其他各种性质的价外收费。

（1）建筑业的总承包人将工程分包或者转包给他人，以工程的全部承包额减去付给分包人或者转包人的价款后的余额为营业额。

（2）从事建筑、修缮、装饰工程作业，无论怎样结算，营业额均包括工程所用原材料及其他物资和动力的价款。从事安装工程作业，安装设备价值作为安装工程产值的，营业额包括设备的价款。

（3）自建行为是指纳税人自己建造房屋的行为。纳税人自建自用的房屋不纳税，如纳税人（不包括个人自建自用住房销售）将自建的房屋对外销售，其自建行为应按建筑业缴纳营业税，再按销售不动产征收营业税。

（4）纳税人采用清包工形式提供的装饰劳务，按照其向客户实际收取的人工费、管理费和辅助材料费等收入（不含客户自行采购的材料价款和设备价款）确认计税营业额。

清包工形式提供的装饰劳务是指工程所需的主要原材料和设备由客户自行采

购，纳税人只向客户收取人工费、管理费及辅助材料等费用的装饰劳务。其计算公式为：

应纳税额 = 纳税依据 × 适用税率

纳税依据（营业额）以人民币计算。纳税人以人民币以外的货币结算营业额的，应当折合成人民币计算。

7. 营业税与增值税征税范围的划分

营业税与增值税都是流转税，营业税主要对各种劳务征收，同时对销售不动产和转让无形资产也征收营业税。增值税主要对各种货物征收，同时对加工、修理修配劳务也征收增值税。两个税种性质相同，各自征收领域不同，理论上是可以划分清楚的。但在实际操作上存在一些具体区别的问题，在建筑业务中，基本建设单位和从事建筑安装业务的企业附设的工厂、车间生产的水泥预制构件、其他构件或建筑材料，用于本单位或本企业的建筑工程的，应在移送使用时征收增值税。但对其在建筑现场制造的预制构件，凡直接用于本单位或本企业建筑工程的，征收营业税，不征收增值税。

8. 纳税义务发生时间

建筑业纳税人及扣缴义务人应按照下列规定确定建筑业营业税的纳税义务发生时间和扣缴义务发生时间。

（1）纳税人提供建筑业应税劳务，施工单位与发包单位签订书面合同，如合同明确规定付款（包括提供原材料、动力及其他物资，不含预收工程价款）日期的，合同规定的付款日期为纳税义务发生时间；合同未明确付款（同上）日期的，其纳税义务发生时间为纳税人收讫营业收入款项或者取得索取营业收入款项凭据的当天。

上述预收工程价款是指工程项目尚未开工时收到的款项。对预收工程价款，其纳税业务发生时间为工程开工后，主管税务机关根据工程形象进度按月确定的纳税义务发生时间。

（2）纳税人提供建筑业应税劳务，施工单位与发包单位未签订书面合同的，其纳税义务发生时间为纳税人收讫营业收入款项或者取得索取营业收入款项凭据的当天。

（3）纳税人自建建筑物，其建筑业应税劳务的纳税义务发生时间为纳税人销售自建建筑物并收讫营业收入款项或取得索取营业收入款项凭据当天。

纳税人将自建建筑物对外赠予，其建筑业应税劳务的纳税义务发生时间为该建筑物产权转移的当天。

9. 纳税期限

（1）营业税的纳税期限，分别为 5 日、10 日、15 日或者 1 个月。纳税人的具体纳税期限，由主管税务机关根据纳税人应纳税额的大小分别核定；不能按照固定期限纳税的，可以按次纳税。

纳税人以 1 个月为一期纳税的，自期满之日起 10 日内申报纳税；以 5 日、10 日或者 15 日为一期纳税的，自期满之日起 5 日内预缴税款，于次月 1 日起 10 日内申报纳税并结清上月应纳税款。

（2）扣缴义务人的解缴税款期限，比照上述规定执行。

10. 纳税地点

营业税的纳税地点原则上采取属地征收的方法，就是纳税人在经营行为发生地缴纳应纳税款。建筑业纳税人及扣缴义务人应按照下列规定确定建筑业营业税的纳税地点。

纳税人提供建筑业应税劳务，其营业税纳税地点为建筑业应税劳务的发生地；纳税人从事跨省工程的，应向其机构所在地主管地方税务机关申报纳税。

纳税人在本省、自治区、直辖市和计划单列市范围内提供建筑业应税劳务的，其营业税纳税地点需要调整的，由省、自治区、直辖市和计划单列市税务机关确定。

扣缴义务人代扣代缴的建筑业营业税税款的解缴地点为该工程建筑业应税劳务发生地；扣缴义务人代扣代缴跨省工程的，其建筑业营业税税款的解缴地点为被扣缴纳税人的机构所在地。

纳税人提供建筑业劳务，应按月就其本地和异地提供建筑业应税劳务取得的全部收入向其机构所在地主管税务机关进行纳税申报，就其本地提供建筑业应税劳务取得的收入缴纳营业税。同时，自应申报之月（含当月）起 6 个月内向机构所在地主管税务机关提供其异地建筑业应税劳务收入的完税凭证，否则，应就其异地提供建筑业应税劳务取得的收入向其机构所在地主管税务机关缴纳营业税。

上述本地提供的建筑业应税劳务是指独立核算纳税人在其机构所在地主管税务机关税收管辖范围内提供的建筑业应税劳务；上述异地提供的建筑业应税劳务是指独立核算纳税人在其机构所在地主管税务机关税收管辖范围以外提供的建筑业应税劳务。

二、所得税

1. 所得税的含义和特点

（1）企业所得税是对我国境内的企业和其他取得收入的组织的生产经营所得和其他所得所征收的一种税收。它是国家参与企业利润分配的重要手段。

（2）所得税特点

所得税的特点，见表 15-4。

表 15-4 所得税的特点

特点	内容
征税对象为应纳税所得额	企业所得税以应纳税所得额为课税对象，应纳税所得额是按照企业所得税法规的规定，为企业在一个纳税年度内的应税收入总额扣除各项成本、费用、税金和损失后的余额，而不是依据会计制度的规定计算出来的利润总额
将企业划分为居民企业和非居民企业	现行企业所得税将企业划分为居民企业和非居民企业两大类。居民企业负无限纳税义务，即来源于我国境内、外的所得都要向中国政府缴纳所得税。非居民企业负有限纳税义务，即来源于中国境内的所得向中国政府缴纳所得税
征税以量能负担为原则	企业所得税以企业的生产、经营所得和其他所得为征税对象，所得多得多缴税，所得少的少缴税，没有所得的不缴税，充分体现税收的公平负担原则，而不是像流转税那样只要取得收入就应缴税，不管盈利还是亏损
实行按年计征、分期预缴的办法	企业所得税以企业一个纳税年度的应纳税所得额为计税依据，平时分月或分季预缴，年度终了后进行汇算清缴，多退少补

2．企业所得税的立法原则

企业所得税是处理国家和企业分配关系的重要形式。税收制度设计得合理与否，不仅仅影响企业负担和国家财政收入，更重要的是还关系到国家整体经济的持续发展。因此，企业所得税法规在制定过程中，应遵循以下原则。

（1）税负公平原则。公平原则是人类社会的永恒原则，企业所得税是处理政府与企业分配关系的主要税种之一，如何分配企业创造的新价值，税负公平就显得十分重要。从宏观而言，既要保证政府财政收入的必要，又要适应政府利用税收调节经济的必要，也就是说既要保证政府的财政收入，又不影响企业生产经营的积极性。从微观而言，企业与企业要公平，行业与行业要公平，除特殊规定外，所有的企业税负都要相等。因此，新《企业所得税法》统一了税率、统一了税前扣除标准、统一了税收优惠政策。

（2）科学发展观原则。科学发展观关系到人类生存的大计，征收企业所得税不仅要理顺政府与企业的分配关系，更重要的是要有利于国家整体经济长时期的持续发展。因此，企业所得税法规的制定要有利于资源的合理运用，有利于生态平衡，有利于环境保护。

（3）发挥调控作用原则。税收是调节经济的重要杠杆之一，如何利用企业所得税的规定来调节经济，是值得研究的重要问题，由于我国地域广阔，经济发展很不平衡，地区间差距大，行业间差距大，经济结构不合理，技术进步迟缓等，都需要《企业所得税法》规给予调节。

（4）参照国际惯例原则。企业所得税是国际上普遍征收的一个税种，虽然各国对该税种的命名有所不同，但本质上没有太大的差别。随着我国对外开放政策的不断扩大和世界经济一体化的快速发展，向我国政府缴纳企业所得税的主体不仅仅是国内企业，它涉及诸多外国企业。因此，制定企业所得税法规时，就必须考虑国际上的普遍做法。

（5）有利于征管原则。企业所得税是所有税种中计算最复杂的税种，它涉及企业一个纳税年度内的所有收入、成本和费用，以及除企业缴纳的企业所得税和准许抵扣的增值税以外的所有税金的扣除。在征管过程中，稍有不慎就可能发生错误。因此，在制定企业所得税法规时，要尽量做到简单、易懂、利于操作和执行。

3. 纳税义务人

企业所得税的纳税义务人是指在中华人民共和国境内的企业和其他取得收入的组织。《企业所得税法》第一条规定，除个人独资企业、合伙企业不适用企业所得税法外，凡在我国境内，企业和其他取得收入的组织（以下统称企业）为企业所得税的纳税人，依照本法规定缴纳企业所得税。

企业所得税的纳税人分为居民企业和非居民企业，这是根据企业纳税义务范围的宽窄进行的分类方法，不同的企业在向中国政府缴纳所得税时，纳税义务不同。把企业分为居民企业和非居民企业，是为了更好地保障我国税收管辖权的有效行使。税收管辖权是一国政府在征税方面的主权，是国家主权的重要组成部分。根据国际上的通行做法，我国选择了地域管辖权和居民管辖权的双重管辖权标准，最大限度地维护我国的税收利益。

（1）居民企业。居民企业是指依法在中国境内成立，或者依照外国（地区）法律成立但实际管理机构在中国境内的企业。这里的企业包括国有企业、集体企业、私营企业、联营企业、股份制企业、外商投资企业、外国企业，以及有生产、经营所得和其他所得的其他组织。其中，有生产、经营所得和其他所得的其他组织，是指经国家有关部门批准，依法注册、登记的事业单位、社会团体等组织。由于我国的一些社会团体组织、事业单位在完成国家事业计划的过程中，开展多种经营和有偿服务活动，取得除财政部门各项拨款、财政部和国家价格主管部门批准的各项规费收入以外的经营收入，具有了经营的特点，应当视同企业纳入征税范围。其中，实际管理机构是指对企业的生产经营、人员、账务、财产等实施实质性全面管理和控制的机构。

（2）非居民企业。非居民企业是指依照外国（地区）法律成立且实际管理机构不在中国境内，但在中国境内设立机构、场所的，或者在中国境内未设立机构、场所，但有来源于中国境内所得的企业。

上述所称机构、场所是指在中国境内从事生产经营活动的机构、场所，包括：

管理机构、营业机构、办事机构；工厂、农场、开采自然资源的场所；提供劳务的场所；从事建筑、安装、装配、修理、勘探等工程作业的场所；其他从事生产经营活动的机构、场所。

非居民企业委托营业代理人在中国境内从事生产经营活动的，包括委托单位或者个人经常代其签订合同或者储存、交付货物等，该营业代理人视为非居民企业在中国境内设立的机构、场所。

4. 征税对象

企业所得税的征税对象是指企业的生产经营所得、其他所得和清算所得。

（1）居民企业的征税对象。居民企业应就来源于中国境内、境外的所得作为征税对象。所得包括销售货物所得、提供劳务所得、转让财产所得、股息、红利等权益性投资所得，以及利息所得、租金所得、特许权使用费所得、接受捐赠所得和其他所得。

（2）非居民企业的征税对象。非居民企业在中国境内设立机构、场所的，应当就其所设机构、场所取得的来源于中国境内的所得，以及发生在中国境外但与其所设机构、场所有实际联系的所得，缴纳企业所得税。

上述所称的实际联系，是指非居民企业在中国境内设立的机构、场所拥有的据以取得所得的股权、债权，以及拥有、管理、控制据以取得所得的财产。

5. 税率

企业所得税税率是体现国家与企业分配关系的核心要素。税率设计的原则是兼顾国家、企业、职工个人三者利益，既要保证财政收入的稳定增长，又要使企业在发展生产、经营方面有一定的财力保证。既要考虑到企业的实际情况和负担能力，又要维护税率的统一性。

企业所得税实行比例税率。比例税率简便易行，透明度高，不会因征税而改变企业间收入分配比例，有利于促进效率的提高。现行税率的规定如下。

基本税率为 25%。适用于居民企业和在中国境内设有机构、场所且所得与机构、场所有关联的非居民企业。

低税率为 20%。适用于在中国境内未设立机构、场所的，或者虽设立机构、场所但取得的所得与其所设机构、场所没有实际联系的非居民企业。

国家需要重点扶持的高新技术企业减按 15% 的所得税税率征收企业所得税；小型微利企业减按 20% 的所得税税率征收企业所得税。

现行企业所得税基本税率设定为 25%，从世界各国比较而言还是偏低的。据有关资料介绍，全世界大约 160 个实行企业所得税的国家（地区）中平均税率为 28.6%，我国周边 18 个国家（地区）的平均税率为 26.7%。现行税率的确定，既考虑了我国财政承受能力，又考虑了企业负担水平。

6. 应纳税所得额的计算

应纳税所得额是企业所得税的计税依据，按照《中华人民共和国企业所得税法》的规定，应纳税所得额为企业每一个纳税年度的收入总额，减除不征税收入、免税收入、各项扣除，以及允许弥补的以前年度亏损后的余额。基本公式为

应纳税所得额 = 收入总额 – 不征税收入 – 免税收入 – 各项扣除 – 以前年度亏损

企业应纳税所得额的计算以权责发生制为原则，属于当期的收入和费用，不论款项是否收付，均作为当期的收入和费用；不属于当期的收八和费用，即使款项已经在当期收付，均不作为当期的收入和费用。应纳税所得额的正确计算直接关系到国家财政收入和企业的税收负担，并且同成本、费用核算关系密切。因此，《中华人民共和国企业所得税法》对应纳税所得额的计算做了明确规定。

收入包括：销售货物收入、劳务收入、转让财产收入、股息、红利等权益性投资收益、利息收入、租金收入、特许权使用费收入、接受捐赠收入、其他收入。

不征税收入包括：财政拨款、依法收取并纳入财政管理的行政事业性收费、政府性基金、国务院规定的其他不征税收入。

免税收入包括：国债利息收入、符合条件的居民企业之间的股息、红利等权益性收益、在中国境内设立机构场所的非居民企业从居民企业取得与该机构、场所有实际联系的股息、红利等权益性投资收益、符合条件的非营利组织的收入等。

（1）税前扣除项目的原则。企业申报的扣除项目和金额要真实、合法。所谓真实是指能提供证明有关支出确属已经实际发生；合法是指符合国家税法的规定，若其他法规规定与税收法规规定不一致，应以税收法规的规定为标准。除税收法规另有规定外，税前扣除一般应遵循以下原则（见表 15–5）。

表 15–5　税前扣除应遵循的原则

原则	注意内容
权责发生制原则	权责发生制原则是指企业费用应在发生的所属期扣除，而不是在实际支付时确认扣除
配比原则	配比原则是指企业发生的费用应当与收入配比扣除，除特殊规定外，企业发生的费用不得提前或滞后申报扣除
相关性原则	相关性原则企业可扣除的费用从性质和根源上必须与取得应税收入直接相关
确定性原则	确定性原则即企业可扣除的费用不论何时支付，其金额必须是确定的
合理性原则	符合生产经营活动常规，应当计入当期损益或者有关资产成本的必要和正常的支出

（2）扣除项目的范围。《企业所得税法》规定，企业实际发生的与取得收入有关的、合理的支出，包括成本、费用、税金、损失和其他支出，准予在计算应纳税所得额时扣除。在实际中，计算应纳税所得额时还应注意三个方面的内容：① 企业发生的支出应当区分收益性支出和资本性支出。收益性支出在发生当期直接扣除；资本性支出应当分期扣除或者计入有关资产成本，不得在发生当期直接扣除。② 企业的不征税收入用于支出所形成的费用或者财产，不得扣除或者计算对应的折旧、摊销扣除。③ 除企业所得税法和另有规定外，企业实际发生的成本、费用、税金、损失和其他支出，不得重复扣除。

① 成本。成本是指企业在生产经营活动中发生的销售成本、销货成本、业务支出，以及其他耗费，即企业销售商品（产品、材料、下脚料、废料、废旧物资等）、提供劳务、转让固定资产、无形资产（包括技术转让）的成本。

企业必须将经营活动中发生的成本合理划分为直接成本和间接成本。直接成本是可直接计入有关成本计算对象或劳务的经营成本中的直接材料、直接人工等。间接成本是指多个部门为同一成本对象提供服务的共同成本，或者同一种投入可以制造、提供两种或两种以上的产品或劳务的联合成本。

直接成本可根据有关会计凭证、记录直接计入有关成本计算对象或劳务的经营成本中。间接成本必须根据与成本计算对象之间的因果关系、成本计算对象的产量等，以合理的方法分配，计入有关成本计算对象中。

② 费用。费用是指企业每一个纳税年度为生产、经营商品和提供劳务等所发生的销售（经营）费用、管理费用和财务费用。已经计入成本的有关费用除外。

销售费用是指应由企业负担的为销售商品而发生的费用，包括广告费、运输费、装卸费、包装费、展览费、保险费、销售佣金（能直接认定的进口佣金调整商品进价成本）、代销手续费、经营性租赁费及销售部门发生的差旅费、工资、福利费等费用。

管理费用是指企业的行政管理部门为管理组织经营活动提供各项支援性服务而发生的费用。

财务费用是指企业筹集经营性资金而发生的费用，包括利息净支出、汇总净损失、金融机构手续费以及其他非资本化支出。

③ 税金。税金是指企业发生的除企业所得税和允许抵扣的增值税以外的企业缴纳的各项税金及其附加，即企业按规定缴纳的消费税、营业税、城市维护建设税、关税、资源税、土地增值税、房产税、车船税、土地使用税、印花税、教育附加费等产品销售税金及附加。这些已纳税金准予税前扣除。准许扣除的有两种方式：一是在发生当期扣除；二是在发生当期计入相关资产的成本，在以后各期分摊扣除。

④ 损失。损失是指企业在生产经营活动中发生的固定资产和存货的盘亏、毁损、

报废损失，转让财产损失，呆账损失，坏账损失，自然灾害等不可抗力因素造成的损失以及其他损失。

（3）不得扣除的项目。在计算应纳税所得额时，下列支出不得扣除。

向投资者支付的股息、红利等权益性投资收益款项；企业所得税税款；税收滞纳金，是指纳税人违反税收法规，被税务机关处以的滞纳金；罚金、罚款和被没收财物的损失，是指纳税人违反国家有关法律、法规规定，被有关部门处以的罚款，以及被司法机关处以的罚金和被没收财物；超过规定标准的捐赠支出；赞助支出，是指企业发生的与生产经营活动无关的各种非广告性质支出；未经核定的准备金支出，是指不符合国务院财政、税务主管部门规定的各项资产减值准备、风险准备等准备金支出；企业之间支付的管理费、企业内营业机构之间支付的租金和特许权使用费，以及非银行企业内营业机构之间支付的利息，不得扣除；与取得收入无关的其他支出。

（4）亏损弥补。亏损是指企业依照企业所得税法和暂行条例的规定，将每一纳税年度的收入总额减除不征税收入、免税收入和各项扣除后小于零的数额。税法规定，企业某一纳税年度发生的亏损可以用下一年度的所得弥补，下一年度的所得不足以弥补的，可以逐年延续弥补，但最长不得超过 5 年。而且，企业在汇总计算缴纳企业所得税时，其境外营业机构的亏损不得抵减境内营业机构的盈利。

（5）居民企业应纳税额的计算。居民企业应纳税额等于应纳税所得额乘以适用税率。基本计算公式为：

居民企业应纳税额 = 应纳税所得额 × 适用税率 – 减免税额 – 抵免税额

根据计算公式可以看出，居民企业应纳税额的多少，取决于应纳税所得额和适用税率两个因素。在实际过程中，应纳税所得额的计算一般有以下两种方法。

① 直接计算法。在直接计算法下，居民企业每一纳税年度的收入总额减除不征税收入、免税收入、各项扣除以及允许弥补的以前年度亏损后的余额为应纳税所得额。计算公式与前述相同，即为：

应纳税所得额 = 收入总额 – 不征税收入 – 免税收入 – 各项扣除金额 – 弥补亏损

② 间接计算法。在间接计算法下，是在会计利润总额的基础上加或减按照税法规定调整的项目金额后，即为应纳税所得额。计算公式为：

应纳税所得额 = 会计利润总额 ± 纳税调整项目金额

第二节 建筑工程保险

建筑工程建设是一项复杂的系统工程，周期一般持续时间较长，所涉及的风险因素较多，如政治、社会、经济、自然、技术等因素。这些因素都会不同程度地影响建筑工程的实施。同时，每一种风险因素又都会产生许多不同的风险事件。风险事件一旦发生，往往造成比较严重的损失。针对这些风险，可以通过多种方式进行风险回避、损失控制、风险自留和风险转移等方面的管理，然而，这些风险自身的特点，决定了建筑工程保险这一特定方式是处理工程建设风险的最佳选择。建筑工程保险承保的是各类建筑工程。在财产保险经营中，建筑工程保险适用于各民用、工业用和公共事业用的建筑工程，如房屋、道路、水库、桥梁、码头、娱乐场所、管道以及各种市政工程项目的建筑。这些工程在建筑过程中的各种意外风险，均可通过投保建筑工程保险而得到保险保障。

建筑工程保险是以承包合同价格或概算价格作为保险金额，以重置基础进行赔偿的，以建筑主体工程、工程用材料以及临时建筑等作为保险标的的，对在整个建筑期间由于保险责任范围内的危险造成的物质损失及列明的费用予以赔偿的保险。

一、建筑工程保险的被保险人与投保人

1. 建筑工程保险的被保险人

凡在工程施工期间对工程承担风险责任的有关各方，即具有保险利益的各方均可作为被保险人。建筑工程保险的被保险人包括以下内容。

（1）业主（工程所有人，建设单位）即提供场所，委托建造，支付建造费用，并于完工后验收的单位。

（2）工程承包商（施工单位或投标人）即受业主委托，负责承建该项工程的施工单位。承包商还可分为主承包商和分承包商，分承包商就是向主承包商承包部分工程的施工单位。

（3）技术顾问指由工程所有人聘请的建筑师、设计师、工程师和其他专业顾问、代表所有人监督工程合同执行的单位和个人。

（4）其他关系方如发放工程贷款的银行等。

2. 建筑工程保险的投保人

投保人是指与保险人订立保险合同，并按照保险合同负有支付保险费义务的人。

在一般情况下，投保人在保险契约生效后即为被保险人。

由于建筑工程保险可以同时有两个被保险人的特点，投保时应选出一方作为工程保险的投保人，负责办理保险投保手续，代表自己和其他被保险人交纳保险费，且将其他被保险人利益包括在内，并在保险单上清楚地列明。由此，其中任何一位被保险人负责的项目发生保险范围之内的损失，都可分别从保险人那里获得相应的赔偿，无须根据各自的责任相互进行追偿。在实践中，可根据建筑工程承包方式的不同来灵活选择由谁来投保。一般以主要风险的主要承担者为投保人。目前，建筑工程承包方式主要有表 15–6 中的四种情况。

表 15–6　建筑工程的承包方式

承包方式	注意内容
全部承包方式	业主将工程全部承包给某一施工单位。该施工单位作为承包商负责设计、供料、施工等全部工程环节，最后将完工的工程交给业主。在这种承包方式中，由于承包商承担了工程的主要风险责任，可以由承包商作为投保人
部分承包方式	业主负责设计并提供部分建筑材料，承包商负责施工并提供部分建筑材料，双方都负责承担部分风险责任，可以由业主和承包商双方协商推举一方为投保人，并在承包合同中注明
分段承包方式	业主将一项工程分成几个阶段或几部分，分别由几个承包商承包。承包商之间相互独立的，没有合同关系。在这种情况下一般由业主作为投保人
承包商只提供劳务的承包方式	在这种方式下由业主负责设计、提供建筑材料和工程技术指导，承包商只提供施工劳务，对工程本身不承担风险责任。这时应由业主作为投保人

因此，从保险的角度出发，如是全部承包，应由承包商出面投保整个工程，同时把有关利益方列于共同被保险人。如非全部承包方式，最好由业主投保，因为在这种情况下如由承包商分别投保，对保护业主利益方面存在许多不足。第一，参与工程的各承包商由于缺乏保险知识，由各承包商安排的保险单的投保范围可能差别很大，造成一方面有些保单的范围互相重复；另一方面又有某些内容各自的保险单却未包括在内，处处漏保。承包商安排保险时首先关心的是自身利益，但他的利益并不一定与业主利益相一致，这样，由承包商签订的保险单里可能并不包括业主所需要的保险保障。第二，承包商往往都会把他们的保险费以成本的方式转嫁给业主，而业主却很少或无法控制他们。并且每个承包商只投保他自己承包合同的内容，使整个工程项目被分成几个承包合同，每个合同涉及的工程量相对较小，丧失了从保险人那里享受整体投保所给予的优惠。因此，同一个工程由承包商分别投保比整体投保可能支付更多的保险费。第三，业主无法控制索赔。当发生索赔要求时，承包

商和保险人之间应进行谈判解决索赔问题，在这时业主并没有直接的发言权，必须完全依靠承包商的谈判能力，以确保索赔要求能够适当和迅速地解决。但有时承包商不可避免地无法达到这一目的，结果耽误了工程受损部分的恢复，从而增加了工程费用。第四，在由承包商分别投保的情况下，业主一般只能控制承包商是否投保，至于承包商向谁投保，业主则无法控制。承包商为了降低费用，往往选择费率开价低的保险人投保，而忽视其财务能力的强弱，一旦出现大的索赔，如不能得到及时的补偿，就会影响工程的恢复。基于上述原因，由业主投保，可以对整个工程的危险管理和危险转嫁有控制权，防止保险多头进行造成的保障费用。也正因如此，国际采用业主安排工程项目的保险正成为一种发展趋势。

二、建筑工程保险的保险对象与保险标的

1. 建筑工程保险的保险对象

凡领有营业执照的建筑单位所新建、扩建或改建的各种建设项目均可作为建筑工程保险的保险对象。

各种土木工程。如道路工程、灌溉工程、防洪工程、排水工程、飞机场、铺设管道等工程；各种建筑工程。如宾馆、办公楼、医院、学校、厂房等。

2. 建筑工程保险的保险标的

凡与以上工程建设有关的项目都可以作为建筑工程保险的标的。具体包括物质损失部分和责任赔偿部分两方面。

（1）物质损失部分的保险标的主要包括如下内容（见表 15-7）。

表 15-7　物质损失部分的保险标的主要内容

名称	内容
建筑工程，包括永久性和临时性工程物料	主要是指建筑工程合同内规定建筑的建筑物主体、建筑物内的装修设备、配套的道路设备、桥梁、水电设施等土木建筑项目、存放在施工场地的建筑材料设备和为完成主体工程的建设而必须修建的、主体工程完工后即拆除或废弃不用的临时工程，如脚手架、工棚、围堰等
安装工程项目	指未包括在承包工程合同金额内的机器设备的安装工程项目。如饭店、办公楼的供电、供水、空调等机器设备的安装项目
施工机具设备	指配置在施工场地，作为施工用的机具设备。如吊车、叉车、挖掘机、压路机、搅拌机等。建筑工程的施工机具一般为承包人所有，不包括在承包工程合同价格之内，应列入施工机具设备项目下投保。有时，业主会提供一部分施工机器设备，此时，可在业主提供的物料及项目一项中投保。承包合同价或工程概算中包括有购置工程施工所必需的施工机具的费用时，可在建筑工程项目中投保。无论是上述哪一种情形，都要在施工机具设备一栏予以说明，并附清单

续表

名称	内容
邻近财产	在施工场地周围或临近地点的财产。这类财产可能因工程的施工而遭受损坏
业主提供的物料及项目	指未包括在建筑工程合同金额之中的业主提供的物料及负责建筑的项目
场地清理费用	指保险标的受到损坏时，为拆除受损标的和清理灾害现场，运走废弃物等，以便进行修复工程所发生的费用。此费用未包括在工程造价之中。国际上的通行做法是将此项费用单独列出，需在投保人与保险人商定的保险金额投保并交付相应的保险费后，保险人才负责赔偿

（2）责任赔偿部分的保险标的。即第三者责任，第三者责任险主要是指在工程保险期限内因被保险人的原因造成第三者（如工地附近的居民、行人及外来人员）的人身伤亡、致残或财产损毁而应由被保险人承担的责任范围。

三、建筑工程保险的责任范围

1．建筑工程保险物质损失部分的责任范围

建筑工程保险的物质损失部分的责任范围很广，下列原因造成的损失和支出的费用可以赔偿。

（1）洪水、暴雨、潮水、地震、海啸、雪崩、地陷、山崩、冻灾、冰雹及其他自然灾害。

（2）雷电、火灾、爆炸。

（3）飞机坠毁、飞机部件或物件坠落。

（4）盗窃。盗窃指一切明显的偷窃行为或暴力抢劫造成的损失。但如果盗窃由被保险人或其代表授意或默许，则保险人不予负责。

（5）工人、技术人员因缺乏经验、疏忽、过失、恶意行为对于保险标的所造成的损失。其中恶意行为必须是非被保险人或其代表授意、纵容或默许的，否则不予赔偿。

（6）原材料缺陷或工艺不善引起的事故。这种缺陷所用的建筑材料未达到规定标准，往往属于原材料制造商或供货商的责任，但这种缺陷必须是使用期间通过正常技术手段或正常技术水平下无法发现的，如果明知有缺陷而仍使用，造成的损失属故意行为所致，保险人不予负责；工艺不善指原材料的生产工艺不符合标准要求，尽管原材料本身无缺陷，但在使用时导致事故的发生。本条款只负责由于原材料缺陷或工艺不善造成的其他保险财产的损失，对原材料本身损失不负责任。

（7）除本保单条款规定的除外责任以外的其他不可预料的自然灾害或意外

事故。

（8）现场清理费用。此项费用作为一个单独的保险项目投保，赔偿仅限于保险金额内。如果没有单独投保此项费用，则保险人不予负责。

保险人对每一保险项目的赔偿责任均不得超过分项保险金额以及约定的其他赔偿限额。对物质损失的最高赔偿责任不得超过总保险金额。

2．第三者责任保险的责任范围

建筑工程保险的第三者指除保险人和所有被保险人以外的单位和人员，不包括被保险人和其他承包人所雇用的在现场从事施工的人员。在工程期间的保单有效期内因发生与保单所承保的工程直接相关的意外事故造成工地及邻近地区的第三者人身伤亡或财产损失，依法应由被保险人承担经济赔偿责任时，均可由保险人按条款的规定赔偿，包括事先经保险人书面同意的被保险人因此而支出的诉讼及其费用，但不包括任何罚款，其最高赔偿责任不得超过保险单明细表中规定的每次事故的赔偿限额或保单的有效期内累计赔偿限额。

四、建设工程保险的除外责任

保险人对必然发生的事故、容易涉及道德风险的事故或有其他专门保险单承保的事故等事项列为除外不保事项。

1．对物质损失的保险项目和第三者责任保险均适用的除外责任

战争、敌对行为、武装冲突、恐怖活动、谋反、政变引起的损失、费用或责任；政府命令或任何公共当局的没收、征用、销毁或毁坏；罢工、暴动、民众骚乱引起的任何操作、费用或责任；核裂变、核聚变、核武器、核材料、核辐射及放射性污染引起的任何损失费用和责任；大气、土地、水污染引起的任何损失费用和责任；被保险人及其代表的故意行为和重大过失引起的损失、费用或责任；工程全部停工或部分停工引起的损失、费用和责任。在建筑工程长期停工期间造成的一切损失，保险人不予负责；如停工时间不足 1 个月，并且被保险人在工地现场采取了有效的安全防护措施，经保险人事先书面同意，可不作本条停工除外责任论，对于工程的季节性停工也不作停工论；罚金、延误、丧失合同及其他后果损失；保险单规定的免赔额。保险单明细表中规定有免赔额，免赔额以内的损失，由被保险人自负，超过免额部分由保险人负责。

2．适用于建筑工程保险物质损失部分的特殊除外责任

设计错误引起的损失、费用和责任。建筑工程的设计通常由被保险人雇用或委托设计师进行设计，设计错误引起损失、费用或责任应视为被保险人的责任，予以除外。设计师错误设计的责任可由相应的职业责任保险提供保障，即由职业责任险

的保险人来赔偿受害者的经济损失。

自然磨损、内在或潜在缺陷、物质本身变化、自燃、自热、氧化、氧蚀、渗漏、鼠咬、虫蛀、大气（气候或气温）变化、正常水位变化或其他渐变原因造成的被保险财产自身的损失和费用。

因原材料缺陷或工艺不善引起的被保险财产本身的损失以及为换置、修理或矫正这些缺点错误所支付的费用，由于原材料缺陷或工艺不善引起的费用属制造商或供货商的，保险人不予负责。

非外力引起的机械或电器装置损坏或建筑用机器、设备、装置失灵造成的本身损失。

维修保养或正常检修的费用；档案、文件、账簿、票据、现金、各种有价证券、图表资料及包装物料的损失；货物盘点时的盘亏损失。

领有公共运输用执照的车辆、船舶和飞机的损失。领有公共运输执照的车辆、船舶和飞机，它们的行驶区域不限于建筑工地范围，应由各种运输工具予以保障。

除非另有约定，在被保险工程开始以前已经存在或形成的位于工地范围内或其周围的属于被保险人的财产的损失。

除非另有约定，在保险单保险期限终止以前，被保险财产中已由业主签发完工验收证书或验收合格或实际占有或使用接收的部分。

3. 适用于建筑工程保险第三者责任险部分的除外责任

保险单物质损失项下或本应在该项下予以负责的损失及各种费用；业主、承包商或其他关系方或他们所雇用的在工地现场从事与工程有关工作的职员、工人以及他们的家庭成员的人身伤亡或疾病；业主、承包商或其他关系方或他们所雇用的职员、工人所有的或由其照管、控制的财产的损失；领有公共运输执照的车辆、船舶和飞机造成的事故；由于震动、移动或减弱支撑而造成的其他财产、土地、房屋损失或由于上述原因造成的人身伤亡或财产损失。本项内的事故指工地现场常见的、属于设计和管理方面的事故，如被保险人对这类责任有特别要求，可作为特约责任加保；被保险人根据与他人的协议应支付的赔偿或其他款项。但即使没有这种协议，被保险人应承担的责任不在此限。

五、建筑工程保险的保险金额、赔偿限额与免赔额

1. 保险金额与赔偿限额

由于建筑工程保险的保险标的包括物质损失部分和第三者责任部分，对于物质损失部分要确定其保险金额，对于第三者责任部分要确定赔偿限额。此外，对于地震、洪水等巨灾损失，保险人在保险单中也要专门规定一个赔偿限额，以限制承担责任

的程度。

（1）物质损失部分的保险金额。建筑工程保险的物质损失部分的保险金额为保险工程完工时的总价值，包括原材料费用、设备费用、建造费、安装费、运保费、关税、其他税项和费用以及由业主提供的原材料和设备费用。

各承保项目保险金额的确定如下。

建筑工程的保险金额为工程完工时的总造价，包括设计费、材料设备费、施工费、运杂费、保险费、税款及其他有关费用。一些大型建筑工程如果分若干个主体项目，也可以分项投保。如有临时工程，则应单独立项，注明临时工程部分和保险金额。

业主提供的物料和项目。其保险金额可按业主提供的清单，以财产的重置价值确定。

建筑用机器设备。一般为承包商所有，不包括在建筑合同价格内，应单独投保。这部分财产一般应在清单上列明机器的名称、型号、制造厂家、出厂年份和保险金额。保险金额按重置价值确定，即按重新换置和原机器装置、设备相同的机器设备价格为保险金额。

安装工程项目。若此项已包括在合同价格中，就不必另行投保，但要在保险单中注明。本项目的保险金额应按重置价值确定。应当注意的是，建筑工程保险承保的安装工程项目，其保险金额应不超过整个工程项目保险金额的20%。如超过20%，应按安装工程保险的费率计收保费。如超过50%，则应单独投保安装工程保险。

工地内现成的建筑物及业主或承包商的其他财产。这部分财产如需投保，应在保险单上分别列明，保险金额由保险人与被保险人双方协商确定，但最高不能超过其实际价值。

场地清理费的保险金额应由保险人与被保险人共同协商确定。但一般规模大的工程不超过合同价格或工程概算价格的5%，规模小的工程不超过合同价格或工程概算价格的10%。

（2）第三者责任保险赔偿限额。第三者责任保险的赔偿限额通常由被保险人根据其承担损失能力的大小、意愿及支付保险费的多少来决定。保险人再根据工程的性质、施工方法、施工现场所处的位置、施工现场周围的环境条件及保险人以往承保理赔的经验与被保险人共同商定，并在保险单内列明保险人对同一原因发生的一次或多次事故引起的财产损失和人身伤亡的赔偿限额。该项赔偿限额共分以下四类。

每次事故中每个人的人身伤亡赔偿限额为人民币2万～5万元；每次事故人身伤亡总的赔偿限额。可按每次事故可能造成的第三者人身伤亡的总人数，结合每人限额来确定；每次事故造成第三者的财产损失的赔偿限额。此项限额可根据工程具体情况估定；对上述人身和财产责任事故在保险期限内总的赔偿限额。应在每次事故的基础上，估计保险期限内保险事故次数确定总限额，它是计收保费的基础。

（3）特种危险赔偿限额。特种危险赔偿指保单明细表中列明的地震、洪水、海啸、暴雨、风暴等特种危险造成的上述各项物质财产损失的赔偿。赔偿限额的确定一般考虑工地所处的自然界地理条件、该地区以往发生此类灾害事故的记录以及工程项目本身具有的抗御灾害能力的大小等因素，该限额一般占物质损失总保险金额的 50% ~ 80%，不论发生一次或多次赔偿，均不能超过这个限额。

2．免赔额

免赔额是指保险事故发生，使保险标的受到损失时，损失在一定限度内保险人不负赔偿责任的金额。

由于建筑工程保险是以建造过程中的工程为承保对象，在施工过程中，工程往往会因为自然灾害，工人、技术人员的疏忽、过失等造成或大或小的损失。这类损失有些是承包商计算标价时需考虑在成本内的，有些则可以通过谨慎施工或采取预防措施加以避免。这些损失如果全部通过保险来获得补偿并不合理。因为若损失金额很少也要保险人赔偿，那么保险人必然要增加许多理赔费用，这些费用最终将反应到费率上去，必然增加被保险人的负担，为赔偿小额损失而增加双方的负担无疑很不经济。规定免赔额后，既可以通过费率上的优惠减轻了被保险人的保费负担，同时在工程发生免赔额以下的损失时，保险人也不需派人员去理赔，从而减少了保险人的费用开支。特别是还有利于提高被保险人施工时的警惕性，可保证谨慎施工，减少灾害的发生。

按照建筑工程保险项目的种类，主要有以下几种免赔额（见表 15–8）。

表 15–8　免赔额的种类

种类	内容
建筑工程免赔额	该项免赔额一般为保险金额的 0.5% ~ 2%，或 2000 ~ 50000 美元，对自然灾害的免赔额大一些，其他危险则小一些
建筑用机器装置及设备	免赔额为保险金额的 5% 或 500 ~ 1000 美元，或规定为损失金额的 15% ~ 20%，以高者为准
其他项目的免赔额	一般为保险金额的 2% 或 500 ~ 2000 美元
第三者责任保险免赔额	第三者责任保险中仅对财产损失部分规定免赔额，按每次事故赔偿限额的 1‰ ~ 2‰计算，具体由被保险人和保险人协商确定。除非另有规定，第三者责任保险一般对人身伤亡不规定免赔额
特种危险免赔额	特种危险造成的损失使用特种免赔额，为人民币 5000 ~ 20000 元

保险人只对每次事故超过免赔部分的损失予以赔偿，低于免赔额的部分不予赔偿。

六、建筑工程保险的保险费率

1. 费率制定要考虑的因素

承保责任的范围；工程本身的危险程度；承包商和其他工程方的资信情况，技术人员的经验、经营管理水平和安全条件；同类工程以往的损失记录；工程免赔额的高低，特种危险赔偿限额及第三者责任限额的大小。

2. 建筑工程保险的费率项目

建筑工程、业主提供的物料及项目、安装工程项目、场地清理费、工地内已有的建筑物等各项为一个总费率，整个工期实行一次性费率。

建筑用机器装置、工具及设备为单独的年度费率，如保险期限不足一年，则按短期费率收取保费。

第三者责任险部分实行整个工期一次性费率。

保证期实行整个保证期一次性费率。

各种附加保障增加费率实行整个工期一次性费率。

七、建筑工程保险的保险期限

1. 保险期限的确定

建筑工程保险的保险责任自保险工程在工地上动工或用于保险工程的材料、设备运抵工地之时开始，至业主对部分或全部工程签发完工验收证书或验收合格，或业主实际占有或使用或接收该部分或全部工程之时终止，以先发生者为准。但在任何情况下，建筑期保险期限的开始或终止不得超出保险单明细表中列明的建筑期保险生效日或终止日。对一些需分期施工的大型、综合性建筑工程，投保人可要求分期投保，经保险人同意可在保险单的明细表中分别规定保险期限，明确各不同项目保险期的开始与终止日期。

在保险单规定的保险期限内，工程若不能如期完工，被保险人可以在原保险期限结束前向保险人提出书面申请，请示延长保险期限，延长多久视工程进度与施工计划而定，保险人加批单后，方可有效。这时，一般要加收保险费，保险费按原费率以日计收。

2. 保证期

一般国内建筑施工合同协议条款中都对工程的保证期（保修期）有规定。工程合约内规定承包商的保证期一般从业主或其代表在最终验收记录上签字之日起算起，分单项验收的工程，按单项工程分别计算保证期。从保险期限看，保证期不包括在工程保险期限内，而是工程保险期限的延续。在保证期期间，如发现工程质量有缺陷，甚至造成损失，根据承包合同，承包商需负责赔偿，这就是保证期责任。保险期责任可以加保，投保与否由被保险人决定，并要加交一定的保险费。保险保证期自工程验收完毕移交后开始，至保险单上注明加保月份数或规定日期终止，以先发生者为准。即如工程提前完工，则从完工之日起算加上规定的月数至该期限的最后一天终止；如按时完工，则按保险单上规定的日期终止。保证期的长短计算按工程合同规定的工期来确定，通常为 12 个月。

八、建筑工程保险的赔偿处理

1. 申请理赔程序

（1）出险后及时通知保险人。在发生引起或可能引起保险责任项下的索赔时，被保险人或其代表应立即通知保险人，通常在 7 天内或经保险人书面同意延长的期限内以书面报告提供事故发生的经过、原因和损失程度。

（2）保险事故发生后，被保险人应立即采取一切必要的措施防止损失的进一步扩大并将损失减少到最低限度。

（3）在保险人的代表进行查勘之前，被保险人应保留事故现场及有关实物证据。

（4）按保险人的要求提供索赔所需的有关资料。

（5）在预知可能引起诉讼时，立即以书面形式通知保险人，并在接到法院传票或其他法律文件后，将其送交保险人。

（6）未经保险人书面同意，被保险人或其代表对索赔方不得作出任何承诺或拒绝、出价、约定、付款或赔偿。

2. 赔偿金额的确定与计算

（1）保险单物质损失项下的损失赔偿金额

① 部分损失，按将被保险财产修复至其基本恢复受损前状态所需的费用扣除残值和免赔额后的金额为准。修复费用可包括修复所需的材料、运费、工资、机械工作费用。如修复费用超过受损的保险标的的保险金额，对于超过部分，保险公司不负责赔偿。

② 全部损失的赔偿金额以被保险财产损失前的实际价值扣除残值和免赔额后的金额为准。最高赔偿金额以不超过受损财产的保险金额为限。

对于保险事故发生后，被保险人为防止或减少保险标的损失所支付的必要的、合理的施救费用，其赔偿要在保险单中详细规定。但注意，事故发生前被保险人为防止或减少事故发生而支付的预防费用以及消防部门及其他公共机关为防止或减轻损失扩大的行为所运行的费用不应包括在内。

若受损被保险财产的保险金额低于对应的保险价值时，应按保险单中保险项目的保险金额与保险价值的比例赔偿，即

实际赔款 = 赔偿金额 × 某项目现行保险金额 / 某项目的保险价值

（2）责任赔偿部分的赔偿金额

被保险人支付受害人的赔偿金额加上被保险人在取得保险人的承认后支付的诉讼费、仲裁、和解或调停所需的费用和支付给律师的报酬，并从中扣除保单规定的免赔额，即为责任赔偿部分的赔偿金额。

参考文献

［1］柳迎春．降低建筑工程财务风险的有效措施［J］．知识经济，2010（11）：104–104.

［2］贺晓云．对建设工程财务管理体系的探讨［J］．经营管理者，2011（2）：171–171.

［3］简荡平．探究建筑工程财务风险与控制管理［J］．低碳世界，2015（6）：183–184.

［4］魏志强．建筑工程财务管理中如何做好成本控制［J］．企业改革与管理，2016（20）.

［5］黄琼．降低建筑工程财务风险的有效措施分析［J］．江西建材，2018.

［6］姚述辉．建筑工程财务风险管理及控制［J］．魅力中国，2010（7）：230–230.

［7］王蕊．关于建筑工程财务风险与控制对策分析［J］．科技尚品，2017（2）：58–58.

［8］李蕾．探讨建筑工程财务风险与控制管理［J］．纳税，2017（12）：25–26.

［9］刘明艳．论建筑工程财务风险与控制管理［J］．行政事业资产与财务，2016（27）：81–81.

［10］樊瑞丽．建筑工程财务管理制度的创新［J］．产业与科技论坛，2015（5）：212–213.

［11］曹锐．建筑工程财务管理中存在的风险及对策［J］．知识经济，2018.

［12］郭静．建筑工程财务风险与控制管理策略分析［J］．财讯，2017.

［13］石国云．建筑工程财务管理的强化策略［J］．当代经济，2016（17）：116–117.

［14］黄德萍．论建筑工程会计的核算与成本控制［J］．知识经济，2016（21）：93–93.

［15］李爱华．建筑工程财务管理［M］．化学工业出版社，2015.

[16] 姚宏文. 建筑工程财务安全管理分析 [J]. 统计与管理，2014（6）：122-123.

[17] 方德兴. 浅谈建筑工程会计监管的问题与对策 [J]. 管理观察，2011（9）：150-151.

[18] 王月基. 浅谈建筑工程施工会计核算 [J]. 中国商界，2010（8）：35-35.